乡村振兴的嘉善实践

蒋星梅◎著

ZHEJIANG UNIVERSITY PRESS
浙江大学出版社
·杭州·

图书在版编目(CIP)数据

乡村振兴的嘉善实践 / 蒋星梅著. —杭州:浙江
大学出版社,2023.12
　　ISBN 978-7-308-24509-8

　　Ⅰ. ①乡… Ⅱ. ①蒋… Ⅲ. ①农村－社会主义建设－
研究－嘉善县 Ⅳ. ①F327.554

中国国家版本馆 CIP 数据核字(2023)第 239393 号

乡村振兴的嘉善实践

蒋星梅　　著

责任编辑	许艺涛	
责任校对	张凌静	
封面设计	十木米	
出版发行	浙江大学出版社	
	(杭州市天目山路 148 号　邮政编码 310007)	
	(网址:http://www.zjupress.com)	
排　　版	浙江大千时代文化传媒有限公司	
印　　刷	广东虎彩云印刷有限公司绍兴分公司	
开　　本	710mm×1000mm　1/16	
印　　张	28.25	
字　　数	447 千	
版 印 次	2023 年 12 月第 1 版　2023 年 12 月第 1 次印刷	
书　　号	ISBN 978-7-308-24509-8	
定　　价	98.00 元	

序　乡村振兴是实现共同富裕的必然选择

改革开放以来,在波澜壮阔的历史进程中,中国共产党始终以人民为中心,为创造美好生活、实现共同富裕而不懈奋斗,在实践中形成了"先富带后富",逐步推进共同富裕的规律性认识,带领全体人民实现了全面小康的第一个百年奋斗目标,开启了全面建设社会主义现代化国家的新征程。

习近平总书记在党的十九届五中全会强调"扎实推动共同富裕",把"全体人民共同富裕取得更为明显的实质性进展"①作为 2035 年基本实现社会主义现代化远景目标的重要内容。

2021 年 8 月 17 日,习近平总书记主持召开中央财经委员会第十次会议,强调"共同富裕是社会主义的本质要求,是中国式现代化的重要特征","促进共同富裕,最艰巨最繁重的任务仍然在农村"。②

2021 年 11 月召开的党的十九届六中全会强调,中国特色社会主义新时代是"逐步实现全体人民共同富裕的时代"。实现共同富裕是一项长期而艰巨的任务,这不仅是经济问题,而且是关系党的执政基础的重大政治问题。③

当前我国发展最大的不平衡是城乡发展不平衡,最大的不充分是农村发

---

① 习近平.扎实推动共同富裕[EB/OL].(2021-10-15)[2021-12-13].http://jhsjk.people.cn/article/32255147.

② 同上。

③ 中国共产党第十九届中央委员会第六次全体会议.中共中央关于党的百年奋斗重大成就和历史经验的决议[EB/OL].(2021-11-17)[2021-12-18].http://jhsjk.people.cn/article/32284363.

展不充分、农民发展不充分。由于发展不充分,因此要实现"富裕",由于发展不平衡,所以要实现"共同",农村是中国式现代化建设的最大短板,是推动共同富裕的最大难点。唯有补足农村这块短板,解决农村发展不平衡不充分问题,实施乡村振兴战略,让广大农村劳动者共享发展成果,才能真正向实现全体人民共同富裕目标靠近。

农村也是提升中国现代化水平和推动共同富裕最具潜力的领域。通过乡村振兴激活农村大量的沉睡资源,为中国现代化国家建设提供源源不断的动能,使乡村文明与城市文明互补互动互促,不仅富裕生活、涵养生活,更能滋润心灵。

农村也是应对国内外各种风险挑战的基础支撑。新冠疫情扩散蔓延和外部形势不确定性不稳定性增加,农村的压舱石作用越来越凸显。要坚决稳住农业基本盘,为经济社会发展大局提供坚实支撑和回旋余地。

乡村振兴战略和共同富裕的目标是一致的。通过乡村振兴战略补足农村发展的短板是实现共同富裕的必然选择,是我国在新发展阶段缩小城乡差距、促进城乡共同富裕的重要举措。乡村振兴的总目标是实现农业农村现代化,共同富裕是农业农村现代化要达到的目标。根据《乡村振兴战略规划(2018—2022年)》,到2035年乡村振兴要取得决定性进展,农业农村现代化基本实现;到2050年乡村要全面振兴,农业强、农村美、农民富全面实现。这两个时间点与共同富裕"三步走"中的两个时间点相对应,即到2035年在农业农村现代化基本实现的同时全体人民共同富裕取得更为明显的实质性进展,到2050年在乡村全面振兴的同时全体人民共同富裕基本实现,说明共同富裕和乡村振兴的要求、目标和路径是协调统一的,决定了实施乡村振兴、扎实推动共同富裕成为第二个百年奋斗目标的重要内容。

蓝图已经绘就,目标已经明确,城与乡各美其美、美美与共的融合发展画卷正在迅速铺开。

民族要复兴,乡村必振兴。

前　言

　　建设什么样的乡村、怎么建设乡村,是近代以来中华民族面对的一个历史性课题。鸦片战争后,孙中山先生提出"仆向以我国农业之不修,思欲振兴而改良之,蓄志已久","耕者有其田,才算是彻底的革命"。新中国成立前,梁漱溟、晏阳初等一些有识之士开展了乡村建设运动。新民主主义革命时期,党领导农民"打土豪、分田地",带领亿万农民求解放。社会主义革命和建设时期,我们党领导农民开展互助合作,发展集体经济,大兴农田水利,大办农村教育和合作医疗。改革开放以来,党领导农民率先拉开了改革序幕,农业农村发生了翻天覆地的巨变。2005 年,党的十六届五中全会提出了推进社会主义新农村建设的战略部署。

　　习近平在浙江工作期间,高度重视"三农"工作,主持制定了《浙江省统筹城乡发展推进城乡一体化纲要》等一系列推动"三农"加快发展的重要文件,亲自部署了"千村示范、万村整治"等一系列统筹城乡发展的重要工程,探索推进了"三位一体"(农民专业合作、供销合作、信用合作)合作经济发展等一系列农业农村重大改革,作出了一系列关于"三农"发展的重要论述,对从根本上解决城乡二元体制和"三农"问题进行了深入思考和实践探索,直接推动了浙江省强农惠农富农政策体系和城乡一体化制度框架的构建和完善,使浙江城乡发展一体化步伐走在了前列。

　　党的十八大以来,习近平总书记站在实现中华民族伟大复兴中国梦的历史高度,对"三农"工作进行了更加系统的思考和谋划,其中"三个必须""三个不能""三个坚定不移""七个之路"最为系统和鲜明,居于总括性总要求的地位。

"三个必须"。2013 年 12 月在中央农村工作会议上，习总书记提出：中国要强，农业必须强；中国要美，农村必须美；中国要富，农民必须富。①

"三个不能"。2015 年 7 月，习总书记在吉林调研时指出：任何时候都不能忽视农业、不能忘记农民、不能淡漠农村。②

"三个坚定不移"。2016 年 4 月，习总书记在安徽凤阳县小岗村召开的农村改革座谈会上强调：要坚定不移深化农村改革，坚定不移加快农村发展，坚定不移维护农村和谐稳定。③

"七个之路"。2017 年 12 月，习总书记在中央农村工作会议上提出：走中国特色社会主义乡村振兴道路，一是必须重塑城乡关系，走城乡融合发展之路。二是必须巩固和完善农村基本经营制度，走共同富裕之路。三是必须深化农业供给侧结构性改革，走质量兴农之路。四是必须坚持人与自然和谐共生，走乡村绿色发展之路。五是必须传承发展提升农耕文明，走乡村文化兴盛之路。六是必须创新乡村治理体系，走乡村善治之路。七是必须打好精准脱贫攻坚战，走中国特色减贫之路。④

党的十九大报告提出实施乡村振兴战略的重大决策，提出：乡村振兴战略要坚持农业农村优先发展，按照产业兴旺、生态宜居、乡风文明、治理有效、生活富裕的总要求，建立健全城乡融合发展体制机制和政策体系，加快推进农业农村现代化。

习近平总书记关于"三农"工作的重要论述思想博大精深、立意深远、视野广阔、内涵丰富，从宏观全局和历史进程，全面阐述了"三农"发展的一系列重大理论问题和现实问题，深刻揭示了现代化进程中城乡关系变迁的一般规律，是新时代做好"三农"工作实施乡村振兴战略的强大思想武器和根本遵循。

---

① 习近平在中央农村工作会议上的讲话[EB/OL].(2013-12-25)[2014-02-12].http://jhsjk. people. cn/article/23938145.

② 习近平. 保持战略定力增强发展自信 坚持变中求新变中求进变中突破[EB/OL].(2015-07-19)[2016-12-18]. http://jhsjk. people. cn/article/27325865.

③ 习近平在农村改革座谈会上的讲话. 加大推进新形势下农村改革力度促进农业基础稳固农民安居乐业[EB/OL].（2016-04-29）[2016-06-18]. http://politics. people. com. cn/n1/2016/0429/c1024-28313026. html.

④ 习近平在中央农村工作会议上的讲话[EB/OL].(2017-12-30)[2018-02-12]. http://www. moa. gov. cn/ztzl/ncgzhy2017/zxdt/201801/t20180103_6133744. htm.

习近平在浙江工作期间，两年三次到嘉善指导工作。2005年习近平针对嘉善发展实际提出三点希望："在主动接轨上海、扩大开放、融入长三角方面迈出新步伐；在推进城乡一体化方面创造新经验；在转变经济增长方式方面取得新成效。"①这为嘉善谋划发展蓝图指明了方向。2008年全党深入开展学习实践科学发展观活动时嘉善又成为习近平同志的基层联系点，在嘉善召开党员干部大会时强调，"嘉善县委要高度重视、精心组织……注意研究问题、总结经验，推动联系点成为学习实践活动的示范点"②，进一步要求嘉善同时做好"转变发展方式、主动接轨上海、统筹城乡发展"三篇文章。

党的十八大之后，嘉善深刻领会新发展理念，认真贯彻落实习近平新时代中国特色社会主义思想，积极谋篇布局，推动县域全面发展。尤其是推进城乡一体化方面，统筹城乡发展水平列浙江省前十，进入全面融合发展阶段。先后获得"国家卫生县城""国家园林县城""全国文明县城"等称号。新农村建设不断深化，姚庄"均衡发展"模式、农房集聚"姚庄模式"得到了上级领导和社会各界的充分肯定，姚庄镇桃源新邨社区入选浙江省首届"群众最满意的平安村（社区）"。"强村计划"成效明显，以"飞地抱团"等模式建设强村项目。美丽乡村建设扎实推进，村庄整治实现行政村全覆盖，走出了农文旅融合带动乡村振兴的新路子。城乡基础设施建设不断完善，制定了全国首家县一级综合交通规划，县综合交通信息服务平台示范工程被评为中国交通运输信息化智能化建设优秀项目，农村公路品质提升经验做法被《人民日报》头版头条和央视《新闻联播》进行了报道，实现城乡公交一票制和一卡通，形成了全县"102040"交通圈。实现城乡供水同源同网同质同价运营，全面完成县城区天然气置换工程，行政村公交通车率、有线电视通村率均达100%。城乡生态建设不断巩固，"五水共治""三改一拆"以及大气污染防治等工作快速推进，成功创建浙江省"基本无违建县"。全县交接断面水质考核继续保持优秀，率先实现劣Ⅴ类水河道清零，首次出现河道Ⅱ类水断面，饮用水水源地是嘉兴市唯一100%达标水源地，获浙江省"清三河"达标县，被授予浙江省"五水共治"工作优秀县

①　周咏南，程茂林.先进性教育活动要务求实效[N].嘉兴日报，2005-04-11(1).
②　金波.按照中央要求深入推进学习实践活动把科学发展观落实到又好又快发展上来[N].浙江日报，2018-11-19(1).

(市、区)"大禹鼎银鼎"。先后被命名为"国家生态文明建设示范区""国家级生态示范区""省级生态县""全国小型农田水利重点县建设先进县",成为浙江省首个实现国家级生态镇全覆盖的县(市)和杭嘉湖平原地区首个通过国家生态县考核验收的县(市),列入全省十个践行"绿水青山就是金山银山"样本,成功创建浙江省森林城市,入选首批省级生态文明建设示范县,荣获"两美浙江特色体验地"称号。

2022年,嘉善县围绕长三角乡村振兴高质量发展先行地总目标,突出农业农村优先发展,全面实施乡村振兴战略。获得省政府"实施低收入农户基本同步现代化行动成效明显的县(市、区)"和"推进县域医共体建设工作成效明显的县(市、区)"督查激励,获得全省"五水共治"工作优秀县(市、区)"大禹鼎银鼎"。全县实现农业产值41.96亿元、增速2.6%,增加值25.9亿元、增速2.5%,农村居民人均可支配收入47211元、增速6.5%,城乡居民人均可支配收入比缩小至1.54∶1。以全省第三、全市第一的佳绩被授予实施乡村振兴战略"神农鼎",这是省域内首次开展评选的全省乡村振兴领域最高荣誉。嘉善已连续四年获得省乡村振兴战略实绩考核优秀单位称号。

本书主要紧扣乡村振兴的嘉善实践,系统介绍嘉善按照乡村振兴战略20字总要求,围绕产业兴旺是基石、生态宜居是底色、乡风文明是灵魂、治理有效是核心、共建共享是目标、集成改革是关键以及党建引领乡村振兴等方面展开,体现了嘉善这样的平原小县在实现乡村振兴中的推进路径,嘉善借助县域科学发展示范点建设和长三角生态绿色一体化发展示范区的契机,在县域发展中跳出乡村发展乡村,把乡村放在和县城平等的位置上进行战略规划,强调城与乡的融合互动和共建共享,已经发展到城乡融合的阶段,实现了城与乡的"共生、协同、开放、共赢",也实现了"城市让乡村更美好,乡村让城市更向往"的目标。本书忠实记录了嘉善乡村振兴的实践,希望可以为长三角地区乃至全国县域乡村振兴发展提供生动范例。

目 录

第一章　嘉善县基本情况

第一节　嘉善简介

嘉善县建于明朝宣德五年(1430 年),境内一马平川,属于典型的江南水乡,历史上因"民风纯朴、地嘉人善"而得名,全县区域面积 507 平方公里,辖 6 镇 3 街道、104 个村、66 个社区、2677 个村民小组,户籍人口 41.7 万,常住人口 64.8 万人。地理人文呈现以下五个特点。

嘉善是国家战略叠加的示范点、示范区。嘉善是习近平总书记曾经的基层联系点和全国唯一的县域科学发展示范点。2004 年,习近平在嘉善调研时要求嘉善主动接轨上海,积极参与长三角地区的合作与交流,推动长三角经济一体化。[①] 2005 年,习近平再次到嘉善调研指导,结合嘉善特点提出"希望嘉善在主动接轨上海、扩大开放,融入长三角方面迈出新步伐;希望嘉善在推进城乡一体化方面创造新经验;希望嘉善在转变经济发展方式上要取得新成效"[②]。这三点希望,既是"八八战略"的重要内涵之一,也是嘉善发展的行动指南,是一体化示范区嘉善片区建设的基石。

2010 年 5 月,国务院批准实施的《长江三角洲地区区域规划》明确提出

---

① 宋有震.以求真务实精神推进"八八战略"[N].嘉兴日报,2004-02-06(1).
② 周咏南,程茂林.先进性教育活动要务求实效[N].嘉兴日报,2005-04-11(1).

"建立浙江嘉善县域科学发展示范点"。

2013年2月28日,《浙江嘉善县域科学发展示范点建设方案》经国务院同意,由国家发改委批复实施,成为全国首个以县域为单位的国家级区域规划。主要围绕建设"产业转型升级引领区、城乡统筹先行区、开放合作先导区、民生幸福新家园"(三区一园)展开。嘉善示范点建设第一阶段完成时,要求进一步总结嘉善经验,继续制定新的改革目标,争取全面建成小康社会新成绩。

2017年2月9日,经国务院审定,由国家发改委正式批复《浙江嘉善县域科学发展示范点发展改革方案》,要求嘉善在践行"五位一体"总体布局和"四个全面"战略布局、贯彻落实新发展理念上充分发挥示范引领作用,为全国县域科学发展积累更多经验、提供更好示范,努力建设成为全面小康标杆县和县域践行新发展理念的示范点。新方案从第一个方案的"三区一园"升级为"四区一园",对应五大发展理念,提出了建设产业转型升级引领区、城乡统筹先行区、生态文明样板区、开放合作先导区、民生幸福新家园,明确到2020年全面完成示范点建设任务、率先高水平全面建成小康社会,到2030年现代化进程走在全国前列。

随着长三角一体化发展上升为国家战略,2019年嘉善全域又被纳入长三角生态绿色一体化发展示范区。嘉善作为一个县同时承担着县域科学发展示范点和长三角生态绿色一体化发展示范区建设的"两大"国家战略重任,示范点着重在县域发展,示范区着重在区域发展,两者都是习近平新时代中国特色社会主义思想的重大实践,推动着嘉善经济社会发展活力彰显,人民生活水平跨越提升,率先高水平全面建成小康社会。

嘉善深入贯彻中央领导同志批示精神,在国家发改委统一部署下,扎实推进《新发展阶段浙江嘉善县域高质量发展示范点建设方案》编制工作,同步总结好嘉善县域科学发展示范点建设经验。

2022年9月,经中央全面深化改革委员会审议通过,国家发改委印发了《新发展阶段浙江嘉善县域高质量发展示范点建设方案》(以下简称《建设方案》)。支持浙江嘉善县聚焦提高县域完整、准确、全面贯彻新发展理念的能力和水平,切实转变发展方式,推动质量变革、效率变革、动力变革,打造县域高质量发展的典范。进入发展新阶段,嘉善将建设科创产业联动发展先行区,在县域创新发展上作示范;建设生态优势转化先行区,在县域绿色发展上作示范;建设高水平开放合作先行区,在县域开放发展上作示范;建设共同富裕新家园,在县域共享发展上作示范;建设城乡融合发展先行区,在县域协调发展上作示范。

从新一轮示范点方案编制和批复的情况看,这轮示范点建设的责任使命更加重大,中央对嘉善的期待更高、要求更高。嘉善将按照"1106020"工作体系稳步推进:"1"就是抓好一个方案任务分解,整体推进落实一批高质量发展举措;"10"就是打造10项在全国县域有显示度、有影响力的高质量发展标志性成果,通过这些顶尖成果,争取塑造10个"嘉善模式";"60"就是围绕示范导向,推进60条高质量发展创新举措,打造一批具有显示度、辨识度的示范实践;"20"就是每年对实施的高质量发展举措进行评估,争取形成20条左右具体工作经验,可以向全国县域复制推广。嘉善将在示范引领全国县域高质量发展、服务融入新发展格局、助力全面建设社会主义现代化国家方面做出应有的贡献。

嘉善是地势平坦、农业发达的米袋子、菜篮子。浙江是七山一水两分田,但嘉善境内一马平川,没有一座山,除14.5%的水面,都是可耕作可建设的土地,镇(街道)之间地区差异比较小。嘉善历来农业比较发达,曾是全国500个商品粮基地之一,是沪浙优质农产品的重要产地,被誉为"浙江的米袋子,上海的菜篮子",主要有白色食用菌、绿色蔬菜、蓝色水产养殖、彩色花卉和金色粮食五色产业带。但由于嘉善面积小,没有山没有海滩,后备资源匮乏。

嘉善是浙江接轨上海的桥头堡、第一站。嘉善位于江浙沪两省一市交界处,是浙江唯一同时与上海、江苏接壤的县,地处上海、杭州、苏州、宁波四大城市"一小时生活圈"。高铁高速交通便捷,同城效应明显,是长三角一体化、长江经济带、杭州湾大湾区、沪嘉杭G60科技创新走廊、浙江省全面接轨上海示范区等重大战略实施的重要节点城市。县内有沪昆高速、申嘉湖高速、沪杭高铁等连接沪杭,高铁只需20分钟到上海虹桥,30多分钟到杭州东站。改革开放以来,嘉善县充分发挥浙江"接轨上海第一站"的优势,抓住浦东开发开放、世博会举办等历史机遇,借船出海、借势发展,在接轨上海上形成了独特的"13579"现象,即10%的嘉善人在上海工作生活;30%以上的工业品为上海企业配套或通过上海进入其他地区;50%的农产品销往上海市场;70%的游客来自上海;90%的外资和县外内资受上海影响进入嘉善。

嘉善是强劲活跃和谐的增长极、宜居地。嘉善是全国百强县和浙江省经济强县。一直以来都重视城乡发展的均衡性,在确立外向型经济龙头地位的同时,紧抓民营经济不放松;在发展效益农业的同时,大力发展乡镇企业和特色经济,富民经济基础雄厚,城乡差别相对较小,城乡统筹发展水平始终保持在全省前列。拥有西塘古镇国家 5A 级景区、3 个国家 4A 级景区和省级大云温泉旅游度假区,连续 15 年获评省级平安县,摘得"平安金鼎"殊荣。

嘉善是人文底蕴深厚的文之邦、善之城。 嘉善是江南文化发源地,是马家浜文化的发祥地之一,历史悠久,距今有 7000 多年。历代人才辈出,有元代四大画家之一的吴镇、近代电影艺术家孙道临等。明朝思想家袁了凡著《了凡四训》流传很广,中纪委网站专门推荐学习,其核心思想是"劝善"。因此,"善文化"成为嘉善特有的地方人文精神和县域文化核心品牌,被中央文明办列入培育和践行社会主义核心价值观重点工程。传统村落保护《西塘宣言》发表十五周年国际研讨会的举办,进一步传承马家浜文化、吴越文化、"善文化"。

第二节　嘉善经济社会发展现状

嘉善拥有特殊的区位优势和良好的发展势头,同时面临着粗放型经济发展模式依然存在、自主创新能力不够强、体制机制的先发优势减弱、资源环境约束和社会管理压力增大等问题和挑战。嘉善始终贯彻习近平总书记指引,其出发点是,率先解决全国县域发展中面临的共性问题、破解发达地区率先发展中遇到的突出难题,努力解决发展中的不平衡不充分问题,形成县域发展的经验模式。路径方法是,全面贯彻落实新发展理念,努力建设"四区一园"。目标方向是,在建成全面小康标杆县和县域践行新发展理念的示范点的基础上,努力成为县域践行习近平新时代中国特色社会主义思想的示范点。嘉善综合竞争力快速提升,2022 年嘉善全县地区生产总值(GDP)863.48 亿元,按不变价计算,同比增长 5.0%。嘉善人均 GDP 等主要指标接近或超过小康国标 2 倍,在《小康》杂志社发布的中国县域发展系列排行榜中,嘉善位列中国综合投资热力百佳县市第 3 位、中国城乡统筹百佳县市第 4 位、中国最具绿意百佳县市第 14 位、中国县域科技创新百佳县市第 14 位、全国百强县第 46 位。具体可以用"八个持续提升"来概括。

一、经济优质度持续提升

20 世纪 90 年代末,嘉善从借浦东开发开放之机发展外向型经济到实施"百姓致富工程"发展民营经济再到建设创新型县,从实施"千斤粮万元钱"农业发展模式到实施"飞地抱团"发展壮大村集体经济,促进县域经济实力大大提升,实现从一个普通的农业县到经济强县、科技大县、战略要县的转型蝶变。2022 年同 2012 年相比(见表 1-1),全县地区生产总值从 345.73 亿元增长到863.40 亿元、年均增长 8.6%。提升祥符荡科创绿谷、临沪高能级智慧产业新区、嘉善国际创新中心(上海)等平台功能,引入浙江大学长三角智慧绿洲、两位院士领衔的祥符实验室,与复旦大学共建国家集成电路创新中心浙江分中心,建成上海大学(浙江)高端装备基础件材料研究院,中新嘉善现代产业园被列为浙江省首批"万亩千亿"新产业平台。确立数字经济、生命健康、新能源(新材料)和装备制造、绿色家居、纺织时尚"3+3"主导产业,数字经济获省政府督查激励,已集聚禾芯集成电路、格科微电子等集成电路关联企业近百家。完善科技型企业"微成长、小升高、高壮大"梯次培育体系,创新高新技术企业"蓝绿黄"绩效评价机制。十年来,高新技术企业从 29 家增长到 558 家、省级科技型中小企业 1048 家,被列为浙江省创新型试点县、省可持续发展创新示范区,创新指数位列全省县(市、区)第 5,连续 2 年获浙江"科技创新鼎"。

2022 年分产业看,第一产业增加值 23.73 亿元,同比增长 2.5%;第二产业增加值 503.19 亿元,同比增长 8.1%;第三产业增加值 336.56 亿元,同比增长 1.3%。全县规上数字经济核心制造业增加值增长 30.9%、规上高新技术产业增加值增长 16.7%、规上战略性新兴产业增加值增长 24.0%,增速均列全市第 1 位。三次产业比例调整为 2.7∶58.3∶39.0。

表 1-1 嘉善县三次产业比重和城镇化比重变化情况

年份	全县生产总值(亿元)	一产增加值(亿元)	三次产业占比	城镇化率(%)
2012	345.73	21.76	6.3∶57.5∶36.2	51.68
2013	375.00	21.61	5.8∶55.5∶38.7	53.99
2014	402.39	21.16	5.3∶55.9∶38.9	56.61
2015	425.54	20.71	4.9∶55.0∶40.1	58.94

续　表

年份	全县生产总值（亿元）	一产增加值（亿元）	三次产业占比	城镇化率（%）
2016	456.95	20.56	4.5∶54.9∶40.7	61.41
2017	520.94	22.46	4.3∶54.4∶41.3	64.89
2018	582.60	22.21	3.8∶54.7∶41.5	69.81
2019	626.80	22.04	3.7∶52.8∶43.5	72.37
2020	655.77	22.10	3.4∶53.1∶43.6	73.07
2021	789.26	24.31	3.1∶55.9∶41.0	73.76
2022	863.40	23.73	2.7∶58.3∶39.0	73.40

二、区域开放度持续提升

全域纳入长三角生态绿色一体化发展示范区，实施全面接轨上海"第一站"首位战略，与上海张江集团共建创新合作示范园，率先形成了区域协同、内外联动的开放发展新优势。依托上海辐射效应，建立嘉善国际创新中心、上海人才创业园、中国归谷嘉善科技园等特色平台。围绕"八个一体化"，深入推进一体化示范区体制机制创新，1300多项政务服务事项实现"跨省通办"。推动区域交通设施互联互通，嘉善至西塘市域铁路、嘉兴至枫南市域铁路、嘉兴至嘉善快速路等重大工程加速推进。创新"基金＋股权＋项目"招商模式，率先开展外商投资股权投资企业试点（QFLP），2012年以来，全县累计实际利用外资33.6亿美元，引进投资规模50亿元以上的项目9个、世界500强企业10家，外贸进出口总值从197.47亿元增长到568.62亿元，连续20年位列浙江省利用外资十强县。

三、城乡统筹度持续提升

嘉善着力统筹城乡发展，破解城乡发展不平衡问题，率先进入城乡全面融合发展新阶段。系统优化县域空间布局，制定"1＋1＋N"规划体系，并有8个规划上升为省级规划，构建未来新城、祥符荡科创绿谷、临沪高能级智慧产业新区、农业科技园区、生态休闲旅游度假区"一城一谷三区"县域空间总体格局。提升中心城区品质，加快建设高铁新城CBD、老城区梅花坊城市客厅等重大项目。拥有姚庄镇、西塘镇两个省级小城市培育试点,连续实施强村计划,深入推进全域土地综合整治、全域农房集聚,高品质建设枫南社区、缪家村等未来社区、未来乡村。2022 年,全县全体居民人均可支配收入 62280 元,同比增长 5.1%,其中:城镇居民人均可支配收入 72774 元,增长 3.3%;农村居民人均可支配收入 47211 元,增长 6.5%。全体居民人均生活消费支出 36871元,同比增长 5.8%,其中:城镇居民人均生活消费支出 43756 元,增长 4.0%;农村居民人均生活消费支出 26984 元,增长 7.0%。城镇化率从 51.7% 提高到 73.76%。2022 年村均集体经常性收入达 450 万元,城乡居民收入倍差比缩小到 1.54∶1。建成各镇 10 分钟内上高速路、县城到各镇不超过 20 分钟、各镇之间不超过 40 分钟、乡村道路普遍到户、镇村公交全部联通的交通网。县域 15 分钟直达、接沪半小时通行的轨铁和高快速路网不断完善,全省首条数字化城市道路世纪大道建成使用。创建全国首批农业现代化示范区,两次入选全国农村综合性改革试点,列入全省首批新时代乡村集成改革试点、全国城乡交通运输一体化示范创建县、全国首批水系连通及农村水系综合整治试点县,创成"四好农村路"全国示范县。

四、环境友好度持续提升

深入践行"绿水青山就是金山银山"理念,开展美丽县城、美丽城镇、美丽乡村和美丽通道"四美"联动建设,打好治水治污治违等组合拳,大力发展氢能源等新型产业,创新"上下游联保、污水零直排、水生态修复"治水模式,建立跨省域"联合河长制",打造祥符荡"水下森林",建成竹小汇国内首个"近零碳"创新聚落样板,生态环境质量公众满意度实现九连升,生物多样性越来越丰富,画眉、凤头鹰等重点保护物种相继回归,国家二级保护鸟类从 6 种增加到 11种,全球仅有 9 种水栖萤火虫在嘉善就有 3 种,盛家湾生物多样性体验地入选省级培育名单。2015 年全面消灭 390 条黑河、臭河、垃圾河;2017 年完成 159条劣Ⅴ类河道剿灭任务,县控及以上断面水质从 2012 年Ⅲ类占比 0% 提升到2020 年度的 100% 并保持稳定,2021 年度太浦河取水口、民主水文站监测历史上首次出现Ⅱ类水。人均公园绿地面积由 13.47 平方米增加到 16.71 平方米,空气优良率保持从 75.3% 提高到 90.7%。建成美丽乡村风景线 6 条、省A 级景区村庄 72 个,获国家生态文明建设示范县、全国村庄清洁行动先进县、浙江省"绿水青山就是金山银山"样本、浙江省森林城市、全省治水最高荣誉"大禹鼎"。

五、社会文明度持续提升

充分挖掘嘉善历史传统文化和地域人文,将"善育"融入社会主义新农村建设,打造了以"地嘉人善、敬业争先"为核心内涵的"善文化"。形成了以图书馆、博物馆等各类公共文化阵地全覆盖为标志的"20分钟文化服务圈",实现了城乡公共文化阵地和服务网络全覆盖,文化已融入了百姓日常生活。2018年3月,在嘉善录制的第二季《乡村振兴大家谈》,由央视新闻频道和浙江卫视播出,生动展示了"地嘉人善"的文明乡风。2020年11月,全国精神文明建设表彰大会上,嘉善被正式命名为"全国文明城市",成为长三角的志愿之城、文明之城、品质之城。2021年《求是》主管主办的综合类新闻刊物《小康》杂志社发布"2021中国文化建设百佳县市"榜单,嘉善全国排名第27位。"智安小区"建设成为全国创新社会治理十佳案例,重大村务决策公决入选为"中国全面小康十大民生决策"。

六、群众幸福度持续提升

每年将财政支出的80%左右用于改善民生,深入推进县域基本公共服务高质量发展。十年来,每个万人拥有公共文化设施面积增加3倍多,人均预期寿命达到82.81岁,成功创建全国文明城市。与浙江师范大学、华东师范大学第二附属中学等7所名校合作,建设和运行12所嘉善附属实验学校,农村学校名师覆盖率达到100%,创成省教育基本现代化县;以浙大二院嘉善分院等2家县级医院为龙头,联通37家沪杭三甲医院,实体化运作覆盖全部乡镇卫生院的医共体和5G智慧健康屋,让老百姓在家门口就能享受优质医疗公共服务。在全省率先实施长期护理保险制度,每个乡镇配备健康流动服务车,对居家困难高龄老年人开展全覆盖上门康养服务,年服务8.6万人次,让老年人安心更舒心。成功创建全国文明城市、国家生态文明建设示范县等国家级荣誉,连续15年获评省平安县,健康浙江考核嘉善位列全省第一。全面消除人均年收入9700元以下的贫困户,安居乐业、欣欣向荣成为常态。

七、社会美誉度持续提升

据不完全统计,示范点建设以来,荣获省部级以上名号荣誉 200 多个,其中国家级 50 多个。2017 年 5 月,中宣部把嘉善典型报道纳入中央媒体迎接党的十九大"砥砺奋进的五年"重点专题进行为期 1 个月的集中报道,央视《新闻联播》连续 3 天报道《嘉善县域科学发展启示录》。2017 年 8 月,省委出台了《关于学习推广嘉善经验深入践行新发展理念增创县域发展新优势的指导意见》。中国社会科学院财经战略研究院发布"2021 年中国县域品牌影响力指数(BIIC)排名",嘉善位列第 4 位,全国营商环境百强县(市)排名嘉善位列第 11 位。

八、改革显示度持续提升

示范点建设以来,实施省级及以上改革试点 257 项,全省改革考核"三连优",义务教育学校教师流动改革、存量土地"全域盘活"、数字医共体建设、姚庄镇城乡均衡发展、综合行政执法改革、村集体经济"飞地抱团"发展、养老服务业综合改革、"智安小区"建设等一大批改革创新做法在全国全省推广,为破解全国县域发展中面临的共性问题、发达地区率先发展中遇到的突出难题,提供了嘉善经验。推进政府数字化转型,实施"最多跑一次"、矛盾化解"最多跑一地""一支队伍管执法""网格连心·组团服务"工作模式等集成式改革,全面提升基层政务服务效率和社会精细化管理效能,基本实现政府治理同社会调节、居民自治良性互动,建成覆盖城乡、优质便捷的文化服务圈、医疗服务圈、养老服务圈、交通服务圈,实现改革发展成果共享的局面。

第二章　嘉善推进乡村振兴的基础和目标

　　嘉善紧跟中央和省市政策,不断创新发展,从推行家庭联产承包责任制、建立统分相结合的双层经营体制,到探索土地使用权流转、试行粮田适度规模经营的路径,再到"三权分置"改革和全域土地综合整治,在"八八战略"指引下,在统筹城乡发展、实施乡村振兴战略上不断探索。2022年嘉善县以全省第三、全市第一的佳绩被授予实施乡村振兴战略"神农鼎",这是省域内首次开展评选全省乡村振兴领域最高荣誉。已连续4年获得省乡村振兴战略实绩考核优秀单位称号。

第一节　嘉善推进乡村振兴的基础

　　为贯彻落实党中央和省委乡村振兴战略决策部署,高水平推进城乡融合发展,着力打造体现长三角生态绿色一体化示范区和县域科学发展示范点"双示范"特色的乡村振兴示范地。根据《中共中央　国务院关于实施乡村振兴战略的意见》、中共中央、国务院关于印发《乡村振兴战略规划(2018—2022年)》的通知和中共浙江省委、省政府印发的《全面实施乡村振兴战略高水平推进农业农村现代化行动计划(2018—2022)》《浙江省乡村振兴战略规划(2018—2022)》中共嘉兴市委、市政府印发《关于坚定不移推进城乡一体化全面打造乡村振兴示范地的意见》、中共嘉兴市委、市政府关于印发《嘉兴市乡村振兴战略实施规划(2019—2022年)》等一系列上级文件要求,中共嘉善县委、县政府制定《关于全面实施乡村振兴战略高水平推进城乡深度融合的实施意见》,并积极衔接《长三角一体化规划纲要》《长三角生态绿色一体化发展示范区总体方案》等规划新要求,充分展示嘉善在农业发展、农村建设、农民富裕等方面的成效,探索服务城市、富裕农民的品牌农业,科技创新、优质高效的智慧农业,乐居生态、传承农耕文明的绿色农业等农业发展方向,于2019年编制完成《嘉善县乡村振兴规划(2019—2022年)》。

嘉善始终坚持农业农村优先发展的总方针,按照"产业兴旺、生态宜居、乡风文明、治理有效、生活富裕"的总要求,通过"前瞻性的战略规划＋全局性的蓝图布局＋作战式的专项规划"三位一体,谋划新一轮区域一体、城乡融合发展的乡村振兴,是指导全县分类、有序推进乡村振兴的重要依据。

一、特色和优势

(一)便捷优越的区位交通

1. 接轨上海的桥头堡、生态绿色一体化示范区的重要组成部分

嘉善县位于嘉兴市东北部、江浙沪两省一市交汇处、上海都市圈圈及杭州经济圈叠加影响圈层范围内,东邻上海市青浦区、金山区,南连嘉兴市南湖区、平湖市,西接嘉兴市秀洲区,北靠苏州市吴江区,地处长三角中心的区位优势。紧邻上海地区,是浙江省接轨上海的重要桥头堡,能有效接受上海的辐射和带动,特别是长三角一体化上升为国家战略,作为长三角生态绿色一体化发展示范区,优越的区位条件成为实施乡村振兴战略的最大潜力。

2. 沪杭之间重要节点城市,内外交通便捷

嘉善县位于长三角中心的区位优势,内外交通便捷,位于沪昆铁路、沪昆高铁2条连接上海的国家干线铁路沿线。在建的沪嘉城际串联嘉兴、嘉善、上海三地,实现沪嘉同城化。申嘉湖高速、沪昆高速和常嘉高速穿境而过,连接上海、杭州、宁波和苏州。此外,320国道东西向贯穿嘉善,县域内部由南北向的平黎公路、丁枫线、洪三线、洪下线等以及东西向的惠民大道等构成县域交

通主框架,为县域内不同街道、乡镇提供了便捷的交通路网。

(二)结构优化的乡村产业

1.特色突出的农业产业

农业产业结构逐步优化,形成食用菌、瓜果蔬菜、淡水养殖、花卉苗木、精品粮食等农业产业类型(见表2-1)。拥有"中国黄桃之乡""中国甜瓜之乡""中国番茄之乡""中国蜜梨之乡""中国雪菜之乡""中国鲜切花之乡""中国蘑菇之乡""中国甲鱼之乡"等荣誉称号,是首批国家农产品质量安全县、省农业标准化综合示范县、省生态循环农业示范县、省农产品质量安全放心示范县、浙江省现代生态循环农业整建制推进县、全国农村集体"三资"管理示范县、浙江省美丽乡村建设先进县等。农业发展平台逐步优化,嘉善县中西部省级现代农业园区、嘉善县姚庄果蔬特色农业强镇、白水塘现代农业园区、西塘镇特色农业强镇等初具规模。农业龙头企业、农民专业合作社、家庭农场等新型农业经营主体发展迅速。农业品牌建设顺利推进,"银加善"农业区域公共平台战略影响力不断提升,全县有效期内"三品"总数113个,其中无公害农产品98个,绿色食品14个,有机农产品1个。2018年全县县级以上农业龙头企业34家,其中市级以上农业龙头企业17家(省级4家)。家庭农场601家。2022年全县第一产业增加值23.73亿元,增长2.5%;全县农村居民可支配收入47211元,较上年增长6.5%。全县村均经常性收入450万元。

表 2-1　各镇农业产业特色分布情况

村镇街道	特色农业相关现状
魏塘街道	主导农业产业:传统农业、蔬果业 农业园区:东部农业杜鹃花出口生产基地、网埭港千亩优质草莓基地,中部一里谷高科技农业基地、千亩蔬菜示范、蓝莓基地,西部千亩九熊黄桃基地、淞浩生态樱桃园、龟鳖标准化生产基地 农业品牌:一里谷、尚品源、善绿汇、九熊黄桃、靓尚品蓝莓、善鹃杜鹃
罗星街道	主导农业产业:传统农业、蔬果业 农业园区:罗星粮食生产功能区、罗星甜瓜产业示范区 农业品牌:马家桥甜瓜

续　表

村镇街道	特色农业相关现状
惠民街道	主导农业产业:稻米、水果、蔬菜 农业品牌:"惠绿"牌蜜梨、"龙洲"牌生态鳖、"这一季"热带水果、"湖墩"大米、"翠丰"牌鲜食大豆、"三润"牌水产
大云镇	主导农业产业:采摘农业、观光农业、休闲农业 农业园区:大云省级花卉产业示范区、大云杜鹃精品园、拳王省级休闲渔业示范基地等
西塘镇	主导农业产业:林果业(葡萄、柑橘、桃)、蔬果业、淡水养殖 农业园区:优庄园果蔬新品种新技术示范基地(东汇村)、祥符罗氏沼虾产业示范、省级新胜加州鲈鱼特色精品园 农业品牌:"蛙蛙响"优质稻米品牌
干窑镇	主导农业产业:传统农业、蔬果业、渔业 农业园区:草莓精品园、省级青鱼特色精品园、银淞生态樱桃园; 农业品牌:干窑大米
陶庄镇	主导农业产业:传统农业(水稻种植)、渔业 农业园区:省级鳜鱼示范区 农业品牌:陶笋大米、众淼大米、汾湖滩水果、野绿港黄桃
姚庄镇	主导农业产业:大棚蔬菜(茄子、番茄)、黄桃、花卉、淡水养殖、蘑菇 农业园区:六塔鳖现代渔业主导产业示范区、东泉虾蟹主导产业示范区、姚庄食用菌精品园、新源鳜鱼精品园 农业品牌:"锦雪"黄桃
天凝镇	主导农业产业:传统农业、蔬果业、淡水养殖 农业园区:雪菜示范区、葡萄精品园、水生蔬菜精品园、中华鳖精品园 农业品牌:杨庙雪菜(嘉善首个全国农产品地理标志);景明果品、果郡王(省龙头企业品牌)

2. 快速发展的乡村新业态

现代农业、乡村旅游、电子商务、农产品加工等产业百花齐放。乡村旅游发展势头良好(见表2-2),形成了中国国家历史文化名镇、国家5A级旅游景区西塘古镇旅游景区,3个国家4A级旅游景区温泉养生旅游目的地云澜湾温泉景区、水乡漫游体验游目的地碧云花园十里水乡景区和甜蜜生活体验游目的地歌斐颂巧克力小镇,以及广泛分布的3A级旅游景区和景区村庄。西塘、大云旅游综合体已比较成熟,姚庄旅游综合体正在推进建设,为国家全域旅游示范县的创建奠定了扎实的基础。农业电商逐步发展,罗星街道马家桥农村电商平台、姚庄电商创新服务中心等电商平台逐步崛起,农业一二三产融合发展速度较快。

表 2-2　旅游资源分布情况

村镇街道	旅游资源分布情况
魏塘街道	旅游资源:省 AA 级景区村庄——三里桥村柱头港景区、省 A 级景区村庄——魏中村湘家浜景区、正在创建省 A 级景区村庄的长秀村庙村自然村,另外还有省级果蔬采摘游基地——一里谷高科技现代农业园、樱桃采摘、蓝莓采摘、休闲杜鹃花观赏、淞浩樱桃采摘园
罗星街道	旅游资源:库浜村 A 级景区村庄、鑫峰村 A 级景区村庄
惠民街道	旅游资源:了凡墓、钱能训墓、易九农业、"这一季"果园、了凡休闲公园、上海之窗·枫南小镇 旅游文化品牌:刺绣
大云镇	旅游资源:大云省级花卉产业示范区、大云杜鹃精品园、拳王省级休闲渔业示范基地、大云禅寺、大云温泉省级旅游度假区——十里水乡、碧云花园、拳王休闲农庄、云澜湾温泉、歌斐颂巧克力小镇、丰钱桥 旅游节庆:甜蜜系列(甜蜜赛事、甜蜜礼仪、甜蜜文化节)、碧云杜鹃花节、巧克力小镇节日、萌王节、温泉节以及国际赛事的组织承办等 旅游 IP:云宝
西塘镇	旅游文化品牌:西塘古镇 旅游资源:纽扣博物馆、明清木雕馆、明清古建筑群 旅游节庆:西塘汉服文化节等
干窑镇	旅游文化品牌:"窑文化" 旅游资源:江南窑文化博物馆、龙庄讲寺、和合窑、钱氏船坞、晋贤桥、干窑瓦当、江泾京砖等;还有休闲农业体验例如草莓精品园、省级青鱼特色精品园、银淞生态樱桃园、新泾港农业园、嘉佑农业项目等
陶庄镇	旅游资源:汾湖、画中汾南、汾南村 3A 级景区村庄(2020 年创建); 旅游节庆:姚娄母亲文化节、了凡善文化节活动等
姚庄镇	旅游文化品牌:"文化佳姚" 旅游资源:浙北桃花岛、丁栅湿地、莲花禅寺等
天凝镇	旅游资源:洪溪高浜 3A、蒋村北蒋浜 A 级景区、30 多座古桥、杨庙文化书房、天凝书场、东方红村展馆、一雌一雄 800 多年的古银杏树等

（三）水韵江南的生态环境

1. 水绿丰富的生态资源

全县水域面积为 73.71 平方公里，水面率为 14.5％，其中河道水域面积为 53.92 平方公里，湖泊水域面积为 19.79 平方公里。河道有 2240 条，总长 1829.5 公里，河道分布密度为每平方公里 3.61 公里，境内有大小湖泊 55 个，县境北部多湖荡，有汾湖、长白荡、夏墓荡、祥符荡、蒋家漾、马斜湖、北许漾、沉香荡、白鱼荡、西浒荡、六百亩荡等多个湖荡。

2. 宜农宜游的绿色本底

嘉善以"湖、河、荡、泉"为主的自然资源特色鲜明，以"水"为脉的自然生态基底，密如蛛网，水乡、田园、古镇、村落地域特征明显，具有典型的江南水乡特征。嘉善县湿地资源丰富，主要位于陶庄汾湖、太浦河—长白荡饮用水源保护区等北部区域，具有宜农宜游的绿色本底。

3. 全域秀美的人居环境

嘉善按照"美丽乡村示范县"的要求，开展农村人居环境整治百日攻坚行动，全力打造"水韵嘉善·美丽乡村"，到 2019 年时，共有 101 个村达到"全域环境秀美村"普适标准，19 个村达到"全域环境秀美村"示范标准。对农村生活垃圾分类处理的质量进行全面提升，持续推进农村垃圾分类与资源化利用工作，稳步建立垃圾分类积分兑换制度。对垃圾处理站的处理能力进行提升改造，并建成农村生活垃圾资源化处理站点 13 个。以"污水零直排区"创建为抓手，推进农村生活污水治理设施提标改造，实现农村生活污水治理覆盖率为 100％。在管理工作中，创新群众工作"五步工作法"，破解基层长效治理难点。

（四）特色鲜明的乡村文化

1. 历史文化资源禀赋

嘉善拥有大往遗址、独圩遗址、小横港遗址，先民繁衍生息的历史可以追溯到新石器时代。嘉善有各级文保单位、文保点 141 处，其中全国重点文保单位 1 处，省级文保单位 6 处，县级文保单位 50 处，县级文保点 84 处。嘉善田歌入选国家级"非遗"项目名录，宣卷、京砖烧制技艺、八珍糕制作技艺、古民居建筑艺术入选省级"非遗"项目名录,古民居建筑艺术、莲湘、蜈蚣鹞、砖雕、嘉善农民书、打连法入选市级"非遗"项目名录。嘉善建立江浙沪田山歌活动交流互动机制,积极组织开展"文化和自然遗产日"非遗传承保护、农民丰收节等系列活动;建立了一批民族传统节日保护地、传承基地、传承教学基地;加大对传承人的关爱力度,建立传承人保护制度,搭建传承人技艺展示平台。

2.乡村文化形成品牌

农村基层党建全面推进,坚持高标准规范化推进农村文化礼堂建设,常态化开展教育教化、乡风乡愁、礼仪礼节、家德家风、文化文艺等各类活动,通过以文化人、以文亲民,提升农民素质,培育文明乡风。截至 2018 年底,文化礼堂全覆盖,培育了"勤和缪家""花样江家""善美和合""美丽洪溪""幸福桃源"等一批特质鲜明、可学可看可示范的农村文化礼堂阵地。积极繁荣农村文化,广泛开展具有当地特色的乡村文化品牌活动,打造业余文艺团队,县域内 9 个镇(街道)立足自身实际和文化特色,完成"三团三社"组建任务,共计 54 支队伍、1215 人。

(五)嘉善样板的乡村治理

1961 年,田家英在和合村进行蹲点调查,为嘉善的善治打下了群众路线的精神基础。在之后的深入实践中,洪溪村坚持和发展新时代"枫桥经验",在全国首创"村务公决"的自治模式,成为全国闻名的"三治融合"标杆村,为嘉善的善治提供了内生动力。把"协商自治"作为依托,把"规范法治"作为保障,把"美好德治"作为根基,健全完善"三治融合"社会治理体系,建设"平安嘉善",不断提升基层治理效力。进入新时代,嘉善在"三治融合"的基础上,坚持以解决实际问题为导向,力促资源大整合、数据大运用、机制大创新、部门大联动、网格大升级,依托社会治理综合指挥服务中心,全面推进政治、法治、德治、自治、智治"五治一体"建设,做好数据的对接、整合和应用,以全感知、全协同、全智能为内核,以重点人、重点区域、重点场所、重点事为主攻方向,深入打造"三全四重"智治模式,实现数据资源共建共享和现代化治理。

二、机遇与形势

(一)乡村振兴政策新形势

1.国家乡村振兴战略规划部署乡村振兴发展蓝图

2017年10月,党的十九大报告首次提出乡村振兴战略。2018年1月2日,《中共中央 国务院关于实施乡村振兴战略的意见》[①]出台,提出了乡村振兴的总体要求,为"三农"工作的开展提供了指导性意见。2018年3月"两会"期间,习近平总书记在山东代表团审议时提出乡村产业振兴、乡村人才振兴、乡村文化振兴、乡村生态振兴、乡村组织振兴"五个振兴"[②],对乡村振兴战略目标和路径进行了明确指示。2018年9月,中央农村工作领导小组办公室发布《乡村振兴战略规划(2018—2022)》,对乡村振兴战略规划第一个五年工作提出了具体部署,明确了"产业兴旺、生态宜居、乡风文明、治理有效、生活富裕"的总体要求,是指导各地区各部门分类有序推进乡村振兴的重要依据。从机遇看,农业供给侧结构性改革为乡村经济高质量发展提供新动能,深化农村改革,国家将向农业和农村地区投入更多的资源要素,这些政策机遇必将激发农业发展潜能。

2.省级乡村振兴战略规划落实乡村振兴示范引领

2018年4月,浙江省委、省政府印发《全面实施乡村振兴战略高水平推进农业农村现代化行动计划(2018—2022年)》,作为浙江省新时代"三农"工作的新旗帜和总抓手。2018年8月,农业农村部与浙江省委、省政府签署《共同建设乡村振兴示范省合作框架协议》,推动浙江乡村振兴示范省建设。通过强化规划引领,制定《浙江省乡村振兴战略规划(2018—2022年)》,各地各部门要编制乡村振兴战略规划和专项规划或方案,形成系统衔接、城乡融合、多规合一的规划体系,推动多规融合在乡村区域实施。从乡村振兴示范省的建设

---

① 中共中央、国务院关于实施乡村振兴战略的意见[EB/OL].(2018-02-04)[2018-04-02].https://www.gov.cn/zhengce/2018-02/04/content_5263807.htm.

② 习近平李克强王沪宁赵乐际韩正分别参加全国人大会议一些代表团审议[EB/OL].(2018-03-09)[2018-04-02].http://jhsjk.people.cn/article/29857100.

出发,浙江省在规划中提出的目标全面领先于国家规划的目标进度,提出以深化改革为动力,以科技人才为支撑,以基层基础为前提,以《浙江省乡村振兴战略规划(2018—2022年)》为引领,以"五大行动""五万工程"为载体,以全方位的制度性供给为保障,通过30项重点项目支撑,践行乡村振兴战略,为本省乡村振兴规划指明方向。

3.嘉兴市提出符合嘉兴乡村振兴的特色发展目标

2018年6月,中共嘉兴市委、嘉兴市人民政府印发《关于坚定不移推进城乡一体化全面打造乡村振兴示范地的意见》,在意见的指导下编制了《嘉兴市乡村振兴战略实施规划(2019—2022年)》。该规划提出了奏响新时代的田园牧歌、复兴升级版的农耕文明、打造世界级的诗画江南,建设高质量乡村振兴示范地总体目标。作为对国家的20字总体要求和市委市政府意见内容的回应,从繁荣乡村、美丽乡村、文明乡村、和谐乡村、富裕乡村和活力乡村等6个方面分别提出了具体的振兴目标,指导后续嘉兴市乡村振兴工作围绕"奏响新时代的田园牧歌、复兴升级版的农耕文明、打造世界级的诗画江南,建设高质量乡村振兴示范地"开展。

4.嘉善县基于全省乡村振兴示范县建设开展乡村振兴

中共嘉善县委、县政府印发《关于全面实施乡村振兴战略高水平推进城乡深度融合的实施意见》提出,实施现代产业提质工程、美丽乡村建设工程、乡村文化繁荣工程、村域善治创新工程、富民惠民幸福工程,为把嘉善"建设成为全省乡村振兴示范县,实现美丽乡村再升级"提供政策支撑。

(二)国家、省、市重大战略新要求

1.长三角一体化上升为国家战略

2019年10月,长三角一体化上升为国家战略,随后《长江三角洲区域一体化发展规划纲要》与《长三角生态绿色一体化发展示范区总体方案》相继出台。提出改革开放新高地、生态价值新高地、创新经济新高地、人居品质新高地的发展目标,并以上海青浦、江苏吴江、浙江嘉善为长三角生态绿色一体化发展示范区,示范引领长三角地区更高质量一体化发展。嘉善位于长三角一体化生态绿色发展示范区,利用高于上海郊区品质的乡村振兴产业发展思路和紧邻上海大市场的区位优势,探索在农业现代化、一二三产融合、创新经济等产业新领域,实现从传统农业向集农业、生态、观光、休闲、科普于一体的现代农业发展方向转型。

2.习近平新时代中国特色社会主义思想的生动实践

根据《浙江嘉善县域科学发展示范点发展改革方案》,嘉善县明确了着力建设产业转型升级引领区、城乡统筹先行区、生态文明样板区、开放合作先导区、民生幸福新家园,努力把嘉善建设成为全面小康标杆县、县域践行新发展理念的示范点和推动县域发展的生动实践案例,为嘉善乡村振兴的科学发展、转型发展、跨越发展提供了新支撑。

3.嘉兴被列入国家城乡融合发展试验区

嘉兴全市列入国家城乡融合发展试验区,嘉善重点围绕建立进城落户农民依法自愿有偿转让退出农村权益制度、建立农村集体经营性建设用地入市制度、搭建城乡产业协同发展平台、建立生态产品价值实现机制、建立城乡基本公共服务均等化发展体制机制等任务进行探索,为嘉善乡村振兴在城乡融合发展的体制机制提供新思路。

4.浙江省四大建设要求及嘉善县全域旅游示范区建设

"四大建设"(大湾区、大花园、大通道、大都市区)及"两美建设"关注创新经济、注重交通设施、服务设施的协同发展、关注生态共治,推动农村生态环境、农业产业水平、农民生活环境的提高,有利于形成区域协同发展、城乡融合发展、农文旅产业融合发展新格局。

(三)乡村振兴发展规律的要求

1.城乡空间精明增长[①]

未来的乡村不等于农村,城镇化进入中后期,农村人口持续下降、就地城镇化进程仍将继续,乡村走向精明增长和保留村庄的振兴之路,实现美丽乡村

---

① 精明增长:其核心内容是指,用足城市存量空间,减少盲目扩张;加强对现有社区的重建,重新开发废弃、污染工业用地,以节约基础设施和公共服务成本;城市建设相对集中,空间紧凑,混合用地功能,鼓励乘坐公共交通工具和步行,保护开放空间和创造舒适的环境,通过鼓励、限制和保护措施,实现经济、环境和社会的协调。

升级版。嘉善位于上海大都市近郊区,城镇化和经济发展水平较高。未来对保留村庄应进行差异化发展,按照集聚提升、融入城镇、特色保护、搬迁撤并的思路分类推进,发展壮大特色保留村庄,精明缩减空心村、低效违建空间。

2.乡村产业转型

未来乡村产业不等于农业,乡村生态环境与文化成为吸引资本、技术、人才下乡的优势,未来城乡资源将逐步双向流动,涌现乡村田园综合体、景区村庄建设、农业经济主体,使政府、社会、个人资本流向乡村。城乡人群也将逐步双向流动,旅游人群、创意人群更多流向乡村。实施嘉善美丽乡村建设升级版,强化新业态、新产业、新品牌、新标准引导,引入工业理念构建农业经济开发区,推动农业空间转型发展,按照"绿色、高效、融合"理念,深入挖掘农业的生产、生态、文化、教育、休闲、体验等功能,推进一二三产的深度融合发展。

3.乡村社会变革

乡村居民不等于农民,乡村社会结构正向多元化方向重整,从而带来乡村产业功能的转型发展,包括新型职业农民、旅游人口、新经济新业态人员。城乡一体化公共服务设施需求背景下,嘉善凭借优质的生态环境,吸引带动乡村功能多元化、人才多元化。

(四)嘉善乡村振兴的基层诉求

1.城镇调研诉求

城镇访谈过程中普遍存在乡村产业振兴缺乏动力抓手,乡村振兴设施服务用地缺乏指标,美丽乡村长效治理缺乏机制,美丽景区乡村可持续发展不足等问题。

2.农村调研诉求

村集体经济用地的设施用地、建设用地空间不足,村集体经济富民路径不足。

3.农民调研诉求

重点围绕产业发展、生态宜居、乡风文明、乡村治理等方面进行居民问卷调查;产业兴旺方面,以特色农业为主,强调一二三产融合发展;生态宜居方面,加强江南水乡风貌的建房引导,农村人居环境的可持续维护与长效治理;

乡风文明方面,在完善乡村文化传承基础上,需要多样化的文化活动;乡村治理方面,在当前自治基础上,强化党建引领,发挥乡贤作用。

三、问题与挑战

(一)对标双示范的目标路径有差距

嘉善作为县域科学发展示范点和长三角生态绿色一体化发展示范区的"双示范"目标,在乡村振兴方面应该发挥示范作用。2019年前,嘉善乡村振兴缺少一个在科学发展示范下能凸显嘉善形象亮点的统一定位,也缺少一套适用于大都市圈内、国际化大都市周边的嘉善乡村振兴路径策略。亟须对标县域科学发展示范和长三角生态绿色一体化发展示范的要求,结合自身的特色,明确嘉善乡村振兴的目标定位,并围绕目标定位,针对短板差距,制定出一套符合自身实际,具有可实施性的乡村振兴路径和策略。

(二)对标新时代田园牧歌的产业体系有差距

实现乡村产业兴旺,奏响新时代的田园牧歌,要求嘉善现代农业产业体系及三次产业融合发展走在前列,农业竞争力显著增强。但目前嘉善农村的产业结构还需调整提升,农业产业粗放的生产经营方式仍以传统的小农经济为主,抗市场波动风险能力小,难以形成规模。除美丽乡村建设,农业生产性服务业、农产品加工业、休闲农业、农村电子商务等农业新型业态发育不足,美丽乡村向美丽经济转化的程度不高,业态不够丰富,美丽乡村与乡村休闲旅游融合度低。产业布局有待优化,农业平台格局还未形成,农业品牌影响力不大,农业科技支撑体系不足,农业经营主体培育还要进一步优化。

(三)对标世界级诗画江南的水乡环境有差距

围绕长三角生态绿色一体化发展示范区提出的"世界级滨水人居文明典范"目标要求,嘉善本底特色突出,但乡村风貌及乡村环境建设与世界级诗画江南的标准、世界级滨水人居的要求相比还有差距。目前嘉善农村风貌还存在"点上出彩而面上不平衡"的问题,除西塘古镇,其他对湿地、水乡等特色风貌的利用整合不足。乡村建设仅处于乡村环境的整治提升阶段,居民对生活垃圾分类处置、污水集中处理、农村厕所革命等公益行动的参与和接受程度不高,环境保护意识有待提升。乡村环境的治理手段还比较单一,体系化、智慧化、信息化、便民化程度不高,人居环境整治难点较多,投入巨大。

（四）对标复兴版农耕文明的发展水平有差距

实现乡村文化振兴,在文化保护和传承利用方面,与复兴版农耕文明要求还有差距。目前嘉善文化资源丰富,但对各村庄、乡镇的文化特色发掘还不够,"多村一面"的同质化建设,特色不足,辨识度不高,乡村的水乡生态优势和文化传承利用不足,美丽乡村环境和美丽经济业态没有充分融合,农耕文明延续不足。在发展水平方面,嘉善作为国家城乡融合发展试验区的重要部分,农村的基础教育、公共文化服务、社会保障等各项社会事业,与高质量城乡融合发展还有一定的差距。

（五）对标城乡融合发展的支撑要素体系有差距

城乡融合发展离不开人才、资金和土地三大要素的自由流动与支撑,目前嘉善农村劳动力老龄化严重,中青年职业农民和基层实用型人才缺口较大。村集体收入渠道单一,主要依靠物业经济和土地租赁收入,受到农业经营效益下降的影响,资金倒挂时有发生。同时美丽乡村投入较大,但美丽经济途径却有限。嘉善耕地占有率高,基本农田保护任务重,精品农业发展需要的空间要素难以保障,设施农用地的功能也限制了与一产融合的二、三产功能的布局。

第二节　嘉善乡村振兴的目标

嘉善始终高举习近平新时代中国特色社会主义思想伟大旗帜,深入学习贯彻习近平总书记关于"三农"工作的重要论述和实施乡村振兴战略的重要指示精神,围绕率先融入长三角一体化发展,以城乡融合发展为导向,高水平优化城乡空间,深入实施全域秀美、全域文明、全域善治振兴策略,推进城乡产业发展、生态环境、规划布局、基础设施、公共服务、社会文明与社会治理,全面完善政策体系建设,带领乡村人民创造更加幸福美好的生活。通过乡村振兴,在

"奏响新时代的田园牧歌,复兴升级版的农耕文明,打造世界级的诗画江南"等工作方面走在前列。

一、遵循的原则

(一)坚持主动融入长三角一体化发展

牢固确立全面融入长三角区域一体化发展国家战略这一首位战略,把乡村产业振兴、生态宜居、乡风文明、治理有效等工作部署融入首位战略,以此作为推动更高质量一体化发展的切入点和突破口,全面推进以人为核心的新型城镇化和提升乡村发展品质。

(二)坚持党管农村工作

毫不动摇地坚持和加强党对农村工作的领导,建立健全党管农村工作领导体制机制,严格落实各级党委书记第一责任人职责,建立党委领导、政府负责、社会协同、公众参与的体制机制,确保党在农村工作中始终总揽全局、协调各方,推动乡村全面振兴。

(三)坚持农业农村优先发展

把实现乡村振兴作为全党的共同意志、共同行动,做到认识统一、步调一致,在干部配备上优先考虑,在要素配置上优先满足,在资金投入上优先保障,在公共服务上优先安排,在基础设施、人才集聚方面加强支持,构建乡村发展保障体系。

(四)坚持高质量城乡融合发展

坚持高质量、高水平的城乡融合,在城乡一体化发展的良好基础上,切实发挥基层首创精神,发挥好农民在乡村振兴中的主体作用,注重城乡之间各类生产要素高效、顺畅、平衡地流动,确保城乡发展获得高质量的要素支撑。

(五)坚持循序渐进特质发展

科学把握乡村的差异性和特色化,做好顶层设计,注重规划先行、因势利导、分类施策、特色典型,尽力而为、量力而行,不搞形式主义和形象工程,结合乡村特质,有条件、有计划地扎实推进乡村特色发展。

（六）坚持解放思想创新突破

充分调动农村干部群众的积极性和创造性,实事求是、与时俱进,在农村金融制度、农业组织方式和生产经营方式等方面积极探索,鼓励有条件的地方先试先行,以试点探索积累经验,以重点突破带动全面提升,推动嘉善的乡村振兴工作始终走在全国前列。

二、发展目标

（一）愿景目标

发挥长三角一体化国家战略优势、习近平新时代中国特色社会主义思想的生动实践的政治优势,立足嘉善县的自身基础（区位交通基础、环境基础、社会基础、产业基础、文化基础、治理基础）,以善文化、农耕文化、名人文化等融合而成的具有嘉善特色的江南文化为内涵,通过谱写世界级的水乡风情、描绘升级版的田园风光、彰显新时代的善治风尚、引领一体化的融合风范,将嘉善建设成为长三角高质量乡村振兴示范地。

（二）发展目标

到2020年,乡村振兴制度框架和政策体系基本形成,乡村振兴取得一定进展,高水平小康社会全面建成,基本形成长三角区域城乡融合发展格局。

到2022年,率先形成长三角区域生态绿色示范,乡村振兴制度框架和政策体系建立健全,乡村振兴取得重大进展,小康水平达到全省乃至全国前列。

到2035年,实现长三角区域城乡五位一体化发展,农业农村现代化进程走在全省前列,实现农业强、农村美、农民富。

到2050年,乡村全面振兴,在长三角区域层面实现城乡居民共同富裕,农业农村现代化高水平实现,树立长三角区域城乡融合发展的嘉善样板,总结出在长三角区域可示范可推广的乡村振兴嘉善经验。

三、振兴蓝图

(一)振兴路径

通过"聚焦生态高品质,协同长三角生态绿色一体化,实现生态绿色先行示范;聚焦农业高水平,全域大平台＋小微园＋风景链,实现新时代美丽乡村示范;聚焦城乡高质量,新型城镇化带动的融合发展,实现新时代创新改革示范",打造一条长三角生态绿色一体化示范区的"美丽经济"示范路径。

1.聚焦生态高品质,协同长三角生态绿色一体化,实现生态绿色先行示范

围绕长三角一体化示范区"改革开放新高地、生态价值新高地、创新经济新高地、人居品质新高地"的战略定位和"世界级滨水人居文明典范"的发展愿景,按照"打造祥符荡、沉香荡的蓝色珠链上的休闲经济和创新经济"以及"太浦河南侧的都市农业和水乡特色"的需求,打造长三角一体化示范区生态绿谷,围绕"生态优先、绿色发展"发展主题,通过绿色生态展示项目、绿色高效生产项目、绿色科技示范项目、绿色生态循环农业、绿色健康水产养殖、区域乡村振兴协同发展等,全力打造生态优先绿色发展样板区。

绿色生态展示项目:开展水系整治、湿地生态修复、美丽河湖建设,开展太浦河清水走廊、伍子塘南北生态走廊等绿色水乡廊道建设工程,支持绿色发展展示体系。

绿色高效生产项目:开展绿色防控技术集成、零化学农药、农业废弃物处理等,建设北部绿色防控示范区。

绿色科技示范项目:结合祥符荡、沉香荡等休闲和创新经济,融入绿色智慧农业,将物联网技术、无人农场等运用到传统农业中,打造绿色科技智慧集中示范区。

绿色生态循环农业:以生态农业、循环经济为发展理念,构建种养加循环发展产业链条的现代农业发展立体化农业。

绿色健康水产养殖:引进高端渔业人才,整合工程技术、机械设备、监控仪表、管理软件和无线传感等现代技术手段和物联网、移动互联网、云计算等信息技术用于渔业生产,构建高密度、高产值、高效益的标准化养殖模式。

区域乡村振兴协同发展模式:建立长三角乡村振兴协同发展联盟,在长三

角区域内实现区域品牌共建、项目共享、人才共育、招商互促、资源互补等,建设乡村振兴的农业共同体、旅游共同体、服务共同体。

2.聚焦农业高水平,全域大平台＋小微园＋风景链,实现新时代美丽乡村示范

围绕长三角生态绿色一体化发展示范区提出的"保护更优的农业空间,率先实现农业现代化"的农业发展目标和在特色线路上提出的"风景道链接城市、蓝绿道链接风景"的需求,谋划打造长三角一体化示范区农业科技园区,围绕"转型提质、绿色高效"发展主题,通过全域"农业大平台＋精致小微园＋特色风景链",落实长三角绿色生态一体化示范区提出的都市精品农业、绿色生态农业、精致高效农业发展要求。

绿色生态农业向农业大平台集中。做强绿色生态农业,壮大农业经营主体,强化科技创新与应用,推进三产融合发展,以"发展农业经济开发区＋现代农业园区"模式,落实绿色生产与生态循环农业体系、农业全产业链、农业产业化联合体、农民创业创新孵化园、区域公用品牌、休闲观光农业基地、高层次农业主体以及农业科技合作、资本投资项目。

精致高效农业向精致小微园区集中。按照"高起点规划设计、高标准集约建设、高质量集聚项目、高效能管理服务"的要求,加快建设具有一定规模、主导产业突出、配套设施齐全、服务功能完善的小微企业园,通过政府统一指导协调、统一指导生产、统一后续服务,替代设施农用地的功能。

都市精品农业向精品农旅线集中。通过伍子塘生态绿道将长三角一体化示范区和嘉善县内"美丽农旅、水墨西塘、桃源渔歌、甜蜜花海、吴越汾湖"的线路和全域旅游板块进行串联,实现全域精品农业与休闲旅游的一体化发展。

3.聚焦城乡高质量,新型城镇化带动的融合发展,实现新时代创新改革示范

围绕长三角生态绿色一体化示范区提出的"世界级滨水人居文明典范"的愿景目标,打造一个江南韵和小镇味共鸣的区域。在江南文化基因和水乡古镇特质的基础上,塑造"江南韵、小镇味、现代风"的江南水乡风貌。围绕"国家城乡融合发展试验区"的要求,优化城乡融合发展格局,做大做强中心集聚点,使集聚农户享受高质量的城镇公共服务,扮靓美丽乡村点,建设一批具有江南

水乡水韵的美丽乡村。保证城乡融合发展用地支撑,重点探索实践农业建设用地和设施用地助推乡村发展的改革措施,落实年度获得新增建设用地指标中不少于5％用于农业农村产业项目的要求。

强化城乡融合要素改革集成。推进4项体系机制,即建立进城落户农民依法自愿有偿转让退出农村权益制度;搭建城乡产业协同发展平台(做大做强农业平台,大力发展城乡服务业,优化城乡产业发展空间);建立农村集体经营性建设用地入市制度;建立城乡有序流动的人口迁徙制度。突破6项体制机制,即完善农村产权抵押担保权能、建立科技成果入乡转化机制、建立城乡基础设施一体化发展体制机制、建立城乡基本公共服务均等化发展体制机制、健全农民持续增收体制机制、建立生态产品价值实现机制。

(二)蓝图布局

坚持规划引领,全面落实长三角生态绿色一体化示范区要求,凸显水乡基因特色、梳理生态要素、构建生态格局,打造一条南北向生态示范廊、多条风景道,在空间上与示范区全面融合,规划形成"一心一区一廊三片五线多点"的乡村振兴空间格局,优化高水平城乡融合发展的乡村振兴新格局。其中:"一心"为新型城市乡村样板服务核心;"一区"为长三角生态绿色一体化示范区先行启动区;"一廊"为生态绿色示范廊;"三片"为都市农业创业创新示范片区、生态绿色水乡农旅拓展片区和美丽经济甜蜜旅游配套片区;"五线"包括魅力农旅风景线、梦里水乡·乡伴西塘风景线、桃源渔歌风景线、甜蜜花海风景线和吴越汾湖风景线;"多点"包括A级景区村庄、美丽乡村精品村、历史文化村落等美丽乡村点。

(三)分区统筹

1.生态绿色示范廊引领

全面提升马斜湖、泥鱼荡、祥符荡、陆斜港、伍子塘等重要水系河湖及沿线生态品质,推进生态景观廊道建设,打造生态绿色示范廊。生态绿色示范廊以生态保育为核心,强化水体提质、功能调整、产业转型、公共连通、景观塑造。加强与长三角一体化示范区蓝色珠链衔接,示范廊是嘉善县融入长三角一体化示范区的重要生态通道、功能通道、融合通道,也是串联一体化示范区启动区、水乡客厅、农业平台、主城服务核、文旅融合等功能区的空间载体。

2.长三角一体化示范区先行启动区

西塘镇和姚庄镇北部区域,是长三角一体化示范区的先行启动区。未来重点依托北部优越的湖荡水绿资源和古镇文化资源,大力发展会议经济、科普文旅、生态农业、光伏渔业、古镇休闲等产业,探索区域共建共享、生态文明与经济社会发展的新路径。

3.推动三大功能片区发展

从乡村振兴角度出发,将全域乡村地区划分为农业经济开发片区、水上风情农旅片区和特色休闲农旅片区,对其发展方向、功能布局、资源配置等进行分区引导。

都市农业创业创新示范片区。主要位于天凝镇、干窑镇和魏塘街道区域,以农业经济开发区为抓手,打造集现代农业、都市农业、休闲农业等多种功能于一体的综合性都市农业创业创新示范片区。

生态绿色水乡农旅拓展片区。主要位于陶庄镇区域,未来重点依托汾湖自身资源基础,打造一处集水上运动、水乡风情、水乡文化体验等于一体的生态绿色水乡农旅拓展片区。

美丽经济甜蜜旅游配套片区。主要位于大云镇区域,依托碧云花海、十里水乡、歌斐颂巧克力小镇、云澜湾温泉景区等项目,打造集田园花海、田园体验、休闲度假于一体的美丽经济甜蜜旅游配套片区。

4.美丽线路

魅力农旅风景线。分布于天凝镇与干窑镇范围内,线路总长度约17.94公里(其中天凝镇域内长度约10.82公里,干窑镇域内长度约5.52公里,水上交通1.6公里)。全线依托百草园、洪溪农业生态园、嘉佑现代农业文化园等农旅项目以及朝尊禅寺、沈家窑、钱氏船坞、龙庄讲寺等人文项目打造魅力农旅风景线。其中西段以美丽乡村精品点为依托,打造"多彩风光、寻趣田野";东段以嘉佑田园综合体为核心,打造"悠悠田园、灿灿瓦都"。

梦里水乡·乡伴西塘风景线。位于西塘镇域内,线路总长度约16.84公里。全线依托西塘古镇、百果岛、茜墩碉堡群等项目,打造集"古镇旅游,水乡风光,农耕体验"等于一体的水墨西塘风景线。其中农耕文化体验段主要以红菱村网埭浜、高家浜、荷池村荷池浜、翠南村王家阁为载体,承载部分西塘古镇旅游配套服务,打造一条以农耕文化和精品民宿为主的风景线;休闲度假康养段以体现北部水乡风情、东部田园观光为特色,串联百果岛等休闲度假项目,打造集休闲度假康养为一体的风景线。

桃源渔歌风景线。分布于姚庄镇范围内,全线总长度约 16.11 公里。以桃源渔歌风景线的自身资源和发展基础为依托,打造集"水产养殖、果品采摘、农业观光、文化体验"等多种功能于一体的综合性风景线,体现嘉善东北部"锦绣姚庄、渔歌水乡"的特色。其中水乡风情段依托沉香荡、白鱼荡等水体,以沉香荡湿地公园为核心,水乡风情带为串联,结合打造渔民文化村、渔文化展示中心、休闲垂钓乐园、特色农家乐等项目,为游客提供渔文化体验、乡村休闲游的好去处;田园风情段以浙北桃花岛为核心,兼有史前文化展示等功能,并结合开展童话探险森林公园、大往圩遗址公园、四季花海等项目,打造浙北休闲旅游平台。

吴越汾湖风景线。位于嘉善县西北部陶庄镇,总长度约 13.03 公里。打造一处集"水上运动、水乡风情、亲子游乐、文化体验"等于一体的水乡休闲度假风景线,形成嘉善北部"动静汾湖,风雅陶庄"的特色风景。

甜蜜花海风景线。分布于大云镇范围内,全线总长度约 16.11 公里(其中水上游线长度约 2.66 公里)。全线依托碧云花海、十里水乡、歌斐颂巧克力小镇、云澜湾温泉景区等项目,打造一处集"花海观光、田园体验、水乡度假"于一体的甜蜜水乡度假型风景线,形成嘉善东南部"甜蜜之旅,大美云集"的特色风景。其中东段依托云澜湾温泉景区、歌斐颂巧克力小镇、梦幻嘉善、拳王水街、碧云花海、云野·歌遥等项目营造浪漫、甜蜜的休闲度假氛围;西段以缪家村为核心,打造新农村集聚样板村及红色研学基地,为来访者提供学习、参观的示范基地,做大做强大云特色农业品牌。

第三节　推进乡村振兴的阶段性成绩

嘉善制定相关乡村振兴战略规划后,保持发展定力、系统集成施策,把全面推进乡村振兴战略作为"国之大者",有力促进农业高质高效、乡村宜居宜业、农民富裕富足,全力打造长三角乡村振兴高质量发展先行地。已连续四年获得省乡村振兴战略实绩考核优秀单位称号。在"中国城乡统筹百佳县市"榜单中排名全国第四、浙江第二。

一、坚持全面统筹、高位推进,把牢乡村振兴"总抓手"

(一)强化组织领导,压实责任体系

2018年4月,成立由县委县政府主要领导领衔的县乡村振兴领导小组,2021年6月,挂牌成立县乡村振兴局;2022年5月,成立中共嘉善县委农村工作领导小组,构建上下贯通、协同高效的乡村振兴工作组织领导体系。县委县政府把乡村振兴工作列入重要议事日程,每年召开县委农村工作会议,专题研究乡村振兴议题,县委县政府主要领导深入基层开展调研。落实镇(街道)党委书记抓乡村振兴工作述职评议制度,自上而下层层压实责任链条。

(二)强化机制建设,提升落实效能

以"四个一"体系提升抓落实效能。组建一个专班,2018年4月抽调人员组建县乡村振兴领导小组办公室,开展集中办公、实体运作,建立"周碰头、月例会、季复盘、年总结"运行机制,全面落实乡村振兴日常管理工作;创设一个平台,打造全省首个乡村振兴多跨数字平台,形成集指标研判、动态督查、示范窗口、集成改革为一体的"振兴号"云管理平台;完善一组机制,实行乡村振兴重点工作月排名、月通报、"红、黄、绿"三色预警等行之有效的机制,全程跟踪管理重点工作、重要指标完成情况;创建一批示范,通过示范创建有效发挥引领带动作用,已创成28个县级示范村(含13个市级示范村),其中大云镇以全市第一的成绩获评市级示范镇。

(三)强化招才引智,注入发展动能

在培训教育上,通过"浙农云"线上课堂、浙江农林大学定向合作培养等途径,加大新型职业农民和农业人才培育力度。2021年以来,培训农村实用人才855人、高素质农民193人,培育农创客288人。在阵地建设上,依托龙头企业和资深讲师等打造实训基地,深入推动优质资源集聚和人才交流互鉴。

成立了全国首个实体化运作的乡村振兴学院（缪家乡村振兴学院）；碧云花园被列为中组部、农业农村部农村实用人才培训基地。特别是在姚庄镇建设沉香文艺青年部落项目，打造"农、文、科、乡、青"五创空间，用产业和社群激发乡村活力。在人才引育上，持续深化"两进两回"行动，出台《关于支持乡村人才振兴的若干政策措施》，围绕产业发展和市场需求，积极引导优秀人才流向基层、扎根乡村，累计培育星创天地20家，打造乡贤工作室72个。"善贤驿站"获全省统战工作实践创新案例。

二、坚持粮安为本、产业兴旺，稳住乡村振兴"基本盘"

（一）全力守牢粮食安全底线

千方百计种好粮，全面落实粮食安全责任制，按照"遏增量、清存量、防抛荒"的要求，保持高压态势，坚决有力推进"非农化""非粮化"整治。2021年粮食播种面积达32.31万亩，总产量14.42万吨，总产实现"五连增"，获评"2021年度浙江省产粮大县"。坚持"农田变良田"的理念，加大农田基础设施建设力度，提高农业装备水平，实现"藏粮于地""藏粮于技"。累计建成高标准农田33万亩，"千亩方、万亩方"1.4万亩。持之以恒管好粮，依托"信用订单"制度落实储备任务，有序做好轮换补库工作，确保储备粮油数量真实、质量可靠；做大"银加善"区域公用品牌，运用"主品牌＋子品牌"模式，提升"好米"供给能力和品牌知名度。

（二）着力做强现代农业平台

推动"大平台＋小载体"齐抓共育。一手抓农业经济开发区建设，坚持工业化发展理念，规划以魏塘为核心区、周边镇街为协同区的"1＋X"农开区整体架构，通过大平台承接大项目和大市场，推动优质资源集聚发展。2021年入选全国农业现代化示范区首批创建名单，嘉兴市为唯一名额、浙江省仅2个名额。另一手抓农业小微产业园推广，通过小载体连接小农户和专业社，促进农民增收致富。姚庄小微园建成全市第一个"盒马村"，农产品全部由盒马鲜生平台代为销售，农户亩均收益可达4万元。推动"培育＋招引"协同发力。对落地项目加大培育力度，全程跟进扶持，以项目高产高效支撑农业现代化，已为农开区各类涉农项目补助资金超 1 亿元;把招商引资作为农开区建设"头号工程",通过构建"1＋9"专班体系开展展会、驻点招商等,农开区累计招引浙粮集团、嘉佑农业、华腾牧业、中荷循环农业等产业项目 9 个、计划总投资 13 亿元。全县累计培育县级以上农业龙头企业 41 家,新型农业经营主体 1511 家。推动"种业＋米业"全链发展。以种业"研育繁推"、米业"产购储加销"一体化为抓手,推动粮食全产业链融合发展。引进可得丰种业共建总投资 1 亿元的陶庄智种产业园,与普通水稻种植相比,杂交稻制种的亩均收益增长 256％;在西塘打造总投资 1.36 亿元的现代粮食全产业链项目,并以此入围全省乡村振兴集成创新试点县。

（三）大力实施农业"双强"行动

科技强农。强化科技转化应用,建强嘉兴市农科院嘉善农科所科研基地,与长三角区域 10 余所高校和科研院所深化合作,推广农业主导品种 75 个、主推技术 41 项、主推机具 3 大类。丰产粮油专业合作社杂交水稻制种产量打破浙江"农业之最"纪录。机械强农。推动农业"机器换人"提质扩面,建立"以村集体主导为主,小型农机合作社为辅,农机大户为补充"的服务机制。全县水稻综合机械化率达到 89.85％;累计建成省级以上农机合作社示范社 9 家、"机器换人"示范基地 10 家,获评全省首批农业"机器换人"高质量发展先行县。

三、坚持美丽迭代、城乡互融,描绘乡村振兴"宜居图"

（一）突出全域秀美,提升绿色显示度

扎实开展农村人居环境整治,建立有制度、有标准、有队伍、有经费、有检查"五有"长效管护机制,全域秀美普适标准村、示范村达标率分别为 100％、85.1％。深入实施美丽乡村"1552"工程,以"田园变公园、村庄变景区"的理念提升乡村风貌,促进美丽经济价值转化。已建成美丽乡村风景线 6 条、美丽乡村精品村 33 个;创建 A 级景区村庄 72 个,其中 3A 级景区村庄 11 个。缪家村、红菱村、沉香村、鑫锋村、长生村入选全省未来乡村创建名单。姚庄镇桃源渔歌精品线路入选浙江省 2021 年休闲农业和乡村旅游精品线路。连续 2 年获得全市美丽乡村精品线建设现场推进会一等奖,获评全国村庄清洁行动先进县、首批全省新时代美丽乡村示范县。

（二）突出数字赋能,提升发展活力度

建优平台。依托"云上嘉善"数据资源平台,打造县域数字农业大脑"善农云"平台。获评全国县域农业农村信息化发展先进县、全国电子商务进农村综合示范县,列入省级数字乡村试点县名单,在数字乡村百强县榜单中位列全国第 11 位。建优场景。重点推进"肥药两制"改革、农村"三资"管理、数字农合联等 5 个应用系统,"浙农码"赋码量达 7 万次;西塘镇稻米加工"一件事＋明白纸"入选省农业农村厅农业投资营商环境特色工作。建优主体。加快向农业生产环节植入数字化技术,创成数字农业产业基地 31 家,全省数字农业工厂 3 家。

（三）突出设施提质,提升一体融合度

坚持城乡互补发展导向,扎实推进城乡交通、供水、污水、垃圾处理、供气和信息建设"六个一体化",让城乡居民共享现代化的基础设施。比如,交通建设方面,围绕基础设施建设、服务网络拓展、运力资源共享等方面,大力推动城乡交通互联互通。累计建成农村公路 761 公里,104 个行政村全部实现了 1 公里村村通公交,基本建成各镇 10 分钟上高速、县城到各镇 20 分钟、各镇之间 40 分钟的"短时交通圈"。城乡交通运输一体化发展水平在全省率先达到 5A 级,获评"城乡交通运输一体化"全国示范县和"四好农村路"全国示范县。再比如,城乡供水管网建设方面,率先在县一级建成城乡居民"同源同质同网同价"供水体系;构建"五位一体"农村生活污水治理设施运维管理体系,实现标准化运维 100%。

（四）突出均衡服务,提升宜居满意度

1. 医共体建设

建立健全"健康大脑＋智慧医院＋未来社区"三位一体医疗卫生服务体系,大力引进一批名院名科名医,健全县镇村一体化急救康复体系,建成紧密型县域医共体 2 个、覆盖公立医疗机构 15 家。

2.教共体建设

加快农村学校建设,推进县域教育优质均衡发展,目前各镇街二级及以上公办中心幼儿园覆盖率和农村标准化学校均达100％,教师流动参与率超过70％,农村学校名师覆盖率达到100％,成功入选全国首批义务教育发展均衡县。

3.养联体建设

城乡养老服务的资金补贴、适老化改造、长期护理保险等实行统一标准,基本建成以居家为基础、社区为依托、机构充分发展、医养有机结合的养老服务体系,形成了"20分钟养老服务圈"。被列为全省唯一的幸福颐养标杆区试点县;"五统联动"养老服务改革模式被列入首批共同富裕示范区最佳实践名单。

4.文化培植

县、镇、村三级联动在公共文化设施建设方面狠下功夫,深化图书馆总分馆体系建设,加快乡村文化名师工作室、非遗体验点等布点,积极构建"10分钟品质文化生活圈"。已建成乡村非遗馆5个、非遗体验点12个、乡村文化名师工作室13个、农家书屋118个、文化礼堂115家,实现农村文化礼堂行政村100％覆盖,有效扩大公共文化服务半径。同时,深化文艺"五下乡""善文化"节等群众文化品牌,举办"寻善归乡"吴镇真迹回嘉等活动,不断丰富乡村文化内涵。

四、坚持精管善治、深化改革,唱响乡村振兴"共富曲"

(一)以基层党建强引领

深入实施党建引领乡村振兴"八领二十条",落实县委常委挂点、下派第一书记等举措,持续推动组织优势转化为发展优势,积极推进自治、法治、德治、智治"四治"融合,加快实施"县乡一体、条抓块统"县域整体智治改革试点工作,以高水平党建引领乡村振兴高质量发展,基层党组织战斗力全面增强。"党建'八领'推动党的基层领导力提升"获评"中国基层领导力典型案例"。聚焦提升村社"领头雁"队伍共富能力,深入实施村党组织书记"领雁带创、活力倍增"工程,加强农村基层党组织带头人队伍建设。截至 2022 年底,创成全国乡村治理示范村 2 个,省级善治示范村 59 个;3 名村社党组织书记被聘为省市兴村(治社)名师。

(二)以精细管理提效能

深化新时代"网格连心、组团服务",全域推行网格化精细管理模式,将全县 170 个村(社区)划分成 818 个网格、6851 个微网格,整合基层党建网、民生服务网、平安综治网资源,按照"1＋3＋N"标准模式配齐配强网格力量("1"即 1 名网格长;"3"即专职网格员、兼职网格员和网络指导员各 1 名;"N"即多名志愿者、网格民警等),实行"分级明责、分类定责、捆绑问责"机制,明确将信访维稳、生态环境、消防安全等 22 大类事项入格管理,就近就地就便发挥网格员作用,有效化解基层矛盾、增强"最后一米"服务效能,切实提升基层治理能力和治理水平。

(三)以广泛发动凝合力

建立健全可落地、可执行的村规民约,推动移风易俗、树立文明风尚,充分发动群众、调动群众推进乡村振兴,形成共建共治共享的良好局面。比如,推行"干部包片、党员联户"机制,以党建引领最大限度地把村民动员起来、组织起来,真正实现人人参与、家家富裕。再比如,积极推行"三治积分＋金融赋能＋生态绿色加油站"模式,不断增强村民生态绿色发展意识,让每一位村民参与到乡村建设、环境改善行动中来,以"庭院小美""村庄洁美"助力"大美嘉善"建设。该模式入选全省生态环境系统共同富裕最佳实践名单。

(四)以改革造血促共富

坚持系统集成的理念,统筹推进国家级农村综合性改革试点、新时代乡村振兴集成改革试点等工作,先后推出"飞地抱团"、乡村振兴专项资金、农民增收"六金"等一揽子改革模式,有力破除发展梗阻,持续释放惠民红利。近 3 年省级以上农村改革试点项目 5 个,特别是 2022 年 6 月以全省唯一名额入选国家农村综合性改革试点,成为全国唯一 2 次入围该试点的地区。2021 年村均

集体经济经常性收入达到 435 万元,位列全市第一;农村居民人均可支配收入
达到 44324 元,分别是全省、全国的 1.26 倍、2.34 倍,位列全国县域农村居民
人均可支配收入百强榜第六;低收入农户人均可支配收入达到 23112 元、同比
增长 15.3%,增幅连续 3 年居全市第一;2022 年 6 月实施低收入农户基本
同步现代化行动获得省政府督查激励;城乡收入倍差缩小至 1.59:1、列全
国第四。特别是建立"县镇统筹、跨村发展、股份经营、保底分红"的"飞地抱
团"模式,引导经济薄弱村抱团建设强村项目,变"输血"为"造血",提升乡村
整体发展水平。累计实施"飞地抱团"项目 23 个,投资总额 28.2 亿元;并按
投资额的 10% 保底分配给各村,已为 104 个村增加收入超 1 亿元。"飞地
抱团"做法得到时任农业农村部相关领导批示肯定,被《农村工作通讯》作为
典型经验刊发。

五、坚持硬核投入、多元撬动,做优乡村振兴"资金池"

(一)探索"以地哺农、以农兴农"模式

聚焦农村发展"钱从哪里来"的问题,坚持"地从乡村出、钱为乡村用"的工
作思路,2018 年在全省首创提取土地出让金收益建立乡村振兴专项资金模
式,从各镇(街道)土地出让净收益中提取 10%,专项用于农业农村优先发展,
以土地增值收益实现"以地哺农、以农兴农"。并配套出台专项资金管理办法,
确保资金用规范、用到位。到 2022 年底,累计计提专项资金超 9 亿元,2021
年已安排 5 个乡村振兴专项资金项目,总投资超 3 亿元。

(二)健全"财政支农、金融惠农"体系

对涉农财政政策整合梳理、逐项优化,2019 年出台农业农村高质量发展
政策"22 条",完善集中财力办大事的管理机制。同时,以财政资金投入为重
要牵引,吸引和撬动多元社会资本投入乡村建设。到 2022 年底,财政资金"引
流"跟投的涉农投资达 10 亿元;争取到用于农业农村产业发展的地方专项债
8000 万元。此外,切实加大"三农"领域金融支持力度,全县农户贷款余额达
到 293 亿元;农业保险总投保额达到 2217 万元。

六、坚持规划引领,内部盘活,念好乡村振兴"土地经"

(一)做优顶层规划体系

在新一轮国土空间规划编制中将全域村庄分为集聚村、保留村以及撤并村三类,构建"9+102"的村庄发展体系,打造适应乡村振兴战略的空间布局,推动新型城镇化和乡村建设双轮驱动、同频共振、互促互进。考虑拟安排布局村庄建设用地 21.48 平方公里,其中集聚点 9 个、规划面积 15.28 平方公里、保留点 102 个、面积 6.21 平方公里。后续还将根据国家和省有关要求和实际情况,在总规层面进一步调整完善村庄用地布局。此外,新一轮"三区三线"调整中将保障农业产业项目建设和设施用地 360 亩。

(二)做活土地盘活文章

聚焦农村发展"空间如何打开"的问题,实施以"全域土地综合整治、全域农田流转、全域农房集聚"为核心的"三全集成"模式,土地节约集约利用成效好获国务院督查激励。全域土地综合整治上,按照"一保四化"模式,重塑农田肌理、优化功能布局、盘活资源要素;已累计完成全域土地综合整治项目 30个,完成整治面积 18 万亩。全域农田流转上,重点推进整村全域委托流转和农田集中,实现集中连片种植和规模化经营,土地流转率达到 86.6%。全域农房集聚上,集约化利用土地资源,以均衡发展为导向,着力打造城乡协调发展的农村新社区,集聚率达到 50.5%。

第三章　产业兴旺是基石

嘉善县作为传统的农业大县,素有"鱼米之乡""浙北粮仓"的美誉。农业发展基础比较好,拥有 45 万亩耕地,30.5 万农业人口,年粮食订购任务最高时达到 1 亿公斤,是全国粮食生产基地县和农产品供应上海的主要生产基地之一。

在实行家庭联产承包责任制前,一直以种植粮食为主,种植模式以"麦—稻—稻"为主,粮食复种面积 100 万亩左右,经济作物以油菜为主,粮经比例一直在 93∶7。

20 世纪 80 年代中期实施"稳定粮食生产,积极发展多种经营"方针,实现了以粮食为主、经济作物和养殖业的多业并举的格局。但是在有限的耕地上如何既能保证粮食生产又能增加农民收入成为迫切需要解决的矛盾。

从 20 世纪 90 年代,嘉善县对水稻田耕作技术进行了深度探索,大力推广高效、节本、低耗的"龟背式"大棚栽培技术,利用冬季"三闲"(冬闲田、闲散劳力、闲散资金),栽培大棚瓜、菜以增加农民收入,6 月下旬至 10 月底种水稻,形成了菜稻等粮经轮作、隔年水旱轮作等多种种植方式,促进了粮食和经济作物的双增产。把"三低田"改造成"三高田"(高产出、高收入、高效益),大幅度提高土地的产出率。主要开发了"大棚甜瓜—晚稻""大棚瓠瓜—晚稻""大棚茄子—晚稻""大棚番茄—晚稻""大棚丝瓜—晚稻""大棚西瓜—晚稻"等 10 种种植方式。实现了每亩田产出千斤粮和收入达万元,被誉为"千斤粮万元钱"工程。从此之后,这里冬季田野皆白,夏季遍地绿茵,彻底改变了原来单一种粮的传统三熟制模式,种植面积和经济效益均居浙江省前列,成为浙江省发展

"水稻—大棚多茬复种"的典型样本。

发展至今,嘉善农业产业越来越强。2021 年农业总产值、农业增加值分别增长 4.2% 和 3.2%,均列全市第一,粮食播种面积和产量实现"五连增",获评全省首批农业"机器换人"高质量发展先行县,丰产粮油合作社杂交水稻制种产量打破浙江"农业之最"纪录。

第一节　"千斤粮万元钱"耕作创新模式

20 世纪 90 年代,在传统的种田模式下,一年三季绿油油,除了稻麦便是油,但是农民劳作一年收入有限,民间用"七除八扣搓搓手"形象地描述种田不赚钱的现状。在实行家庭联产承包责任制后,由于籼型稻米不适合嘉善人的口味,种粮食经济效益不高,一度出现了卖粮难的问题,粮食收购部门收购粮食的政策"上限下不限"。农民开始自主决定种植经济作物新品种,追求经济效益,露地蔬菜、小棚西瓜开始发展起来。政府积极引导,加强农技队伍建设,及时配备经济作物技术指导员。并积极与科研单位加强联系,引进瓜菜新品种供应给农民,率先研究推广了"麦—西瓜—稻""麦—早稻—秋番茄"等新耕作模式,改变了单一种粮的三熟制模式,出现"粮经双超千"的新三熟模式,后来逐渐发展成为"千斤粮万元钱"耕作模式。

一、"千斤粮万元钱"耕作模式的由来

1991 年,在魏塘镇(原罗星)宝林村一社朱余田春季蔬菜的育苗大棚内种植了 200 株茄子,一季茄子的经济收入达到 1000 元,后茬还种了粮食。农技人员在调查中发现这个典型例子,就开始构想利用冬闲田发展大棚蔬菜、瓜类,后茬种粮食,一亩农田可实现"千斤粮万元钱",如果实现这个目标,既能保证粮食生产又能增加农民收入。农技人员及时地向政府领导作了汇报,时任领导也深切认识到:如果老是在传统农业中兜圈子,不仅农业基础地位不牢固,而且农村劳动力会大量流失,土地对农民失去吸引力,土地资源利用率就会下降,粮食的总盘子也难以保住。地方政府非常支持,组织部分农民到杭州等地参观考察大棚蔬菜,1991 年冬季,在宝林村建立了 25 亩以大棚茄子"长

虹旱茄"为主的"千斤粮万元钱"试验示范,并获得了成功,其中宝林村陈木根试种了 0.13 亩常规种大棚瓠瓜,总收入 1229 元,折亩收入 9460 元;1992 年冬季全镇又把种植面积扩大到 180 亩实施"千斤粮万元钱"模式,到 1993 年底调查显示完全达到了"千斤粮万元钱"的预期效果。在这样的基础上魏塘镇提出了实施"千斤粮万元钱"工程,研究"千斤粮万元钱"耕作制度。

魏塘镇多年来的农业种植结构调整,在当地起到较好的示范推动作用,由于采用蔬菜等经济作物与粮食作物轮作,既改良土壤,又使晚稻增产 5% 以上,同时蔬菜种植周期短,可按照粮食的需求及时调整粮经结构,因此既能实现粮食和经济作物双丰收,又能确保粮食安全,还能增加农民收入。

二、"千斤粮万元钱"耕作模式的发展

(一)建立课题实施规划

经过 2 年试验和示范初见成效,1994 年把"千斤粮万元钱"耕作技术研究和推广项目列入嘉善县政府首批科技发展计划,到 1996 年项目计划推广面积 2000 亩,研究改进毛竹大棚结构,解决大棚生产中的"十大"障碍因子,推广 15 项新技术,全面应用晚稻省肥高产栽培技术,实现大棚作物一季经济亩收入超 1 万元,粮食亩产量 1 千斤。

1.组建课题技术攻关协作组

由魏塘镇科委、魏塘镇农技站、魏塘镇果蔬技术协会联合建立技术攻关组,做到项目技术分工明确,落实到每位项目组人员。

在引进新品种的同时制定良种良法配套技术。新品种不能完全按照外地的栽培模式,因为嘉善是利用水稻田种蔬菜,土壤条件和环境条件完全不一样,在一个完全不同的环境中要创出种植一季 1 万元的经济效益难度较大。比如从日本引进的厚皮甜瓜,杭嘉湖地区属于不适宜栽培,课题组 6 次从日本请来了甜瓜专家进行技术培训,进行上门技术辅导。但是,甜瓜病害还是十分严重,发病率高达 80% 以上,严重时死亡植株达到 50% 以上。课题组专业人员起早摸黑在大棚甜瓜田里照着灯进行观察和分析甜瓜发病的原因,记载了每一个甜瓜生长的数据,但在大量数据面前很难定性是哪一个数据需要调整,又查阅了大量的有关植物生理学方面的资料,从甜瓜生理生长角度去分析,从

提高甜瓜植株抗病着手,改善甜瓜生长的生态环境,用甜瓜的生理标准来确定甜瓜的栽培管理措施。为了把该技术进行试验和示范,1996年在亭桥村投入40万元资金,创办了日本甜瓜大棚栽培标准化示范基地,通过2年的示范,取得了显著的效果,基地甜瓜总收入86万元,平均亩收入10750元,后茬粮食亩产超千斤。浙江日报在1996年6月报道了"嘉善瓜农发了'洋瓜'财"。农户看到了甜瓜的经济效益,由于种植甜瓜的这套管理模式劳动用工少,一个劳动力可管理5~7亩,种植量在魏塘镇一下子推开了。其他品种在研究大棚栽培技术中也同样花了相当大的精力,找到良种良法的配套技术。

改良大棚结构、克服大棚生产中的障碍因子。开始农民种植时建立毛竹大棚,3只标准大棚为1亩,长度35米,竹架大棚用3排顶柱3道横档,用普通膜单膜覆盖,通风以大棚两头为主或破顶膜开天窗通风降温。这种标准大棚结构的缺点:一是棚身短夜间散温快;二是3排顶柱3道横档,50%棚膜蒸气积水沿着两边的顶柱滴落在棚内,土壤相对湿度提高,早春地温上升慢,影响根系发育,病害发生严重,防治效果较差;三是大棚单膜覆盖晴天通风条件差,苗期易出现疯长,茄果类坐果率下降。毛竹大棚由于低矮,在种植水稻时需要拆除比较麻烦,毛竹容易腐烂折损重复利用率不高。技术人员从研究毛竹大棚的结构入手,从毛竹大棚到8米钢管大棚,从单膜覆盖到3棚3膜、3棚5膜,从拆棚翻耕到拖拉机进棚翻耕操作,以低成本推广,以降低投入风险来提高经济效益。

课题组同时提出了杭嘉湖地区大棚栽培蔬菜要克服土壤酸化、次生盐积化、缺素症、生长环境条件的障碍等十大生理障碍因子的研究任务。

2.引进新品种制定耕作模式

从国内外科研单位引进、筛选和推广新品种,选择适应性强、品质优、早熟、高产、抗病的良种进行推广。比如日本八江农艺株式会社的甜瓜"西薄洛托",北京农科院的"伊丽莎白",浙江省农科院的"长虹"早茄,杭州蔬菜研究所的杭州长瓜、杭茄系列,天津蔬菜研究所的黄瓜系列,台湾"农友"西瓜等新品种引进50多个,其中适宜推广的新品种有20多个,推广面积98%以上。

在引进新品种中,做得最成功的品种是日本甜瓜"西薄洛托"。在南方水稻区种植厚皮甜瓜开创了种植历史上的先河,填补了南方栽培厚皮甜瓜的空白,有效地调整了传统农业的种植模式,增加了社会的有效供给,促进了产粮区农业的可持续发展。1995年马家桥村科技示范户王连英,从魏塘镇果蔬技术协会引进日本甜瓜"西薄洛托"种植3.5亩,投入成本1万元,经济总收入达51000元,平均亩收入14570元,平均亩净收入11714元,其中1.8亩大棚种植每亩达到23000元。当地农民深切感触:种了一辈子田,也抵不上半年种甜瓜的收入,种甜瓜真好比是种摇钱树。魏塘镇被农业部命名为"中国甜瓜之乡"。

3.建立百亩示范中心千亩示范方

为了把"千斤粮万元钱"耕作技术模式加快推广,在宝林村二社建立了"大棚瓠瓜—晚稻"模式的百亩示范中心。1996年,49户承包户种植大棚瓠瓜108亩,经济总收入120万元,平均亩收入达到11110元,户均收入24490元;后茬粮食亩产507公斤,示范中心的农民经济收入高于一般农民的50%以上,而在1977年一年种三熟粮食,平均亩产量不到400公斤,这49户人家总收入只有1万多元,在同样这块土地上人均收入不足200元;在李家村建立了"大棚甜瓜—晚稻"模式的千亩示范方,全村2000多亩水田全部种上了大棚甜瓜,平均亩收入超万元,后茬粮食超千斤。

4.编写技术资料加大宣传提升农民科技素质

课题组根据实际、实用、实效的原则,在引进新品种的同时编写"千斤粮万元钱"大棚甜瓜、茄子、瓠瓜、番茄等配套实用技术资料,印发3000多份。把瓠瓜怕肥、怕水、怕旱、怕高温、怕低温等9怕,瓠瓜地爬栽培在整枝上、叶果比上如何确定等通过在不断试验和观察其生理特性中制定的栽培技术等编写入配套实用技术资料中,并进行印发、推广,取得了显著的成效,实现瓠瓜产量突破1万公斤,亩经济收入达到近2万元。该技术在2002年已编入浙江省农业百科全书。

(二)实施技术推广

1.加强领导

魏塘镇政府认真贯彻中央决不放松粮食生产和积极发展多种经营的方针政策,围绕"稳定粮食生产能不能发展多种经营""发展多种经营能不能稳定粮食生产"等问题展开讨论。大家认为:魏塘镇有71000多亩水田,首先必须安排"四项"需求,安排粮食总盘子。粮食总产量必须稳定在 4 万吨以上,粮食复种指数必须保证在 12 万亩次左右,如果全部按二熟制结构,全镇只有 2.2 万亩经济作物,这样的结构既不符合客观实际,又不能增加农民收入,为了确定一个合理的,又反映农户客观要求的区域化结构布局,镇党委、政府在广泛听取干部群众意见的基础上,提出两个 50％的结构布局,即 50％的水田种二熟,还有 50％种三熟,这样全镇粮经复种指数可达到 18 万亩次,至少有 6 万亩次的耕地种经济作物,这不仅能提高土地利用率、产出率和吸引力,而且能把粮经关系摆上科学合理的位置。

1995 年 2 月,时任县领导带领有关部门领导专程来到宝林村考察"千斤粮万元钱"工程的实施情况后表示,从实施"千斤粮万元钱"耕作模式,看到了嘉善县农业发展的希望。

2001 年 8 月 11 日,有关中央领导到城南村"千斤粮万元钱"示范基地深入农民家里进行调研,听了陈木根、严忠根等农户的种大棚蔬菜亩收入超万元,后茬种粮食亩产超千斤的汇报后表示,上半年种大棚蔬菜,经济收入很高,下半年种粮食,能保证吃饭问题,这种万元蔬菜千斤粮食的模式很好,达到粮经双丰收。

2. 组织科技示范

为了认真抓好"千斤粮万元钱"工程的实施,魏塘镇党委、政府始终把科技工作放在首位。首先加强了镇科委、科协的领导力量,稳定镇农技站的科技队伍;其次组建了 11 个农村专业技术协会,1 个瓜菜研究所,创办了 15 所农民学校,各村都配备科技员,建立良好的科技网络。

在建设示范中心、示范方的同时狠抓科技示范户,全镇建立 100 户"千斤粮万元钱"工程科技示范户,如亭桥村朱水荣是省级科技示范户,在 1995 年大棚甜瓜试种成功的基础上第二年种植 10.9 亩,经济总收入 12.2 万元,平均亩收入 11193 元,后季晚稻亩产量 507 公斤;宝林村陈福寿是县级科技示范户,二个劳动力,1994—1996 年合计种植大棚瓠瓜 10.2 亩,经济总收入 15 万元,大棚瓠瓜平均亩收入 14706 元,粮食平均亩产量 510 公斤,取得了显著的成效。

3. 狠抓技术创新

改革竹架结构标准大棚。竹架结构大棚不适应南方土壤气候条件。科技人员采用 8 米宽的钢管,延长大棚到 100 米左右;三排顶柱改成单排顶柱、两排边柱,形成"龟背式"结构大棚;大棚膜单膜覆盖改成三膜围裙式覆盖;开天窗通风改成两边围裙通风;延长 40 天大棚覆盖期,到 6 月底揭膜。同时草帘覆盖保温改为用无纺布覆盖,大棚采用"三棚五膜"多层覆盖。对大棚生产中产生的"十大"障碍因子开展了深度研究,基本上解决了大棚生产中的障碍因素,使大棚的经济效益有了快速的提高。

水稻技术上全面应用晚稻省肥高产栽培技术,采用肥水平衡促进技术,纯氮肥控制到 2.55 公斤/亩,粮食每亩可增产 10% 以上。

4. 加强技术培训

依托农民学校,加强对全镇农民进行广泛的科技培训,努力提高农民的科技整体素质,组织"千斤粮万元钱"培训 66 期、受训 4000 多人次;创办"农函大"班 2 期、受训学员 80 名;开展技术咨询 1500 多人次;使全镇万名农户由"劳力型"转向"智力型",让每户农户掌握 1 到 2 门实用种植技术。1995 年的年三十,魏塘镇果蔬技术协会到宝林村举办日本厚皮甜瓜栽培技术培训班,由于春节期间甜瓜必须播种,在春节后搞培训已经来不及了。当时在宝林村的农民学校里参加培训的农民有 50 多人,其中亭桥村的朱水荣上午本来去打年货的,路过宝林村时听说村农民学校搞日本厚皮甜瓜栽培技术培训,他立即骑车到宝林村农民学校参加了培训,一直到下午朱水荣还没有离开培训班。嘉兴日报嘉善版的杨记者被农民学技术的热情感染,到培训班的现场进行了实地采访,这篇报道被浙江日报刊登。

5. 组织产品促销

引进甜瓜试种成功,产量上升,但是甜瓜果皮特别硬,加之很多人不习惯它的口味,遇到销售难的问题。魏塘镇果蔬技术协会积极帮助农户做促销工作,1995 年 5 月初在甜瓜成熟初期进行优质甜瓜标准的宣传,同时协会筹措资金,把农户销售难的甜瓜以平均价格 15 元/公斤收购,分级包装贴上标签,运销到杭州、嘉兴、湖州、宁波等拓展了嘉善甜瓜的市场,协会在开拓甜瓜市场的同时,帮助和引导农民一起进入大市场,进一步提高了农民种甜瓜的经济效益。

三、最佳"六大稳粮增钱"模式推广

围绕提高土地复种指数、集约农作的目标,通过 20 余年的不断探索,到 2000 年魏塘镇大棚设施面积达到 24486 亩,形成了菜稻轮作、间作套种、一棚多茬、立体种植、延后栽培、隔年水旱轮作六大种植模式 68 种种植方式。连续多茬旱地种植经济作物之后,土壤中各种不利于作物生长的限制因子就会累积,再继续旱作,病虫害就会严重,作物产量品质下降。要使蔬菜与粮食生产两不误,同时改良土壤、减轻土传病虫害和缓解土壤障碍因子发生,水旱轮作是最直接、最简单、最有效的方式。水稻收割后轮作瓠瓜,一季下来需要肥料每亩不到 25 公斤,仅是普通模式的 30%。

2003 年至 2006 年魏塘镇用 3 年时间实施了国家星火项目,以马家桥村为核心,建设"高标准要求、高科技含量、高水平管理、高效益产出"的国家级现代农业示范园区,开展"高效设施农业高新配套技术集成应用",全面提升栽培新设施,全面提升作物新品种,全面提升农艺新技术,全面提升肥药新制剂。

调整农业结构,注重"一乡一品"的农产品基地建设,在全镇形成马家桥村为主的大棚甜瓜基地,城南、亭桥等村大棚瓠瓜生产基地、智果村的大棚莴笋生产基地、网埭港村的大棚番茄生产基地、和合及鑫锋等村的大棚茄子生产基地。通过国家星火项目实施,2006 年以来魏塘镇粮经比逐步调整到 50∶50,成为浙江省种植大棚瓜菜面积最大的镇。

不断提高效益农业品位,实施农产品品牌建设,采用无公害生产标准技术,通过保护和改善菜区的生态环境,发展无公害蔬菜生产,提高蔬菜品质。从 2002 年起开始组织实施万亩无公害瓜菜基地建设。通过创办无公害生产技术资料,教育农户严格控制高毒、高残留农药,控制化学肥料使用,积极引进推广生物制剂、生物农药、生物肥料,加强对农产品检测,有效提高农民对无公害农产品生产的认识程度,甜瓜、小蜜蜂葡萄获绿色食品称号,瓠瓜、莴笋、番茄获无公害农产品称号。2008 年,魏塘镇农业人口人均大棚蔬菜纯收入 3112元,占农民人均纯收入的 29.8%。其中,现代农业示范园区马家桥村大棚面积 3445 亩,占全村耕地面积(4997 亩)的 70%,大棚总值 2807 万元,总净收入 2104 万元,人均种植大棚蔬菜纯收入 9754 元。

通过"千斤粮万元钱"工程的实施,魏塘镇的农业经济再上一个新台阶,经

济效益和社会效益都有显著提升,这种耕作新模式吸引了来自浙江省各县市区和上海、江苏、安徽、江西、福建、山东等地区的参观、考察、学习达 10000 多人次。有力推动现代农业建设,为全面实现小康社会坚持不懈努力,作出了嘉善农民的贡献。

第二节　推进新型农业经营体系建设

21 世纪初,嘉善大力推进精品农业建设,积极探索新型农业经营体系,形成金色粮油、绿色果蔬、蓝色淡水养殖、白色食用菌、彩色花卉等"五色产业带",拥有中国雪菜之乡、甲鱼之乡等 6 个国字号荣誉,"杨庙雪菜""姚庄黄桃"2 个国家农产品地理标志。2014 年全县实现农业总产值 47.74 亿元;农民人均纯收入 25048 元、同比增长 10.4%;村均集体经济常规稳定性收入 141 万元。在浙江省农业厅公布的 2013 年全省农业现代化发展水平综合评价报告中,嘉善县在全省 82 个县(市、区)农业现代化发展水平排名中位居第四,嘉兴市 7 个县(市、区)中排名第一。全县农业劳动生产率达到 55318 元/人,居全省第十位。

一、新型农业经营体系发展状况

(一)产业基础扎实,"五色产业带"蓬勃发展

经过了 20 世纪 80 年代"稳定粮食生产,积极发展多种经营"、90 年代"一优两高农业"和 21 世纪初"推进产业化经营、发展高效生态农业"三次产业结构大调整。到"十二五"期间,嘉善农业发展逐渐形成了以金色稻米、绿色蔬菜、白色食用菌、蓝色淡水养殖和彩色花卉苗木生产为特色的农业"五色产业带"蓬勃发展的格局。

1. 金色稻米产业

全县粮食播种面积 41.22 万亩,总产量 18.4 万吨,嘉善是全国 2010—2020 年新增 1000 亿斤粮食生产能力项目县之一,在 2010 年被国家农业部评为全国粮食生产先进县。

2.绿色蔬菜产业

全县菜、瓜播种面积 24.48 万亩,总产量 53.8 万吨,其中冬春大棚 5.08 万亩,连续 17 年位居全省首位,被命名为浙江省蔬菜强县,被列入全国蔬菜产业重点县名录。

3.白色食用菌产业

全县食用菌栽培面积 4227 万平方尺,总产量 2.58 万吨,被命名为浙江省食用菌强县,"锦雪"蘑菇是浙江"十大名菇"之一,双孢蘑菇的周年化生产技术在全省、全国推广。

4.蓝色淡水养殖产业

全县淡水养殖面积 6.75 万亩,总产量 2.62 万吨,形成了龟鳖类、虾蟹类、名贵鱼类、常规鱼类四大养殖主导品种为主的淡水养殖格局,被评为全国平安渔业示范县,"六塔鳖"被评为"中国八大名鳖"之一。

5.彩色花卉苗木产业

全县花卉苗木种植面积 14212 亩,年产非洲菊、鹤望兰、百合等鲜切花 2.17 亿支,花卉主产区大云镇先后被命名为"中国鲜切花之乡"和"浙江省十大花卉特色镇",2009 年成功举办第七届中国杜鹃花展。

(二)主体培育加快,"企、社、场"发展迅猛

农业经营主体是发展现代农业的主力军。嘉善按照党的十八大提出的"培育新型经营主体,发展多种形式规模经营"要求,依托区位优势、产业基础,以结构优化、产业升级为抓手,加大培育力度,以农业龙头企业、农民专业合作社、家庭农场为代表的农业经营主体发展迅猛,覆盖全县所有农业产业。

1.农业龙头企业培育

2011 年到 2015 年间,全县累计农业龙头企业 40 家(其中省级 2 家、市级 24 家),固定资产总额 24.47 亿元,其中固定资产 1 亿元以上 11 家,2014 年总产值为 36.82 亿元。

2.农民合作社培育

2011 年到 2015 年间,全县累计培育各类农民合作社 196 家,(其中被市

县农业主管部门认定为规范社的 93 家),总社员数达到 6471 户,总资产 1.53 亿元,年销售总收入 4.03 亿元。

3. 家庭农场发展

家庭农场从 2013 年开始起步,已发展到 150 家(其中省示范性 6 家、市示范性 5 家)。

另外,还有其他种植业规模经营大户(面积在 10 亩以上)2538 户,总承包面积 12 万亩,农产品经纪人 1574 名,农产品销售额超过 10 亿元。比较有代表性的嘉兴碧云花园有限公司,被评为全国休闲农业与乡村旅游五星级、浙江省重点农业龙头企业和全市十佳农业龙头企业。

(三)体系不断健全,"农业现代化"加速实现

为加快发展农业现代化,促进全县农村经济社会又好又快发展。嘉善县结合自身实际,从 2009 年开始,创新性地提出了发展"精品农业"的概念,通过推进"五化"战略,着力构建具有嘉善特色的现代农业发展体系。

1. 产业布局区域化

在"五色产业带"的基础上,嘉善县布局了 18 万亩粮食生产功能区建设规划,同时启动建设 2 个省级现代农业综合区、10 个省级主导产业示范区、14 个省级特色农业精品园。建成粮食生产功能区 11.18 万亩,2 个省级现代农业综合区、4 个省级主导产业示范区、4 个省级特色农业精品园通过验收命名。

2. 产品生产标准化

形成层次清晰、较为完善的农业标准体系,复审 67 个地方农业标准并修订保留其中 17 个,内容包括粮油、蔬菜、水果、花卉、水产品五大主导产业,标准覆盖产前、产中、产后生产经营全程。全县农业标准化生产程度达到 69.33%。

3. 产业经营集群化

大力推行"企业＋合作社＋基地＋农户"的产业化经营模式,累计带动农户 52300 户,农业组织化程度达到 95%。深入实施农业接轨上海战略,通过农超对接、农市对接和农餐对接等形式,2014 年嘉善供沪农产品总量达到 33.9 万吨,产值 27.5 亿元。

4.农业环境生态化

通过实施病虫害统防统治、绿色防控工程,化肥农药减量增效工程,畜禽养殖业污染综合治理工程等,大力发展生态循环农业,全县规模化畜禽养殖场排泄物和农作物秸秆综合利用率分别达到98.12%和95%。嘉善县被列为全省现代生态循环农业发展整建制推进县,同步开展农作物秸秆综合利用和农药废弃包装物回收处置试点工作。

5.农业保障体系化

加强与国内外高等院校、科研院所产学研项目合作,不断完善"3+X"新型农技推广体系建设,积极创建全国农技推广示范县。健全农产品质量安全监管体系和动植物疫病防控体系,未发生重大动植物疫情事件。同时,降低农业项目贷款门槛,扩大政策性农业保险覆盖范围,加大金融支农力度。大云镇缪家村被中组部和农业部评为全国农村实用人才培训基地。

二、制约新型农业经营体系与农业现代化发展的主要因素

（一）土地要素制约

由于嘉善基本农田保护率达到86%,农民土地情结较重,农村土地流转难度较大,严重制约了农业规模化、组织化进程。据统计,截至2014年底,全县累计流转农村土地面积15.5万亩,综合流转率为44.12%,低于全市平均水平3.4个百分点,低于全省平均水平15个百分点。较低的农村土地流转率,使得部分农业经营主体变得"无地可用",在一定程度上制约了农业经营主体的投资热情。

（二）环境要素制约

一方面设施用地审批难,大型农业基地的管理用房普遍较小或者没有,大型农用机械缺少可以停放的场地,全县70%的农机属于露天停放状态,锈蚀严重,致使农机维修费用额外增加,使用年限大大缩减;另一方面,农业保险的覆盖面较小,到2023年主要集中在粮油产业、能繁母猪和大棚设施方面,蔬菜、水产、水果等产业农业保险可以选择的项目不多,农业保险的理赔条件也

比较复杂、苛刻。

（三）科技要素制约

主要体现在产前和产后两个环节。产前的种子种苗工程相对落后，嘉善县的大棚鲜切花、部分瓜果蔬菜、特种水产等产业的种子种苗基本依靠进口，本地优质种子种苗的繁育能力薄弱，产品没有市场竞争力。产后的农产品冷藏保鲜和深加工也是一块短板，农产品基本上以"鲜食"批发销售为主，保质期短，销售半径小，没有市场话语权。互联网和电商销售也刚刚起步，还有待进一步培育壮大。

（四）市场要素制约

发展现代农业根本还是通过规模化、组织化、集约化生产，在确保农作物单产的基础上不断提高农产品品质，提升市场综合竞争力。然而嘉善乃至全国的农产品销售主要还是以批发市场和农产品经纪人为主，真正直接进入超市、商场的比较少，假冒仿冒名优农产品的现象非常普遍，"优质优价"难以完全体现。例如嘉善县的"锦绣黄桃""小蜜蜂葡萄""小白龙甜瓜""碧云草莓"，市场上到处都是，真假难辨。

（五）人才要素制约

一方面，基层尤其是镇村一级的农技人员队伍薄弱，年龄结构不合理，专业知识不足以应对现代农业发展需要，农业科技服务的最后一公里难题比较显著；另一方面，真正从事农业生产第一线的职业农民和专业技术工，普遍年龄老化，有的已经 70 多岁，有的甚至将近 80 岁还在田间劳作。突出表现在用工比较集中的春秋两个季节，农业基地负责人往往要跨乡镇、县域来回专车接送技术工，日工资普遍在 100～150 元。

第三节　现代农业快速发展时期

2016 年至 2020 年，嘉善县委、县政府全面贯彻落实中央、省、市农业农村工作有关要求,深入践行新发展理念,高度重视农业发展。先后荣获国家农产品质量安全县、全国村庄清洁行动先进县、首批全国农作物病虫害绿色防控示范县、全国农业农村信息化发展先进县、浙江省新时代美丽乡村示范县、全省扶贫开发工作成绩突出集体、省市实施乡村振兴战略实绩考核优秀县(连续两年)、省"产粮大县"等荣誉称号。被列为首批国家农业现代化示范区创建对象、省级新时代乡村集成改革试点、省级"三农"新型基础设施建设试点县、省级乡村振兴集成创新示范建设项目、省级数字乡村第二批试点县等示范试点。

一、现代农业快速发展

(一)农业农村经济稳步增长

嘉善深入贯彻落实国家强农惠农政策,坚持把粮食生产放在经济工作的首要位置,把"三农"放在重中之重的位置。2020年全县农业总产值40.51亿元,可比增长2.0%;村均经常性收入达401万元,比2015年增长104.55%;农村居民人均可支配收入40741元,比2015年增长40.05%。

(二)都市型现代农业发展成果初显

嘉善在主动接轨上海、扩大开放上不断迈出新步伐,发挥地处上海大都市圈优势,按照都市现代农业发展趋势与要求,着力打造临沪"菜园、果园、后花园",在供沪农产品保障和衔接上海乡村休闲旅游市场两个方面成果突出。其中姚庄黄桃、惠民蜜梨、天凝葡萄、罗星甜瓜、干窑草莓等特色本地水果与上海山华果品市场、浦南农副产品批发市场、上海农产品中心等特色市场形成长期合作机制。同时大力发展休闲农业与乡村旅游,不断拓展农业的生产、生态与休闲功能,初步形成南北两片旅游集聚区与景观农业主体游线,每年承接来自上海的乡村休闲旅游客源呈现稳步增长趋势。

(三)新型主体和品牌建设初见成效

嘉善新型农业经营主体蓬勃发展,农业龙头企业、农民专业合作社、家庭农场、产业农合联等新型农业经营主体发展迅速。拥有省级现代农业综合区2个,省级以上农业龙头企业3家、市级以上农业龙头企业17家、县级以上农业龙头企业36家,家庭农场911家,农民专业合作社238家,已成立了雪菜、稻米、黄桃、水产等4个县级特色产业农合联。"银加善"品牌荣获"浙江省知名农产品区域公用品牌"称号。截至2020年,全县22个农业主体的28个子品牌80多个农产品已使用"银加善"集体商标,被许可农产品销售额超2亿元。

（四）美丽乡村示范建设成果显著

嘉善县贯彻"更高标准、更高要求提升美丽乡村规划设计"的要求,坚持规划引领、设计先行,高水平、高质量开展风景线和精品村的规划设计,深度挖掘本地文化,传承历史遗存,以创建省美丽乡村建设示范县为目标,创建省级美丽乡村特色精品村18个,A级景区村庄54个,扩面提质打造50个美丽乡村精品村,实现美丽乡村区域覆盖,已初步建成桃源渔歌风景线、甜蜜花海风景线、魅力农旅风景线等5条高品质美丽乡村风景线。

（五）农村创新改革工作不断深化

截至2020年,嘉善作为国家农村综合性改革试点县,已有10多项国家和省级"三农"改革试点项目落地嘉善。统筹配置地、田、房三大要素,推进全域土地综合整治、全域农田流转和全域农房集聚"三全"集成改革,探索形成以保耕地为红线、推动结构优化、资源节化、产业美化、红利转化同频共振的"一保四化"土地综合整治模式。创新"强村计划·飞地抱团"工作,"飞地抱团"模式入选了浙江省26条经济体制重点领域改革典型经验。全县农村承包土地流转率86％以上,全县城镇化率达到73％以上,为农业现代化建设提供强有力的要素保障(见表3-1)。

表3-1   嘉善县农业农村发展主要指标实现情况

一级指标	序号	二级指标	2015年	2020年目标值	2020年进展	备注
总体目标	1	农业增加值年均增长率（％）	-3.2	1	2	完成
	2	农村居民人均可支配收入（元）	27203	40000	40741	完成
	3	村均经常性收入（万元）	155	200	401	完成

一级指标	序号	二级指标	2015年	2020年目标值	2020年进展	备注
农业综合生产能力	1	粮食作物种植面积（万亩）	41.2	40	32.50	完成（新口径）
	2	粮食总产量（万吨）	18.40	18	14.41	完成（新口径）
	3	粮食生产功能区面积（万亩）	14.4	18.2	18.2	完成
	4	瓜菜播种面积（万亩）	23.97	24	24	完成
	5	瓜菜总产量（万吨）	57.7	60	65.23	完成
	6	全县蔬菜单产（公斤/亩）	2407	2800	2800	完成
	7	花卉种植面积（亩）	4147.8	3000	3500	完成
	8	水果实际投产面积（万亩）	2.67	2.5	2.81	完成
	9	水果总产量（万吨）	4.32	4	4.44	完成
	10	淡水渔业养殖总产量（万吨）	2.30	2.5	2.67	完成
农业产业化水平	1	年销售收入1亿元以上农业龙头企业（个）	3	5	7	完成
	2	示范性家庭农场（个）	8	30	46	完成
	3	新型职业农民（个）	450	2000	2632	完成
	4	土地流转率（%）	42.6	>70	86.6	完成
	5	农产品电子商务交易额（亿元）	1.5	8	11.1	完成
	6	休闲农业产值（万元）	2.5	4	8.94	完成
	7	农作物秸秆综合利用率（%）	95.8	>97	97	完成
	8	主要农作物病虫害统防统治率（%）	41.6	>50	81	完成
	9	农村清洁能源使用率（%）	77	80	94.5	完成
	10	高效、低毒、低残留农药普及率（%）	—	>90	95.7	完成
	11	与2015年相比化学农药使用量减少率（%）	—	>10	33.1	完成
	12	测土配方施肥技术普及率（%）	94	>85	98	完成

续　表

一级指标	序号	二级指标	2015 年	2020 年目标值	2020 年进展	备注
农产品质量安全	1	农产品质量抽检合格率(%)	98	>98	98.3	完成
	2	农产品"三品"认证率(%)	47	>50	56.01	完成
农业物质装备	1	主要粮食作物耕种收综合机械化率(%)	76.8%	80	86	完成
	2	建成"互联网＋"现代农业智慧农业应用示范工程(基地)	1	10	20	完成

二、现代农业发展面临的机遇与挑战

嘉善县农业农村经济稳步发展,在农业生产、基础设施建设、乡村风貌整治和脱贫攻坚等方面取得显著成效。但是面临百年未有之大变局,农业农村发展迎来战略机遇和挑战不可避免,稳住农业基本盘、守好"三农"基础是应变局、开新局的"压舱石"。

（一）发展机遇

1.国内国外"双循环"新格局战略机遇

面对世界百年未有之大变局叠加新冠疫情,党中央作出加快构建以国内大循环为主体、国内国际双循环相互促进新发展格局的强国战略部署。农业农村是国民经济的压舱石和稳定器,是扩大内需最大潜力领域之一,全国乡村振兴、数字乡村、未来乡村等惠农政策相继出台,农业农村高质高效发展也迎来重要政策窗口期。

2."长三角一体化"新定位战略机遇

嘉善位于长三角一体化发展腹地,有着天然的区位优势。随着国家长三角一体化重大战略纵深推进,紧扣"一体化"和"高质量"两个关键,把长三角地区建设成为高质量发展样板区,嘉善县是一体化示范区的重要组成部分,"双示范"建设不仅为嘉善带来了政策机遇优势,同时在设施配套升级、项目引进等方面提供了很好的建设机遇。

3."共同富裕"新目标战略机遇

2021 年 6 月,《中共中央　国务院关于支持浙江高质量发展建设共同富裕示范区的意见》正式发布,明确提出到 2025 年浙江的共同富裕示范区建设要取得实质性进展,人均地区生产总值达到中等发达经济体水平,以中等收入群体为主体的橄榄型社会结构基本形成。高质量发展建设共同富裕示范区是习近平总书记亲自谋划、亲自定题、亲自部署、亲自推动的重大战略决策,是浙江忠实践行"八八战略"、奋力打造"重要窗口"的核心任务,是扛起"五大历史使命"的总牵引,为浙江的高质量发展和现代化先行提供了新的动力,也为嘉善农业农村发展提供新的目标机遇。

4."数字化改革"新动能战略机遇

随着 5G、大数据、物联网、区块链等新技术在"三农"领域广泛应用,浙江明确提出要发挥数字经济领先优势,打造全国数字经济创新高地的新要求,浙江省委召开全省数字化改革大会,全面部署浙江省数字化改革工作,这是数字浙江建设的新阶段,是政府数字化转型的一次拓展和升级,是浙江立足新发展阶段、贯彻新发展理念、构建新发展格局的重大战略举措。为嘉善进一步推进农村的数字化、农业产业数字化明确了发展方向和发展重点。立足嘉善数字建设基础,扩大数字技术推广应用,提升数字化生产力,抢占数字乡村制高点,让广大农民共享数字红利。

(二)面临挑战

1.外部环境不确定性和市场波动影响凸显

当前全球农产品贸易形势、国内粮食供求格局和生态环境均发生了深刻变化,不稳定不确定因素显著增多,消费需求升级持续加快,保障农产品供求平衡难度加大,疫情常态化防控又给农民生产生活、农村稳定带来严峻考验,随着城镇化的快速推进,嘉善农业发展受到土地、水、劳动力、生态等要素制约日益凸显。

2.农村劳动力兼业化和老龄化的双重制约

一方面,农村劳动力非农化、兼业化进一步加剧,农村土地利用效率不高现象凸显,农业专业化的发展受到制约。另一方面,从事农业的人口急剧萎缩,整体综合素质相对较低,创新力不足,使得农业、农民在竞争中处于劣势。现有农技队伍结构不合理,复合型人才缺口明显。同时,农业专业技术人员的年龄普遍偏高,难以适应现代农业发展需求,"三农"可持续发展的支撑不足。

3.农业持续增收和生产成本上升的双重挑战

农村资源要素优化配置通道亟待进一步打通,土地、劳动、资本、技术、管理等各类要素的活力尚未完全激活。且各类农业生产要素价格逐年增长,生产成本持续提高,农业生产受农产品价格下降及生产成本增加的双重制约,严重挤压传统农业利润空间,导致农业产业发展动力不足,农业竞争力提升不快。

4.新型农业经营主体组织化专业化双提升挑战

嘉善县土地流转率整体较高,但流转后整体经营组织化、规模化偏低,现有的新型农业经营主体总量多,但基本都停留在初期发展阶段,普遍存在组织化程度低、产业基地规模小的问题,规模效应没有充分体现,基地辐射能力弱。如何实现嘉善新型农业经营体系组织化和专业化程度双提升,成为嘉善更进一步、更快一步推进农业农村现代化,提升农业综合效益的关键问题。

5.产业融合度和农业数字化设施有待提升

嘉善县特色优势产业基地规模化逐渐体现,但农业产业仍以传统种养业为主,一二三产业融合发展深度不够;同时嘉善耕地保有率高,基本农田保护任务重,精品农业发展需要的土地要素难以保障,限制了与一产融合的二、三产功能的布局。5G基站、5G网络、数字智能设备在农村领域覆盖面相对滞后,智能化生产作业装备、农业专用传感器缺乏,长三角都市圈互联网等技术势能没有充分利用,难以支撑农业数字化改革的发展需求。

三、嘉善现代农业发展方向

未来,嘉善将紧扣"双示范"建设,突出"生态绿色、高质高效",创新四大发展模式促进现代农业发展:共享农业示范模式,发挥地处长三角核心区域优势和粮油、果蔬等产业优势,打造小微产业园、盒马村等优质农产品供应基地;智慧农业示范模式,强化科技、资金等投入,提升都市农业的科技支撑水平,建成一批智慧农业应用示范基地和数字工厂,全面提升粮食、特色果蔬、新型养殖等优势产业的综合效益;低碳农业示范模式,拓展都市农业生态价值,加快引进农田生态绿色发展关键技术,推广稻田综合种养、病虫草害绿色防控技术运用,提高农业废弃物资源化利用率,推动生态绿色农业发展;农旅融合示范模式,发挥美丽乡村建设、农产品地理标志、品牌农产品等优势,推进农业与休闲产业深度融合,建成以西塘古镇、大云为核心的休闲农业集聚区,打造长三角都市居民休闲度假首选地。依靠五大方面实现四大发展模式。

(一)推动"高端化"设施装备,创新社会服务体系

到 2023 年,提升高标准农田面积 5 万亩,建成 9 个设施完善、科技先进的高标准农田样板;实施"双强"行动,普及新型农机技术装备,推动"科技强农、机械强农",主要农作物耕种收综合机械化率达到 86.5%,建成农机合作社示范社 9 个、农机综合服务中心 9 个。

(二)依托"双迭代"产业平台,构建立体集聚区

推进农业经济开发区建设,引进头部农业企业发展现代农业,到 2023 年累计完成农业投资 28 亿元;建设小微农业产业园,围绕农业主导产业,将设施农业进行集中生产,集约经营,为都市提供更多绿色农产品,建成 9 个以上高质高效的农业小微产业园。

(三)打造"全程化"产业链条,促进三产融合

延伸产业链,突出"农业＋"路径,发展雪菜综合体、优质稻米等产业,到 2023 年建成 5 万亩优质稻米示范区;发展融合型业态,引进龙头企业和工商资本等建设农家乐、民宿和田园综合体等乡村共享经济,农业全产业链经济规模达 13 亿元。

(四)打造"标准化"监管模式,营造低碳生态圈

打造绿色优质农产品基地,建立万亩优质杂交制种示范基地,实施"三品一标"提升行动,到 2023 年,粮食规模化经营比例达到 88%,绿色优质农产品占比 58%以上;加强农业面源污染防治,深化农安嘉善智慧监管,加强绿色生态养殖,推进水产养殖尾水治理。

（五）建设"善农云"数字大脑，促进数字化改革

加强农业数字化建设，重点培养都市型数字工厂，到2023年，建成农业数字基地45个，数字化农业企业占比60%以上；推进农业数字化应用，依托县域数字大脑，发挥农科所技术资源优势，推动大数据汇聚整合和关联分析新成果，取得自主创新研发优质种苗新突破。

第四节　迈入数字农业发展时代

党的十八大以来，中央高度重视农业农村信息化建设，数字乡村作为重要抓手，为乡村经济社会发展提供了强大动力。2018年中央"一号文件"首次提出"实施数字乡村战略"；2019年5月，中共中央办公厅、国务院办公厅印发《数字乡村发展战略纲要》，明确将数字乡村作为乡村振兴的战略方向和建设数字中国的重要内容；2020年，中央网信办等七部门联合印发《关于开展国家数字乡村试点工作的通知》，部署开展国家数字乡村试点工作。农业领域方面，农业农村部、中央网信办印发的《数字农业农村发展规划（2019—2025年）》提出，要大力发展数字农业，实施数字乡村振兴战略。

2021年初，浙江省委办公厅、浙江省人民政府办公厅印发《浙江省数字乡村建设实施方案》，明确提出了乡村信息基础设施得到有效提升，数字"三农"协同应用平台基本建成，农业农村数据资源库不断完善，初步建成天空地全域地理信息图的近期目标。同时，成立专门的"数字三农"专班，力争打造"数字三农"浙江样板。同年11月，浙江省农业农村厅关于印发《浙江省数字农业工厂建设指南（试行）》《浙江省数字渔场建设指南（试行）》等通知，全面贯彻落实国家数字乡村建设和全省数字化改革部署要求，探索"产业大脑＋未来农场"的发展模式，推动农业产业数字化。这一系列政策的出台，为搭建数字"三农"协同应用平台、推进生产管理数字化应用、流通营销数字化应用、行业监管数字化应用等数字农业建设的重点任务提供了支撑保障。

一、数字农业发展措施

县域既是乡村振兴的依托,也是实现城乡协调发展的重要节点。嘉善县按照中央省市发展熟悉乡村的要求,立足"双示范"建设,深入实施乡村振兴战略,加快发展数字农业,大力建设数字农业基地、数字农业工厂和未来乡村,全力打造长三角数字乡村引领区,成为全省数字乡村建设试点县。

（一）出台一套扶持政策

2019 年制定《嘉善县人民政府关于推进农业农村高质量发展的若干政策意见》（善政发〔2019〕35 号）及相关实施细则,全面加强数字农业建设。如成功创建省级及以上农业领域"机器换人"示范组织（合作社、家庭农场、农业公司）、示范村的,县财政分别给予 20 万元、10 万元的奖励;同时每年统筹 300 万元用于智慧农业建设。再如对新认定为农业教育培训基地的,最高给予 20 万元的奖励;对新认定为农民田间学校的,最高给予 10 万元的奖励;同时每年统筹 300 万元用于农业科技创新驱动战略、数字农业和物联网农业建设,推动农业科技成果转化。

（二）建设一个数字大脑

依托"云上嘉善"数据资源平台,通过对农业主体、主导产业、产业项目、土地流转等农业基础数据汇总分析,以"一图一库一码"为框架（"一图":乡村要素、产业、治理和服务一张图,实现图治乡村;"一库":乡村数据资源库,实现乡村要素资源数字化管理;"一码":推进统一标准的"浙农码",实现主体信用评价、食用农产品合格证和农产品追溯等）,集成粮食保供、生态绿色农业、美丽乡村片区、共同富裕示范路、乡村振兴指数管理等数字化功能,建设县域数字农业大脑"善农云"系统,重点推进数字"三农"协同应用平台、"肥药两制"应用系统、农村集体"三资"数字管理应用系统、数字农合联应用系统、低收入农户帮扶系统等 5 个应用系统,为农业产业高质量发展提供决策依据。

（三）创建一批数字基地

大力推进数字农业工厂试点创建和种养基地数字化改造,已建设一里谷农业、易久农业、华腾生猪牧场等 31 家数字农业产业基地。如一里谷农业通过搭建智慧农业网,建立室外气象观察站,利用多种传感器、肥水一体化系统、机器人采收系统、网络监控摄像机等数字化设备,实时采集空气温湿度、光照强度、二氧化碳浓度等数据,实现精准调控。据测算,年灌溉用水量、肥料施用量比传统种植用量均减少 30％;年农药施用量比传统种植减少 10％。易久农业种植近千亩的热带水果,包括百香果、巴西樱桃、凤梨释迦、长桑果等 10 多类品种,结合现代化土壤改良技术、节水微喷灌技术等,利用传感器等采集温度、湿度等关键数据,做到精准化管理,实现热带水果落地嘉善。华腾牧场作为嘉善县首个全省数字农业工厂创建试点,积极构建猪场环境控制、生长监测、饲养管理等全程数字化体系,目前已引进智能化投料系统、自动化消毒机器人等设备,大大节约了人工成本。

（四）制定一套质量体系

嘉善县作为全国首批国家农产品质量安全县之一,创新建立"农安嘉善"智慧监管 App,建立"三入三化"机制(监管人员入户、监管设备入场、监管信息入网,促进监管履职网格化、监管过程透明化、监管评价实时化),构建信息可共享、源头可追溯、数据可定位、风险可防范的现代农产品质量安全监管体系。共有 2200 家农业主体纳入监管平台,297 家农业主体纳入农产品合格证追溯平台,建立 146 名"县镇村"监管人员队伍,上传检查巡察信息 4 万多条。同时,实施黄桃标准化示范建设,创建标准化生产面积 1900 亩,建立示范基地 4 个,成功申报嘉兴市首个地理标志保护工程。

（五）创新四个应用模式

1. 建设数字农田

将"数字化"与高标准农田建设充分结合,努力推动农田数字化建设。在易久农业、浙粮集团、西塘镇地甸村和罗星街道厍浜村四个高标准农田建设项目中实施自动化灌溉控制,总面积达 14010 亩。

2. 推广智慧农技

立足"全面全程、高质高效"两大基点,全力推进农业"机器换人",创建省级农业"机器换人"示范镇 5 个、示范基地 10 个。大力推广高端农业装备,累计安装农用北斗终端 193 台(套),购置农用无人机 82 台(套),配套自动驾驶农业装备 10 台(套),农作物综合机械化率达到 85%。

3.试点小微产业园

在姚庄镇率先建设现代小微农业产业园,结合全域土地综合整治,累计投资 5000 万元,将原有分散的大棚设施进行集中生产经营,按照标准化生产模式定点供应盒马鲜生,姚庄镇武长村成为嘉兴市首个盒马村。目前一期已建成 300 亩,入驻农户 25 户,每亩收入 4 万元以上,增长 20%。

4.打造监测系统

在干窑范东、西塘红菱、天凝南星、惠民大泖等 4 个水稻连片种植基地,建立智慧型虫情测报系统,包括智慧型虫情测报、性诱虫情测报、病害孢子捕捉仪、生态远程实时监控、农业气象监测等 5 大子系统,自动监测虫子种类、数量及其消长动态,为预测和预防虫害发生提供可靠的数据参考,同时亩均减少用药 30%左右,改善了生产环境又提高了稻米产品的品质。

二、数字农业发展面临的瓶颈

(一)政策标准体系待完善

县农业农村局、县财政局根据善政发〔2019〕35 号文件要求,制定了《嘉善县推进农业农村高质量发展的若干政策意见实施细则》,明确对数字农业建设(包括农业机械和设施装备应用、智慧农业建设项目)、物联网农业建设等,由县财政予以相应补助。但从相关的数字农业工厂、种粮大户、农业技术专家反映的情况来看,补助范围不能很好地受益于一般农业相关群体,且补助/奖励资金相较于前期投入的建设资金而言不是很高,这就导致拓展数字农业建设的积极性不能很好地被调动。在数字农业后期运营维护及迭代升级过程中,支持、指导政策还不够多,也不够优化,保障数字农业项目具备自我造血功能和可持续性发展还不够足。此外,在建设与运用过程中,法律法规体系支撑不足、市场监管不够到位、配套服务体系不够发达等问题,也在一定程度上限制了数字农业的推广普及。以农业无人机为例,作为一项新生农业科技产品,既缺少牵头主管部门,也缺少统一国家标准、成熟的操作规范和效果评价,且尚未纳入农机监管,缺乏相应的市场监管,农业无人机属于"三不管"地带。同时,农业无人机服务网点覆盖面不广,运维的配套服务体系存在不足,农民"不会飞"、机器维修难、"飞手"不懂农业等问题缺乏相应的指导帮扶机制。

(二)应用平台建设待研究

嘉善在农业大数据平台建设上取得了一定成效,但对照发达地区仍有差距。

1.数字平台建设还较慢

虽然依托"云上嘉善"数据资源平台已经启动"善农云"系统建设,但该系统目前仍未上线,且基础数据平台的完善和数据整合与实际需要仍有差距,相较于周边城市而言,建设进度较为滞后。

2.农业应用场景还较少

目前,主要协同建好4个省级涉农应用平台,分别是数字"三农"协同应用平台,涵盖资源要素、乡村产业、乡村治理、乡村服务四大板块;"肥药两制"应用系统,主要功能包括农药实名制、化肥定额制、农产品质量安全可追溯等;农村集体"三资"数字管理应用系统,包括基础数据、资金审批、银农直联、统计分析等模块;低收入农户帮扶系统,重点对低收入农户状况、"一户一策一干部"帮扶情况进行动态管理。虽然通过这些系统可以了解嘉善的农业经济形势,进行农产品质量追溯,动态管理低收入农户帮扶情况等,但这些平台大多数起到的是监管、预警等作用,实际涉及农业的数据较少。

3.数据利用水平还较低

目前,很多应用程序需要由人工收集数据,依靠人工导入。例如"农安嘉善"智慧监管App,全县有2200家农业主体纳入监管平台,297家农业主体纳入农产品合格证追溯平台,这些信息需由146名"县镇村"监管人员队伍进行巡查后将检查录入平台。同时,在数据共享方面,各物联网设备或管理平台之间无法实现共联共享,信息数据完整性、关联度不高,碎片化严重,难以整合并互联互通。

（三）农业专业人才待挖掘

发展数字农业，核心是数据，但关键还是在人，数字农业领域专业人才还较为匮乏。

1."惯性"思维未发生扭转

例如，姚庄镇渔民村有两户甲鱼养殖户安装了"渔家乐"，渔场感应器探头感应到含氧量不足等情况，手机会发出预警信号，并可通过手机应用操作调节渔场温度、湿度等，实现实时预警、实时调节等功能。但养殖户仍偏向于选择使用传统仪器进行监测，并根据数据对渔场的指标进行调整。

2.农村劳动力老龄化严重

数字农业可通过数字化的办法识别病虫害以及土壤中微量元素的含量，帮助农民更好地管理果园、稻田等。换句话说，就是给农民"开方子"。"方子"有了，需要农民自己去"抓药"，但实际问题是从事农业生产的绝大多数为六七十岁的老年人群，年富力强的农业劳动力较为缺乏，没有能力和劳动力去"抓药"，也没有精力施肥打药。

3.数字人力资本积累不足

从事农业生产的劳动者大多文化素质不高，文化水平普遍偏低，在一定程度上制约了数字农业的发展、数字技术的应用。例如，嘉善虽针对农业龙头企业、家庭农场、农户开设有乡村振兴学院、农民课堂，尽管不少"泥腿子"通过培训实现了"弯道超车"，但大多数涉农行业从业者在面临数字农业时常常还是束手无策。例如，无人机安装北斗卫星导航系统后，只要手机打开应用程序，设定好航线和返航点，无人机就可按照事先设定的路径作业，而大多数劳动力年龄偏大，新技术学习意愿不强，不会也不能规范地操作无人机。

（四）数字运用效果待提升

数字农业是数字信息技术在农业上的综合应用，为农业转型升级提供强有力的科技支撑。随着数字信息技术的广泛应用，一些基层干部和新型农民群体对数字农业充满着期待。但从现实情况看，数字化运用指导农业生产还是或多或少存在着一些问题。

1.数字化场景的稳定性不够好

在安装有田间监控和病虫害监测的粮食种植基地,设施设备容易受外界干扰,例如农田周围通信信号不稳定、刮风下雨等恶劣天气导致断电、田间小动物破坏等,都可能导致数据信息无法更新,从而影响数据信息的时效性。

2.数字化运用的实用性不够强

以病虫害监测系统为例,对于田间虫害情况虽能体现虫子密度等相应的数据,但数据不够直观,不能为后期用药(用什么药,用药量多少)提供建议。同时,对于病害情况缺乏相应的数据支撑,在水稻出现纹枯病、稻曲病,油菜出现菌核病等病害时,监测系统还不能反馈信息,需要种粮大户、农业专家等实地观察。

3.数字化设备的操作性不够优

例如农业无人机满载续航时间短,频繁大功率充放电叠加恶劣的野外作业环境,导致故障时有发生,且和人工喷洒相比,无人机速度虽快,但其作业效果并不理想,像果树的叶底等可能喷洒不到。同时,在一些稻田中存在电线杆等障碍物时,无人机的避障功能还有待进一步提升。

第五节　平台赋能:农业经济开发区与农业小微产业园"双轮驱动"

一、推进农业经济开发区平台建设打造生态绿色农业产业

浙江省在农业园区与农业经济开发区建设的基础上,推动现代农业发展与美丽乡村建设有机结合。2019年,嘉兴市提出发展形成具有嘉兴特色的农业经济开发区模式,为农业现代化发展和全面打造乡村振兴示范地奠定坚实基础。嘉善县以农业平台建设为载体,坚持"绿色、高效、融合、创新"的发展理念,立足嘉善县现代农业发展资源条件与发展基础,按照高起点规划、高强度投入、高标准建设、高效率管理、高水平示范要求,努力将嘉善农业经济开发区建设成为生态高效农业发展的样板基地、科技创新应用的前沿阵地、农业项目

合作的首选之地、产业融合发展的引领之地、体制机制创新的先行之地,打造嘉善特色的农业经济开发区模式,为农业高质量发展和全面打造乡村振兴示范地奠定坚实基础,推进农业农村整体提升。

(一)高质量推进农业平台建设势在必行

农业是一个古老的产业,也是一个弱势产业,同时又是一个基础产业,促进农业高质量发展是具有极大挑战的工程,但又是必须迎接的挑战。因此,推动农业高质量发展必须高质量推进农业经济开发区建设。

1.农业产业绿色、高质量发展的必然要求

倡导农业高质量发展的要求。党的十九大报告明确指出"我国经济已由高速增长阶段转向高质量发展阶段。"这是对我国经济发展阶段做出的重大判断,意味着以"质量变革、效率变革、动力变革"驱动经济向高质量发展成为今后经济工作的主线。农业是立国之本,担负着粮食安全、劳动就业、环境保护、社会稳定的重任,农业高质量不仅是经济高质量的基础,也是经济高质量的关键。《全国农业现代化规划(2016—2020年)》明确提出实现农业现代化要以提高质量效益和竞争力为中心。嘉善始终将农业高质量发展放在重要地位,开展系列农业招商推介活动,不断引导企业加大农业科技投入,加快人才强农战略,解决农业人才的创业基础,着力提高农业生产水平,带动农业有效投入持续增长,使农业主导产业参与市场竞争能力持续提升,农业产业提升发展驶上了快速道。

倡导农业生态绿色发展的要求。党的十九大报告中指出:"加快建立绿色生产和消费的法律制度和政策导向,建立健全绿色低碳循环发展的经济体系。"并提出"建立市场化、多元化生态补偿机制"的要求,为当前推进农业的可持续发展提供了科学的指引。我国农业发展对资源的利用与生态维护之间形成了一定的矛盾,农业环境污染及食品安全问题亟待解决。为此,须进一步落实绿色发展理念,优化农业生态补偿机制,着力推进绿色农业的深入发展。嘉善县始终坚持贯彻国家农业生态绿色发展理念,把农业生态绿色发展建设作为优化经济发展、增进民生福祉、促进社会和谐的重要措施加以实施,坚持绿色发展,生态立县。加快完善全县现代农业功能定位与总体布局,积极打造农业＋生态＋旅游＋文化＋商业的多产业融合发展新模式。

2.上级探索农业经济开发区建设的要求

2019 年 3 月,《嘉兴市人民政府办公室关于推进农业经济开发区建设的指导意见》(嘉政办发〔2019〕12 号)指出:为进一步夯实全市农业发展基础,提升三产融合水平,增强创业创新活力,补齐要素资源短板。根据《中共嘉兴市委嘉兴市人民政府关于坚定不移推进城乡一体化全面打造乡村振兴示范地的意见》(嘉委发〔2018〕11 号)精神,经八届市政府第 20 次常务会议审议通过,提出加快推进农业经济开发区建设。文件要求,到 2020 年,每个县(市、区)至少建成 1 个规划建设面积不少于 2 万亩的市级农业经济开发区。开发区应至少达到"八个一",即组建一个高效运转的开发区管理机构,建立一套绿色生产与生态循环农业体系,建成一条以主导产业为基础的农业全产业链,培育一个联结紧密的农业产业化联合体,建立一个功能完善的农民创业创新孵化园,做强一个以特色农产品为核心的区域公用品牌,建设一个与主导产业相结合的休闲观光农业基地,招引一批海内外高层次农业主体和一流的农业科技合作、资本投资项目。开发区内主导产业亩均产出比全县平均高 20% 以上。

3.抢抓"双示范"建设战略机遇的需要

2019 年 11 月,《长江三角洲区域一体化发展规划纲要》与《长三角生态绿色一体化发展示范区总体方案》相继出台。以上海青浦、江苏吴江、浙江嘉善为长三角生态绿色一体化发展示范区,示范引领长三角地区更高质量一体化发展。嘉善进入"双示范"建设战略机遇期,背负探索将生态优势转化为经济社会发展优势、从项目协同走向区域一体化制度创新使命,全力打造生态优势转化新标杆、绿色创新发展新高地、改革开放新高地、人与自然和谐宜居的新典范。"科学发展"与"长三角一体化"双示范的战略叠加,在交通便捷、商品流通、发展质量、产业结构调整等方面都带来很大的变化,对嘉善来说能把握好便是机遇。要以农业生产为基础,延伸产业链条,促进一二三产业融合发展,发展现代农业。需要跳出农业来看农业,用发展工业经济的理念和思维来发展农业经济,关键在于建园区、立机制、有评价、能带动、会转型、有品牌、可持续。

4.农业产业持续发展奠定了坚实基础

"银加善""鱼米之乡""丝绸之府"的美誉,彰显着各界对嘉善农业产业发展的认可。中央和省、市一直高度关注嘉善"三农"工作,尤其是党的十八大以来,社会各界也对嘉善"三农"工作高度关注,中央政研室、中农办、农业农村部、财政部等多次到嘉善调研,中央、省、市各级媒体多次聚焦嘉善农业产业发展。2018年全县土地流转率达到了83.99%、城镇化率达到了63%;全县农业总产值从2005年的24.3亿元增加到2018年的42.2亿元,年均增长4.1%;农业增加值从2005年的13.28亿元增加到2018年的22.4亿元,年均增长5.3%;全县农村居民人均可支配收入由2005年的8042元增加到2018年的34788元,年均增长25.6%;城乡居民人均可支配收入比从2005年的2.055∶1缩小至2018年的1.683∶1。

5.农业产业发展存在短板形成倒逼之势

对照高质量推进农业经济开发区建设的目标,嘉善县还存在不少短板和问题,形成"补短板、争示范"的倒逼之势。比如,农田流转质量还不够高,"插花田"现象普遍存在,土地难以集中连片,农业产出效率不高。以魏塘街道长秀村为例,虽然土地流转率已经达到了97%,但是还有1700亩左右的"插花田"问题。农业主导产业还不够优,近年来发展迅速,但还是停留在"重数量、轻质量"的层次,生产经营理念落后,品牌创建意识还不强。经营主体实力还不够强,嘉善的农业发展一直都是"小而散",规模化、标准化农业企业不多,自主创新能力较弱,带动能力不强。产业融合还不够充分,产业融合发展层次仍然不高,农户不能充分分享二三产业的增值收益;不少农村产业融合企业数量小而散,农产品加工深度不足,等等。

(二)嘉善县农业平台建设推进情况

1.农业平台建设起步阶段

嘉善农业平台建设始于20世纪90年代中后期,从1996年起,以镇为单位,通过以平整农田、建设水利基础设施为主,组织实施现代农业示范园区建设。1997年,洪溪镇现代农业示范园区通过省级验收。从2002年起,县政府实施建设高效生态农业示范园区,出台农业产业化经营扶持政策,全县共计建设26个高效生态(特色)农业示范区。2010年,为促进农业生产的转型升级,浙江省全面启动现代农业园区(综合区、示范区、精品园)建设,相对于传统意义上的农业示范园区、示范基地,现代农业园区对集中连片、产业突出、示范带动、科技应用提出了更高要求,当时嘉善共有 2 个现代农业综合区,6 个主导产业示范区和 4 个特色农业精品园获省级命名。2017 年,省委、省政府提出深化"两区"建设,推进现代农业发展与美丽乡村建设有机结合,在全省建设 100 个左右一二三产业深度融合的农业现代园区(农业集聚区和特色农业强镇)。嘉善县根据任务目标启动相关园区建设,2018 年,中西部省级现代农业园区和姚庄果蔬特色农业强镇列入省级现代农业园区(特色强镇)创建对象名单,白水塘现代农业园区和西塘稻渔特色农业强镇列入市级现代农业园区(特色强镇)创建对象名单,上述 4 个农业园区(特色强镇)在 2019 年均已完成规划编制,于 2020 年完成建设。

2. 农业平台建设全力推进阶段

2018 年,《中共嘉善县委嘉善县人民政府关于全面实施乡村振兴战略高水平推进城乡深度融合的实施意见》(善委发〔2018〕17 号),提出"建设农业经济开发区、大产业,高水平推进农业现代化……编制农业经济开发区(现代农业园区)规划,建设农业经济开发区,为乡村振兴发展提供基础支撑。"按照"虚实结合、镇区合一"的发展理念,成立了嘉善县农业经济开发区及管委会,分别成立魏塘街道、惠民街道、干窑镇、天凝镇农业经济开发区分区。2019 年,嘉兴市提出建设农业经济开发区,制定了嘉善县农业经济开发区的建设指导意见。至此,现代农业园区(省级)和农业经济开发区(市级)两大农业发展平台,成为嘉善县实施乡村振兴战略和现代农业高质量发展的重要载体和主要抓手。以"国内一流的现代农业高质量发展样板"为总体定位,构建"一体三区一模式"目标体系,即打造乡村振兴创新综合体,建设现代农业转型引领区、美丽经济转化示范区和农业制度改革先行区,创建生态高效农业新模式,全力推进农业经济开发区建设。

(1)健全组织机构。2018 年 11 月,组建农业经济开发区管委会,由分管副县长任主任,相关部门分管领导为委员,统筹协调农业经济开发区各项工作。2021 年,魏塘主区为加快项目推进、加强组织协调,设立综合协调、项目建设、环境优化、产业发展等 4 个专项工作组,各专项工作组各司其职,项目化、清单化、责任化、时序化推进各项工作。形成了"政府引导＋市场运营＋科研院所助力＋村级组织参与"的组织框架。

（2）完善推进机制。根据嘉兴市政府《关于加快高能级产业平台建设推进乡村产业高质量发展的指导意见》中提出"每个县（市、区）集中资源重点建设一个高能级农业经济开发区"的目标要求，嘉善农业经济开发区在2—3年时间内，将以魏塘农业经济开发区为主区重点打造，惠民、干窑、天凝分区统筹推进。为进一步加大考核力度，2021年在县目标责任制考核中增加差异化考核，分值为0.4分（魏塘为0.4分，其他3个分区为0.3分）。在乡村振兴考核中对有农业经济开发区平台的镇（街道）按建设综合完成任务和工作质量情况正反向赋分，完成情况好的最高加2分，完成情况差的最多扣2分。2022年，根据实际情况，进一步加大考核力度。

（3）科学编制规划。编制完成《嘉善县农业经济开发区总体规划》，出台《嘉善县农业经济开发区建设指导意见》《嘉善县高质量推进农业农村发展若干财政政策意见》《嘉善县农业经济开发区资金补助实施办法》等相关政策文件，规划面积5.75万亩。根据各分区特色，分别定位为以发展总部经济区为重点的现代农业产业示范园、以荷兰韦斯特兰绿港全产业链联盟为技术支撑的标准化果蔬产业示范园、以嘉佑农业的田园农业综合体项目为核心的农业文旅融合产业示范园、以浙江粮食有限公司为主体的优质粮油产业化基地。魏塘主区委托上海交通大学规划建筑设计单位编制的《魏塘农业经济开发区总体规划》《核心区控制性规划》和《重点地块城市设计》，并于2021年2月，通过县政府批复，形成了"一轴一环双核六片区"的园区规划。

（4）加大招商力度。成立农业招商工作专班，开展专业招商、展会招商、上门招商和驻点招商等多形式的农业招商活动。对重点招商项目实施清单化管理，梳理形成已签约未落地、拟签约、重点谋划招引项目清单，明确目标任务和时间节点。分析、研判产业龙头企业战略布局和核心项目建设，开展定向招商，结合开展以商招商和以会招商等。2021年新引进并落地了生鲜果品智慧冷链物流和农业创业创新孵化园2个亿元项目。

（5）加强项目建设。为进一步加快项目建设进度，制定了《重大产业项目推进计划表》，明确责任单位、责任领导、责任人，倒排时间，层层落实责任。已引进嘉佑农业、浙粮集团、华腾牧业、荷兰铑科等农业项目13个，累计完成产业项目投资5.9亿元。2022年，魏塘主区共涉及基础设施项目4个，计划总投资6000万元，生态廊道工程、美丽乡村工程以及标志标牌项目正在建设中。

产业项目 3 个,其中,雨露空间项目正在方案设计及供地准备中;农业创业创新孵化园项目已开工建设;农科院生态智慧提升项目实施方案已获批复。

(6)深化财政投入。嘉善农业经济开发区涉农投资已累计完成 11.45 亿元(财政投入 7.12 亿元),2022 年魏塘主区已新增投资 725 万元。对县农业经济开发区在启动、建设和验收三个阶段通过阶段考核的,县财政给予每个阶段 3000 万元的补助,镇(街道)按不低于 50%给予配套,资金在乡村振兴专项资金中列支。2021 年 8 月,下拨第一批启动资金 1360 万元。2022 年,结合高质量发展政策意见修订,计划每年给予 3000 万元的补助。

(7)做好用地保障。深入推进土地集中流转,引导委托流转,实施全域流转,进一步转化私下流转、提高流转品质。在坚持土地承包政策不变的情况下,把土地流转与发展特色优势农业结合起来,加快土地向园区项目业主规范有序流转,当前农业经济开发区内的土地流转率均在 90%以上,魏塘主区流转率在 95%。同时,以该轮国土空间规划编制为契机,编制完成《嘉善县现代农业发展专项规划》和《嘉善县农业农村现代化"十四五"规划》,对设施农业用地与农业建设用地进行规划布局。

(8)强化基础设施。强化基础设施,提升平台形象。园区已累计流转土地 3.64 万亩,腾退企业 738 家,农房集聚 2772 户,全域土地整治 2.8 万亩,建成美丽乡村精品村 9 个。新泾港农业园、南星村烘干育秧中心等 26 个项目已基本完成,西北圩区整治、长秀村农田水利设施提升项目等 11 个项目正在加快推进,累计完成基础设施项目投资 6.6 亿元。

(9)示范带动效应。2019 年,善农公司与天凝南星村签订 3 年育秧烘干中心租赁合同,为村集体增加 100 万元的收入,嘉佑农业每年返还给村 100 元/亩的土地流转费。浙粮集团成立善农粮油专业合作社,实行订单收购,辐射带动项目区及周边种粮大户 32 名,种植优质水稻 1.5 万亩,亩均增收 150 元。嘉佑农业通过建立农业星创天地、科技转化中心,引进院士、博士科研转化项目 6 个,孵化回乡创业大学生 9 名,推广应用新品种、新技术 35 个,辐射带动周边农民合作社、家庭农场等 19 家。

(10)促进三产融合。打造"全程化"产业链条,促进三产融合。农业经济开发区通过搭建综合共享平台,支撑农业全产业链的全线升级,树立三产融合发展典范。魏塘街道的一里谷农业科技有限公司打造一条集合生态种植、科技孵化、加工包装、物流配送、产品直销的农业全产业链。用数字技术打通了农业"研、产、供、销"全链路,实现种植、采摘以及运输、销售等环节的全链路数字化。在"研"方面,通过与浙江大学等科研院所的合作,进行农业科技孵化,减少农民试种风险,拿到好的种子、培育出好的种苗,推广给农民使用;在"产"方面提供农业技术服务和农业生产标准,确保品质稳定;在"供"方面,以现代化、集成化的冷链加工物流园提供更高水平级、更加专业化优质农产品的生鲜加工与冷链配送业务;在"销"方面,通过数字化分选,以高中低端平台实现消费分层,最大化实现农产品价值;同时,开展电子商务进农村综合示范县项目,在嘉善县重点地段合理规划服务站点位置以提升整体服务能力,增加服务多样化、扩大服务覆盖面。

(三)嘉善农业平台建设的一些思考

农业经济开发区建设与全域土地综合整治、全域农田流转和全域农房集聚统筹推进,进一步优化配置农业经济开发区内的地、田、房三大要素,实现全要素优化配置。在全省首创土地出让金提取机制,在土地出让金净收益部分中提取不少于10%的比例用于乡村振兴,实现了以用地资金反哺乡村发展的财政保障体系,创新财政支农体制机制改革新路径。出台《嘉善县农业投资项目评价暂行办法》,明确优先引入条件,以提高农业投资项目质量,对项目实行分类评价,优化要素资源配置和节约集约利用水平。建立农业投资项目评价工作联审会议制度,明确相关部门的工作职责和评价内容。对项目实施情况跟进跟踪管理,健全全链条的产业管控机制。

但是也存在问题与困难,比如整体进度还不够快。农业经济开发区核心区块的建设、周边设施配套都需要大量的建设用地和设施用地指标,再加上永农面积34.2万亩、粮食生产功能区面积18.18万亩的限制,部分项目难以落地,项目推进情况并不理想。产业层次还不够高。按照规划,开发区内主导产业亩均产出要比全县面上高出20%以上。但是对标对表国内、省内先进区域,即使高出20%,与先进地区还有一定的差距;产品缺乏"技术""品牌"等有"含金量"的内容,附加值不高,特别是特色产业缺少著名品牌。项目投资还不够准。由于部分项目定位不准,部分企业投资农业具有盲目性,主导产业竞争力不强,配套技术和管理跟不上,项目难以持久发展,造成投入成本高,而产业效益低,未能起到应有的示范效果。因此,促进农业产业平台建设需做好"六大"文章。

1.高标准实施"规划"的文章

高标准紧扣编制的规划,按照"合理功能分区、节约集约用地、绿色持续发展、三产联动融合"的理念,合理划定总体布局、特色产业、明确功能分区,整体规划、整村连片推进,让各个区域各行其道、紧密衔接,绘就和实施"发展大蓝图"。

2.高标准做好"土地"的文章

农业发展离不开土地。农业经济开发区的建设归根到底还是要把土地资源效益最大化。要加大"流"的力度。土地只有集中连片流转,才能真正做大谋划、做大格局。要加大"聚"的力度。完成农房集聚工程,让农民从土地上脱离出来,才能真正转变小农经济的发展模式。要加大"整"的力度。要做好全域土地综合整治的文章,既要合理化确定土地单元,又要科学布局机耕路、水渠等基础设施,真正把每一块土地的效益激发出来。

3.高标准做好"质量"的文章

农业产业提质,必须坚持质量兴农、品牌强农。要把质量体现在标准上。按照亩均投入、亩均产值、亩均效益等指标,继续深化"标准田"制度,确保农业投入和农业产出。积极建设一批标准化、示范性的农业生产基地,拓展农民、农村与社会化资本的合作模式,实现共赢发展。要把质量落实到工作中。开展食用农产品合格证"一证一码"模式推广工作,深化农产品质量追溯体系建设,鼓励和支持"三品一标"农产品认证。要把质量发力到"品牌"上。深化母子品牌模式,积极打造"银加善"产品销售展示网络,努力把"银加善"品牌打造成为"金字招牌",大力培育名牌农产品。

4.高标准做好"招商"的文章

落实好带动作用,必须要有龙头企业带动。要积极招大引强。树立"项目为王"理念,坚持"大招商、招大商、招好商",精准招商,优质选商。积极引进规模千万元以上农业项目,重点要通过新技术、新产业、新业态、新模式,推进产业智慧化、跨界融合化和品牌高端化,实现传统产业提质效、新兴产业提规模、跨界融合提潜能、品牌高端提价值,实现农业高质量发展。要积极培育本土新型农业经营主体。应该支持和鼓励土地流转到本地农业经营主体手中,推动合作社围绕地域、品牌和产业链组建联合社,探索以家庭农场为组成单位的专业合作社,积极发展适度规模经营。

5.高标准做好"政策"的文章。

在用地上有保障,在项目建设用地、现代农业设施用地方面予以政策支持,吸引更多社会资本和农业企业来参与开发区建设。在资金上有支持。有效整合项目资金,立足于加强和改善园区的基础设施配套建设,不断加大公共财政的投入力度;积极协调信贷资金,建立开发区建设多元化投入机制。在技术上有帮扶。切实加强与科研院所的深度合作,重点引进蔬果新品种、新技术和新工艺,开展标准化生产、加工保鲜等技术集成与研发。推进农技推广体系改革,推行"产业+团队+项目+基地"推广模式,拓展农业服务功能。

6.高标准做好"机制"的文章

健全开发区产业标准化生产、产品质量安全、生态环保等监管体系,确保开发区安全发展;进一步完善开发区企业准入机制,避免盲目引进项目,确保开发区按照规划持续健康稳定发展;完善开发区项目资金的立项审批、中期监测、后期评价与管理的办法,确保项目资金的安全有效使用;建立开发区公共基础设施后续管理办法,确保长期发挥效益;建立开发区建设工作推进机制,确保园区规范快速发展。

二、从"低小散"到"高集聚"的小微产业园促使农业产业全域蝶变

虽然发展多种形式的规模经营,是现代农业发展的必由之路,但不可否认,小农户家庭经营仍然会在较长时期内占据重要地位。如何使小农户分散经营获得发展,是各地实践中难以回避的问题。嘉善结合本地特色,充分发挥农业产业发展基础优势及种植技术经验优势,在粮油、果蔬、水产等传统产区,创新开展现代农业小微产业园建设,通过合理规划、设施提升、退散进集、科技支撑、社会服务等有效措施,开创产业"兴"、农民"富"的新模式。已建成农业小微产业园12个,总面积8500亩,总投资3.4亿元。通过现代农业小微产业园建设,全县归整成片种粮农田2.8万亩,直接吸纳约900户种植户入园,实

现增收 20% 以上。到 2021 年,嘉善农业总产值达 44 亿元,与 2012 年的农业总产值 29.88 亿元相比,增长迅速。以姚庄镇创建的长三角首个现代农业小微产业园为例作简单介绍。

姚庄镇处在长三角生态绿色一体化发展示范区,是传统大棚集中种植区,存在大量传统农民面临增收的实际情况,同时作为政府渴望吸引更多的以创业青年为主的小农户成长,农业小微产业园作为一种过渡形态被提出,并致力于打造农村共富路径选择。政府主导规划建设以本地特色果蔬为主的现代农业示范平台,在农业发展方面结合实际、遵循规律,以农田集中、农业集约、农户集聚为基础,以致富农民、扮靓乡村为目标,经统一规划建设,使"以田换田"的创业农户与规模农业龙头企业建立起稳定的供销关系,摆脱小农户生产经营的困境,创建长三角首个现代农业小微产业园,走在先行启动区前列。

(一)规建高标化示范平台

1.紧贴实际规划布局

紧贴小棚茄子、草莓、番茄集种区农户增收实际情况,规范化建设现代农业小微产业园 A 区、B 区、C 区、D 区约 6000 亩,按照既能"以棚换棚"吸纳归整插花传统种植户,又能以"科技生态数字"示范引领发展的要求,委托乡建全程服务商乡伴集团先行规划建设启动 A 区 900 亩,计划投资 7000 万元,将归整农田约 3000 亩成片种粮。有效改善农田产业结构,实现土地集中高效利用。

2.结合需求精致建设

按照牢固、安全要求和农作物栽培实际情况,在 A 区量身定制搭建长三角首批 12 米跨径、顶高 4.1 米的新型大棚 45 个,配备生态灌溉系统、标准化沟渠和智能监控系统等,一期已建成 350 亩。新改建高效节水生态灌区 3 片,沟里 3 公里、智管系统 1 套。按照物流畅通安全要求,铺设沥青主道 1 公里,建设含 30 个交易位和 60 个停车位的 17 亩农创客中心。按照美观整洁要求,完善路网绿化 9 万平方米、景观节点 8 个,专设农田垃圾分类桶 160 只。

3.着眼未来植入智慧元素

根据数字化改革要求,规划通过植入"互联网＋"、VR 等技术,打造智慧生态种植、智慧绿色设施、整体监控安防、智慧园区功能、智慧体感交互、智慧停车系统等 6 大应用配套场景。根据都市节点型现代农业发展要求，规划通过网络直播售卖、远程技术指导、青农创客创业、种子种苗研发等手段，推动农业数字化改造，打造充满科技超能的现代农业生产生活体验地。

（二）推行人本化运管机制

1. 兼顾两头制定入园政策

制定《姚庄镇现代农业小微产业园管理办法》，对传统种植户归整实行"以棚换棚"（面积）、原棚钢管残值按 4 分管 2 元/米等标准由所在村乡村振兴分公司回购，消除传统种植户顾虑，先期已吸纳 25 户传统种植户入园，亩均已实现增产 20％以上，对多余大棚和农创客中心等设施，通过设置门槛，比对挑选现代农业主体入驻，目前正与上海多家农业公司洽谈。

2. 委托一方实施封闭托管

在 A 区未封闭、智慧监控系统未建成时先由姚庄镇乡村振兴发展公司负责园区的建管运，实施整个园区的安全巡逻和看护管理，引导种植户按照入园承诺消除在大棚旁自行搭建看护房的念头，目前进园种植户都自觉遵守。待 A 区功能基本建成后，将委托有实力的现代农业公司实施 24 小时封闭式管理，园内种植户、青创客、物流等凭证出入。

3. 结合需求探索共创共享

借助上级农技部门，上海和浙江农科所实践基地优势，以农创客、农业农村创业导师和高素质农民为核心，培育一支有创意、有技术、会经营、善管理、能带动、作示范的新型农民队伍。搭建农业科技研发创新平台，积极引种茄子、草莓、番茄等新品种，不断培育优化种子种苗，使园区品种结构不断调整优化，展示农业新品成果，促使农民种植收益不断提高。切实提升园区示范带动力、开展农合联小型农机具园内种植户共有共管共享试点，实现园区种植户农机具不需"五脏俱全"而自由共享的目标，促进无人机等先进农机具推广和有效使用。

（三）构建全面化发展体系

1.全域推进园区建设

2021 年建成现代农业小微产业园 A 区（茄子和草莓专业种植村武长村和北鹤村）的同时，着手规划推进 2600 亩的 B 区（番茄种植专业村界泾港村）和 C 区（花卉专业村北港村）、2500 亩的 D 区（花卉和粮食专业村俞汇村）建设，既有历史的耐心接纳传统种植户，又能展望未来找准农业发展定位，依托园区进一步发展精致高效的都市节点型现代农业。

2.全面规整农田环境

园区建成后将优先吸纳插花大棚种植户，改变原种植区域内水稻、大棚插花种植现状，预计可减少插花田面积 10000 亩，归整能成片种粮农田 8000 亩，加上园区内推行科学种植，逐步整治改善姚庄 4.5 万亩农田土壤结构，使农田得到全面休养生息，把姚庄打造成为集镇、道路、河湖、农田、沟渠、林带、景观等边界清晰、功能集成、效用较好的先行区。

3.全力引导增收致富

园区建成后，预计将直接吸纳 800 户种植户入园，占全部种植户的 25%，将获得 20% 以上的增收，也将推动全镇农业再创新、再提升，促进更多居民从农增收。园区吸引承纳年轻农创客人入驻打造成为新型职业农民，有效促进姚庄镇大中专毕业生充分就业，依托现代科技促进农业发展更精细、更精准，并释放更多劳动力投向二、三产业，促进农民整体增收致富。

第六节　攥紧农业芯片产业　打造智种示范方

作为鱼米之乡、农业重镇的陶庄镇位于浙江北部，是一个江南水乡精致小镇，以汾湖为界，与江苏隔湖相望。近年来，陶庄镇建设长三角陶庄智种产业示范园，着力打造浙北粮仓核心区，着眼共同富裕战略，走出了一条以种业振兴推动乡村振兴之路。

一、"长三角陶庄智种产业示范园"的基本情况

悠悠万事,吃饭为大,中国人的饭碗任何时候都要牢牢端在自己手上。"民以食为天,粮以种为先",种业是农业的"芯片",是国家战略性和基础性核心产业。作为嘉善县唯一一个水稻制(繁)种和水产育苗都具有一定体量的乡镇主体——陶庄镇,充分响应党中央关于"发展种业,解决'卡脖子'问题"的总体要求,以农合联党建为牵引,以科技创新赋能现代农业、借技术运用激活内生动力,投资 1.078 亿元建设的长三角陶庄智种产业示范园初现雏形,陶庄智种产业园内陶箩水稻现代育秧中心项目、嘉善县净水渔业种苗基地数字化提升项目等一批现代种养项目建成,现代高效农业、智种产业、富民产业驶进了发展"快车道"。2022 年制种面积、直接产值年均已超 20%,更涌现出了一批党组织引领下的致富带头人、共富工坊,党建引领共富的生动图景已经跃然于浙北小镇之上。

二、"长三角陶庄智种产业示范园"的主要做法

（一）一粒种子根植种业振兴强大基因

1.试种先行,将长三角优种集聚吸纳

紧密连接中国水稻所、浙江省农科院、浙江省淡水研究所等各级科研院所,承接新品水稻试验和示范。2022 年,共承接各级水稻研究院所新品种试验和展示示范 86 批次,其中:省农科院株系繁育品种试验 6 个、90 个单株,省农科院小麦大区观察品种试验 6 个,嘉兴农科院水稻抗稻虱品种试验 9 个、18 个试验区,宁波农科院杂交稻小品种鉴定试验 18 个、大区试验 7 个,省级常规稻展示品种示范 21 个、杂交稻品种 17 个,省级百亩方展示品种示范 4 个。

2.保种传承,将本土良种挽救唤醒

立足鱼米之乡,保护土著渔业种质资源,依托浙江省淡水研究所,筹建肖家荡鳜鱼、中华绒螯蟹(汾湖品系)种质资源保护库,探索形成集种质资源保护、亲本提纯复壮、工厂化苗种繁育、市场化应用推广于一体的初级水产全产业链。

3.制种转化,将高产好种辐射推广

发挥种业企业牵引作用,承接嘉禾218、南埂9108等常规晚稻,嘉丰优2号、嘉丰优3号等杂交水稻品种制(繁)种生产,2022年,种植常规晚稻种2755亩,辐射37.9万亩,覆盖嘉善境内71.2%水稻种植,并调运嘉兴、上海奉贤等地。杂交稻种1349亩,辐射8.4万亩,覆盖上海、江苏、安徽、江西等地。

(二)一条产链耕读未来农业关键密码

1.科研一条链,做科技强种的引路人

突出产业研究院的科技引领作用,发挥镇政府桥梁纽带作用,探索"科研院所＋市场主体"的产业研究院合作模式,筹建由浙江省农林大、嘉善农科所、浙江可得丰三方合作的"可得丰稻种产业研究院";由浙江省淡水研究所、嘉善农科所、嘉善新辉水产三方合作的"新辉鳜鲈繁育产业研究院",通过技术合作攻关、市场应用推广,辐射带动周边,达到共振效应。

2.数字一条链,做智慧强种的探路者

突出数字赋能现代种业,开发匹配陶庄种业发展实际的"长三角陶庄智种产业园数字化平台"和"智种宝"手机App,平台通过环境监测、病虫害预警、生长期监测、数字化控制进行制种指导。镇域内制种户通过"智种宝"App接收制种生产、病害防治指令,做到制种产业标准化、流程化生产,实现智慧制种。

3.农事一条链,做服务强种的铺路生

突出社会化服务组织能力提升,培优育强镇域范围内农机社会化服务合作社,给予政策扶持,建成陶笋育秧中心、潮汐式育秧工厂、陶笋烘干中心等农事服务场所,构建水稻育秧、农田翻耕、统防统治、水稻收割及烘干农事服务一条链,同时,组建种业产业农合联,拓展技能培训功能,全面构建服务种业的"田保姆"网络。

(三)一座园区重塑鱼米争鲜美好愿景

1.镇园合一,让农业农村优先发展成为小镇振兴新引擎

产业发展,规划先行。2021年以来,陶庄镇在基层调研、分析回答好"种

什么,怎么种"的问题的基础上,谋划形成种业镇域规划和以9大种业项目为支撑的"长三角陶庄智种产业示范园建设方案",集合全镇之力,打造以水稻制(繁)种和水产育苗为重点的特色种业强镇,实现以种业撬动产业振兴,从而实现产业增效、农民增收、村集体增收的共富局面。

2.绿色先行,让深入践行"绿水青山就是金山银山"理念成为水乡复兴新风景

全面推动机械化制种设施设备、育种先进技术、管理优选方式等迭代升级。以金穗制种展示示范基地建设为抓手,打造集智种示范、科研试验、生态低碳于一体的农业综合体,通过智能节水灌溉改造,绿色防控系统和稻田退水零直排系统构建,引入小区域农田气象监测、土壤监测等数字化手段,成为江南水乡农业领域推广绿色低碳发展的新典型。

3.市场导入,让小种子大产业成为"浙北粮仓"新动能

积极招引省内知名种业企业——浙江可得丰种业有限公司,并以其为牵引,探索形成"种业企业＋产业农合联＋制种农户"合作模式,2022年以来,陶庄镇共达成种业订单4304亩,同比2021年增加了1192亩,增加了39.5％,其中:大麦繁种面积200亩,常规稻繁种面积2755亩,增加了660亩,增加了25.2％;杂交稻面积1349亩,增加了532亩,增加了65.1％。

(四)一组纽带勾勒强农富农幸福画卷

1.搭建强村发展种业共富桥梁

积极探索种业强村路径,主要有三种形式:一是科研服务型。主要配套服务各级科研院所水稻新品种试验的服务经费,以金穗合作社为例,承接各级科研院所水稻品种试验,收入达30万元/年。二是生产服务型。针对性开展制种所需社会化服务,据统计亩均需社会化服务成本约935元,以金湖村为例,2022年比2021年增收42万元,增加了30％。三是入股增收型。探索采用"种业企业＋村集体＋制种户"的模式经营"共富制种田",以利生村为例,2022年以1040亩制种田入股,实现村集体项目收入99.84万元(其中管理服务性收入10.4万元)。

2.释放农民增收种业共富红利

深化"种业订单＋制种田亩均保底"的农户收益保障模式,按保底数与种植常规水稻对比,杂交稻制种亩均产值增长66.7％,亩均收入达1155元,实现纯收入翻番。随着机械化制种推广,预计最高产值可达3868元,增长了100％,亩均纯收入可达1803元,增加了276％。同时,推广杂交稻制种保险,将农户生产风险降到最低。

3.打通产业融合种业共富路径

做深做实种业发展的后半篇文章,实现一二三产融合发展,结合美丽乡村建设和未来乡村创建,积极打造三条种业融合线路,重点培育连接汾湖村、金湖村、湖滨村,融入吴越汾湖农旅风景线,形成鱼米之乡种业观光线。培育利生村、汾南村,融入汾南姚娄文化,形成参与性制种体验线。培育连接农科所科研基地、可得丰种业示范基地、智种产业园核心示范基地,形成制种产业高科技展示线。

三、经验启示

嘉善县陶庄镇以"长三角陶庄智种产业示范园"为平台,通过新品水稻试验承接、智慧种业改革提升、良好农业展示示范、"种业企业＋种业农合联＋制种农户"运营模式等一系列体制机制改革创新,走出了江南精致小镇农业高质量发展的新路子,实现了"发展种业产业,推动产业振兴"的目标,为实现种业共富奠定了坚实的基础。

（一）科技赋能下的量质双提

依托"院校＋基地"合作,组织专家学者、专技人才、种植大户建立专家库,通过开设"田间学堂"等专业课,帮助农户将科研成果运用于田间病虫害监测,实现病虫害发生率降低50％以上。相继建成育秧中心、烘干中心、水产育苗中心等配套设施5处,新增农用机械45台,完成种业示范农田提升3100亩;实现各工坊数字系统智能化改造,推动亩均产值增长20.1％,助力工坊所在村集体经济增收超50％以上。

（二）点亮增效下的陶庄品牌

陶庄牢牢扭住产业振兴"牛鼻子"，充分发挥党建在引才聚才、育才成才的优势作用，成立助农"红管家"队伍，聚力做好农创增效的服务保障，打造特色智种农业陶庄品牌，奏响了乡村振兴新乐章。一方面，通过统一品种、统一管理、统一把控品质等流程，确保"陶笋""水乡颂"等农副产品品牌质量；另一方面，招引行业龙头强强联合，并与电子商务、农展会等多种销售途径相结合，提升品牌影响力和市场占有率，预计 3 年内实现年均直接种业产值超 1.2 亿元。

（三）做好管用的政策扶持

在"长三角陶庄智种产业示范园"建设过程中，对制种龙头企业优先保障，加大农机具补贴和示范园资金保障力度，以奖代补提高制种企业和制种农户积极性。增加保险种类，对于制种企业给予政策倾斜，提升陶庄镇种子种业发展创新能力和市场竞争力。

第七节　"乡居田园"重塑迭代　美丽经济再造红菱

红菱村地处西塘镇北部，村域面积 8.6 平方公里，现有农户 1300 多户，党员 100 多名。2021 年村级集体经济经常性收入 528 万元。原来的红菱村是集体经济收入低、产业发展不充分的落后村。2009 年之后红菱村根据实际，不断探索适合本村的发展之路，聚焦以"布局美、产业美、人文美"三美融合的宏伟蓝图，推动村庄重塑、加速产业迭代、打开幸福密码，全力打造"乡居田园"美丽乡村，实现美丽经济跨越蝶变。先后获得浙江省先进基层党组织、浙江省民主法制村、浙江省美丽乡村特色精品村、浙江省善治示范村、浙江省农业绿色发展先行区、浙江省"千村万村"示范村等荣誉称号。

一、以"布局美、产业美、人文美"三美融合推动乡村重塑的探索

（一）从古镇心脏到乡村躯干，一体布局推动村庄重塑

1. 把住魂，崭新布局重塑鱼米之乡

立足长三角生态绿色一体化，推动资源整合、统盘规划，以乡村气息为基底，以农耕文化为灵魂，以村庄特色为资源，重点打造形成以绿色生态农业为主导的稻香农业体验村落。引入乡村特色文旅业态，打造"小谷粒"文创IP，以稻米文化生活馆、"农创客"青年驿站、水塔民宿聚落等为主要业态，以红菱稻米码头、稻香广场等为主要景观节点，破题古镇旅游资源溢出承接瓶颈，重塑"梦里水乡"唯美场景。

2. 扎好根，集成改革重塑活力热土

推动集成改革，优化资源配置，加大全域土地综合整治，将本村散落、闲置、低效的用地整治建为连片的标准农田7500亩。大力推动农田集中流转，全村土地流转率达到99.5%。科学处置闲置宅基地，带动村民盘活利用，建成2家充满艺术气息的民宿集——"谷与"。

3. 打通脉，现代运营重塑江南乡愁

引入市场机制，注入社会力量，推动现代化村庄运营，重点把握运营前置、水陆同进、景村共融三大环节。抓牢运营前置，注重三产融合，启用"未建先想"，着眼"引凤筑巢"；抓好水陆同进，以水为魂，以陆为脉，凸显世界级诗画江南水乡特色；抓精景村互融，打通古镇心脏到村庄躯干间的动脉血管。

（二）从洁净秀美到精致富美，绿色全链催化产业迭代

1. 勾勒生态肌理，描绘诗画人居之卷

绿水青山就是金山银山，建设秀美乡村，打好生态底色。建立党员"三包五岗"制度，开展党员设岗定责活动，累计设立党员责任岗116个，责任区78块。强化河长制，用好微信群，作优水文章。坚持源头减量、过程控制、末端利用，打造形成高家浜等一批美丽田园。

2.耕植绿色底蕴,奏响现代农业之曲

红菱村拥有耕地面积10053亩,其中粮食生产功能区面积4953亩。通过全域土地流转,将耕地统一流转到村级平台,由村集体负责经营,到2019年土地流转率达到99.4%,有利于农业布局、生产、管理等环节的科学实施。推进高标准农田建设,采用桔秆还田、绿肥种植、科学增施有机肥等措施,将酸化土壤改良,改善土壤缓冲性能,提高耕地持续生产力,为水稻增产提供保障。建立绿色生产防控体系,从田块布局、种子处理、壮苗培育,到栽培管理、收获筛选为水稻生产的每道工序都制定了严格的操作流程。逐步建立全方位的防控体系,红菱村水稻病虫害绿色防控示范功能不断显现,2019年被评为首届浙江省十佳"最美农业绿色防控示范区"。打造田保姆品牌,以红菱农机专业合作社为平台,以党员为骨干,成立专业服务队,服务稻田近10000亩。2018年起,承担省级水稻高产攻关和绿色防控示范项目,开展"嘉67"高产攻关试验示范,2020年村常规稻品种攻关田最高亩产达830公斤,再创新高。探索粮食种业科研、绿色生态循环、粮食收加储销一体化等三大集成创新模式,被确定为省级乡村振兴粮食产业深度融合集成创新示范试点。

3.激活富美基因,点睛产业融合之笔

引入乡村特色文旅业态,以稻谷为原型,打造"谷粒"IP形象,以稻米文化生活馆、"农创客"青年驿站、水塔民宿聚落等为主要形态,以红菱稻米码头、稻香广场等为景观节点,依托"西塘小谷粒走向世界"特色农业品牌建设,推动梦中水乡全景演绎。注册的"西塘红菱"大米品牌,被列入五芳斋专用大米供应基地,远销江苏、上海等毗邻区域。2021年,获批省级乡村振兴粮食产业深度融合集成创新示范试点,推动种子研发到全链集成再到"三位一体"社会化综合服务改革,努力打造长三角绿色米业示范方。

(三)从文化根植到内涵凝炼,共建共美打开幸福密码

1.党建引领幸福生活

坚持班子强村,村两委班子以"把每一件事做完美"的理念,全力打造"五讲三心"型村干部团队,始终秉持致力于为民办实事、办好事、解难事原则,履行"红管家"服务职责。深化网格连心,推行党员示范,引领村民参与。全村划

分成 4 个网格,71 个微网格,创新"民情五色"工作制度。2021 年以来,累计上门联系群众 1 万余人次,宣传政策法规近 6 千人次,解决各类群众诉求 1135 个。2020 年获评省民主法制村、省"善治示范村"称号。

2.文脉传承幸福家园

红菱村是"东林七君子"之一魏大中的祖居地,秉持传承和发扬忠孝双全村庄文化,将"忠孝"设为村庄文化品牌,建有忠孝公园、魏大中雕像等场景,致力于打造集党员干部和群众全方位、多角度接受党性熏陶的新场所。红菱村历史悠久,农业特色鲜明,厚植农耕文化、保护非遗文化,修建了全镇首个农耕文化展厅。2020 年,在美丽乡村风景线核心点位推出农耕文化馆展厅 2.0 版本,新增互动体验区块、打造文化产品。集中描绘了一幅中原农耕源流、农具、粮食加工储存、炊事饮食的全景图,具有极强的农耕文化教育意义。提升盘香纽扣知名度,盘香纽扣作为省级非物质文化遗产,曾多次出现在省级、国家级的重大文化产品展示舞台上,而红菱村则是盘香纽扣的主要发源地之一。近年来,注重将盘扣产业与新潮流、新风尚相结合,相继开发出共庆建党百年、五色嘉兴、食尚西塘等特色盘扣作品。依托电子商务平台将盘扣产品、周边延伸产品推向市场,订单量持续上涨,在继承盘扣文化产品知名度,提升盘扣显示度的同时为本地村民谋出一条发家致富的新路子。

3.共富逐梦幸福未来

以"资金＋农田"的方式参股,在农民自愿的基础上,集中流转到村,公开拍租、统一经营,通过"公司＋基地＋农户"的运作模式,推动强村富民。5 年来,村级收入从 263.3 万元增长到 861.8 万元,村民人均可支配收入从 3.2 万元增长到 4.6 万元。乡村旅游实现"从无到有",乡村游人次逐渐增长,成为嘉善人家门口的网红打卡点。

二、从落后村到富美乡村蝶变的启示

(一)注重发挥基层党组织战斗堡垒作用

党建引领,注重发挥基层党组织服务群众、凝聚人心、化解矛盾、促进发展的坚强战斗堡垒。红菱村能有巨大改变,最主要的是有一个思维开阔、团结一心的党组织。2011年嘉善红菱农机专业合作社的成立,面临资金短缺问题,村里5名党员带头承担着巨额贷款的风险,当时立下誓言:如果合作社发展良好所有资产属于村集体。如今合作社已拥有近700万的资产,他们说到做到不为这些资产所动。在日常工作中,无论是环境整治、土地流转,还是政策宣传、自愿服务……党员同志始终走在前列、带头示范,引领普通群众共同参与到村庄日常管理工作中来,无私的品质充分彰显了党员的先锋模范作用和基层党组织战斗堡垒作用,这种品质不断感染村民、凝聚村民,形成了团结向上的力量,正是这股力量推动着治安持续稳定、经济稳步发展,推动着田园变成了家园,良田变成了粮仓。

(二)注重以百姓的需求为己任

红菱村的改革发展之路平淡却又扎实,这是缘于所有工作的开展都是站在百姓的角度考虑。村级公路的修建便捷了村民的出行,专业合作社的建立为村民解决既要保护耕地、守住粮食生产的红线又想增收的困扰,美丽乡村建设使村民生活环境有了更多的改善。每件工作的实施,村委会都会与村民交流沟通,耐心做好解释工作、解决他们的顾虑,并根据民意调整具体的措施。正是因为一切工作以村民的需求为导向,想村民之所急、解村民之所难,红菱村才会有现在的和谐发展。

(三)因地制宜的科学规划

农业农村现代化建设是一项系统工程,因此红菱村在推进的过程中并没有急功近利,而是根据本村的实际资源、百姓的实际需求因地制宜进行科学规划。红菱村的特色资源就是水稻,所以以水稻产业为基底,先把水稻产业做精做强,再结合当下社会整体发展趋势,有规划地进行基础设施建设,逐步推进粮食加工业、旅游业、民宿业的发展。这个过程红菱村历时10多年,村书记换了几届,但总体规划蓝图一直没变,一张蓝图绘到底终究会硕果累累。

第四章　生态宜居是底色

坚持人与自然和谐共生,是乡村振兴战略的基本前提。乡村振兴以生态文明为指引,推动人与自然和谐共存,彰显了中国共产党人对人类文明发展规律的准确认识。嘉善以习近平生态文明思想为指引,深入践行"绿水青山就是金山银山"理念,坚持把满足人民日益增长的优美生态环境需要作为根本,持续精准推进环境治理和生态保护,优化国土空间开发格局,加强资源节约集约高效利用,切实补齐生态环境短板,弘扬生态文化,倡导绿色生活,提高绿色发展指数,擦亮江南水乡的生态底色,高标准开展新时代美丽乡村建设,打造全域秀美水韵嘉善特色。

第一节　洁美农村:农村人居环境整治

随着农村居民生活水平的持续提高,干净的农村人居环境与良好的生态环境逐渐成为农村居民日益增长的美好生活需要的重要内容和迫切需求。农村人居环境整治是实现生态宜居的有效抓手,也是建设新时代美丽乡村的重要内容,还是实现全面建成小康社会战略目标的根本要求。近年来,嘉善县以"千万工程"为引领,做好全面整合工作力量,全域整治提升环境面貌,全民共同参与共治共建,全程督查建立考核奖惩机制,努力打造了洁净、宜居、秀美的农村人居环境,不断提升农村的美丽度和人民群众的幸福感。2020年嘉善县荣获浙江省深化"千万工程"建设新时代美丽乡村(农村人居环境提升)工作考核优秀县。

一、农村人居环境整治的历程

(一)"双整治"工作开启美丽乡村建设

早在 2001 年,嘉善县就率先将农业发展和农村建设作为一个整体进行推动,同年 8 月,出台《关于在全县农村广泛深入开展"整治社会风气和整治居住环境"活动的实施意见》,全面深入开展"双整治"工作。整治工作以环境美化为目标、以拆除违章建筑为重点,花大力气消除了广大农村长期以来存在的露天粪缸,这一轮农村整治行动初步改善了农村居住环境,引导了良好的卫生风气,打好了全县美丽乡村建设的基础。

(二)"千万工程"使美丽乡村初显雏形

2003 年 6 月,在时任浙江省委书记习近平的倡导和主持下,以农村生产、生活、生态"三生"环境改善为重点,浙江在全省启动了"千村示范、万村整治"工程,开启了以改善农村生态环境、提高农民生活质量为核心的村庄整治建设大行动。嘉善县积极响应号召,大力推进农村人居环境整治,改善农村生态环境、人居环境和发展环境,重点集成建设,到 2007 年"千万工程"基本在行政村整治全覆盖,美丽乡村建设初显雏形。

(三)农村人居环境整治使美丽乡村富有内涵

2006 年,嘉善县出台《嘉善县农村生活垃圾收集处理管理办法》,明确了"村收集、镇运输、县处理"的城乡生活垃圾一体化处理模式。随着经济社会发展,境内生活垃圾产生量逐渐增长,仅有一座生活垃圾卫生填埋场,库容已近饱和,迫切需要建设生活垃圾焚烧发电项目,以缓解生活垃圾处理压力,确保实现生活垃圾处理的无害化、减量化、资源化,提高市民群众的生活质量。2012 年,将生活垃圾焚烧发电项目纳入嘉善县十五届政府实事工程中的生态家园工程。嘉善伟明环保能源有限公司 2015 年建成并投入运营。该垃圾焚烧发电项目的实施突破了在"县处理"环节上的瓶颈,真正完善"村收集、镇运输、县处理"城乡生活垃圾一体化处理模式。

2015 年,开展以"清洁家园·美化环境"为主题的农村环境专项整治行动。2017 年以来,成立城乡环境卫生"四位一体"(集镇、道路、河道、村庄等四方面卫生一体推进)长效保洁管理新机制。2019 年 4 月,出台《嘉善县高标准推进农村人居环境整治带动全域提升三年行动实施方案(2018—2020 年)》,提出了开展农村人居环境整治百日攻坚行动,全域推进农村人居环境整治。主要整治工作重点如下。

1. 垃圾问题

重点整治垃圾问题,主要是卫生死角、成堆成片生活垃圾、建筑垃圾以及散落在村庄、道路内的有色垃圾等。

2. 乱堆放问题

主要是房前屋后、村道两侧乱堆乱放废旧生活物品、秸秆枯枝、生产物料等。

3. 乱牵乱挂问题

主要是堆放物、遮盖物凌乱,菜园地头布条缠绕、废旧板材围栏,有碍观瞻的农作物棚架,及季节性枯枝蔓藤未及时清理等。

4. 乱涂写、乱张贴、乱晾晒问题

主要是"牛皮癣"小广告、乱张贴、乱涂写,占用公共区域、绿化带晾晒衣物等影响公共场所环境。

5. 生活污水、油烟直排外溢问题

主要是生活污水未截污纳管或设施已破损未及时维护,油烟管道破损使油烟外溢,生活污水直排河道等。

6. 畜禽养殖污染环境问题

主要是河道两侧 5 米范围之内鸡、鸭等养殖棚舍,严重污染环境。

7. 河道污水污物问题

主要是黑臭河、垃圾河、河道内成堆成片水生植物未有效控制,如水葫芦,水生植物枯萎未及时清理,河道内倒伏树木、圈养家禽侵占河道、村庄内臭水潭等。

8. 田间地头环境问题

主要是农药、肥料包装物和废弃农膜等废弃物的乱堆放,田间地头秸秆焚烧以及农业生产管理用房周边环境脏乱差等。

9. 厕所问题

主要是露天粪缸、粪桶、简易棚厕、直排厕所等。

10. 人居大棚问题

主要是农业生产设施用房内存在吃、住、私拉电线等现象。

11. 废品收购点问题

主要是回收废旧塑料、金属、书报杂志等物品的收购点,堆放杂乱、严重影响环境。

12. 沉船、住家船问题

主要是废旧船只沉入河内堵塞河道,既影响环境,又阻碍行洪,以及固定停泊于某水域,用于人员居住的住家船。

13. 乱搭建、新增违建问题

乱搭建是指村庄内未经批准建造建筑物、构筑物及违章搭建蓝色彩钢棚等;新增违建是指 2013 年 10 月 1 日以后未经批准建造的建筑物、构筑物。

14. 废铜烂铁问题

主要是房前屋后、道路沿线废铜烂铁乱堆乱放、污染环境等。

15. 其他类问题

不属于上述问题的其他环境问题。

农村人居环境整治已经整整走过了 20 个年头,投入了大量的人力、物力、财力开展农村环境整治,促使农村面貌发生了翻天覆地的变化。

二、多措并举:精准施策统筹推进农村人居环境整治

农村人居环境整治作为打响乡村振兴的第一场硬仗,是一项基础性的系统工程,需要上上下下、方方面面的支持和配合,县、镇、村三级,部门和部门之间、政府和群众之间形成合力,统筹推进农村人居环境整治。嘉善的主要做法如下。

（一）精准到位，问题彻底排摸无死角

1.动员部署到位

分别召开了全县农村人居环境整治推进会和大排查工作部署会，全面启动农村人居环境整治百日攻坚行动。对照市农村环境全域秀美的标准要求，制定了《嘉善县农村人居环境整治百日攻坚行动方案》，做到了目标任务统一、整治问题分类统一、时间节点要求统一。各镇（街道）、各村（社区）组建了工作领导小组，明确了镇村党组织书记是第一责任人，负总责亲自抓。

2.宣传指导到位

明确由县农业农村局牵头负责统筹协调，县建设局等部门负责加强业务指导和执法监督。制作宣传标语、展板，发放宣传单、倡议书等，开展"农村人居环境整治"主题巡回演出，举办人居环境整治标准培训班等，引导村民主动清理房前屋后乱堆乱放、乱搭乱建和生产生活垃圾。

3.调查排摸到位

充分发挥县级联挂部门人员、镇（街道）班子人员、联村干部及各村（社区）干部积极性，走村入户分组对房前屋后、田间地头、道路、河道等区域开展逐户、逐社、逐村地毯式排摸，逐一登记造册，拍照留档。同时，发挥工青妇联群团组织以及党员干部、乡贤的示范带动作用，广泛发动农民群众自觉参与农村人居环境整治，确保排摸无死角。

（二）精准推进，问题全域整改有成效

1.挂图式作战

在全面排摸的基础上，按照15类问题逐一登记造册，建立问题清单，并进行"挂图作战、拔钉销号"。重点问题点位上图，一村一图表，一类一标记，挂图作战。实行问题销号，定期晾晒进度，问题整改一个销号一个。比如，西塘镇各村作战图上对各个问题进行了编号，并标明具体地址、整改进度、责任人等，随时跟踪整治进度，并用黄色（整改中）、绿色（整改完成）进行标注。

2.清单式施策

认真研究分析问题清单，以田间地头、自然村落为重点区域开展农村人居环境的集中大整治、彻底大清理。从农民群众自己动手能干、易干、见效快的环境卫生问题入手，对各自区域实行"三清一改"。针对看护房、蘑菇棚等特殊问题，专门研究制定政策，根据新旧程度分类处置，灵活推进。比如，姚庄镇银水庙村对看护房整治提升，统一标准并出台腾退蘑菇棚政策引导种植户腾退。

3. 拉网式清理

对全县所有村落的农户、农田进行拉网式攻坚，先易后难、由点及面，对照"问题地图"开展全域整治，严格做到整治无死角、整治不反弹、整治全域覆盖。

（三）精准机制，监管全面铺开保长效

1. 立体督考抓长效

建立县、镇（街道）、村（社区）三级联动的督查考核机制，把农村人居环境整治工作纳入县对镇、镇对村的目标责任制考核，开展一周一暗访、一月一考核、一月一通报。各镇（街道）还围绕环境问题整改销号工作推进情况实行每日一汇总，每周一公示，每月一排名，大力营造"比、学、赶、超"的良好氛围。大云等镇还通过公开招标引进第三方监督公司，对保洁机构工作每天进行督查，定期开展考核评分，评分情况与当月保洁费用相挂钩。

2. 全面管控求长效

探索完善农村人居环境卫生长效保洁工作管理、考核和奖惩制度，以"环境优美村"创建为抓手，通过创建、复评、摘牌等机制，实现从集中整治到长效管理。同时，各镇（街道）、村（社区）结合实际，积极出台完善环境卫生奖补办法，并将农居环境奖补政策、整治标准、长效考核机制列入村规民约条款中，努力提升群众参与环境整治的自觉性、积极性、主动性，进一步巩固人居环境整治成果。比如西塘镇翠南村出台以奖代补办法，每户农户确保房前屋后、菜园等周边区域干净、整洁有序，每户给予 150 元奖励。

3. 全民共建促长效

在实施人居环境全域整治的同时，坚持"为民、惠民、靠民"原则，推动全民共建共享，开展"最美田园""最美村道""最美河道""最美庭院""最美乡村"等系列评选活动，将村民维护环境卫生的意识由"要我整治"转变为"我要整治"，持续巩固整治成果，全面提升农村人居环境品质，不断提高人民群众的幸福感和获得感。

三、经验启示：做好"三全"文章扎实推进农村人居环境整治

(一)全面整合力量，建立健全推进机制

1.整合机构一条线管理

成立由县长任组长，县委副书记、分管副县长任副组长的县城乡环境卫生"四位一体"长效保洁工作领导小组，领导小组下设办公室，抽调18名专职人员，负责全县面上统筹协调推进"四位一体"长效保洁日常工作。各镇(街道)成立相应的领导小组，并落实相应办公室及专职管理人员，按照"以块为主、属地管理"的原则，建立"四位一体"保洁作业专业队伍，提高环境卫生保洁专业化水平，实现辖区内保洁一体化、运作市场化。

2.整合督查一个体系监管

建立由县、镇(街道)、村(社区)三级联动的督查考核队伍，对集镇、道路、河道、村庄环境卫生进行统一监管、考核和反馈，把城乡环境卫生"四位一体"长效保洁工作纳入县对镇(街道)目标责任制考核，纳入"比学赶超、勇立潮头"重点工作排名战考核。采用无人机空中巡查、辅助人员地面暗访的"地空一体"立体式网络督查，更好地解决常规巡查的盲区和不足。坚持问题导向，针对垃圾问题、乱堆放问题、河道问题等11个大类的环境问题，建立环境卫生问题数据库，逐月公布"红黑榜"，总结推广"红榜"村的经验做法，督促"黑榜"村抓好整改，并通过"四位一体长效保洁督查平台"将问题交办至各责任主体，限期完成整改。对工作落实不力、整治措施不硬、问题整改不到位的农村环境情况在嘉善电视台新闻聚焦栏目中进行曝光。

3.整合资金一个盘子统筹

制定出台《城乡环境卫生"四位一体"长效保洁工作补助办法》，增加集镇保洁的补助资金，整合提高原有的农村环境卫生保洁、河道保洁、道路保洁等各项财政专项保洁补助资金。对达不到农村环境全域秀美普适标准村(社区)的，县财政不给予拨付"四位一体"长效保洁补助资金及全域秀美达标奖励资金。各镇(街道)对城乡环境卫生"四位一体"长效保洁资金进行专账核算，足

额配套,预算一个盘子、收入一个笼子、支出一个口子,专款专用。

（二）全域整治提升,治污净化常态长效

1.多管齐下治污染

持续推进农村生活污水治理,加强治理设施排查,查漏补缺。大力普及生活垃圾分类收集和减量化资源化无害化处理,农村生活垃圾分类收集和资源化处理站实现村（社区）全覆盖,相关工作经验在《人民日报》刊发。

2.整治村容净环境

把"干净、整洁、有序"作为农村环境整治的基础要求,全面开展房前屋后整治、河道水域净化、田园生产环境整治,规范农业设施用房管理,加强农业废弃物回收利用。村容村貌、田园河道治理提升效果显著。

3.落实机制管长效

建立和完善"四位一体"长效保洁工作管理、考核和奖惩制度,以"环境优美村"创建为抓手,通过创建、复评、摘牌等机制,实现从集中整治到长效管理的转变。积极探索市场化保洁长效机制,着力建立管干分离、监督有力的城乡环境卫生管理机制。2300多名保洁员全天候在岗,实现市场化运作,提高了环境卫生保洁专业化水平,实现环境卫生保洁常态化、长效化。

（三）全民共同参与,凝心聚力齐抓共管

1.党员干部示范引领

以"党建＋生态"为思路,把解决农村环境卫生"脏、乱、差"问题作为首要任务,党员干部带头打扫卫生、清理垃圾、美化庭院、监督评比等,充分发挥党员干部示范引领作用。比如姚庄镇横港村探索形成"党群联动、户比互评""党员双联"等农村环境长效治理机制,由全村63名党员轮流参与农户房前屋后环境卫生的匿名评比打分,一周一碰头、一月一评比、一季一结报、一年一表彰,收到了良好的效果。

2.村规民约共管共治

将环境卫生长效保洁工作纳入村规民约,将村庄环境整治、房前屋后清理、畜禽规范圈养、生活垃圾分类等日常行为纳入村规民约,不断健全村民自我管理、自我约束机制,逐渐培养村民良好的生活习惯,切实发挥村民的主体作用,实现农村环境面貌由原来依靠硬件建设为主的"一时美"向全民参与治理的"长久美"转变。

3. 全民参与共建共享

积极引导村民动手打造美丽庭院,全面提升农村生产和生活环境,不断提高人民群众的幸福感和获得感,长效保持"美丽庭院"示范户 1 万户。

第二节　美丽城镇:小城镇环境综合整治

环境就是民生,青山就是美丽,蓝天也是幸福。小城镇环境综合整治,是提高人民群众获得感和幸福感的民生工程、民心工程。2016 年 5 月浙江省委城市工作会议上,将小城镇环境综合整治作为一项重点工作提出,同年 9 月 29 日,省委、省政府召开了专项行动的电视电话会议。2017 年 1 月 11 日,召开全省小城镇环境综合整治工作现场会,出台专项整治行动考核验收办法,共有 68 项具体考核要求。嘉善县委县政府积极践行"绿水青山就是金山银山"理念,推进小城镇环境综合整治工作,全面提升小城镇的发展质量、环境质量和生活质量,真正实现城乡环境提升一体化。

一、精准把握小城镇环境综合整治重点

嘉善小城镇环境综合整治行动从 2016 年下半年开始,用 3 年左右时间,使所有乡镇(街道)环境质量全面改善、服务功能持续增强、管理水平显著提高、乡容镇貌大为改观、乡风民风更加文明,打造了一批各具特色的洁净小镇、活力小镇、风情小镇。

(一)制定目标

小城镇环境综合整治主要围绕"四个目标"进行。

1."出样板",形成精准的推进体系

树立可看、可比、可学的整治样板,坚持"样板引领、示范带动、精准实施、

长效推进",建立进度督促、绩效考评等机制,确保小城镇环境综合整治举措精准落实、成效精准反映。在整治环境卫生上,以创建国家级卫生乡镇为主要抓手,实行"创建制";在整治城镇秩序上,明确列出问题清单,实行"销号制",解决一个,销号一个;在整治乡容镇貌上,根据规划明确整治项目,建立项目库,实行"项目制"、排出具体时间表,确保项目科学有序实施。

2."出标准",形成科学的指标体系

小城镇环境整治是一项复杂的系统工程,坚持一体化谋划、体系化推进、精准化实施。根据省、市考核办法要求,制定了考核验收办法。规定动作要求严、自选动作有灵活,体现自身特色。

3."出人才",形成完善的服务体系

专业人才是抓好这项工作的关键,建立一个专家对口指导机制,邀请专家全过程、全方位密切参与各个环节。同时要加强教育培训,提高乡镇干部的认识水平和实践能力。

4."出模式",形成管用的推进机制

小城镇环境综合整治行动时间紧、任务重、要求高,要探索创新土地整治模式、投融资模式以及"互联网＋"城镇治理模式等。利用小城镇环境整治的机会抓紧资产的盘活整合利用;积极引导和吸纳社会资本参与小城镇环境综合整治建设,形成多层次、多渠道、多元化的投融资模式。在加强硬件建设的同时,着眼"长远、长效",注重软件建设,搞好与小城镇环境综合整治的衔接,推动"智慧城管"向乡镇延伸。

（二）设置时间表

小城镇环境综合整治分"四个阶段"进行。

1.第一阶段是抓机制、树样板,时间是到2016年底

完成小城镇综合整治规划编制,制定"1＋6"行动计划和树立干窑镇和姚庄镇2个整治样板。

2.第二阶段是抓推进、求突破,时间是2017年1月到2017年12月

实现全县镇（街道、集镇）省级考核达标比例达到30%以上,整治项目总

体形象进度达到 30％以上,到 2017 年底,西塘镇、姚庄镇、干窑镇三个镇基本完成整治任务。

3.第三阶段是抓提升、出成效,时间是 2018 年 1 月到 2018 年 12 月

实现全县镇(街道、集镇)省级考核达标比例达到 70％以上,整治项目总体形象进度达到 80％以上,完成"功能完善、集镇成型、核心打造"的工作目标。天凝镇、大云镇、罗星街道、惠民街道、枫南老集镇、丁栅老集镇、洪溪老集镇 7 个整治点基本完成整治任务,小城镇环境综合整治行动初见成效。

4.第四阶段是抓巩固、强管理,时间是 2019 年 1 月到 2019 年 12 月

通过督查考核"回头看"机制,全面巩固整治成果,形成完善的规划建设管理体系和长效工作机制,剩余 10 个整治点基本完成整治任务,并通过省级考核验收。

(三)规划专项行动

小城镇环境综合整治行动具体包括 18 项任务,涵盖了规划建设管理的方方面面。各镇(街道)在全面抓好各项任务落实的同时,要以 5 个专项行动为突破口,集中力量,聚焦资源,重点推进,为小城镇环境综合整治行动打开局面。

1.规划设计引领专项行动

各镇(街道)根据镇里的财政收入、地块的开发价值因地制宜编制规划,有利于盘活土地账、资金账;编制规划注重切忌大拆大建,保留古老街区和历史文化建筑,并在整治中抢救好、保护好、利用好。

2.卫生乡镇创建专项行动

嘉善县各镇街道全部是省级卫生乡镇,但只有姚庄镇成功创建国家级卫生乡镇。因此,各镇(街道)深入推进环境卫生整治"百日攻坚"行动时,对背街小巷、城中村、城乡接合部等重点区域和道路、河道等重点地段的环境卫生开展彻底整治,确保实现"无裸露垃圾、无乱堆乱放、无乱搭乱建、无乱贴乱画"。

3."道乱占""车乱开"治理专项行动

这两项工作范围一致,协同推进。每个小城镇都要对境内的穿镇公路和

城镇道路开展全面排查,摸清小城镇(集镇)道路上的"乱停车、乱堆物、乱摆摊、乱开挖、乱建筑、乱竖牌"等"六乱"现象的底数,分类建档,列出问题清单,明确整治时序,提出分类措施。重点抓好穿镇公路整治百日攻坚行动。县交通局、交投集团等单位完善道路交通设施,打通断头路,解决"卡脖子"路段,有效解决停车难问题。县公安交警等部门严格交通执法,加大对交通违法行为的查处力度,始终保持高压态势。

4."线乱拉"治理专项行动

这项工作协调难度大、技术要求高。县整治办形成专项整治方案,全力以赴推进治理,着力解决乱接乱牵、乱拉乱挂的"空中蜘蛛网"现象。严把规划施工关口,将建设规划纳入市政统一规划。明确治理责任界面。各管线单位服从地方政府的城镇规划和协调领导,切实承担架空传输线路和入户线路的治理责任。创新管理工作模式。县住建部门牵头,会同管线单位,建立一个议事协调机构或协调小组,具体承担运维管理和日常协调等工作。

5."低小散"块状行业治理专项行动

突出重点抓整治,首先重点整治"四无"企业(作坊)。其次多措并举抓提升。按照省里提出的"关闭一批、迁出一批、重建一批"的要求,鼓励支持有条件的企业通过机器换人、两化融合、管理提升等方式加快转型,推动中小微企业整合入园提升发展。最后完善机制抓长效。县经信、审批服务中心等部门完善行业准入和产业政策引导机制,全面推行企业"亩产效益"综合评价制度,实施资源要素差别化配置政策措施,倒逼"低小散"问题企业(作坊)加快退出。

二、小城镇环境综合整治的启示

小城镇环境综合整治行动,要切实加强组织保障、政策保障、要素保障、人才保障和舆论保障,把整治行动扎实向前推进。

(一)加强组织领导,落实铁的责任

县整治办发挥了牵头总抓作用,切实担当起参谋助手、综合协调、督查考核的责任;县级各部门各司其职、密切配合,抓好各项工作任务落实,指导督促各整治主体啃下硬骨头。镇(街道)作为实施主体,加强力量配备,做好整治点的行动方案、年度计划,明确工作推进时间,实施挂图作战,确保整治行动有效实施。

(二)加强严抓严管,打造铁的队伍

县委组织部门把小城镇环境综合整治行动作为加强干部队伍建设的实践平台,在工作一线锻炼干部、发现干部、使用干部,选拔重用在小城镇环境整治行动中涌现出的优秀干部,打造一支敢治脏乱差、敢啃硬骨头的实干"铁军"。

(三)加强考核督查,严明铁的纪律

县整治办会同县监察局、县督考办,通过步步督查、层层考核,将责任具体到人、具体到事、具体到过程,推动"六个专项行动"各项任务落到实处。同时,县整治办牵头建立小城镇环境综合整治行动督查制度,实施月通报、季督查,确保督查常态化。对各个整治主体要进行分级考核排名,结果列入城乡环境整治排名战通报内容,并将考核结果与财政补助挂钩。县纪委监委加强工作效能督查,对重视不够、落实不力的要通报批评、限时整改,对敷衍扯皮、屡推不动的进行约谈、问责。

(四)加强宣传发动,形成铁的合力

坚持"笔头与榔头""摄像机与推土机"双管齐下,县委宣传部积极开展"小城镇环境综合整治在行动"宣传月活动,大力宣传开展这项工作的重要意义和突出成效,形成全民参与、全民共建、全民共享的良好氛围。小城镇环境综合整治是一项惠民工程,县广电台开辟专栏,对小城镇环境综合整治行动揭短亮丑,开展跟踪报道,督促问题解决,推动小城镇环境综合整治行动不断深入实施。群众是小城镇发展建设的主体,抓小城镇环境综合整治的过程是引导小城镇居民养成良好的生活方式和行为习惯,全面提升文明素质和文明程度的过程。

三、纽扣行业整治转型案例

自 1914 年创办第一家纽扣厂(嘉美克纽扣厂)至今,西塘镇大舜纽扣产业已拥有超百年历史,成为国内三大纽扣生产的重要集聚地,生产的纽扣产品及服装辅料达 1600 多个品种,纽扣年产量约 1000 亿粒,产能国内第一、全球一半,从业人员超过 2 万人,产值规模 5040 亿元左右,全球每年每人有 10 粒纽扣产自这里。西塘获得"中国纽扣之乡""国家级纽扣标准委员会"和"国家服装辅料产品质量监督检验中心"3 个"国字号"招牌。但是,西塘纽扣行业发展中也有突出短板,比如缺乏标杆企业、缺乏专业人才、缺乏灵魂标杆企业家等,存在"低小散乱污"的现象,结合小城市综合整治,西塘镇 2019 年开始加快纽扣产业转型升级,进一步提升综合竞争力,缓解资源和环境的瓶颈制约。

（一）西塘纽扣行业发展现状

1. 发展现状

西塘大舜纽扣产业经过 20 世纪 50 年代到 70 年代的小步发展、80 年代徘徊不前、90 年代到 2005 年快速发展和 2006 年之后的逐步转型,形成现有格局。从市场地位看,西塘纽扣产业年产量超 1000 亿粒,产量产值占据国内市场 50% 左右,是全国纽扣行业重要生产基地之一。从企业结构看,2019 年时共有纽扣企业 1314 家,其中已停产未注销、属贸易非生产型企业 651 家,实际纽扣生产企业 663 家;规上企业 19 家,行业龙头企业 3 家,高新技术企业 2 家,科技型中小企业 11 家。从空间分布看,纽扣园区 145 家,占比 21.9%,舜丁公路两侧 87 家,占比 13.2%,纽扣南路 197 家,占比 29.7%,集镇 232 家,占比 34.9%,西塘镇外 2 家,占比 0.3%。从产业绩效看,总用地面积约 2100 亩,年总产值约 50 亿元,亩均产值约 238 万元,利税总额约 10 亿元,税收约 2 亿元,亩均税收 9.5 万元,是西塘镇第一大纳税产业。

2. 产业特点

同广东虎门高端配套型、温州桥头市场推广型商业模式不同,西塘纽扣多年来形成了以外贸订单型为主的市场分工格局,并与区域文化融合,逐步固化为以下产业特征。

小批量、多品种。西塘纽扣产品涵盖了树脂纽扣、金属纽扣、尿素纽扣和以贝壳、牛角、果壳为材质的天然纽扣,以及工艺纽扣和智能纽扣,并延伸出拉链、丝带、标牌等服装箱包辅料产品,产品种类达 1600 多个,但每单订购体量都不大,对单品的规模化生产形成制约。

工贸一体、竞争同质。西塘纽扣产业起源于贸易,由贸及工是其基本发展路径,绝大多数规模型企业贸易比重在销售收入中占据较大比重,男主外、女主内是企业主流经营模式,至今仍有 6000 余人的销售队伍活跃于以长三角为主的服装产业集群,竞争同质化特征明显。

规模经济弱、范围经济强。由日益固化的商业模式决定,西塘纽扣产业的规模经济效益难以体现,并时常出现企业一旦上规模就拆分的现象,一方面是规避税费的需要;另一方面是市场选择的结果,范围经济效益体现充分,服装辅料的一站式采购,客户首先选择西塘大舜。

三流产品、二流价格、一流服务。西塘纽扣产品整体定位为中低档产品,产品质量甚至有逐年下滑趋势,但西塘纽扣对于服装企业的个性化定制,在模具开发、产品调整、售后服务等方面享有良好的口碑,故而通常可以以低廉的价格成交并获得相对较高的利润和维持良好的客户关系。

3.发展优势

产业链条完整。西塘纽扣产业已经形成了包括原料供应、模具、加工制造、激光刻蚀、塑脂、制扣、抛光、打磨、染色、电镀、检验、测试以及营销和物流等配套环节在内的较为完整的产业链条,基本具备了较为明显的集群化发展优势。

文化底蕴深厚。西塘是千年古镇,纽扣产业已有上百年的历史,盘扣最早起源于 1000 多年前,是由古老的中国结演变而来的,现在逐渐形成了一种独特的手工技艺,盘扣制作技艺作为传统纽扣制作技艺的一种,被列为浙江省非物质文化遗产项目。

区域品牌响亮。西塘纽扣占据国内纽扣市场半壁江山并出口欧美、日本、东南亚等国家和地区,1997 年 8 月被国家农业部命名为"中国纽扣之乡",2010 年,通过了浙江省首个纽扣产业"DaShun"文字及图形的集体商标,2018 年 7 月获"中国纽扣产业基地"称号,获批浙江省非物质文化遗产生产性保护基地,2019 年被授予"中国服装辅料(纽扣)产业基地",大舜因纽扣声名远扬。

基础配套完善。西塘交通物流方便,固废处置、工业废水网管、集中供热等基础配套趋于完善,大舜服装辅料创业园已成为西塘纽扣产业发展主平台,并先后引入全国纽扣标准化技术委员会和国家服装辅料产品质量监督检验中心落户西塘。

4.突出短板

缺乏灵魂人物,西塘纽扣产业的文化基因为微商文化,小富即安为其突出短板,缺乏一批能够执意进取、与时俱进的企业家队伍,更缺乏若干能够高屋建瓴、预判未来、一呼百应的灵魂人物。

缺乏标杆企业,西塘纽扣产业块状经济特色明显,但普遍规模偏小,同质化竞争严重,缺乏若干产权制度清晰、产品质量上乘、经营管理规范、市场绩效突出、示范效应明显的标杆企业。

缺乏专业人才,西塘地处偏远村镇,城市服务供给不足,企业规模普遍偏小,事业平台供给不足,企业管理理念落后,缺乏有效激励机制,纽扣产业专业人才流出现象明显,对产业创新发展形成重大制约。

缺乏公共服务,西塘纽扣产业以中小微企业为主,系统能力普遍薄弱,但由于规划建设相对滞后,当前公共服务同纽扣产业创新转型的要求不相适应,已有的公共平台作用亦有待进一步发挥。

(二)西塘纽扣行业整治措施

围绕长三角生态绿色一体化发展、加快转变经济发展方式为主线,以"小纽扣、大创新、大文化"为基调,以"高端化、国际化、品牌化、绿色化"为方向,按照"整治非法、淘汰落后、转型升级、创新发展"的总体思路,强化产业创新转型的倒逼机制和政策扶持,突出传统产业与千年古镇的有机融合,加快实现纽扣产业新旧动能的接续转换,着力打造全国大规模个性化纽扣产业基地,为加快建成长三角区域一体化发展国家战略的桥头堡和排头兵奠定更加坚实、更具活力的产业支撑。

1.分类腾退拆迁,实现产业集聚

对于园区外依法取得国有土地和房产权证的企业,按照《嘉善县国有土地上房屋征收与补偿办法》(善政发〔2018〕52号)中规定的标准给予全额补偿。对于园区外取得集体土地和房产权证的企业,按照《嘉善县人民政府办公室关于调整集体土地上房屋征收重置价的通知》(善政办发〔2018〕20号)和《嘉善县人民政府办公室关于调整集体土地上地上附着物、构筑物征收补偿标准的通知》(善政办发〔2018〕18号)中规定的标准给予全额补偿。对于园区外依法获得集体土地使用权但无房产权证的企业,按相应补偿标准的80%执行,其他情形按照《嘉善县违法建筑认定与处置实施办法的通知》(善政办发〔2014〕153号)对应处置,上级政府有其规定的从其规定。开源大道至曹汶港钮扣南路两侧退低进高,曹汶港至大舜港钮扣南路两侧和舜丁路两侧腾退复垦,集镇范围内钮扣路两侧退二进三。

2.削减污染产能,淘汰低效产能

对无环评批文、未经"三同时"验收等存在严重环保违法行为的企业,布局不符合大气环境防护距离和卫生防护距离不能满足要求的污染企业,一律责令停产整治,依法从严查处。凡采用焚烧(含热氧化)、吸附、等离子、光催化氧化等方式处理的,必须建设中控系统。采用非焚烧方式处理的生产企业,必须安装总挥发性有机物在线连续检测系统,并安装进出口废气采样设施,需定期更换吸附剂、催化剂或吸收液的,应有详细的购买及更换台账。企业应采用密闭化的生产系统,封闭一切不必要的开口,从源头控制废气的产生和无组织排放。电镀环节进行新一轮环保专项整治,原则上只能为西塘范围内钮扣企业生产配套,不得承接西塘范围之外以及西塘镇范围内其他行业的电镀业务,并试行染镀替代滚镀工艺。树脂板材和棒材环节,园区外全部关停,园区内依法审批外产能全部清除,严格执行《合成树脂工业污染物排放标准 GB 31572—2015》,加大环境执法力度。喷漆环节已全部集聚入园,园区内依法审批外产能全部清除,并推广从水帘到干式的工艺替代。继续深化"亩均论英雄"改革,以亩均税收为核心指标,动态制定企业发展标杆标线,大力扶持标杆类企业、整治腾退不达标企业,倒逼转型并为"二次创业"腾出空间。

3.建设小微园区,谋划产业飞地

加强小微企业园与城乡规划、土地利用规划、环境功能区规划等相衔接,以国营资本为主导,建设钮扣(服装辅料)小微企业园。把小微企业园开发建设与块状传统产业改造提升等工作相结合,按照亩均效益综合评价等要求,建立入园审核、动态管理及退出机制。入园企业必须同时符合以下标准:一是进驻主体,必须是有限责任规上或股份有限公司,个体户和合伙制企业不得入园;二是生产环节负面清单,树脂、喷漆、染色以及其他有重大污染和安全生产隐患的生产环节不得入园;三是规模起点,进驻企业必须是规上企业,倒逼企业联合兼并重组,鼓励园区外企业成立股份制公司后入园;四是亩均税收,实际占用建筑面积折合亩均不得低于 35 万元;五是技改入园,利用先进适用装备对原有落后的生产工艺和装备进行技术改造以后入园。学习借鉴萧山新塘与安徽宣城共建"宣城新塘国际羽绒产业园区"的成功案例,系统考察中西部地区基本符合产业承接条件的区域,谋划合作共建纽扣产业飞地,实现研发设计、品牌销售在西塘,生产基地在异地的新型产业格局。

4. 开展五项示范,培育新型动能

开展"互联网＋"试点示范,深化纽扣制造与互联网融合发展,推进互联网、云计算、物联网、人工智能等新一代信息技术在制造业领域的应用,鼓励制造业企业与软件、电子类企业进行重组。开展"大数据＋"试点示范,主动参与"企业上云"行动,推动数据赋能,打造全国纽扣大数据产业中心,构建应用服务体系。开展"机器人＋"试点示范,开展"机器换人"智能化改造专项行动,推进"机联网""厂联网"工程,引导企业实施新一轮智能化技术改造,重点支持贝壳生产机器、全自动水品分离机器的研发与应用。开展"标准化＋"试点示范,用好工信系统直推行业标准立项的改革措施,推动企业主导制定一批先进的国际、国家和行业标准,鼓励龙头企业制定拥有产业优势并具有自主知识产权的高水平"浙江制造"标准。开展"设计＋"试点示范,支持企业适应和引领消费升级趋势,在产品开发、外观设计、产品包装等方面加强创新,开展个性化定制、柔性化生产,不断提升产品附加值,推进智能设计在新兴产业领域的应用,加快数字化、网络化、智能化产品设计开发。

5. 转变经营理念,加快联合重组

实施"三名"培育工程建设,以县"长风计划"为依托,打造一批知名纽扣企业家和具有现代化管理理念的管理团队,实施名家战略,树立产业灵魂人物。加强能力培训,开展多方位、多维度、多形式各类专题培训,促进企业家素质全面提升。开展对标活动,提升纽扣企业家创新发展能力。举办大型论坛、考察交流、专家主旨演讲,组织企业管理咨询机构,促进纽扣企业家不断提升发展经营理念。结合新生代企业家的自身特点和工作环境,组织高端培训、考察学习和企业交流,提升新生代企业家的传承交班能力和经营管理能力。让企业家充分意识到整合重组是转型升级的突破口,纽扣行业的整合重组是顺应潮流之举,是打破"低、散、弱"产业格局的切入点。乐清包装行业同西塘纽扣产业路径相似、特征相近,学习借鉴其自 2005 年开始经历的 4 次较大规模的整合重组成功经验,为西塘纽扣产业整合重组提供模板。商会主体、政府引导、第三方参与,制定纽扣产业整合重组方案,落实整合重组相关优惠政策,稳步扎实推进。

6.推进文旅融合,传承纽扣文化

以纽扣产业研究院为主体,系统梳理纽扣 5000 年的发展历史和西塘纽扣产业历程,深入挖掘纽扣文化,讲好西塘纽扣故事,奠基西塘纽扣产业更具底蕴的传统文化。充分发挥西塘"千年古镇"旅游资源优势,结合"大美西塘"建设,统筹设计纽扣博物馆、小镇客厅、创业园、小微园等主体串珠成链,开发盘扣制作、文化鉴赏、重大赛事等功能于一体的纽扣工业旅游线路,推进纽扣产业与大旅游、大文化的深度融合。持续办好全国服装辅料创意设计大赛,带动西塘纽扣产业走创意化发展道路,从专业化、产业化、科技化等多个角度全面推动服装辅料行业的创新发展,发挥设计创新对传统产业转型升级和经济发展方式重大推动作用,使辅料行业实现由'制造'到'创造'的转型。继续办好纽扣产业国际高峰论坛暨中国纽扣节,助推纽扣产业向品牌化、高端化、国际化发展。规划建设纽扣主题公园,打造"三生融合"的纽扣产业特色小镇展示窗口。以徽派建筑为基色,展现西塘文化元素,对园区进行整体立面改造,提升服装服饰创业园整体形象。

7.搭建公共平台,完善服务体系

建设占地 42 亩、计划总投资 3.6 亿元的产业创新服务综合体,包括纽扣大厦、人才公寓和商业配套。其中纽扣大厦由纽扣产业研究中心、纽扣模具开发共享中心、大数据中心、设计中心、纽扣博物馆(展厅)、纽扣商会等构成,将被打造成集成研发设计、公共技术研发、旅游体验和配套服务等九大服务功能的纽扣产业创新服务综合体。进一步整合集聚创新资源、高效率搭建产业创新服务联盟,瞄准产业发展需求和短板提供精准服务。借鉴慈溪经验,加大与国内知名金融投资机构和全球供应链专业平台合作力度,以"特色产业链＋互联网＋金融资本"为核心路径,集聚产业上下游产业资源,建设纽扣工业互联网平台,以创新经营模式解决行业痛点,重构产业价值链与服务链,打造产业新经济、新业态与新模式。以电商换市为抓手,利用现有市场商铺,建立纽扣国际电商产业园,成立专业电商管理公司和电子商务联合会,为企业提供全方位的电子商务服务。财政资金引导、社会资本参与,设立纽扣产业发展引导基金,构建投融资服务平台。对标大唐袜艺小镇,全力发挥钮标委、检测中心两大国字号平台作用。

8.创新运营模式,打造智慧园区

以园区数字化、管理网络化、产业智能化为抓手,建立地理环境、设施设备、产业企业、人力资源等基础信息库,建设智能感知、智能交通、安全生产、政务服务等管理和服务信息通信网络,打造智慧园区。鼓励非重点监控企业加装在线监控系统,鼓励园区内废水排放企业预处理环节连片改造、共建共享、降低成本、达标排放。委托第三方专业环保服务公司或同业联盟作为"环保管家",向园区提供监测、监理、环保设施建设运营、污染治理等一体化环保服务和整体解决方案,提高决策科学性,保证服务效果,有效降低企业环保管理成本。以政府购买服务的方式,引进第三方专业园区"物业大管家",以市场化、专业化的管理"精耕细作",实现整个园区的道路保洁、垃圾清运、绿化养护、路灯机电管理、市政设施维护等园区功能一体化、精细化、品质化管理。全域实行工业固废和生活垃圾分类投放,在所有涉及产生三废污染的企业及关键路口布点安装高清摄像头,并与公安联网,实行全时段、无空隙监控。

(三)启示:以系统方法解决行业整治问题

嘉善西塘的纽扣产业整治,前后进行过3次,在2021年整治中创下100天腾退977家企业的加速度,2022年43天内签约率达91%。同时收获稳定、发展、转型、民生4张高分报表,主要原因是以系统方法解决"低散乱污"行业整治问题。

1.决心大、合力强

西塘地处长三角生态绿色一体化发展示范区内,面对新的发展大势,嘉善县委、县政府坚持问题导向、目标导向、效果导向,主要领导亲自谋划,人大、政协全程参与,全县上下以铁的决心坚决整治大舜纽扣"低散乱污"问题。

2.思路清、措施实

大舜纽扣产业形成时间长,分布不同区域,每个区域的企业经营形态差别较大、结构复杂,既有规上企业、高新技术企业,又有规下企业、生产加工作坊;既有合法土地企业,也有租赁企业;既有生产型企业,也有贸易型企业。嘉善既不是"一刀切"全面关停,也不是低标准整治过关,而是对不同区域分类施策。

3.服务优、方法多

在整治中,嘉善尽可能站在企业的角度思考问题,充分做好企业服务工作,为企业算好腾退账、经济账、发展账,多途径、多方式帮企业谋划好整治后的出路,及时兑现政策、及时化解风险,让企业感受到政府的贴心服务和整治的获得感。

四、"钢铁小镇"的转型之路

曾经钢铁"零资源"的陶庄镇,用 40 多年的时间让一座钢铁小镇平地而起,缔造出一个经济奇迹,成为闻名全国的"钢铁小镇",拥有华东最大的废钢铁交易市场。近年来,又以"两创中心"为支点,加速"腾笼换鸟",实现"二次腾飞",成为钢铁产业转型的生动样本。2019 年,陶庄镇"两创中心"被授予"中国废钢铁应用协会废钢铁加工配送中心示范基地"称号,并与首钢、沙钢等大型钢企达成战略合作,发布"陶庄城矿废钢价格指数",成为行业标杆龙头,探索出了一条循环经济发展的新路。

(一)"钢铁小镇"的基本情况

陶庄镇是闻名全国的"钢铁小镇",拥有华东最大的废钢铁交易市场。陶庄镇域面积约 46 平方公里,下辖 9 个行政村,2 个社区,1 个水产养殖场,常住人口约 3.4 万人,外来人口约 6900 人。

1.区位交通方面

陶庄镇位于嘉善县西北部,地处江、浙、沪两省一市交界,毗邻西塘、黎里长三角生态绿色一体化示范区先行启动区,与"水乡客厅"直线距离 8.6 公里、祥符荡 10.2 公里,是浙江通往江苏的北部门户。常嘉高速、平黎公路穿境而过,南接 320 国道、沪杭高速,与申嘉湖高速直线距离在 7 公里以内,北达 318国道,直线距离在 6 公里以内。"湾北二期"高速汾湖枢纽方案已初步确立,等待批复实施,高速通车后,沪、苏、杭、甬四大城市均在1小时车程内,区位优势开始显现。通苏嘉甬高铁已经定线并启动建设,中心镇区与嘉善北站相距仅2.9公里。

2.历史人文方面

陶庄,古名柳溪,南宋绍兴年间建镇,距今已有近900年的历史,人文底蕴深厚,镇内遗存东汉古井、南宋圆觉寺、妙员山、南宋流庆桥、乾隆积善桥等文保单位。陶庄是"了凡故里、积善之乡"。袁了凡,原名袁黄,嘉善"善文化"的典型代表,明代思想家,其著作《了凡四训》的"劝善"思想,在民间,尤其是东南亚一带备受推崇。近年来,陶庄镇与平湖当湖书院合作打造系统化"善文化"弘传基地,设立"了凡学堂""了凡学塾",在言传身教间传播了凡善学思想。陶庄还是嘉兴市首批特色文化镇、民间艺术之乡,民间文艺蓬勃发展,有鱼灯舞等20种民间文艺种类,每年举办的了凡·善文化节、汾湖民间艺术节使陶庄的知名度不断提高。

3.自然禀赋方面

陶庄历来水运发达,芦墟塘、大寨河、太河泾港、创业河等重要河道四向贯通,境内湖、塘、河、荡、漾星罗棋布,水域面积约占镇域总面积的1/3。嘉善面积超1平方公里的湖泊仅有3处,除姚庄长白荡,另2处均在陶庄。其中夏墓荡位于汾南村一侧,总面积2750亩,是嘉善第三大湖泊,典型的水乡泽国,为汾南村美丽乡村建设的主要载体,同时也是嘉善北站高铁小镇规划打造区域;汾湖位于浙苏交界,总面积9700亩,是嘉兴市内面积最大、水质最佳的天然湖泊,水质常年维持Ⅲ类水以上,在《长三角生态绿色一体化发展示范区总体方案》中明确为"一河三湖"重点打造区域,功能定位突出,生态价值巨大。内汾湖东侧建有嘉善国家级水上运动中心,是华东地区最佳比赛场地之一,曾先后成功举办过第17届亚洲赛艇锦标赛、全国青年皮划艇赛、全国摩托艇大赛等多项重大赛事,2018年获评"浙江省十大运动休闲湖泊"。

(二)"钢铁小镇"形成发展过程

陶庄废钢铁产业从20世纪70年代末80年代初起始,历经了初始形成阶段、繁荣发展阶段、转型提升阶段三个历程。在最鼎盛时期,全镇从事废旧金属交易的经营户有 1300 户,从业人员占全镇劳动力 70% 以上,年交易 200 万吨以上,交易金额 70 亿元以上。废钢铁市场的形成和发展,为国家节约了不可估量的再生资源,为工业企业提供了大量的基本原材料,为当地经济社会可持续发展作出了突出贡献,为农村农民增加了广阔的就业门路和丰厚的经济收入。

1. 初始形成阶段

20 世纪 70 年代末 80 年代初的陶庄、汾玉农村。1982 年夏秋之际,陶庄净池漾出现第一艘废钢铁收购船只。1983 年,嘉善县实行家庭联产承包责任制后,嘉善县物资局设置了"废旧金属回收站",并经过批准可以在乡、村设立"废旧金属代收点"。至此,陶庄乡的丁家、民主、湖滨、龙华,汾玉乡的徐河、利生、南玉、钱冯等村都先后办齐了手续,批准设立"废旧金属代收点"。根据签订的合同,代收点每年应向县物资局上交一定数量的废旧钢铁,并按比例返回一定数量的建筑钢材,超额部分由乡、村自行处理。这就打破了由供销系统独家经营的格局,也开启了一扇废钢铁可以在市场流通的"小门"。1984 年,工商行政管理部门先后批准,发证供销社、集商总店以及陶庄的丁家、民主、金库、龙华、陶南、湖滨,汾玉的徐河、利生、南玉、钱冯等村(单位)集体性质的废钢铁收购公司 10 余家。许多个体经营户开始挂靠从事废钢铁经营活动。到 1985 年,穿梭往返于钢铁厂与净池漾之间的大吨位船只及各种往返于上海、江苏收购废铁的小船,发展到 500 艘左右,每天交易量在数千吨,由于收益不错,人们对废钢铁交易的积极性高涨。1988 年,陶庄废钢铁市场已在全国具有一定的影响力和知名度,被称为"全国最大的水上废钢铁交易市场"。17 个省、市的商人慕名到陶庄买卖废钢铁,当年市场年成交量在 40 万吨以上,年成交额超 1 亿元。大量的剩余劳动力都逐步投入到废钢铁买卖交易中去,从而推动了废钢铁运输交易规模的进一步扩大,每天集聚在陶庄净池漾进行交易的船只有 2000 余艘,形成了船满河、人云集的壮观场景。

2. 繁荣发展阶段

20 世纪 90 年代,随着道路建设的不断完善,水上金属市场逐渐向陆上迁移,经营户从水上转向陆上交易。改变了原来"一船铁一锅端"的交易方式,转为分门别类式的交易。分别将可再生利用的铁皮、钢板、钢筋、旧机械等分拣出来,定高交易价销售,增加效益。内部分工逐渐形成,衍生出五金冲件、圆饼切割等一批半成品加工私营企业,如鸿安铁厂、汾武铁厂等10余家生产包子铁的小型冶炼企业。同时也产生一批不锈钢、不锈铁、铜等有色金属交易户。还有一批如称重地磅、吊机、运输货车、短驳船只、轧平剪板、车床、刨床、金属元素鉴定和装卸等相关服务分工人员。

随着陶庄废钢交易市场和交易量的不断扩大,各种信息也触动了省、市有关经济部门,在经过对陶庄净池漾的实地考察之后,办起了一个"四方钢铁收购站",同时,县级各部门、乡镇下属公司等也相应在陶庄建立废钢公司。据不完全统计,当时各部门在陶庄设立的集体性质的废钢铁公司就达40余家,由此更促成了净池漾和周边废钢铁交易市场向纵深发展和更加繁荣兴旺,并逐步形成了陶中、陶庄、汾玉三大废钢铁市场。

随着钢铁市场从水上转移到陆上,道路两旁、房前屋后都成为了废钢铁堆场,再加上20世纪90年代中期上了"冲天炉"后,对水质、土壤、空气等环境都造成影响。针对一系列公司和企业的设立,地方税务部门为了繁荣废钢铁市场,便于经营户交易,拿出增值税发票,提供公司与企业使用,由于设立的集体和个人公司,以从事废钢铁贸易为主,大多没有实质性制造工厂,许多经营户都通过公司开具增值税发票,一段时间全镇明里有115家公司拥有开票权,暗里却有200余家公司。为了谋取轻而易得的抵扣利益,虚开、代开增值税发票问题尤为突出,对整个废钢铁市场的管理带来了一定问题。

在废钢铁市场徘徊探索到规范管理的整个过程中,不仅完成了废钢铁公司从贸易性质为主到生产制造为主的转型,而且还涌现了一批敢闯新路的企业家,他们抓住合作机遇,走出了一条自主经营的发展之路,从而孕育了一批典型的废钢铁生产型企业。其中,以大隆合金钢厂、大江合金钢厂、冯家桥机件有限公司最具代表性。民营企业发展的同时,政府也将招商引资的重点瞄准了钢铁产业,其中引进的比较具有代表性的企业就是宝嘉炉料。宝钢废钢基地与嘉善的合作成立宝嘉炉料。宝钢投资1000多万元购买设备。宝嘉炉料项目运行后,每年有十几亿元的销售额,上缴税收五六千万元。2008年,宝嘉炉料以2300万元收购,建立了完整的嘉善基地。宝嘉炉料建设起来后,带动了已有基础的陶庄、汾玉、下甸庙、天凝、西塘民间冲件业等加工业的发展。

由于 2010 年后市场萎缩、税收政策调整等因素影响,2012 年宝钢的嘉善废钢基地正式停业。

3. 转型提升阶段

进入 21 世纪后,镇党委、政府努力做大、做强、做优铁文章。规划并建成了以汾玉村金属利用料为主,陶中村旧机电为主,陶庄村可利用钢板为主的三大区块废钢铁金属市场,并借助市场优势,发展建立了五金特色工业园,圆饼切割工业园,汾湖综合工业园等子工业园,形成了基础稳固又充满潜在发展前景的大市场。据统计部门测算,2000 年至 2008 年,废钢铁市场累计交易总量900 万吨,年均交易量 100 万吨,年交易总额在 50 亿元左右(其中不锈钢、铜等有色金属约有 25 万吨)。

2009 年 10 月,《浙江省人民政府关于印发浙江省循环经济试点实施方案的通知》(浙政发〔2009〕68 号)发布,陶庄镇被列入全省 25 个循环经济试点基地之一,试点基地建设规划于 2011 年 9 月顺利通过省发改委论证审查。《浙江省人民政府办公厅关于进一步推进工业循环经济发展的意见》(浙政办发〔2009〕61 号)提出,要把陶庄再生资源示范基地作为示范工程来抓,即利用南浒塘部分水域空间,建设一个数百亩乃至上千亩的循环经济园区,整合现有零乱分散的千家万户废钢堆场及加工点,集交易、堆放、整理、加工、运输及综合服务于一体,通过市场化的运作,培育陶庄新的经济增长点,同时又规范市场,改善镇容镇貌,实现废钢产业做强做大,一举多得。但由于市场等客观因素,建设中的园区遇到了一些困难,2013 年原陶庄循环经济城项目停工。2016年,陶庄镇党委、政府从改善环境面貌、加快产业转型出发,正式启动陶中村旧机电市场、陶庄村圆饼市场、汾玉村利用料市场"三大废钢铁市场"腾退整治工作,同时,在原循环经济城东侧规划建设新市场"两创中心",该市场总占地面积约 490 亩,包括标准厂房、仓储用房等总建筑面积约 10 万平方米,300 吨级货运码头 17 处,配套建设商贸路、汾一路、储运路和诚信大道等 4 条道路,同时按照"集中管理、封闭运行、分散经营、统一开票"的运营模式,设立市场管委会,成立嘉兴陶庄城市矿产资源有限公司。三大废钢铁市场已全部完成腾退,"两创中心"17 幢标准厂房已完成建设并投入使用,先后完成利用料、圆饼区 3 年经营权拍租,100 多户拍租经营户先后入驻投产。

(三)"钢铁小镇"转型升级措施

陶庄镇是一座不冒烟的"钢铁小镇",也是县域科学发展示范点、长三角生态绿色一体化发展示范区北部重镇。近年来,主要做好"退""进""融"的文章,通过退散进集、环境整治,钢铁产业得以规范运营、健康成长,推进废旧钢铁循环利用、产业转型升级,探索出了一条绿水青山与金山银山转化的新路。

1. 做好"退"的文章,击破产业发展"天花板"

陶庄镇深入践行"绿水青山就是金山银山"理念,综合运用"拆、整、建、管"组合拳,刮骨疗毒,突破产业发展拐点。2017 年,全镇三大市场共计腾退经营户 868 户、拆除违章建筑面积 30 万平方米;2018 年,三大市场腾退整体完成,园区内 96 家"四无"企业全部腾退,盘活存量厂房近 2 万平方米;2019 年,全镇水域 40 个废钢铁码头全部腾退复垦,主干道路沿线腾退堆场 400 余户。堆场清退、车床的轰鸣不复存在,河道水域重现往日面貌。

2. 做好"进"的文章,打造全国最大单体

2018 年,陶庄镇新市场"两创中心"投入使用,成为陶庄产业转型升级的主阵地。在本地散户集聚发展的同时,瞄准废旧钢铁产业链,延链、补链、强链"三管齐下",一方面做强本地企业,通过技术改造,与国内高校开展人才技术合作研究等,逐步向产业后道延伸;另一方面蹲点大上海,合作产业大平台,加大双招双引力度,引进一批"专精特新"的项目。2018 年,两创中心下属的嘉兴陶庄城市矿产资源有限公司成为工信部第六批废钢铁加工准入企业;2019年 3 月,该公司与上海钢联电子商务股份有限公司签订"中国陶庄废钢指数"合作协议,标志着陶庄市场成为行业发展风向标。与宝钢、首钢等 40 多家大型钢企建立了产销联盟,成为全国废钢铁加工配送中心示范基地,是全国单体最大的废钢铁交易市场。

3. 做好"融"的文章,唱响美丽乡村协奏曲

在旧有产业整治腾退的过程中,陶庄镇注重乡村面貌的整体改造和文化底蕴的深度挖掘。废旧厂房改造成"城市客厅",城乡垃圾分类实现全覆盖,引入第三方服务机构实施公共服务社会化运行,承担镇域范围内风貌管控、秩序管理、社会管理等工作。"美丽乡村"逐步串点成线,竹编、宣卷、莲湘等一大批

非物质文化遗产项目活态化传承,将"美丽"基因融入群众生活的方方面面,乡村振兴驶上"快车道"。绿色循环经济发展新模式入选美丽浙江建设典型案例。

(四)"钢铁小镇"转型升级成效

1.经济实力实现新跨越

2017年以来,陶庄镇多项主要经济指标呈现大幅增长趋势,一举扭转连续10多年的镇域经济负增长的困顿局面,在新冠疫情影响下实现逆势上扬。全镇地区生产总值从21.88亿元增长到36.45亿元,年均增长7.26%;规上工业增加值从6.39亿元增长到16.54亿元,年均增长10.58%;财政总收入从1.5亿元增长到8.79亿元,年均增长42.42%;一般公共预算收入从0.82亿元增长到4.64亿元,年均增长41.43%。现有规上企业46家,亿元企业9家(其中5亿元以上企业2家),国家高新技术企业33家,企业产值与数量实现"双增长"。

2.产业转型实现新突破

2017年以来,陶庄镇实施废旧金属行业退散进集,为产业转型升级腾出空间,完成原三大市场及废钢码头、县桑苗良种繁育场、丁家园区等区块整治,腾退经营户1200余户,拆除违法建筑80余万平方米,复垦复绿土地475亩。持续打造以陶庄镇两创中心为核心的工业主平台,集聚规上企业46家,逐步形成以高端装备制造、新材料为主导的现代产业体系。坚持"项目为王",实施精准招商,6年累计签约项目93个,总投资约72.47亿元,其中亿元以上项目18个,鑫淼精密铸件、洁顺滤清器、大隆特材等符合产业导向、推动产业基础提升的优质项目纷纷落户,实现外资项目、人才项目、10亿元以上项目"零突破",与宝武集团共建嘉善陶庄—上海吴淞口新材料创新中心,成为2021年全县唯一成功申报市级域外孵化器。

3.循环经济打造新样板

2016年开始,陶庄启动废钢铁行业专项整治,秉承"关一扇门,开一扇窗"的原则,以"强村计划·飞地抱团"模式整合天凝、陶庄的13个村、1个水产养殖场,建成陶庄钢铁产业园暨陶庄镇"两创中心",并成立嘉兴陶庄城市矿产资源有限公司负责园区运营管理,投产以来累计实现废钢销售465.73万吨,销售额161.01亿元,应缴税款18.48亿元,为全国单体最大,是中国废钢铁应用协会副会长单位,工信部第六批废钢铁加工准入企业和"中国废钢铁加工配送中心示范基地"。园区管理"五控"闭环式经营模式成就废钢交易样板,"集中收购、分部加工、统一对外"的中国废钢加工产业"陶庄模式"成为行业标杆,"陶庄城矿废钢价格指数"成为华东地区重要风向标,循环利用新模式入选美丽浙江建设典型案例,各类经验做法先后在《中国冶金报》《资源再生》等国家级行业媒体和《浙江日报》等省级媒体刊登头版文章,区域知名度和行业影响力与日俱增。

4.生态环境展现新面貌

2017年以来,陶庄镇推动碧水、蓝天、净土、清废行动取得阶段性成果,水环境质量每年位列全县前三、全市前茅,空气质量指数(AQI)优良率长期位列全县第一,生态环境获得明显改善。成立生态环境整治攻坚指挥部,统筹推进科学治理、精准治理、依法治理、源头治理、系统治理相结合,做实生态隐患的立行立改、销号交账,累计完成各类生态环境突出问题整改销号34577个,完成率为99.99%。持续深化"三五共治""三改一拆"长效治理,扎实推进集镇管网雨污分流、农村生活污水分类治理,完成污水全覆盖治理,打赢"劣Ⅴ类"河道剿灭战,断面水质常年保持Ⅲ类水以上,让"河水比黄河黄"的乱象成为过去。建立健全全天候、无死角巡查检查机制,有效遏制两违建筑恶性增长,成功创建市级"无违建镇"。持续优化"四位一体"长效保洁模式,城乡人居环境日益改善,陶中村、陶庄村等8个村达到全域秀美示范标准,城乡垃圾分类逐步精进,达成分类设施覆盖率100%,居民自觉养成垃圾分类投放良好习惯。

第三节　依托"五重五实现"打造农村水域综合整治样板

2012年底,嘉善县成立水环境治理工作领导小组办公室,开始了治水工作。10年来,嘉善县坚定践行"绿水青山就是金山银山"的理念,坚持"创新引领、安全为本、水岸同治、生态优先、建管并举"五大原则,扎实开展农村水系综合整治,从"实施清三河"到"剿灭劣Ⅴ类水"再到"创建美丽河湖",实现了水体由"脏"到"净"、由"净"到"清"、由"清"到"美"的持续转变,全县水生态、水经济、水文化内涵不断深化提升。2018 年,嘉善县率先成功创建第二批国家生态文明建设示范县(市、区),成为全国农田水利基本建设先进县,截至 2021 年度连续 2 年累计 3 年荣获全省"五水共治"最高荣誉"大禹鼎"、浙江省水生态修复试点县、浙江省"绿水青山就是金山银山"样本、"两美浙江特色体验地"等称号。主要做法如下。

一、重基础,实现水善惠民

(一)不断强化涉水基础设施建设

2022 年 3.5 万吨/日西塘净水厂投入试运行,全县"南部入管网、北部 5 个厂"污水处理格局日趋完善,形成 24.3 万吨/日污水处理(输送)能力(2012 年同期为 14.8 万吨/日),基本符合全县生产、生活、生态发展需求,并基本实现了各主要污水处理系统的互联互通。在污水处理能力提升的同时,污水处理厂的尾水排放标准不断提高,从一级 B 标到一级 A 标再到清洁排放标准,所有污水厂尾水 100％实现"准Ⅳ类"排放标准。

(二)启动"污水零直排区"建设

自 2018 年起,嘉善县启动"污水零直排区"建设,截至 2021 年累计完成 9 个镇(街道)、12 个工业园区以及嘉善县全域"污水零直排区"创建,姚庄镇作为全市首批率先通过"污水零直排区"标杆镇创建。

(三)开启综合治理水系项目

嘉善县依托全国中小河流治理重点县综合整治及水系连同项目、全国中小河流治理工程等项目,高质量推进嘉善塘水系综合治理和北部湖荡整治,累计投入资金约 15 亿元,整治河道 800 多公里,治理湖荡 17 个,清淤 1500 万方。大力推进圩区整治工程,建设农村圩区 38 片,加高加固河道堤防 580 公里、建设闸(站)520 座,保护全县总面积的 86％,基本形成了"挡得住、排得出、集得拢、降得下"的防洪排涝格局,农村河道防洪能力达到 20 年一遇防洪标准。

二、重治理，实现水清如画

（一）大力推进"五水共治"

开展"清三河"，推进畜禽养殖全拆除、工业污水全入网、生活污水全治理、黑臭河道全清理等行动。构建生态农业体系，全县生猪养殖实现"退养清零"，生猪存栏数从 2014 年初的 37 万头到 2016 年 6 月实现"清零"。农村生活污水治理达到行政村、自然村两个"全覆盖"，集中式生态模块和纳管式农村生活污水全部实现第三方专业化运维。

（二）坚持铁腕治污

加速淘汰重污染高耗能产业。2012 年起，嘉善县先后开展铅酸蓄电池、电镀、印染、造纸、化工等重污染高耗能行业整治，按照"关停淘汰一批、整治提升一批、搬迁入园一批"的原则进行专项整治，累计关停淘汰 33 家、原地提升整治 77 家、搬迁入园项目 3 个。同时对嘉善区域特色的传统产业小纽扣、小木业、小铸造、喷水织机等开展整治提升。2018 年全县 14000 台喷水织机全淘汰，减少废水排放量约 5 万吨/年。2022 年完成嘉善县雪菜产业综合体建设，有效解决传统散户腌制雪菜污染问题。

（三）坚持水岸同治

污水是表象，问题在岸上，嘉善县在治水时坚持水岸同治。岸上坚持工业企业污水全入网，农村生活污水治理行政村覆盖率达到 100%，农业面源污染得到有效控制；开展河湖"清四乱"和无违建专项行动，河道废弃水泥船整治清理全面完成，涉水违章清理全面实施，共拆除涉水违章 61.92 万平方米，清理整顿各类码头 451 个，创建县级及以上无违建河道 215 公里，实现了整治"脏乱差"，披上"生态绿"。围绕净化、绿化、文化、亮化、洁化，有净水措施、有便民设施、有景观节点、有文化设施、有管护机制的"五化五有"标准，全面实施美丽河道创建,形成嘉善县"美丽河道"示范群。比如:新泾港"拆治归"组合模式①;湘家浜的"水岸人"共治模式②;红旗塘的"绿文美"三化模式③。

(四)水环境质量不断改善

嘉善县水环境质量不断改善,得益于涉水基础设施的不断完善提升。2015年全面消灭390条黑河、臭河、垃圾河,2017年完成159条"劣Ⅴ类"河道剿灭任务,创建完成28条"美丽河湖"等,实现了消灭"墨汁河",换来"清澈水"。县控及以上断面水质从2012年Ⅲ类从没有提升到2020年度的100%并保持稳定,2021年度太浦河取水口、民主水文站监测历史上首次出现Ⅱ类水。2021年度以嘉善东部水生态修复为试点,率先实施水生态修复和碧水绕善建设,2021—2022年全县共建设碧水河道119公里,总投资4.35亿元,开启治水工作从剿劣到Ⅲ类水100%再到"三生融合""三水统筹"的治水3.0蝶变。涌现了一批诸如姚庄镇盛家湾和江家港、大云镇十里水乡、魏塘街道长秀村、罗星街道鑫锋村等水生态修复样板。萤火虫"回嘉"、候鸟嬉栖长白荡水源地、黑天鹅戏水天凝镇蒋家漾,很多儿时的场景重现嘉善大地。

---

① "拆治归"组合模式:新泾港治水、管理、发展三步走的"拆治归"治理路径,让群众得实惠,产业得转型,探索出了一整套水网密布地区小河治理的科学模式。拆,拆除农房违章建筑,打造具有"粉墙黛瓦、青砖木门"风格的江南水乡自然村落,腾退沿线14家"低散弱"企业,既拆出了形象,又腾出了发展空间。治,通过河道清淤、截污纳管,实现新泾港摘帽、提升、示范的三级跳,新泾港水质常年保持在三类水标准,部分指标达到了二类水标准。归,在企业腾退区块上,建成新泾港现代农业孵化园,打造"一中心五区"现代农业聚变平台,辐射带动镇域农业转型提升,坚持走农旅融合发展之路,因地制宜发展休闲农业、乡村旅游,积极筹建新泾港3A级旅游景区。

② 湘家浜的"水岸人"共治模式:在嘉善县"外来务工第一村"称号的魏中村,湘家浜整治过程中,结合"劣Ⅴ类"水剿灭、"三改一拆""低散弱"企业腾退等重点工作,打通断头河、腾退"低散弱"、建设景观公园、提升沿河环境,把魏中村打造成美丽第一村,成为新居民的乐园,企业的后花园,群众的幸福园。

③ 红旗塘的"绿文美"三化模式:围绕"河道清、岸边洁、墙体净、设施齐、沿线绿、景观美"的目标,依靠红旗塘河道管理控制线,拆除违建点,开展沿线绿化提升及水工建筑物改造,建成美丽的健康步行道、文化长廊,把原有的碎片化、脏乱差的环境打造成精致的沿河风景带,打通8米通道39.5公里,基本形成红旗塘环线绿色长廊,成为沿线居民散步休憩的重要场所,环境提升的"获得感"得到实实在在的体现。

三、重机制，实现人水和谐

（一）创新排污权亩均动态绩效考核机制

创新推出排污权亩均动态绩效考核，开展"亩均论英雄"差别化管理。在2013—2014年印染行业整治中，县政府对全县印染行业 COD 总量指标30％部分实施强制回购，涉及 COD 总量411吨。利用市场机制倒逼印染行业转型升级，印染企业间通过兼并重组（关停）方式转让 COD 排污权11笔，涉及金额约2100万元，平均 COD 交易价格近50万元/吨。同时对重点企业吨排污权税收排序 A、B、C 档，落实差别化排污总量政策。

（二）建立覆盖全县的生态环境监管网络

作为生态环境部环境在线监控系统数据应用试点县，完成生态环境在线监测、监控、监视等系统建设，建立起覆盖全县的生态环境监管网络。2016年在全省率先建成12369环境监测监控应急指挥中心，实现"大屏（指挥中心）中屏（移动电脑）小屏（手机 App）"智慧监管，对全县水环境实现在线监测、智慧预警。

（三）建立"河长制""湖长制"体系

率先建立"河长制""湖长制"，建立由县委书记和县长领衔担任总河长的"双河长"制度，完善县镇（街道）村（社区）三级河长体系，30名县有关领导担任县级河长，配备镇级河长170名，村级河长658名，实现每条河道都有人牵头、有人负责、有人管理，基本实现了从"河长制"到"河长治"的目标。率先探索"检察蓝"守护"生态绿"，2021年青吴嘉在嘉善县完成三地"河长＋检察长"工作协作机制签约。

（四）数字赋能

积极响应五水共治数字化改革号召，坚持数字赋能。2022年嘉善县以"碧水提质"省级应用试点为基础，打造全县治水大脑。大力推进数智餐饮监管"一件事"（"善膳汇"数字平台），实行隔油池运维工作"云监管"，实现全县

2843家餐饮商户排水全方位管控,累计处置餐饮油污问题8389个。一批新的"五水共治"实践窗口建成使用,姚庄镇盛家湾成为全省首批生物多样性基地。全县积极创建省级绿色饭店、绿色企业、绿色医院、绿色家庭。倡导绿色生活方式,崇尚人水和谐的社会风尚已经蔚然成风。

四、重长效,实现水管责实

(一)建立公众护水"绿水币"制度

坚持党建引领,充分发挥基层党组织的战斗堡垒作用、党员的示范作用,制定公民护水公约,带动大家积极参与到护河行动中来。截至2022年10月,平台注册人数3.3万人,占县常住人口数的5.04%,月活跃度20.50%。

(二)采用物业化维养模式

坚持物业管理,每年投入河道管护资金5000余万元,采用物业化维养模式;借助信息化手段,在农村河道进行布点设控,对河道存在问题做到即查即改。坚持区域联动,成立长三角地区首个"水事议事堂",精心打造三地水域联动治水平台。

(三)探索建立青吴嘉三地跨界水体联合河长制

建立长三角统一标准、统一执法、统一监测"三统一"改革创新,不断探索青吴嘉三地跨界水体联合河长制,联合打通省级断头浜,不断推动环淀山湖区域、省际交界区域水环境联动治理制度化、标准化、常态化,跨省界治水合作成为新常态。

五、重保障,实现水治长安

(一)强化规划引领

主动融入乡村振兴战略,助推产业转型、生态城乡宜居、乡风文明、治理有效和促进农民增收。

（二）强化资金保障

修订完善水利资金管理办法，对于农村河道整治项目，县财政给予工程审定价的 70％补助。

（三）强化融合目标

按照"连、通、畅、活"的治水目标，注重水利建设和水岸休闲、水景观赏的融合，运用现代的设计手法重新演绎，达到"江南美景入画中，梦里水乡银嘉善"的效果。按照"因地制宜、各美其美"的原则，以姚庄港为代表的居民区景观河道、以高浜为代表的具有浓浓乡愁的家乡河、以新泾港为代表的乡村振兴示范河、以里仁桥港为代表的江南水乡风景河等正在逐步呈现。深入挖掘农村河道特色水文化，建设天凝镇蒋家漾生态湿地休闲园、西塘镇祥符荡水利风景区、陶庄镇汾湖水利风景区和姚庄镇沉香荡渔文化展示区等水文化载体。

第四节　多措并举助力河湖长制提档升级

嘉善县共拥有 4 条市级河道、29 条县级河道、318 条镇级河道和 1730 条村级河道；28 个县级湖泊、41 个镇级湖泊。每条河（湖）都配备一名河（湖）长，共拥有 30 名县级河长（其中 28 名同时担任县级湖长），180 名镇级河长（其中 35 名同时担任镇级湖长），726 名村级河长。为保证河湖长制工作有效开展，使河湖长制工作持续不断推进，嘉善县通过一系列举措，助力河湖长制提档升级，有力推动水治理体系与治理能力现代化建设。

一、健全机制，保证河湖长履职高效准确

（一）定时提醒，保证河湖长巡河完成率

根据省、市相关考核要求，县级河长每月巡河不低于 1 次；镇级河长每半月不低于 1 次；村级河长每旬不低于 1 次。及时定时提醒巡河或者发送书面提醒函，保证每次巡河高效完成任务。

（二）每月通报，加强河湖长履职成效

为落实河湖长制工作，强化各级河湖长日常履职，促进河湖健康，每月根据前月各级河湖长日常履职积分、河湖健康评估、各镇（街道）公众护水"绿水币"参与度等相关内容进行通报。通报中根据单双月原则，单月对于河湖健康评分较低的河湖长进行提醒，双月对河湖健康排名靠前的河湖长进行表彰，全面加强河湖长履职成效。通过每月通报，进一步落实各类主体责任，提高全社会参与治水护水的积极性。

（三）压实责任，巩固水美生态环境

针对县级河道水质情况，推出县级河长制"1＋X"水质通报制度，即在面上水质通报的基础上，对单月水质出现波动异常的河道，一对一书面函告县级河道及县级联系部门，请求予以关注、协调督促整改。完成镇级及以上河道水质监测全覆盖。每年底根据河长履职工作、水质情况等评选出"四星级河长"予以表彰，为推动河长制长效发挥作用提供榜样力量。2021年，全县14个市控以上断面Ⅲ类及以上达标率100％，其中Ⅱ类2个（民主水文站、太浦河取水口）、Ⅲ类12个。太浦河饮用水水源地水质达标率保持100％，历史上首次达到Ⅱ类水质；全县出入境交接断面水质考核"优秀"；嘉兴市对72个镇（街道）水环境质量排名，嘉善县姚庄镇、陶庄镇、西塘镇位列前三，天凝镇位列第五。

二、面面俱到，完善全县河湖信息档案

（一）加强管理，建立详尽的河湖健康档案

为使各级河湖长切实掌握责任河湖基础信息、水域状况，加强河湖源头治理、系统治理与生态治理，对每一河湖制定"一河（湖）一策"。建立完善河湖健康档案，开展河湖健康评价。并制订年度治水实施计划，维持全县河湖健康稳定。

（二）及时更新，确保河湖长制公示准确无误

每月定时收集各镇（街道）河湖长需要更新的名单，加强河湖长名录动态管理，及时更新河湖长信息，做到河湖长体系完整准确、公开透明。并根据每次党委、政府的换届情况，组织对全县现有河湖长进行集中梳理，统一协调，根据河湖具体情况选择合适的河湖长及联系部门。河湖长岗位变动的在继任河湖长到岗后10个工作日内完成调整，当月上报市里完成河湖长公示牌更新。积极推行河湖长信息线上更新，保证河湖长信息更新及时方便、准确完整。

（三）数字助力，实现全县河湖基本信息全覆盖

依托"嘉兴市河湖长制管理信息系统"，县、镇、村级河湖及其河湖长等数据统一纳入系统管理，并同浙江省信息平台对接融通，完成河湖长制工作数据共享。从而实现全县河湖基本信息全覆盖，河湖长组织体系全面展示，河湖长履职全程监管、河湖健康状况在线监控，公众参与充分体现等一系列的成果。

三、创新举措，激发河湖长制新动力

（一）加强协作，推动河湖长联合巡河

为更有效的推进河湖长制实施，巩固"五水共治"成效，加强县级河湖长与联系部门和乡镇沟通，使河湖长更了解所负责河湖的具体情况。根据不同河湖具体的情况，制定出针对每一河湖的具体联合巡湖计划表，对于水质要求较高、河湖及水质不稳定的河湖，每年至少进行2次联合巡河湖，其余河湖一年至少1次联合巡河湖。

（二）发动群众，鼓励全社会参与治水护水

深化公众护水"绿水币"制度。广泛动员激励全社会力量参与治水护水大场景，全面构建"政府搭台、全民参与、数字运行"的全社会治水护水新模式，建立健全公众护水激励机制，推行问题有发现、发现有积分、积分有奖励、奖励有保障的"绿水币"机制。公众可以通过"生态嘉兴"公众号发现河湖问题，获取"绿水币"，并可以在公众号上用"绿水币"换取实物奖励。嘉善县"绿水币"注

册人数已达 31211 名,超过嘉善总人口的 3%,"绿水币"总数达到 55797 个。

（三）携手创新,深化青吴嘉三地联合河长制

按长三角联合河长制要求,重点围绕太浦河水质无忧,继续推进长三角统一执法、统一监测、统一标准的改革创新工作实践运用,继续推进三地联合河长制创新特色。率先探索"检察蓝"守护"生态绿",完成三地"河长＋检察长"工作协作机制签约。共同完善并印发《示范区联合河长制工作联席会议制度》《示范区联合河长制考核制度》《示范区联合河长湖长履职标准化流程》《示范区联合河长制督查制度》,推动三地联合河长制内涵进一步丰富。

第五节　水系连通及水美乡村建设绘就"大美水乡"新画卷

嘉善不断加大河湖整治工作力度,河湖地貌形态、生态环境状况得到持续改善。但受地理环境条件、土地利用结构和财政资金等因素限制,湖荡滨水岸带蓝绿空间建设严重不足、河流水动力条件不足等问题日渐显现。而水系连通及水美乡村建设试点政策让嘉善迎来重要机遇。嘉善方案在浙江省 90 多个县(市、区)脱颖而出,成为首批 3 个试点之一。水系连通及水美乡村建设试点县成为深入实践"绿水青山就是金山银山"理念的引领性载体,经过 2 年的接续奋斗,圆满完成试点任务并取得显著成效。

一、水系连通及水美乡村建设试点概况

嘉善县境内河网密布,湖漾众多,共有大小河道 1958 条,总长 1646.2 公里,水面率 13.51%。按照水利部规计司关于水系连通及农村水系综合整治试点县实施方案审核意见及省级实施方案批复的要求,嘉善县立足长三角一体化示范区"以水为脉、林田共生、城绿相依"的生态格局,通过水系连通、岸坡整治、清淤清障、河湖管控、防污控污等方面的系统治理,切实提升区域生态人居环境,形成"十字走廊引领、空间复合渗透、人文创新融合、立体网络支撑"的体系。

项目实施方案批复总投资 9.29 亿元,含 1 个水利项目和 1 个整合项目。其中,水利部分投资 7.09 亿元,治理河流 65 条、综合治理长度 98.91 公里、岸坡整治 137.53 公里、水系连通 6 处,建设嘉善县水管理信息化平台;整合项目投资 2.2 亿元,包括新建 3.5 万吨/日污水处理厂 1 座。

二、水系连通及水美乡村建设试点任务执行情况

(一)建设进度

嘉善县专门出台《嘉善县水系连通及农村水系综合整治试点县项目攻坚实施方案》,把试点县项目各项建设任务分解落实到相关责任主体,切实保障了项目的顺利推进。2020 年 5 月 28 日,项目实施方案通过浙江省水利厅、浙江省财政厅批复。6 月 30 日,由嘉善县发改局组织对试点县水利项目进行了初步设计审查并取得专家组评审意见。8 月 14 日对该项目初步设计进行了批复,批复总投资为 71420 万元。同时,项目实施单位按规定办理了环评、水保、稳评等相关的专项并及时取得了批复文件。8 月发布施工招标公告,于 9 月 8 日第一个施工标开标,至此嘉善县试点县项目正式步入施工阶段。

试点县项目建设过程中,实施单位严格按照《水利部办公厅财政部办公厅关于印发加强水系连通及农村水系综合整治试点县建设管理指导意见的通知》《嘉善县政府投资项目管理办法》及《嘉善县政府投资项目变更审批办法》的相关规定,规范开展了各项建设管理工作,并对实施过程中的两项设计变更按规定向县发改局提交了报批手续,并获得县发改局(善变联〔2021〕10 号)文批复同意,项目 2 年内完成。项目初步设计批复总投资 92840 万元,其中水利投资 71420 万元,整合项目投资 21420 万元。截至 2021 年 12 月底,对照实施方案批复内容已全面完成,投资完成率为 100%。

(二)产出指标完成

对照批复试点县实施方案建设任务内容,水利类和非水利类计划产出目标已全部完成。本项目实际累计治理河流 65 条,完成清淤疏浚 44.38 万立方米、河道清障 0.72 平方千米、新建生态护岸 71.05 公里,改建生态护岸长度 65.69 公里,新建堤防长度 5.61 公里,滨岸带治理面积 1.51 平方千米,实施

水系连通工程 6 处,建设人文景观节点 13 处,建成嘉善县水管理信息化平台;新建污水处理能力为 3.5 万吨/日污水处理厂 1 座。

(三)严格工程质量

严格工程质量管理,按照相关法律法规和行业技术规程,建立了由项目法人(项目管理)负总责、监理单位进行质量控制、施工单位进行质量保证、勘察设计和检测单位进行现场服务的质量管理体系。建设、监理、施工和质监单位委托有水利工程检测资质的单位按规定对工程质量开展第三方检测、平行检测、施工自检三个层面检测,质监机构不定期开展强制性检测,质量是否合格以检测数据为准。通过建立健全"政府监督、业主负责、监理控制、施工保证"的质量管理体制,层层把关、全面控制,确保工程质量落实。

嘉善县水系连通及农村水系综合整治试点县项目按标段划分为 17 个单位工程,80 个分部工程。施工过程中工程质量由施工单位自评监理单位复核,重要隐蔽工程及关键部位单元工程质量由施工单位自评、监理单位抽检合格后,由建设四方组成联合验收小组共同检查核定其质量等级。已验收的 9 个标段(单位工程),所含 38 个分部工程质量合格,分部工程合格率 100%;施工中未发生过质量事故,经嘉善县水利工程质量与安全管理服务中心核备,9 个单位工程质量等级评定为合格;完工待验收 8 个标段,所含 42 个分部工程质量评定全部合格,合格率为 100%。

(四)建后管护

1.实施水利工程长效管护机制

嘉善县以水利工程改革为契机,通过推行水利工程标准化管理和河湖管理范围确权划界等工作,先后制定下发了《嘉善县水利工程标准化管理实施方案》《嘉善县圩区工程维修养护手册(试行)》《嘉善县小型水利工程维修养护管理考核办法》《嘉善县城乡环境卫生"四位一体"长效保洁工作考核办法》等制度办法,建立了水利工程长效管护机制:建设感知体系、水管理平台、智慧水利大脑、自建应用系统,明确了水利工程管理责任主体,落实了管护经费,破除制约创新发展的瓶颈,护航幸福河湖基础建设。

2. 全面推广"物业化管理"新模式

以镇（街道）为单位，通过公开招标形式确定水利工程物业化维修养护专业队伍，组织开展水利工程维修管护工作，积极探索推行社会化、专业化维修养护机制。县财政每年按照圩区 20 元/亩、灌区 10 元/亩的标准安排农田水利设施维修管护专项补助资金，河道和湖荡长效保洁经费分别以 3500 元/公里、50 元/亩作为考核奖励基数。据统计，近 3 年来，已累计拨付县及县以上财政资金约 1.1 亿元用于水利工程建后管护工作，各镇（街道）均按规定落实了配套资金，经费来源稳定可靠。试点县项目建成移交后统一纳入到全县水利工程建后长效管护体系中，切实体现水利工程"建管并重"理念。

3. 积极倡导全民护水新思路

将"互联网＋"公众护水概念融入"嘉兴市河（湖）长制管理信息化系统"，搭建"绿水币"公众参与平台，鼓励和引导基层网格员、企事业单位人员、党员志愿者、学生以及其他社会人员、普通群众利用碎片化时间，参与到身边的治水、护水行动中，成为"民间"河（湖）长，打破以前"行政"河（湖）长巡河身份门槛、工作时间、信息互通等多方局限性，让巡河工作随时随地，掀起"人人都是河长"全民参与护水新高潮，形成补充行政河（湖）长治护水的重要力量。

三、水系连通及水美乡村建设试点的组织保障

（一）强化组织领导

嘉善县高度重视水系连通及农村水系综合整治试点县项目建设，列入本届政府民生实事工程和"双示范"建设重大项目，制定下发了《嘉善县水系连通及农村水系综合整治试点县项目和资金管理办法》，成立了以县委副书记、县长为组长，县政府分管副县长为副组长，县府办、县发改局、县财政局、县水利局、县自然资源规划局、县建设局、县交通局、县农业农村局、县政务数据办以及项目相关镇（街道）主要领导为成员的试点县项目建设领导小组，并明确了各成员单位的工作职责和绩效考核要求。通过强化领导、明确任务、落实责任、绩效考核，充分调动了各级的积极性，形成了县级部门、镇（街道）和建设单位各司其职，密切配合，整体联动的良好局面。

（二）强化制度保障

为了保障项目顺利实施，及时制定下发了试点县项目推进攻坚实施方案，并建立和落实执行日告旬报制度，进一步完善和落实项目推进中执行的月度工作例会制、施工进度/政策处理进度旬报亮灯制、分标段施工日报制、疑难问题专题会商制等相关工作制度，其中对施工进度、政策处理进度引入红黄绿亮灯考评机制以旬报方式通报，滞后的分程度亮黄灯和红灯，与施工企业诚信考核、镇（街道）年度考核挂钩，旬报定期报县政府主要领导。不定期组织参建各方，针对进度计划、设计方案、政策处理中出现的疑难问题进行会商研判，推动一般问题马上解决、疑难问题及时会商协调解决，形成部门与镇街道、参建单位合力抓工程推进的生动局面。

（三）强化要素保障

按照嘉善县出台的《嘉善县水利建设资金补助办法》，本项目资金筹措除中央和省级补助资金，其余地方资金由县镇两级按 7：3 比例分摊。做好政策处理是工程顺利推进的关键，县政府就项目用地问题召开专题会议并下发纪要明确，项目在履行前期审批过程中，由县财政列支 1200 万元专项用于项目政策处理工作。同时，明确各镇（街道）为政策处理主体责任单位，要求抽调群众工作经验丰富的干部组成工作专班，全力以赴抓好政策处理工作。县水利局负责每周对各镇（街道）政策处理落实情况进行通报，督促各责任主体认真履职，为工程顺利推进扫清"最后一公里"障碍，确保施工队伍进场前完成借地、施工通道等基础工作，提供完备的施工条件。

（四）规范建设管理

1. 落实"四制"管理

严格项目法人制。为了把试点县项目真正建成一项惠民工程，改变以往农村河道整治项目"属地建设、属地管理"的建管模式，积极推行县级项目法人制，明确项目法人由县水利投资有限公司承担，统一组织方案编制、统一资金筹措、统一项目实施。严格招标投标制。项目招标严格按照相关规范文件及国家相关法律法规执行，在嘉善县公共资源交易中心或县水利局小型平台进行公开招标,切实保障工程招投标"公开、公平、公正"。严格建设监理制。严格按规定实行建设监理制。监理单位资格、总监资质和主要成员资格均符合要求,人员配备基本满足工程要求;在项目日常管理中,结合工程特点编制了切实可行的监理规划、监理实施细则等可操作性文件对工程质量、进度、安全进行有效的控制。严格合同管理制。严格依据国家有关法律法规,按照中标标书的相关约定,建设单位与施工、监理、设计等参建单位均签订了施工或技术服务合同。在项目实施过程中,项目法人每月对施工现场进行巡查,每月巡查结果作为半年度的考核依据,每半年根据施工单位的施工质量、进度、安全等因素按照合同条款、参照《嘉善县水利施工企业诚信考核管理办法》进行综合考核,督促施工单位切实强化合同履约行为,严格落实其施工质量、进度、安全主体责任。

2.强化行政监督

在严格项目"四制"管理基础上,充分发挥行政监督机制作用,明确由县水利工程质量安全监督中心对本项目的质量安全履行行政监督职能,督促项目法人按规定及时办理工程质量监督手续。通过计划管控,县水利局每旬定期对项目计划落实情况进行检查,对各施工标段计划执行情况进行通报,对进度达不到要求的施工标段实行"红、黄"两色亮灯警示。同时,在试点县实施方案经省水利及财政厅联合批复后,省厅河湖处、规计处及省钱塘江流域中心、省水利水电技术咨询中心等上级部门对嘉善县试点项目开展了全面的业务指导及技术支持,对项目前期审批、过程评估、专项稽查等重点环节更是实施了点对点的精准服务。

3.强化宣传力度

大力加强试点县项目宣传工作,充分利用上级和县级新闻媒体以及公众号、施工公告栏等渠道,积极宣传嘉善县农村水系项目推进情况,让群众有充分的知情权,不断赢得当地群众对项目建设的支持。截至项目完成时,累计被央视《新闻联播》《农民日报》、水利部网站、中国水利微信公众号等央媒及省级媒体录用信息21条。

四、水系连通及水美乡村建设试点的主要成效

(一)效益指标完成

通过前期的精心谋划及过程的攻坚克难,嘉善县试点县项目全面完成了既定的各项效益指标,其中防洪保护村庄 23 个、防洪保护人口 5 万人、防洪除涝受益面积 7.8 万亩、受益村庄 58 个、受益人口 12 万人、新增废污水处理能力 3.5 万吨/日。

1.发挥工程效益,提升防洪能力

试点县项目启动以来,根据梳理出的河湖水系问题清单,重点推进流域的综合治理,实施骨干生态廊道建设、农村水系片区整治、河湖管护和防污控污四大任务,通过水系岸坡整治工程,项目治理范围内圩堤防洪达标率为100%,消除防洪排涝隐患,提升群众安全感。成功应对 2020 年历史性长梅、2021 年"烟花""灿都"等台风,实现全县安全度汛。

2.畅通河湖水系,提升水资源保障

全面完成西塘污水处理厂扩容工程建设,水环境质量屡创新高,生态底色更加靓丽,县控以上断面水质全部达到或优于Ⅲ类水,2021 年太浦河水源地水质 12 年来首次达到Ⅱ类水,包揽全市镇(街道)水质排名前三甲,时隔 6 年再夺全省治水最高荣誉"大禹鼎",江南水乡明珠更加美丽动人。

3.强化协同管控,提升水生态环境

依托试点县工程不断优化水系空间布局,强化部门联动不断深化河湖水系资源审批监管,坚持数字赋能不断完善河湖监控监测。2021 年成功承办市级"五水共治"暨"碧水行动"工作推进现场会;实施萤火虫等珍稀物种"回嘉"行动,通过水系整治,水生态环境持续好转,一些珍稀物种再度回到嘉善,比如天凝镇迎来了 2 只黑天鹅,西塘镇、姚庄镇等地农村又出现了成群萤火虫,白鹭等其他鸟类也都随处可见,进一步见证了全县河湖生态环境的切实提升。

（二）特色与示范性

1.聚焦水生态，打造江南水乡和美样板地

按照长三角一体化示范区嘉善片区总体发展愿景以及建设"高水平现代化示范片区"的新要求，嘉善县坚持"节水优先、空间均衡、系统治理、两手发力"的治水思路，紧扣"生态绿色、一体化、高质量"三个示范区发展关键词，统筹谋划试点县项目的产出指标和河湖水系综合治理布局，努力将试点县工程优势融入示范区嘉善片区建设，打造成生态优势转化新标杆、绿色创新发展新高地、人与自然和谐宜居新典范。2020年以来，先后创建长白荡、南祥符荡、沈北泾水系等3条"省级美丽河湖"，2021年入选浙江省首批幸福河湖试点县（全省11个），全市创建省级美丽河湖9条，其中嘉善县2条，创建数量全市第一；创成省级美丽乡村示范镇1个、特色精品村3个、风景线1条；成为全省10个"绿水青山就是金山银山"样本之一，位居中国最具绿意百佳县市第14位。

2.聚焦水业态，打造产业转型升级先行地

水利建设助力农民增收，争当共同富裕先行典范。2019年嘉善县农民人均可支配收入38057元、城乡居民收入比1.66，到项目实施后的2021年，农民人均可支配收入达44324元、城乡居民收入比为1.59。重点推进西塘环线乡村风貌景区、碧云花海十里水乡景区及其周边区域发展，不断推动文旅企业旅游项目投入，进一步激发农村经济活力。在疫情影响下，大云镇通过状元浜整治，助推大云十里水乡旅游发展，当地农民2020年度、2021年度分别实现增收19.3%、17.8%。同时，把水生态优势转化为发展科创的竞争活力，大手笔做好湖荡文章，高标准建设以祥符荡科创绿谷为核心的世界级科创湖区，引进了清华长三院创新中心、浙大智慧绿洲、嘉善复旦研究院等高端科创载体，全力打造"长三角的松山湖"。

3.聚焦水文化，打造水旅融合发展示范地

坚持走"生态优先、文化惠民"的发展之路，深入挖掘河湖文化，编制完成《嘉善县重要水文化遗产调查工作方案》《湖荡水文化》，进一步讲好"善水"故事、彰显"善水"文化。通过试点县项目实施，深入挖掘马家浜、船坞等特色水文化元素，打造独具特点的人文景观节点；以西塘古镇为中心，通过周边水系的延伸整治,进一步实现水乡古镇特色文化与历史人文文化、现代影视文化的资源整合,实现传统与现代、保护与开发、物质与精神的相融合;全面提升融合大云镇缪家村钱家浜"东丰钱桥"、天凝镇洪溪村高浜"顾家厅及河埠"、干窑镇长生村让巷"钱氏船坞"等一批文保单位,进一步营造生态治水理念;建设嘉善水利陈列馆、长白荡嘉善县水情教育基地、嘉善节水宣传教育基地等水文化教育平台,两年来累计参观人数达 4174 人次。

4.聚焦水治理,打造省际协同共治新高地

以河长制为抓手,贯彻实施《关于进一步深化长三角生态绿色一体化发展示范区河湖长制加快建设幸福河湖的指导意见》文件精神,会同吴江、青浦两地河长办印发《贯彻落实〈关于进一步深化长三角生态绿色一体化发展示范区河湖长制加快建设幸福河湖的指导意见〉2021 年工作任务清单》,进一步明确工作计划、任务分工以及进度安排,丰富三地联合河长制内涵。创新建立长三角毗邻地区"联合管护"工作机制,实施联合河长制打破河湖管理边界,定期开展联合巡河、联动保洁、水文信息共享等工作,破除毗邻地区河湖管护"孤岛",将以往边界河道"三不管"变成"齐心管",且连续 4 年收到上海市河长制办公室发来的感谢信。

5.聚焦水智慧,打造数字化改革领航地

2021 年以来,在全省推进数字化改革背景下,嘉善水利紧紧抓住数字技术变革机遇,依托嘉善县水系连通及农村水系综合整治试点县项目,建设嘉善县河湖管护平台项目,不断推进水利领域共同富裕先行先试。嘉善县河湖管护平台基于省级统一门户框架,整合集成现有系统,新增涉河涉堤项目在线审批、水域动态管理、数字大屏等业务应用及模块,覆盖嘉善县水利管理全部业务工作,通过业务管理规范化、流程化、数字化,落实长效管护机制,实现恢复和保障河湖基本功能、修复河道空间形态、改善河湖水环境质量、提升防洪排涝标准等,从而保障农村水安全、改善农村人居环境、推动农村发展、加快美丽乡村建设,全力打造"水利领域共同富裕"嘉善模式。据统计,自平台开放以来,已累计登录 16272 人次。

6.聚焦水投资,打造投资体制改革创新地

为贯彻落实财政政策,加大基础设施领域补短板的力度,聚力增效促进县域经济高质量发展,嘉善县财政、水利强化责任担当,积极协调发改、住建等部门,全面完成了试点县整合项目西塘污水处理厂扩容工程的专项债券发行工作,该工程累计发行政府专项债1.8亿元,进一步拓宽了投融资渠道,促进优化投资结构,加快工程建设,为"金融"支持"水利事业"创造好条件,更好地让改革红利促进水利事业发展。

(三)群众满意度调查

为检验试点县项目建设成效,深入了解群众对水系连通及农村水系综合试点县项目工作的满意度,嘉善县按照水利部的要求组织开展了群众满意度调查,共收到有效问卷数513份,满意率为99.8%。

五、主要经验

两年来,在中央、省、市的大力支持下,全县干部群众齐心合力、攻坚克难,试点县工作取得圆满成功,得到了各级领导和社会各界的一致肯定,群众的获得感、幸福感、满意度显著增强。主要经验做法体现如下。

(一)立足长三角一体化,系统打造治水示范窗口

围绕长三角一体化治水思路,充分依托县域河网纵横、江南水乡特质显著的优势,从两方面践行试点县项目示范理念。首先,突出规划引领。在充分依托《长三角生态绿色一体化发展示范区嘉善片区水利规划》的基础上,积极整合示范区嘉善片区产业规划、文旅专项规划以及生态景观建设标准、高标准农田建设标准等要素,科学合理设计试点县项目建设内容。其次,突出治理理念。以河湖水系重构为手段,统筹防洪除涝安全、供水安全、水生态安全,综合水景观营造、水文化传承保护、水产业发展等多方面的人民生活品质提升需求,提出了"一廊、一环、一带、三片区"的总体布局,努力将示范区嘉善片区建设成为生态优势转化新标杆、绿色创新发展新高地、人与自然和谐宜居新典范。

(二)汇集全县之力,部门联动抓推进

嘉善县高度重视试点县建设,将试点县建设列为本届政府民生实事工程和"双示范"建设重大项目,成立试点县项目领导小组,明确了财政、发改、环保

等各成员单位的工作职责和考核要求。在具体的实施过程中,各部门均给予了全力支持,相关审批事项得到了及时办结,有效缩短了项目前期工作时间,为项目最终如期完工打下坚实基础。同时,建立了项目领导小组工作制度,定期组织成员单位对工作计划、工程进度、政策处理过程中出现的疑难问题进行会商研判,切实形成了部门联动、齐抓共管的良好局面。

(三)强化项目管理,确保工程顺利推进

科学组织施工是工程顺利完成的重要保证。项目启动之初,通过招标选取了浙江广川工程咨询有限公司作为项目管理单位参与具体的建设管理工作,为切实提升项目的全过程管控提供了很好的技术支撑。通过规范化的管理,项目各参建单位全力克服工程点多、线长、面广、时间紧、任务重的困难,尤其是面对突如其来的新冠疫情带来的不利影响,在保证工程安全和质量的前提下,科学制订施工计划,全力投入机械设备和施工班组,采取多点、多面全线展开施工,各道工序无缝衔接,保证施工的连续性,使工程顺利推进,形成了"争进度、赛质量、比担当"的工程建设热潮。

第六节　高质量推进"千万工程"绘就美丽乡村新画卷

早在 2003 年,习近平总书记就为在浙江工业化城市化加速背景下,出现的城乡差距拉大、发展与生态环保矛盾加深等烦恼,从落实"八八战略"和"三农"工作的全局出发,亲自推动实施了"千村示范、万村整治"工程,寻求改善农村生态环境、提高农民生活质量的工作路径。这些年来,"千万工程"的内涵和外延不断丰富拓展、成效不断显现,充分说明了"千万工程"是解决"三农"工作的一把金钥匙,必须毫不动摇地坚持和加强。高质量推进美丽乡村建设就是贯彻落实总书记"千万工程"的生动实践,两者一脉相承、又与时俱进,特别是嘉善作为"双示范"之地,全面推进乡村振兴战略,坚持农业农村优先发展,以"水韵嘉善"为主题,深化"千村示范、万村整治"工程和美丽乡村建设,推动绿色和高质量发展,全面提升农业竞争力、乡村美丽度和农民幸福感,美丽乡村已经成为嘉善最靓金名片,获评全省新时代美丽乡村示范县,《浙江嘉善:"水韵嘉善"绘就美丽乡村新画卷》入选全国《乡村振兴战略规划实施报告(2018—2022年)》典型案例。嘉善县乡村管治共护模式入选浙江省美丽乡村长效管护十大模式。美丽乡村典型做法在全省"千万工程"现场会上书面交流,姚庄镇进行现场交流,大云镇易腐垃圾资源处置中心获评五星级农村生活垃圾资源化处理站点。

一、高质量推进"千万工程"绘就美丽乡村

(一)坚持规划引领,绘好全域最美蓝图

嘉善县按照新时代美丽乡村建设总体部署,以创建"浙江省美丽乡村示范县"为目标,突出"重点培育、全面提升、争创示范"工作导向,对标建设最江南梦里水乡,以高标准规划、政策、制度体系迭代升级美丽乡村"四梁八柱"。全力打造"水韵嘉善·美丽乡村"品牌,"面上整洁、沿线美丽、点上出彩"的全域美丽乡村格局基本形成,呈现出多点开花,百花齐放的良好发展态势,为美丽经济转化奠定了扎实基础。

1.精心绘好"一张图"

坚持"全域规划、城乡融合",以国土空间总体规划为统揽,围绕建一批美丽乡村示范镇、风景线和特色精品村的目标,充分挖掘和考虑生态保护、产业发展、人居环境等各方面的需求,统筹"1＋6＋102"村庄布点,创新融入"北斗七星"湖区全域科创格局,形成"1＋2"全域美丽新体系。制定《新时代美丽乡村建设规划》,从点、线、面三个层次分层完善规划设计,打造"五带十团百村"全域美丽格局。

2.全面集成"一笔钱"

出台农业农村高质量发展政策"22条",集中使用各条线涉农资金,在全省率先建立县级乡村振兴专项资金,3年新增美丽乡村建设项目89个,投入资金12.2亿元。2022年以示范区三周年现场会为契机,推进全域秀美、稻香未来乡村、沉香文艺青年部落3个标志性项目建设。

3.系统构建"一盘棋"

大力推进"县、镇街、村、户"四级联创,实现农村环境全域秀美村100%达

标,建成省级美丽乡村示范镇 6 个、特色精品村 21 个、省级未来乡村创建村 5 个、美丽庭院 42051 户。大云镇缪家村建成党建统领幸福农村新社区,西塘镇红菱村建成稻香农业体验村落,姚庄镇横港村建成长三角生态宜游美丽乡村,天凝镇洪溪村入选中国最美村镇乡风文明成就奖。

(二)坚持整治攻坚,擦亮全域最美底色

常态开展综合整治和集中攻坚,全面厚植生态优势。围绕城乡环境综合整治目标,全面推行涵盖集镇、道路、河道、村庄四大区域的"四位一体"城乡环境卫生长效管理机制,农村环境面貌得到根本性改变。

1.实施全域秀美专项行动

一方面抓自然村落提升,深化"四位一体"长效机制,推广积分制管理、"党群联动户比互评""九星文明户",实行农村人居环境整治"月比季赛"和"红黑榜",累计排查问题 13 余万个,整改率 98.8%,下拨县级奖补资金 2.6 亿元;另一方面抓农房改造集聚,以未来社区标准建设农村新社区,累计集聚农户 4.5 万户,连续 2 年被评为全省深化"千万工程"建设新时代美丽乡村(农村人居环境提升)工作考核优胜县。

2.实施"三大革命"攻坚行动

坚持"全覆盖、无死角"推进农村垃圾、污水、厕所集中整治,建立智慧化垃圾分类管理平台,建成省级高标准农村生活垃圾分类示范村 12 个,实现农村生活垃圾分类行政村覆盖率 100%、农村家庭垃圾分类覆盖率 100%、智能监管覆盖率 100%,农户源头分类准确率 90% 以上;建立县、镇、村、农户以及第三方专业服务机构"五位一体"农村生活污水治理设施运维管理体系,实现标准化运维 100%;新(改)建农村公厕 237 座,实行"所长制",建成省级星级农村公厕 31 座。连续 2 年被评为全省农村生活垃圾分类处理工作优胜县。

3.实施基础设施提升行动

持续提升农村服务设施,建设文化娱乐、便民服务等各类服务设施 300 多处,建成农村文化礼堂 115 家,实现 100% 覆盖。一体推进田、水、林、路建设,成功创建"四好农村路"全国示范县,农村公路总里程达到 760.8 公里,近 3 年绿化造林 1.9 万亩,成功创建市级以上"美丽河湖"36 条、"省级森林村庄"21

个、省"一村万树"示范村 14 个,实现省级森林城镇全覆盖。

(三)坚持水乡韵味,打造全域最美蝶变

系统推进新时代美丽乡村建设,全面激发乡村振兴内生动力。

1. 做优美丽田园

以全域土地综合整治为牵引,用工业理念改造提升农业产业,建成高标准农田 33.3 万亩,粮食总产量实现 6 连增,大力建设 15 个总面积 1.5 万亩的现代农业小微产业园,首个姚庄镇武长村产业园,依托一里谷农业科技公司,建成嘉兴市首个盒马村,统一生产、统一销售,提高效益。

2. 做靓美丽集成带

统筹推进 7 条田园水乡风景线,将全县 50 个美丽乡村有机串联,集成打造县域大环线、镇域小循环,"桃源渔歌·最美香湖""梦里水乡·乡伴西塘"等风景线连续 3 年获得嘉兴市现场推进会一等奖,入选全省美丽乡村夜经济精品线。

3. 做活美丽经济群

结合精品村创建,发展农家乐、民宿经济,培育运动康养、教育研学等新业态。组织举办丰收节、乐悠游、音乐节等,推进农家小吃等乡愁产业发展。深化农文旅融合发展,引进杭商旅建设"五彩姚庄"田园综合体和沉香文艺青年部落,建成华腾农旅、嘉佑农业等"链主"型项目,北鹤、红菱等美丽乡村成为网红打卡地。2021 年村均集体经济经常性收入达 435 万元,列嘉兴市第一,乡村旅游人次突破 150 万,综合收入 1.76 亿元。

二、美丽乡村推进过程中存在的短板问题

高质量推进美丽乡村建设是回应人民对美好生活新期待的现实需要,必须坚持为民情怀,把群众的笑脸作为重要标准,坚持群众需要什么,就有针对性跟进什么,千方百计办好民生实事、关键小事,满足老百姓对美好生活的新期待。经过这几年持续推进美丽乡村建设,成效显著。但对照全域秀美的要求,对标周边一些先进的县(市),嘉善县美丽乡村还存在着一些问题和不足,主要有以下几方面。

（一）从"点线面"建设现状情况分析来看

1. 点上不亮，同质化现象亟待改善

"亮点不亮、普遍一样"，是目前美丽乡村建设面上的通病，部分村缺乏对美丽乡村全方位、系统化的谋篇布局，设计标准不高，建设绩效较低，对照新时代美丽乡村建设的标准，离"精、美、优"的要求还有较大距离。

2. 线上不美，规划建设水平有待提升

规划起点低，风景线规划设计停留在绿化、景观提升阶段，农旅融合的业态、特色亮点不够丰富。没有彰显水乡田园的特质，没有做足做好水和田这两篇文章。

3. 面上不平，环境整洁依然是突出短板

干净整洁是美丽乡村的底色，美丽田园也是美丽乡村的底色，虽然"四位一体"长效保洁机制已建立，并通过常态化的暗访督查，使得农村环境面貌有了较大的提升，但对标农村人居环境全域秀美的标准，农村环境脏乱差问题在一些地方还比较突出。比如，在督查中发现房前屋后乱堆放问题、垃圾分类不到位问题、河道及畜禽养殖污染问题、污水直排问题等各类影响农村人居环境情况（如图 4-1）。

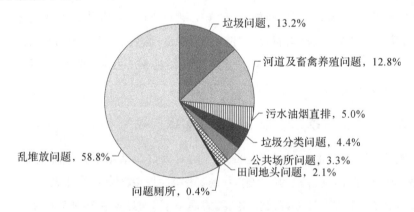

图 4-1　农村环境全域秀美问题类型统计

（二）从"管控用"机制建设情况分析来看

1. 项目管理上质量水平不高

从县级美丽乡村建设项目专项审计和绩效评价的情况看,普遍存在管理力量薄弱,项目管理水平较低,项目建设管理中存在招投标不规范、合同管理不严谨、调整变更手续不全等问题,美丽乡村建设和项目管理水平不高。

2. 长效治理上办法措施不多

在美丽乡村建设过程中,为了整治环境卫生,清理房前屋后、拆除鸡鸭棚、拆除违章搭建等行为,对农民的政策解释不到位,农民不理解,从而导致农民主体地位缺失,一定程度上还是存在干部干、群众看的情况,存在边整治边反弹,前整治后反弹的现象。

3. 业态形成上融合转化不快

自开展美丽乡村建设以后,村容村貌明显改善,但美丽环境如何向美丽经济转化的文章还没有明确思路,美丽乡村与乡村休闲旅游融合度低。虽拥有A级景区村庄,但未能对农村经济和农民增收起到实质性推动和促进作用。与嘉兴其他县(市、区)比较,嘉善在旅游业态、旅游经营、旅游富民惠民效应、文化特色、旅游发展品质等五块短板较为明显。

（三）从"县镇村"推进情况分析来看

1. 县级部门整体联动不够

主要表现在:新建农房的管控机制未建立;新建农房风貌与我们平原水乡的风格不和谐;高等级农村公路占比低,国省道里程 53 公里,农村公路里程 727 公里,公路密度 154 公里/百平方公里(全市平均 210 公里/百平方公里),三项数据皆处于全市"五县两区"末位。绿化规模还不够大,特别是农村绿化整体水平还不够高,当前森林覆盖率仅为 6.5%,林木覆盖率为 17.73%,远远低于全市 22.1%的水平,与省里要求达到 20%以上还有较大的差距。

2. 乡镇街道推动参差不齐

部分镇(街道)主要领导对美丽乡村的重视程度不够,比如有些镇美丽乡村建设申报项目多,但是招投标完成率、投资完成率不高。

3.村级组织推进力度不足

部分村干部对美丽乡村建设、农村环境整治工作存在畏难情绪,不会做群众工作、怕做群众工作,比如有些村美丽乡村建设点内有大量违章搭建,多次要求整改但始终未整治到位。

三、高质量推进美丽乡村建设的对策建议

美丽乡村建设是一个长期的动态过程,只有起点,没有终点,没有最美,只有更美。美丽乡村建设一定要走符合农村的建设路子,注意乡土味道,体现农村特点,记得住乡愁,留得住绿水青山。必须按照乡村振兴的总体要求,统筹推进、精心培育,高标准深化美丽乡村建设工作,努力打造新时代美丽乡村平原水乡样板。

(一)坚持规划高起点引领,以更高标准抓美丽乡村规划落实

美丽乡村规划设计不仅是对建筑、景观的规划设计,更重要的是对乡村振兴全方位、系统化的谋篇布局,要将科学规划设计作为美丽乡村建设的基础性工作,坚持把美丽乡村建设与村庄的特色有机结合起来。

1.坚持因地制宜,突出特色

要将乡村振兴"20字"要求作为解决美丽乡村建设长远发展的根本,坚持因地制宜,突出特色,结合各村地理风貌、资源优势、产业发展、历史文化、传统民俗等,进一步完善规划设计,确保规划设计的科学性、操作性和可持续性。

2.注重延续传统,突出风貌

要按照村庄布点规划要求,注重延续传统自然村落形态肌理,保护村落聚落形态与格局,促进建筑风貌与周边环境协调,避免同质化、模式化、雷同化建设,还原农村居民亲近喜爱的生活风貌。

3.实现规划衔接,突出整体

努力实现各种规划的相互对接,增强规划的严肃性、长效性,在深入走访调研的基础上,根据新的美丽乡村政策要求,结合自身发展实际,优化完善原有的美丽乡村规划体系,确保规划的可操作性,切实提升美丽乡村建设的整体水平。

（二）注重要素高水平配置，以更高效率推美丽乡村协同发展

重点做好"三个协同推进"。

1.美丽乡村和美丽城镇协同推进

要加快推进城乡一体发展，充分发挥城镇的桥梁和枢纽作用，认真思考"钱从哪里来、人往哪里去、地该怎么用"等问题，统筹解决区域内的基础设施建设、公共服务共享等问题，让更多的农村人口就近城镇化，推动美丽城镇与美丽乡村美美与共、各美其美。

2.美丽乡村和森林城镇协同推进

牢固树立"绿水青山就是金山银山"的理念，将提升绿化水平这一目标始终贯穿美丽乡村建设过程中，以巩固省级森林城镇成果为抓手，大力开展林带林网、河道绿化、集镇村庄绿化，加快县道绿色廊道等景观提升项目推进。

3.美丽乡村和新农村建设协同推进

围绕做大做强中心集聚点，做优做美保留点的目标，加快推动农房集聚，同步开展保留拓展点提升、特色自然村落保护开发，形成一批自然风貌独特、文化韵味浓郁的特色自然村落，建成一批规模大、设施好、管理科学的城乡一体新社区。

（三）把握业态深层次融合，以更高理念抓美丽经济有效转化

要把生态富民、产业发展作为美丽乡村建设的基础工作，推进美丽乡村建设和产业发展农民增收的互联互动，实现生态保护和经济发展互促互赢。

1."旅游＋"融合发展模式

结合美丽乡村精品村和示范建设，开展 A 级景区村庄创建，通过"旅游＋"融合发展模式，大力发展乡村休闲旅游业，发展农家乐、民宿经济，促进美丽环境向美丽经济转化。积极鼓励引入专业化的运营公司进行运作，让专业的人做专业的事，由专业团队给嘉善的美丽乡村量身定制村庄运营方案，导入游客导入业态，打造嘉善的网红村，实现美村富民，通过经营村庄，实现社会资本、村集体经济和村民三方的共赢，实现优势共享。

2."农旅"融合发展模式

要将美丽乡村和现代农业协同推进,围绕一二三产融合发展,依托碧云花海、巧克力小镇、易久农业等载体,在大云、惠民、罗星等持续推进农旅融合项目发展,积极引导农业主体,企业投身农业,精心打造集自然景观、设施农业、特色产品等于一体的农旅融合文章,高质量打造"农旅"融合发展先行区。

3."文旅"融合发展模式

以文化的情怀,深入挖掘银嘉善农耕文化、善文化等,内外兼修,留住乡愁印记。3A级景区村庄要适时培训一支专职和兼职互为补充的讲解员队伍,理好村史,讲好故事,留住赞许目光。

4.延长产业链提升附加值

要做好农产品生产、加工、销售文章,按照产业化、规模化、现代化和品牌化要求,把农业的产前、产中、产后环节有机地结合起来,提升农产品附加值,促进农民增收。同时,做大做强龙头企业,提高辐射能力,带动农民增收致富。

5.培育农业领创人才

要加快推进农民就业创业,以"善农客"农业领创人才培育为引领,积极培育新型职业农民,提高农民增收致富本领。同时,通过组建劳务合作社、扶持农村电商创业等方式,鼓励农民就近就业。

(四)突出监管全方位实施,以更严要求抓美丽乡村项目建设

要坚持精致设计、精心建设、精细管理的理念,全力提升建设品质。在项目实施前,由县级相关部门进行项目联审;项目实施中,要落实专业人员对施工过程进行全程指导管控,定期组织专人现场检查,对重点村要全过程跟踪;项目实施后,督促各项目实施主体完成项目竣工结算,对完成镇级验收的项目,及时开展县级验收。通过项目的全过程管理,确保高标准的规划设计和施工指导贯穿整个工程始终,保证美丽乡村建设项目建设效果。

(五)强化全流程环境监管,以更大力度抓好美丽乡村环境整治工作

推进农村人居环境综合治理是当前及今后的一项核心工作,要整合部门资源,强化统筹协调,全力推进村庄环境全域秀美整治,加强村庄环境长效管

护制度化、规范化、专业化建设,推动其走上常态化、长效化轨道。

1.部门联动

建设局、农业农村局等部门以村庄保洁、垃圾革命、污水革命、厕所革命、养殖污染管控等工作为抓手,持续开展村庄治乱美化,梯度推动水田路房整体改善,实现投入品减量化、生产清洁化、废弃物资源化、产业模式生态化,夯实美丽乡村生态底色。

2.克服重建设轻管理的倾向

制定出台长效管理示范村评选办法,健全美丽乡村、"四位一体"、绿化管护、垃圾分类等长效管护机制,落实专项经费和责任主体,探索实施市场化、公司化操作,实现有专人管、有资金管、有制度管。

3.完善监督考核机制

建立健全督查暗访、结果通报等监督考核机制,进一步增加长效管理在镇街道目标绩效考核中的比重,加大对长效管护督查检查及问责力度,使抓工作落实成为各级干部职工的自觉行动。

(六)引导群众全过程参与,以更好氛围抓美丽乡村持久建设

美丽乡村建设,广大农民群众既是受益者,也是推进主体,要充分调动农民群众建设美丽乡村的积极性、主动性和创造性,发挥主体作用,让村民成为建设美丽乡村的主角。

1.加大宣传力度

积极开展多种形式的宣传活动,大力宣传美丽乡村建设有关政策,充分发挥文化礼堂、党员先锋站、文化活动室等功能,积极组织各种群众性文化活动,不断丰富村民精神文化生活,努力使村民从"要我美丽"向"我要美丽"转变。

2.倡导健康文明的生活方式

要积极培育乡村文明,倡导健康文明的生活方式,通过完善《村规民约》、门前三包等制度,推广德道银行、文明银行、"股份＋积分"等激励机制,把美丽乡村建设与群众的塑造培养有机结合起来。

3.引导村民树立自律意识

要加大自治、法治、德治相结合力度,引导村民树立自建自管意识,健全完

善百姓治理载体,激发广大村民群众参与创建美丽乡村的热情,使广大农村居民能够了解和理解美丽乡村建设工作,全面参与美丽乡村的建设和管护。

第七节　全面开展"五废共治"建设无废城市

嘉善在生态环境保护工作方面,全面打好污染防治攻坚战,统筹推进环境风险防范、生态保护修复、治理能力建设和生态文明体制改革。持续推进净土清废保卫战,完善重点行业企业用地土壤污染状况详查,落实建设用地土壤污染风险管控和修复名录制度,严格落实疑似污染地块防治措施。加快远大环保、洪峰热电等固废基础设施建设,提升一般污泥处置能力;制定印发《嘉善县工业固废专项整治工作实施方案》,强化工业危废和一般工业固废监管;制定印发《嘉善县"无废城市"建设实施方案》,积极推进县域"无废城市"建设。全县生态环境质量持续改善。

一、工业固废处理措施

(一)工业固废产生的状况分析

1. 一般工业固体废物

以 2020 年为例,嘉善一般工业固体废物产生量为 45.38 万吨,产生的一般工业固体废物包括冶炼废渣、炉渣、粉煤渣、脱硫石膏、污泥(不包括污水处理厂)、其他废物等六大类,其中占比最大的为其他废物和粉煤渣,合计约占 75％。一般工业固体废物综合利用率为 98.64％,以县内利用处置为主。其中,大宗固废均以利用为主,县内去向主要为水泥粉磨厂、鸿翔建筑垃圾项目;污水处理厂污泥去向主要为浙江犇牛环保科技股份有限公司、嘉善远大新型墙体股份有限公司和嘉兴嘉爱斯热电有限公司;边角料除废金属外卖利用,其余以焚烧为主,去向为嘉善伟明环保能源有限公司;树脂纽扣废料到犇牛环保、东都节能焚烧;自来水厂沉降泥沙以工程绿化用土进行填埋。其他废物主要为工业边角料,主要类别有废金属、纺织边角料、废塑料、废木料、海绵、废纸渣、树脂纽扣废料等。污水处理厂污泥、自来水厂沉降泥沙产生量合计占比约为 8.6％。

2. 工业危险废物

2020年,嘉善工业危险固废产生量为9.43万吨,涉及产废企业600多家,共分20大类、66小类,其中产生量最大的两种危废为表面处理废物和废酸,约占总产生量的64%。其他危废包括生活垃圾焚烧产生的飞灰、废乳化液、沾染废物、含铜废物、染料涂料废物、医药废物等18种。2020年县内3家危废处置单位共接收危废2.05万吨,占全县产生废物量的21%;县内无法处置的工业危废,主要依托嘉兴市和省内有资质单位处理,目前危废处置出路基本顺畅。

(二)工业固废的处理措施

1. 强化政策顶层设计,形成齐抓共管制度

(1)压实主体责任,强化固废污染防治考核。将工业固废防治工作纳入《镇(街道)工作目标责任制考核实施办法》,强化属地监管责任和产废企业主体责任。先后出台了《关于加强全县工业固废(危废)管理的实施意见》《嘉善县工业固废(危废)管理细则》,压实各镇(街道)及相关部门的环境保护责任。根据省厅危险废物规范化管理要求,督促辖区内企业落实规范化管理措施,并制订检查考核计划,每年对相关企业进行考核检查,省、市生态环境部门每年同步进行检查考核。

(2)加强源头防控,强化产废企业准入制度。针对亩均危废及一般工业固废产生量大的企业在项目准入前期予以扣分,综合评价得分在80分以下的项目原则上不予准入,环评阶段严格审查固体废物章节。严格执行嘉善县"三线一单"生态环境分区管控方案和《〈长江经济带发展负面清单指南(试行)〉浙江省实施细则》等行业准入要求,提高重污染行业准入门槛,严控"两高"项目盲目发展。

(3)推进分类贮存,建立一般工业固废分类制度。2019年,县建设局、县经信局联合下发了《关于开展一般工业边角料分类处置的通知》,规范一般工业边角料收运处置。建立一般工业固废收运体系,落实二次分拣,加强产废企业源头分类管理,督促企业纳入嘉兴市一般工业固废信息化监控系统进行申报。

（4）落实信用评价，建立生态环境违法行为有奖举报制度。发布《嘉善县生态环境违法行为举报奖励办法》，规定举报"非法排放、转移、倾倒、处置危险废物、工业固体废物、废旧放射源、放射性废物"的违法行为，可以进行有奖举报。严格落实环境违法黑名单制度，符合黑名单要求的企业定期申报。落实《嘉兴市一般工业固体废物规范处置信用评价管理办法》，将相关企业纳入系统进行监管，对涉及工作落实不到位企业进行信用评分，将信用评分情况纳入县对镇（街道）生态创建考核工作。

2. 推动工业绿色转型，促进工业固废源头减量

（1）加快淘汰落后产能和设备。强化组织保障，充实工作力量。结合行业整治深入推进落后产能淘汰，按年度制订淘汰落后计划，各镇（街道）落实专人，形成定时报送和通报机制。借势"低散乱"整治要求，开展纽扣、印染、植绒、水泥等传统产业的改造提升，淘汰落后产能和设备，完成"四无"企业整治。完善了差别化政策措施体系，规上企业按照"亩均税收、亩均工业增加值、研发投入占主营业务收入比重、单位能耗工业增加值、单位排污权工业增加值、全员劳动生产率"六大指标，规下企业按照"亩均税收"指标进行绩效评价。

（2）全面推动实施清洁生产。以行业龙头企业、规上工业企业为重点，鼓励企业采用清洁生产工艺技术和高效末端治理装备，淘汰落后工艺设备，培育绿色工厂。严格要求企业开展强制性清洁生产审核，积极引导开展自愿性清洁生产审核，依法依规淘汰落后生产工艺、设备，提高清洁生产技术工艺及装备普及率。制订年度清洁生产审核计划，发布年度强制性清洁生产审核企业名单，实行半月工作推进通报制，2020年完成15家清洁生产审核，2021年1—8月已完成现场审核验收22家。

（3）开展生态工业园区和园区循环化改造

通过加快建立循环化改造制度体系，推动重点项目落地实施，推动能源环保基础设施和服务平台共建共享，构建企业内部以及企业之间的循环型产业链，推进技术孵化和自主创新融合发展，加快重点企业废气整治和"污水零直排区"建设等工作，先后推动嘉善经济技术开发区、浙江姚庄经济开发区、嘉兴市综合保税区B区实施园区循环化改造。其中，嘉善经济技术开发区于2017年完成《循环化改造实施方案》编制，并列入省级园区循环化改造示范创建，于2021年1月完成《嘉善经济技术开发区国家生态工业示范园区建设规划》专家论证，形成规划。至 2023 年 9 月底，嘉善经开区成功创建国家级绿色园区，培育国家级绿色工厂 3 家、省级绿色工厂 2 家、市级绿色工厂 7 家。

3.加强工业固废综合利用，确保危险固废安全处置

（1）提升一般工业固废利用处置能力。2018 年，建设 3 个固废利用处置项目：为解决一般工业固废处置难问题，新建嘉善犇牛环保科技股份有限公司综合利用项目，新增一般工业固废处置能力 5.85 万吨；为解决生活垃圾焚烧产生飞灰处置难问题，改建嘉善县生活垃圾转运场项目，新增飞灰填埋能力 7 万立方；将工业边角料处置列入生活垃圾二期扩容项目中，新增一般工业边角料处理 45 吨/天。2019 年，实施了嘉善远大新型墙体有限公司 10 万吨/年污泥综合利用技改项目，新增一般污泥处置；东都节能 5000 吨/年树脂废料焚烧项目。

（2）提升一般工业固废资源化利用水平。根据《关于公布第一批固废资源综合利用骨干企业名单的通知》（浙经信绿色〔2020〕93 号），已成功培育了 2 家固体废物回收利用处置骨干企业。其中，嘉善宝聚废旧金属回收有限公司，从事废钢的分拣回收处理工作，具有年回收分拣处理废钢 160 万吨的生产能力；嘉兴陶庄城市矿产资源有限公司，具有年回收、分拣、剪切、打包废旧金属 120 万吨的生产能力。

（3）提升工业危险废物利用处置能力。嘉善县内共有危险废物处置单位 3 家，合计处理能力 16.53 万吨/年，处理的危废种类涉及 9 大类，分别为嘉兴德达资源循环利用有限公司（6 万吨/年），处理的危废种类包括铜废物、含镍废物、含锌废物、含锡废物、废乳化液、废酸、废包装桶、溶剂废物、含磷废物；嘉善水立方化工有限公司（6.88 万吨/年），处理的危废种类包括表面处理废物、废酸；嘉善海润生物科技有限公司（3.65 万吨/年），处理的危废种类包括废有机溶剂、废乳化液、有机树脂类废物、感光材料废物、废酸、废碱、废旧包装物、废旧电子类线路板。

（4）提升小微企业危废收集转运能力。2020 年，建成市首家小微产废企业收集平台——嘉兴市月河环境服务有限公司，具有危险废物收集能力 5.2 万吨/年，经营范围涵盖 21 个大类、200 多个小类，基本覆盖嘉善小微产废企业涉及的危废种类。

4.实施工业固废智能监管,建立固废执法长效机制

(1)加强一般工业固废信息化监管水平。作为一般工业固废信息化监控系统建设创建县,嘉善加强线上监管与线下管理,落实专人对一般固废生产、转运、处置等工作进行专门核查,推进固废闭环管理。要求所有一般工业固废产生、运输、收集、利用处置企业全部纳入"浙江省固体废物信息管理系统",已有2635家单位完成系统注册,固废转移落实系统流转单,基本实现信息化闭环管理。

(2)加强危险固废信息化监管水平,推进危险废物产生和处置企业全部纳入"浙江省固体废物信息化监控平台",实行转移前报备、转移时填报电子联单并打印、转移后联单备案。率先建成全市首家小微产废企业收集平台(嘉兴市月河环境服务有限公司),将生活垃圾中的有毒有害垃圾、汽修行业危险废物、实验室废物统一收集纳入平台管理,打造标准化运作、信息化监管、一体化服务"三化处置模式",实现小微产废企业签约率100%。

(3)建立工业固体废物环境执法长效机制。全面推进依法行政,相继开展了长江经济带固体废物大排查、固废专项检查行动和打击固废领域违法犯罪专项行动,震慑了违法企业和个人。2020年共查处固废案件101件、罚款274.66万元,打击力度加强。制定并印发《嘉善县工业固废专项整治工作实施方案》,对全县危险废物和一般工业固废进行全面地毯式排查,产生企业全部纳入系统监管,针对排查发现问题进行全面整改,对危险废物超期贮存进行全部清零。

二、生活垃圾处理措施

(一)生活源固体废弃物产生的状况分析

1.生活垃圾产生量

以2020年为例,嘉善生活垃圾产生总量约24.61万吨,其中城镇生活垃圾产生量约16.32万吨,农村生活垃圾产生量约8.72万吨。餐厨垃圾运往嘉善餐厨垃圾资源化处理中心进行生态发电,大件垃圾运往嘉善大件垃圾处置中心进行拆解分类,其他垃圾由嘉善伟明环保能源有限公司进行焚烧处置,生

活垃圾无害化处理率达到 100％。

2. 生活垃圾可回收物

2020 年,嘉善县城镇生活垃圾中可回收利用废弃物总量为 4.5521 万吨,实际回收量为 2.6373 万吨,生活垃圾回收利用率为 57.94％;农村生活垃圾中可回收垃圾总量为 2.288 万吨,实际回收量为 1.196 万吨,生活垃圾回收利用率为 52％。

（二）生活源固体废弃物处理措施

1. 加强组织领导,健全生活垃圾管理制度

(1)加强组织领导。根据《嘉善县城镇生活垃圾分类工作实施意见(2017—2018 年)》,成立嘉善县推进城镇生活垃圾分类工作领导小组。2018 年,出台《关于对部分集中办公非常设机构进行整合调整的通知》,成立了嘉善县城乡环境卫生整治工作领导小组办公室,配备了正科级领导干部 3 名、副科级领导干部 8 名、专职工作人员 29 名,凝心聚力推动生活垃圾治理工作。同时组建了"1＋9＋X"的生活垃圾分类工作体系,"1"就是县分类办,"9"是全县 9 个镇(街道)分类办,"X"是全县所有社区的垃圾分类工作人员。

(2)健全管理制度。2018 年根据环卫实际发展情况,完成了《嘉善县环境卫生专项规划(修编)》,该《规划》结合城乡发展目标,对嘉善县城乡生活垃圾无害化处理模式、环卫基础设施布点建设、生活垃圾收运体系规范了统一的标准,包括垃圾收集点、中转站等环卫基础设施的建设主体,在全县范围内基本形成政府宏观调控、分层实施的县容环卫行政管理体系与有序、有效竞争的作业(服务)市场体系的任务目标,为嘉善环卫工作的可持续发展提供基础保障。

2. 强化宣传引导,推动形成绿色生活方式

(1)推动减少生活源垃圾产生。2020 年起,要求所有星级宾馆酒店、绿色宾馆饭店(9 家)开展限制一次性用品使用工作;星级宾馆酒店限制一次性用品使用实现全覆盖。邮政 23 个网点,4 个揽投部已 100％使用绿色窄胶带和绿色循环包装袋。2021 年印发《嘉善县关于进一步加强塑料污染治理的实施方案》,严格落实"限塑令"。制定《关于在全县公共机构中开展公职人员带头践行"垃圾分类源头减量"行动的通知》《关于在全县党政机关事业单位等公共

机构停止使用一次性茶杯的通知》,倡导无纸化办公和绿色生活,年度纸张使用量减少 60％以上。

(2)全面加强生活垃圾分类宣传。制定出台《关于开展〈浙江省生活垃圾管理条例〉宣贯工作的通知》(善分类办发〔2021〕4 号),明确了各县级部门、各镇(街道)的宣贯工作职责。在组织系列宣传方面,全方促进入社区、小区和场景点位,发放该《条例》开展宣传活动,累计发放该《条例》、宣传册106050 多册。在开展专题报道方面,在县级各类电视、广播、报纸等平台进行该《条例》专题、专刊报道。在组织宣传月活动方面,采取宣传培训、趣味互动、DIY 变废为宝、有奖竞答等形式开展宣传,开展专题巡回宣讲、各类培训,覆盖 18725 人次。在开展特色宣讲方面,结合县文明办"三五"学雷锋日、"文明实践日"等主题活动,设置生活垃圾分类志愿服务集市,让垃圾分类理念深入基层。

3. 推进垃圾分类,完善城乡一体化收运体系

(1)不断完善"分类投放、分类收集、分类运输、分类处理"的城乡生活垃圾分类收运体系。在分类投放环节,实行"1233"投放管理模式,即 200 户居民配备 1 名垃圾分类专职劝导员,每月发放 2 类身份标识;实行 3 种投放模式,即定时定点投放、分散投放和小桶模式;实行 3 种劝导模式,即桶边劝导、定时定点劝导和上门劝导。在分类收集环节,建立"一对一"收集模式,实现中心城区住宅小区厨余垃圾和其他垃圾分类收运全覆盖,可回收物及有害垃圾由垃圾分类服务企业定点、上门回收。在分类运输环节,改造 2 座垃圾中转站进行厨余垃圾中转,厨余垃圾经压缩后由厨余垃圾转运车运输至处置终端。在分类处置环节,餐厨垃圾运往嘉善餐厨垃圾资源化处理中心进行生态发电,大件垃圾运到嘉善大件垃圾处置中心进行拆解分类,其他垃圾由嘉善伟明环保能源有限公司进行焚烧处置。

(2)全面推行"户分类、村(社区)收、镇(街道)运、县处理"城乡一体化生活垃圾无害化处置模式。户分类即由居民个人将生活垃圾分类后,投放至对应的垃圾收集容器,已实现分类设施全覆盖,全县所有小区完成生活垃圾"四分类"改造,农村生活垃圾分类处理行政村全覆盖,农村家庭垃圾分类全覆盖。村(社区)收即由村(社区)一级自行或委托专业服务单位将生活垃圾容器内的垃圾集中收运至指定地点(垃圾中转房),或直接收运至镇(街道)

垃圾中转站。共建成垃圾中转房 52 座,配置专用小型密闭式垃圾收集车
724 辆,已实现建制村全覆盖。镇(街道)运即由镇(街道)负责将所辖区域
内中转站(指定地点)的垃圾运输至县级垃圾无害化处理终端。已通过公开
招投标,确定 1 家运输单位,统一转运生活垃圾,全面保障全县生活垃圾的
日产日清。县处理即由县级负责对分类后的生活垃圾进行统一的无害化处
理、资源化利用。

4.建立与生活垃圾消纳需求相匹配的末端处置能力

(1)建立与生活垃圾消纳需求相匹配的末端处置能力。嘉善有生活垃圾
无害化处置企业 1 家,为嘉善伟明环保能源有限公司,于 2019 年完成生态能
源发电扩容项目,处置规模为生活垃圾 1050 吨/日、餐厨垃圾 100 吨/日、厨余
垃圾 100 吨/日。根据目前运行情况,生活垃圾焚烧量约在 900 吨/日,餐厨
(含厨余)垃圾处理量约在 150 吨/日,能有效保障嘉善其他垃圾、易腐垃圾日
产日清。

(2)易腐垃圾由生活垃圾资源化处理站点进行处置。嘉善共建有 12 个易
腐垃圾资源化处理站,总共设计处理能力 70 吨/日,分别为国庆村、梁桥村资
源化处理中心,罗星街道、惠民街道生活垃圾资源化处理中心,西塘金明生活
垃圾资源化处理站,姚庄镇、陶庄镇农村生活垃圾减量化资源化无害化处理
站,干窑镇生活垃圾资源化处理中心,天凝镇(洪溪)、天凝镇(天凝)、天凝镇
(杨庙)资源化处理站,大云资源化处理中心。

三、农业废弃物处理措施

(一)农业废弃物产生的状况分析

农业废弃物包括秸秆、畜禽粪污、废旧农膜、病死猪等,以 2020 年为例:嘉
善县可收集秸秆量 128182.47 吨,秸秆利用量 144113.55 吨,农户生活燃用的
秸秆量 902.93 吨,外县调入秸秆量 19500 吨,秸秆综合利用率为 96.51%。
嘉善县回收的秸秆,90%以上用于直接还田,其次是离田肥料化、饲料化、燃料
化、基料化利用。嘉善畜禽粪污产生量 23.19 万吨,畜禽粪污资源化利用量
23.07 万吨,畜禽粪污综合利用率达到 99.48%。其中,6 家规模养殖场畜禽
粪污产生量 11.05 万吨,资源化利用量 11.05 万吨,畜禽粪污综合利用率

100%;规模以下养殖场户畜禽粪污产生量 12.14 万吨,资源化利用量 12.02 万吨,畜禽粪污综合利用率 99.01%。嘉善农膜使用量 2232 吨,其中棚膜 1882 吨、地膜 350 吨;废旧农膜产生量 1195 吨,其中棚膜 915 吨、地膜 280 吨;废旧农膜回收量 1153 吨,其中棚膜 880 吨、地膜 273 吨。因此,废旧农膜回收率 96.5%,其中棚膜回收率 96.2%、地膜回收率 97.3%。嘉善两个无害化处理中心无害化处理病死牛 7 头,羊 816 头,禽 2.3933 万羽,猪 1306 头,无害化处理动物产品 5.5824 吨,无害化处理率达到 100%。病死猪的处理主要以姚庄镇畜牧兽医站动物无害化处理中心为主。

(二)对农业废弃物主要措施

1. 发展生态循环型农业

大力推进化肥农药零增长。以化肥施用量零增长为目标,坚持"增产施肥、经济施肥、环保施肥",推进全县化肥减量增效。禁止销售使用高毒高残留农药,推行农药准入、登记备案、实名购买、农药经营者持证上岗制度。围绕农业投入品减量化,大力推广水肥一体化、测土配方施肥、有机肥替代化肥、农作物病虫害统防统治、绿色防控等减量增效技术,提高化肥农药利用率,增加有机肥的使用量。组织实施了果菜有机肥替代化肥创建项目,积极推广商品有机肥、堆肥、沼液、果园生草等,引导农户自制自用堆肥,鼓励果树、蔬菜等种植户实施有机肥增量计划。

2. 提升农业废弃物资源化利用水平

(1)大力推进秸秆综合利用。探索建立了以镇、村、企业为主体,以秸秆收储中心为依托,以提供秸秆收集、储存、销售、加工、运输等服务功能的农作物秸秆收储运体系。依托嘉善县天创沃元肥料有限公司、嘉善银海秸秆回收有限公司回收用作饲料和基料;范东村、浙江善农现代农业科技发展有限公司、浙江嘉佑农业发展有限公司用作售卖燃料;宜葆现代农业科技有限公司利用微秸宝秸秆处理项目生产有机肥。

(2)大力推进畜禽粪污综合利用。采取强化组织领导,落实各项扶持政策,完善畜禽养殖污染监管体系,履行主体责任,强化技术指导服务等方式,落实规模养殖场粪污处理设施建设。在规模养殖场粪污处理设施建设和粪污资源化利用上,积极开展畜禽养殖废弃物专项整治活动,大力开展畜禽养殖废弃物治理相关法律法规宣传、技术培训、项目示范和技术引导,对全市畜禽规模养殖场畜禽粪污资源化利用情况开展全面督查,针对存在的粪污处理设施设备不配套、无粪污处理台账、雨污分流设施不规范等问题,通过下发整改通知书限期整改,督促规模养殖场配套畜禽粪污资源化利用设施设备。

3.完善农业废弃物收储运体系

(1)建立完善废旧农膜回收处理体系。坚持政府主导、市场化运作,鼓励废旧农膜回收加工企业、农产品加工企业、农民专业合作社在各镇建立废旧农膜回收站。建立了"使用者捡拾清理、村网点回收堆放、归集单位暂存管理和处理"的废旧农膜回收体系。全县共建有 13 个回收网点(新润村、曹家村、范东村、范泾村、金湖村、马家桥村、东汇村、红菱村、礼庙村、北鹤村、界泾港村、梁桥村、天凝村废旧农膜回收网点)和 1 家归集中心,负责全县废旧农膜回收处理,回收的农膜由归集中心委托嘉兴月河环境有限公司进行处置,部分运至外地进行焚烧处理,部分回收再生造粒。

(2)建立完善农药废弃包装物回收处理体系。根据《嘉善县农药废弃包装物统一回收和集中处置实施方案》(善政办发〔2016〕93 号),以"农资经销网点折价回收、储运单位进行收储、专业单位进行集中处置"模式,对全县范围内农药废弃包装物实行统一回收、集中处置,基本实现农药废弃包装物回收体系全覆盖。农药废弃包装物回收率和处置率均达到平安嘉善考核要求,并与"信用进农村"工作相结合,以信用积分奖惩制度调动农民参与积极性。

(3)建立完善病死畜禽无害化收集处理体系。建立了"重点村、企业收集暂存,无害化处理厂转运处理"的病死畜禽无害化收集处理体系。病死猪的处理主要以姚庄镇畜牧兽医站动物无害化处理中心为主,量多的时候会分到嘉善县经济开发区畜牧兽医站动物无害化处理中心。其中,姚庄镇畜牧兽医站动物无害化处理中心 2014 年 1 月启用,年处理能力 1036 吨;嘉善县经济开发区畜牧兽医站动物无害化处理中心于 2014 年 5 月启用,年处理能力 1020 吨。

四、建筑垃圾处理措施

(一)建筑垃圾产生状况

2020年,嘉善县建筑垃圾产生量为84.34万吨,其中交由嘉善县鸿翔资源再生利用有限公司资源化处置的为66.59万吨,综合利用率为77.38%。

(二)对建筑垃圾处理措施

1.规划先行,推动建筑垃圾源头减量

大力推广绿色建筑和装配式建筑,研究制定了《嘉善县绿色建筑专项规划(2017—2025年)》,充分考虑建筑类型、投资主体等方面的差异性,在全面执行一星级绿色建筑标准的基础上,引导政府投资建筑采用高星级绿色建筑标准,以点带面,点面结合,以政府投资建筑、保障性住房以及大型公共建筑等重点项目带动绿色建筑发展,实现绿色建筑发展有序推进,已实现城镇民用绿色建筑100%覆盖。自2017年1月1日起,在国有土地招拍挂阶段,将装配式建筑纳入规划条件,对罗星街道和魏塘街道行政区域范围内容积率达到2.0以上的住宅出让土地,要求率先实施装配式技术进行建造,项目地上建筑面积不小于40%的面积要实施装配式技术进行建造,单体建筑的预制率不低于25%。根据浙江省《装配式建筑评价标准(DB 33/T 1165—2019》的要求稳步实施,居住建筑要求装配率不低于50%,公共建筑装配率不低于60%。

2.能力匹配,做好建筑垃圾利用处置

2018年4月,嘉善县人民政府与海宁鸿翔控股集团达成合作意向,以PPP形式由鸿翔控股集团下属的鸿翔环境产业公司出资并建设嘉善县建筑废弃物资源化利用项目。该项目对建筑废弃物"建筑垃圾、装修垃圾、园林垃圾、建筑泥浆"进行"四位一体"综合循环利用。年处理建筑废弃物能力达到50万吨(建筑垃圾20万吨、建筑泥浆15万吨、装修垃圾14.7万吨、园林垃圾0.3万吨)。印发《嘉善县建筑垃圾管理实施方案》(善建发〔2020〕82号),明确要求全县建筑垃圾统一处置,由各镇(街道)结合实际情况建设建筑垃圾归集中心,开展建筑垃圾运输核准、备案,杜绝建筑垃圾非法运输、处置。

3.规范许可,加强建筑垃圾运输监管

制定《嘉善县城市建筑垃圾密闭运输企业登记备案暂行办法》开展密闭运输单位车辆备案工作,完成备案的运输单位有 27 家,登记密闭运输车辆有411 辆,定期召开密闭运输管理工作会议,由全体密闭运输单位及相关管理部门参加,修改完善密闭运输准入条件。运用《嘉善县城市建筑垃圾密闭运输管理考核办法》,对城区建筑垃圾密闭运输企业实行"双百制"考核,近年来共约谈企业 21 家。加强在建工地周边巡查、定点管理,集中力量重点加强工程运输车集中通行路段、时段、施工场地周边道路的巡管力度,检查车辆是否经由审批窗口核准并按照核准路线、时间进行运输,是否按照要求进行密闭运输,是否经冲洗干净后进入道路。

五、医疗废弃物处理措施

（一）医疗废弃物产生状况

以 2020 年为例,嘉善县共有医疗卫生机构 212 家,纳入医疗废弃物收集处置体系的医疗卫生单位 200 家,各医疗卫生机构医疗废弃物总产生量656.396 吨,由嘉兴海云紫伊环保有限公司负责收集,安全处置率100％。医疗卫生机构使用后未受污染的医用一次性输液瓶袋,统一收集后由浙江嘉天禾环保科技有限公司协议定点处理,医疗卫生机构可回收物资源回收率为 99.99％。

（二）对医疗废弃物处理措施

1.完善机制,落实长效管理

加强对医疗卫生计生机构医疗废弃物的分类管理,进一步规范医疗废物收集与处置登记工作;开展对日常分类收集处置情况、设置标准规范、台账资料等督查,并列入各镇（街道）和各医疗单位的目标责任制考核内容。为进一步规范医疗废弃物的管理,完成所有公立医疗机构和民营医院医疗废弃物暂存间监控探头的安装,严防医疗废弃物流失;完成县级医疗机构、乡镇（社区）卫生院医疗废弃物数字化监管,将医疗废弃物的日常管理情况接入省智慧化监管系统,供省级部门随时全面掌握本县公立医疗机构医疗废弃物日常处置情况。2020年,在公立医疗机构全面启用医疗废弃物智能收集系统,实现医疗废弃物收集情况实时上传,确保医疗废弃物收集数据可查可控。

2. 出台文件,开展专项检查

2019年将《关于进一步加强医疗卫生机构医疗废物和生活垃圾管理的通知》(浙卫办明电〔2019〕2号)文件精神传达至各医疗机构,明确了医疗卫生计生机构法定代表人或主要负责人要履行第一责任人的法定职责,切实做好相关医疗废弃物监管,并开展自查工作。2020年分别下发《嘉善县医疗废物专项整治工作方案》《关于进一步加强我县医疗废物规范化管理的通知》,再次强调医疗废弃物以及一次性未被污染输液袋等管理,组织相关科室人员开展日常督查工作。2021年下发《关于进一步做好医疗卫生机构可回收物资源回收工作的通知》,明确责任,明确目标,锚定任务,做好统计。下发《进一步做好实验室废弃物收运管理工作的通知》,明确危险废物处置主体责任。下发《关于开展全县卫生健康系统环境污染问题排查整治专项行动方案的通知》,组织各医疗卫生单位开展医疗废物、废水交叉检查工作,积极落实整改问题。

3. 联合执法,加强监督检查

结合日常检查、"双随机检查"和联合执法工作,对全县医疗机构开展医疗废物规范化管理监督检查,主要检查医疗废物管理制度的建立和执行情况,分类收集、登记和交接,是否按照规定使用专用包装物及容器盛装医疗废物,是否按规定暂存医疗废物,是否严格执行危险废物转移联单制度等情况,以及未被病人血液、体液、排泄物污染的各种玻璃(一次性塑料)输液瓶(袋)处置情况和医疗废水处置情况。针对执法检查中发现的问题,执法人员当面告知并督促限期整改,并将持续跟进确保整改措施落实到位。

六、典型案例介绍

(一)工业固废源头减量案例

嘉善以"无废园区"建设为载体,以"无废工厂"建设为抓手,积极开展生态工业园区建设和园区循环化改造,通过强化生态环境管控,实施原料替代、工艺改造、清洁生产、绿色供应链管理、合同能源管理、生产者责任延伸等措施，推动工业固体废物源头减量和资源化利用，降低固体废物的环境影响。2020年，嘉善县工业固体废物产生强度实现负增长，年度增长率为－22.19％。

1. 清洁化生产、智能化改造，"无废工厂"助力工业固废源头减量

索菲亚家居绿色转型。积极发挥行业龙头企业的示范带动作用，推动传统产业绿色转型。索菲亚家居通过涂料油改水、生物质能利用等绿色化改造措施，减少废气废水的排放量；推动企业加快生产线数字化改造，实现定制家居产品的制造全流程智能化生产；将绿色供应链管理融入企业发展规划，在运营过程中实施绿色采购，减少固废的产生量；建立和完善生产者责任延伸制，充分提高原材料的利用率。2020年，索菲亚家居万元产值固废单耗较2019年下降25.6％。

梦天木门的智能化改造。通过建设自动化生产线6条、无人车间1个，实现从涂装到最后包装的所有环节都具备较高的智能化生产水平，装备数控化率达到75％、机器设备联网率达到85％，成功入围2017年国家智能制造试点示范企业名单。

浙江双飞无油轴承技术更替。浙江双飞无油轴承实现技术更替，现在采用碳氢装置进行抛光和清洁，跟原来的"螺旋抛光＋超声波水洗"工艺相比，可使企业废水排放量从100％下降到35％，从而有效减少污泥产生，实现了产废源头减量化。公司通过自主研发，采用双层放置产品取代传统单层放置烧结工艺，在同样产量的情况下，降低近50％能耗。该公司已实施三轮清洁生产审核，逐步淘汰落后工艺和设备，提高了原材料、资(能)源的循环利用率，大大减少工业固废的产生量。2020年，万元产值固废单耗较2019年下降21％。

2. 生态化建设、循环化改造，"无废园区"助力工业固废源头减量

嘉善以生态工业园区建设为抓手，积极推动省级以上工业园区实施循环化改造，提高物质和能量的循环利用水平。

嘉善经开区以产业生态化为原则，积极构建产业间的产业链，如"装备制造—废旧金属—分拣—深加工(再制造)—装备制造""木业家具—废弃木材—初加工—再生板材—家具地板生产""服装轻纺—废布料—人工分色—再生纤维—再利用"等循环型产业链，一方面引导产业链的延伸，另一方面加强副产

物和有机废料等的循环利用和再生利用,最大限度地提高综合利用水平。

嘉善经济技术开发区以循环经济为原则,以生态工业园区建设为基础,加强开发区与社会系统的链接循环。如依托嘉善海润生物科技有限公司年处理20万吨工业废料综合回收项目,建立和完善再生资源回收利用信息平台,发展静脉产业。又如开发区协联热电厂为社会提供电力、热力,热电厂产生的粉煤灰、脱硫石膏等经综合利用制建材返回开发区利用。通过加强废气治理、废水处理回用,提高废水处理水平,改善区域的空气和水环境。建设再生资源回收网络体系,通过回收废金属、废木材等,为产业生产提供再生原料。

(二)"无废工厂"案例

浙江双飞无油轴承股份有限公司通过改进工艺、清洁生产,"绿色双飞"争创"无废工厂"全省标杆。

浙江双飞无油轴承股份有限公司是国内润滑轴承生产规模最大的企业之一,获得"国家级绿色工厂"等诸多荣誉,通过了 ISO14001 环境管理体系、能源管理体系认证。公司经过多轮技改逐步淘汰落后工艺和设备,大大减少工业固废的产生量和排放量。2020 年,万元产值固废单耗较 2019 年下降 21%,工业固废安全处理率达 100%。

改进工艺,产废源头减量化。公司原先采用螺旋抛光后再用超声波进行清洗,现在采用碳氢装置进行抛光和清洁,相比超声波水洗,其抛光、清洁效果更好且环保,可使企业废水排放量从 100% 下降到 35%,从而有效减少污泥产生,实现了产废源头减量化。

分类贮存,收集转运规范化。固体废弃物按危险废物和一般固废进行分类、分质处置。废皂化液、废油、废水污泥和废活性炭均严格执行《危险废物贮存污染控制标准》,设置单独的、带有围堰、带明显标志的危险固废堆放场所,做到防渗、防风、防雨、防晒。公司与嘉兴市固体废物处置中心签订委托合同,完善危险固废收、转、运工作流程。

分质处理,循环利用资源化。公司在生产现场建有一套回用水系统,对清洁用水进行循环利用后排放,可使得废水排放量削减 15%。针对一般固废,公司将各类铁屑、铜屑、报废产品在厂内统一回收后交由相关厂家回炉熔化,实现了产品资源的再利用。

制度建设,环境管理规范化。公司对固体废物数量、种类进行相应登记,及时进行转运,委托有资质的单位进行处置,确保零泄漏、零遗漏。依据《用能单位能源计量器具配备和管理通则》(GB 17167—2006)配备能源计量器具,内部安装一二级计量表,用于各车间生产过程中能耗统计及计算。将绿色供应链管理融入企业发展规划,针对采购环节制定了采购制度、基准及考核表格,实施标准化管理。

节能减排,低碳环保责任化。公司通过自主研发,采用双层放置产品取代传统单层放置烧结工艺,使产量从改造前 0.75 吨/天提高到 1.5 吨/天,并使能耗降低近 50%。公司实施清洁生产方案 24 项,年节电 30.99 万千瓦时,二氧化碳减排 8821 吨,二氧化硫减排 74 吨,减少粉尘排放 57 吨。公司利用现有厂房屋顶安装分布式光伏发电装置,共计铺设光伏组件 10152 片,光伏发电并入电网,自产自用,余量还可外售。

（三）"无废景区"案例

西塘:以"无废景区"建设为着力点,打造"双示范"中具有标志性意义的绿色低碳金名片

2020 年,嘉善县成功创建成为国家全域旅游示范区,更是加快了全县旅游产业的发展。西塘,被誉为"生活着的千年古镇",是嘉善县展示"双示范"建设的重要窗口。宣传"无废"理念、注重生态保护、建设"无废景区",是嘉善依托旅游资源优势推动产业升级,解决城市发展中固体废物污染问题的有效方法。

理念先行,全方位宣传"无废文化"——从成立"无废景区"领导小组,到制定管理制度,将"无废文化"纳入宣教体系,全面提高当地居民和游客环保意识。

生态优先,大力度保护原生态环境——古镇景区从生态停车场、高标准污水零直排区、固体废物管理、垃圾分类收集、人居环境等建设,全面落实生态保护举措。

以点带面,助力"无废景区"绿色低碳发展——推进景区绿色发展,助力全域"无废城市"建设,西塘开展厨房气改电工程,以示范点先行,助力景区餐饮业绿色低碳转型。之后,西塘将发挥示范点的示范作用,以点带面,打造以电

代煤、以电代油、以电代气的绿色能源示范景区,助力"无废城市"建设再上新台阶。

（四）生产生活绿色转型案例

陶庄:推动废钢产业转型升级,以"无废乡村"绘就美丽画卷

陶庄镇在现有基础产业、废钢市场资源基础上,念好"退""进""融"三字诀,新建循环经济产业园,打造五金机械深加工基地、金属再生利用基地和物流集散基地,荣获"中国废钢加工配送中心示范基地"等称号,让"脏乱差"的废钢铁市场,成为不冒烟的"钢铁小镇"和人居环境整洁的"无废乡村",描摹了一幅向善向好向往的幸福家园新图景。

念好"退"字诀,整治腾退告别"废钢堆场脏乱差"。2016年,陶庄镇成立11个整治攻坚组,正式启动陶中村旧机电市场、陶庄村圆饼市场、汾玉村利用料市场"三大废钢铁市场"腾退整治工作。2017—2019年,陶庄镇综合运用"拆、整、建、管"组合拳,大规模开展废钢产业专项整治工作,同时集中力量开展了非法加油、超限超载等相关领域专项执法行动以及电焊气割等专项安全生产检查。3年来累计完成三大市场868户、主要道路沿线400多户废钢经营户关停淘汰,完成40多个废钢码头腾退复垦,拆除违建30万平方米,盘活存量厂房近2万平方米。2020年,通过完善雨污分流网管,编制"一点一策"方案等措施,园区现有85家企业全部取得城镇污水排水管网许可证,工业废水、生活污水、初期雨水实现全收集全处理。

念好"进"字诀,聚沙成塔打造废钢加工配送示范基地。陶庄镇瞄准废旧钢铁产业链,通过技术改造、国内高校合作、产业后道延伸,集聚提升本地企业;加大双招双引,引进"专精特新"项目,推动行业内标杆企业入驻。2018年,陶庄镇"两创中心"投入使用,成为陶庄产业转型升级的主阵地,其下属嘉兴陶庄城市矿产资源有限公司成为工信部第六批废钢铁加工准入企业,被评为浙江省第一批固废资源综合利用骨干企业。2020年,"两创中心"二期精密机械小微企业园启用,总计208家钢铁经营户入驻,实现集聚发展。2019年,与上海钢联签订"中国陶庄废钢指数"合作协议,标志着陶庄市场成为行业发展风向标。2020年,陶庄镇废钢交易市场累计完成废钢收购129.38万吨、销售119.49万吨,销售收入33.87亿元,较整治前增长显著。

念好"融"字诀,"无废乡村"助力美丽幸福家园。陶庄镇以"无废乡村"创建为抓手,提升乡村人居环境,共建幸福家园。积极开展全域"垃圾无死角"专项整治,通过规范生活垃圾投放、清理建筑渣土、完善环卫设施、开展"绿色工地"创建等措施,重点针对城乡接合部、老旧小区、背街小巷、道路沿线、农贸市场开展环境卫生排查整治。对全镇范围内农药废弃包装物实行统一回收、集中处置,全镇共有 4 家农资经营店以及嘉善金穗粮食专业合作社可进行农药废包装回收。在金穗粮食专业合作社的烘干中心建立废旧农膜回收点,截至 2020 年底,网点回收地膜净重 29.6 吨,地膜回收处理率 100%,需更换的棚膜已全部回收处理。

（五）农业废弃物源头减量案例

"水稻生物降解膜蔽草和零化学农药使用"试验示范

2020 年,嘉善县组织实施了"水稻生物降解膜蔽草和零化学农药使用"试验示范,共有 5 家主体 1020 亩水稻开展示范。本试验示范田的水稻生产全程不施追肥、不施用化学农药,实现了化肥农药"双减",但稻米品质优异,经济效益显著,改变了水稻农田依赖除草剂除草和化学农药防治病害的传统耕作方式。

选择优质稻种。晚稻品种选择为嘉兴市农科院选育的"秀水香 1 号""嘉禾香 2 号"等,品种抗性好、易栽培、产量稳,加工成的大米,口感极佳、品质极优,是具有色香味齐全的上等精品大米。

选择上等田块。选择田块主要考虑生态环境较好,无大气、水的污染,土壤肥沃。进排灌溉设备完备,做到水稻生长所需的水分条件能进能出,确保水稻正常生长。

使用生物降解膜蔽草。试验示范种植区采用可降解膜覆膜机插技术,应用该新技术可降解膜进行蔽草,全程不施用除草剂。可降解膜在自然环境约 60 天能全降解,结合晚稻机插秧,省工省时。

把握稀植移栽。晚稻移栽时间在 6 月,采用育苗机插技术,铺黑膜与插秧同步进行。考虑到水稻全育期不施用化学农药防治病害,可能会出现病虫危害,利用机插宽行稀植,营造良好通风透光环境。

做好绿色防控。在田埂四周种植香根草、百日菊等栖境植物和蜜源植物,为天敌生物提供栖息和繁衍场所；应用螟虫性诱捕器等非化学防治措施控制病虫害；选择甘蓝夜蛾核型多角体病毒和井冈霉素等生物制剂，把病虫害降低到最低限度，实现水稻生产全过程不施用化学农药。

适时收割储存。在水稻蜡熟期至黄熟期初期收获，将收获的稻谷进行低温烘干，并于恒温库储存。根据西塘镇实测亩产统计，"秀水香1号"亩产为511公斤，"嘉禾香2号"亩产为506公斤，蛙蛙响原生态大米市场价8元/斤，经济效益显著。

（六）建筑垃圾源头减量和资源化利用案例

规划先行，项目保障，推动建筑垃圾源头减量和资源化利用

积极推广装配式建筑发展。制定《嘉善县城市建设五年发展规划（2017—2021年）》，自2017年1月1日起，在国有土地招拍挂阶段，要求将装配式建筑纳入规划条件；要求到2021年新建建筑实施装配式建造占比达到35%以上。自2017年至今共有75个项目采用装配式建筑，面积共计超800万平方米。按照《装配式建筑评价标准》（DB 33/T 1165—2019）要求实施，居住建筑要求装配率不低于50%，公共建筑装配率不低于60%，减少施工现场建筑垃圾的产生量。

推动建筑业绿色发展。制定《嘉善县绿色建筑专项规划（2017—2025年）》，在全面执行一星级绿色建筑标准的基础上，引导政府投资建筑采用高星级绿色建筑标准，以政府投资建筑、保障性住房以及大型公共建筑等重点项目带动建筑业绿色发展。2019年，嘉善县培育建筑业强企1家，建筑业骨干企业3家，建筑业标杆企业10家，促进建筑产业绿色化、市场化发展，嘉善县已实现城镇民用绿色建筑100%覆盖。

资源循环，全面推进处置能力匹配化。2019年完成鸿翔资源再生利用有限公司建筑垃圾资源化处理中心项目，设计处置能力50万吨/年，实现对"建筑垃圾、装修垃圾、园林垃圾、建筑泥浆"等建筑废弃物进行"四位一体"综合循环利用，县内大部分建筑垃圾交由鸿翔资源再生利用有限公司进行资源化处置。2019年嘉善建筑垃圾资源化利用率12.6%；2020年，建筑垃圾综合利用率提升至77.38%，远高于省级全域"无废城市"建设指标考核要求。

第八节　"五气共治"治出一片蓝天

2016 年以来,嘉善县围绕"空气质量提标进位",拉高标杆、提高标准,牢牢锁定 $PM_{2.5}$、O_3 双减双控,空气优良率持续提升的工作目标,扎实开展治气攻坚行动,深化治理"尘、烟、气",空气质量改善取得明显成效——优良率从 77.5% 提升为 91.2%,$PM_{2.5}$ 从 41 毫克/立方米下降至 26 毫克/立方米,O_3 从 170 毫克/立方米下降至 152 毫克/立方米。

一、借力科技服务提升治气能力

(一)科学制定方案

2019 年,启动嘉善县 $PM_{2.5}$ 和 O_3 来源解析暨空气质量专家技术服务。实施 $PM_{2.5}$ 及 O_3 来源双解析,编制空气质量保障区"一点一策"实施方案、扬尘管控等 5 个细化方案,建立完善环境空气质量日分析、日巡查工作机制,依托激光雷达、污染因子走航监测、空气网格化微站等高科技支撑,全面建成综合管理、实时监控的县域颗粒物治理和臭氧动态管理体系,实现县域环境空气质量实时有效监测监管。

(二)完善预警机制

2018 年起,嘉善生态环境分局联合县气象局建立了环保气象空气质量预警工作机制,每天分 3 个时段实施 AQI 指数和首要污染因子预测预报,实现了精准度更高、实用性更强的空气质量趋势分析预报。目前可做到每日上午发布后 3 日预报,预报准确率 24 小时达到 87%。

(三)科技精准监测

2016 年以来,充分利用现代科技装备打造蓝天保卫的"千里眼""顺风耳",为精准治污提供有力支撑。完成 1 套遥感监测系统和 1 套黑烟抓拍系统建设,开展机动车尾气排放监测监管。对 3 家重点企业试点安装 VOCs 在线监测设备,并实现监测数据联网实时监控。对 198 家 VOCs 重点企业试点安装废气治理设施运行用电监管,实现实时全过程监控。对中心城区 100 多家餐饮店试点安装油烟净化设施在线监测设施,实时掌握油烟净化设施运行情况。

(四)构建监测网络

逐步构建更加完善的环境空气监测网络,新建运行了 9 个乡镇空气自动监测站,实现全县乡镇全覆盖监测,从 2020 年起对乡镇空气质量进行每月排名通报,进一步压实乡镇主体责任,落实网格化监管要求。新增 1 个降尘监测点、2 个清新空气站。新增 2 个工业园区特征因子监测站点、2 个物流通道空气质量监测站。开展多轮 VOCs 车载走航监测,进行精准溯源、颗粒物激光雷达、工地扬尘在线监测、治气设施用电监控等,不断提高问题发现能力,精准查处大气污染问题。形成中心城区及镇全覆盖监测网络。

二、真抓实干推进治气攻坚

(一)开展立体控尘计划

针对颗粒物指标的提升改善,开展立体控尘计划,综合运用一系列超强管控措施,持续开展专项督查,狠抓建筑工地扬尘防治"7 个 100％"、道路"五定"保洁、渣土车"三化"管理等规章制度落实。加强对建设工地、道路施工工地、旧城改造工程城市裸地等扬尘污染防治的严密监管,对发现的问题及时交办责任部门整改,并实施动态跟踪回访。城区道路安装粒物监测设备 10 套。

(二)推进工业废气综合治理

2016 年开始重点推进化工、包装印刷、工业涂装、家具制造等行业挥发性有机物综合治理。全县家具涂装行业 111 家、印刷包装行业 143 家、植绒行业 67 家纳入治理范围,加强源头控制,鼓励用水性原料替代,加强车间或设备封闭,全过程收集废气,全面推行高效治理技术。率先推进低 VOCs 含量原料源头替代工作,已有 25 家企业完成替代,替代原料量达 1000 多吨,从根本上实现污染减排。357 家涉 VOCs"散乱污"企业清理整顿。

（三）启动黄标车淘汰

2016年正式启动黄标车淘汰工作，经过多年的努力已先后淘汰黄标车8000多辆，到2018年底，完成最后39辆难啃的"硬骨头"，顺利在规定的时限内完成了全县黄标车淘汰清零。于2017年12月，实现全县高污染燃料小锅炉淘汰清零，累计淘汰高污染燃料锅炉1227台。

（四）制定应急管控方案

全省首创制定了《嘉善县污染天气应急管控方案》，形成县域轻中度污染天气管控在组织体系、运作机制、响应措施上的快速反应、分工协同、高效应对工作闭环。

三、区域联动共建治气协作

（一）积极参与长三角区域大气污染防治协作

动态更新管控企业、工地名单，细化应急减排措施，完善企业绩效分级，落实到具体生产线或涉气工艺环节，实施"一厂一策"清单化管理，涉及管控企业制定"公示牌"，应急减排清单向社会公开。积极落实长三角区域统一预警标准，按照预警提示信息，按级别启动应急响应措施，实施重污染天气区域应急联动。

（二）加大交界区域大气环境联防联治力度

启动嘉兴市秀洲区、嘉兴市嘉善县交界区域大气环境联防联治联席工作。签订《嘉兴市秀洲区、嘉兴市嘉善县交界区域大气环境联保共建工作框架协议》，明确组建联治联席工作领导小组、共同制订治气工作计划，联合整治交界区突出共性问题。

第五章　乡风文明是灵魂

文化是乡村的根脉，文化兴则乡村兴。嘉善县在实施乡村振兴战略中强调物质文明和精神文明一起抓，特别要注重提升农民精神风貌，重视精神文明对物质文明的推动保证作用。着力塑造"善文化"特色文化品牌知名度，培育践行社会主义核心价值观，通过"大力弘扬善文化精神，建设新时代文明实践体系，传承发展提升乡村优秀传统文化，加强乡村文化阵地建设"，着力培育"文明基因""文明阵地""文明细胞""文明风尚"，通过创建善文化教育馆等项目点，以及"善文化·道德讲堂""了凡善基金"等活动的创办，打造"善文化"2.0版，以"善文化节"为龙头，广泛开展形式多样、主题鲜明的"善文化"系列品牌活动；教育上，通过修订教材、完善课程、志愿活动等，让"善文化"更普及；时间上，则开展树典型、育品牌，切实促成"善文化"百花齐放。全面加强农村精神文明建设，激发乡村活力，不断提升农民精神风貌和乡村社会文明程度，推动乡村文化振兴，建设风清气正的文明乡村。

第一节　"四育同步"塑造地嘉人善文明乡风

一、涵养人文底蕴，培育文明基因

嘉善县始终坚持把培育和践行社会主义核心价值观与传承优秀传统文化、弘扬了凡善学思想有机融合，从"地嘉人善"的人文渊薮中，提炼总结以"善文化"为核心的地域人文品牌。从地域人文历史中梳理出劝善思想家袁黄,裸捐官员丁宾、慈善会组织人陈龙正等"善文化"基因,通过挖掘本土化的道德资源,增强广大群众对乡风文明传承和发展的亲切感和认同感。汇编《了凡四训》《训儿俗说》《庭帷杂录》等袁氏系列家训,出版《论善》一书,深入构建"善源、善政、善育、善风、善行、善商、善居"的"善文化"理论体系。

通过开展课题研究、高端论坛、书评会、理论研讨等活动,深入研究"善文化"特质属性,梳理"善文化"鲜明的嘉善文化烙印。在此基础上,通过"崇善美、扬善风、育善念、润善德"等做法,加强普及教育、有效传播、道德践行,推进以"善文化"为核心的乡风文明建设,在群众中深入培植"善文化"的文明基因和价值认同,使社会主义核心价值观通过地域人文品牌塑造,激活传统文化,滋养乡风文明。

二、加强礼堂建设,培育文明阵地

在农村打造以"善文化"为特色的浙北农村文化礼堂建设嘉善样本,文化礼堂全覆盖,培育了"勤和缪家""花样江家""善美和合""美丽洪溪""幸福桃源"等一批特质鲜明、可学可看可示范的农村文化礼堂阵地。以文化礼堂为阵地,挖掘乡村文化团队、文艺达人、乡贤名人、社会团体资源,建立文化礼堂"大驻堂"机制和"理事会"制度,基本实现每个文化礼堂有3支以上常驻团队。推动"七个一批"(一批理论宣讲员、一批志愿者、一批文艺工作者、一批科普工作者、一批城乡青少年、一批新闻工作者、一批文明单位)进文化礼堂服务,驻堂开展宣讲、展演、培训、展览、创作和管理服务活动,形成文化礼堂"大驻堂"格局。融合乡风民俗文化特质,在全县文化礼堂中推行"启蒙礼""成人礼""新媳妇孝敬礼""新兵壮行礼"等优秀传统礼仪践行活动,让庄重的文明礼仪熏陶人、感染人、滋润人。

打造"积善之嘉"为品牌的志愿服务阵地,示范打造志愿服务站9家,志愿服务站建设纳入星级文化礼堂建设标准。以"志愿＋时间银行"推动服务时间可存可支全流动,形成总站—分站—服务点—爱心超市的志愿服务网络。高标准、示范性地建立"善文化·道德讲堂"总堂,依托"大礼堂"矩阵,分类建立不同类型道德讲堂,通过推行菜单点题式宣讲,每月开展主题性微讲堂活动,实现全县232个道德讲堂共话乡风文明。

三、注重家庭家风，培育文明细胞

以好家风带动好民风，从《了凡四训》等优秀家训中汲取先人传承下来的价值理念和道德规范，广泛开展好家风好家训挖掘、宣传、传承活动，在所有行政村（社区）中推广"百米家训墙"，举办好家风分享会、金嘉平家庭建设区域联盟论坛、"我们的好家训"农民书法大赛等活动。以"为人诚善、家庭和善、邻里友善、环境美善、富裕慈善"为评创标准，在农村广泛开展"善美家庭"星级文明户等评创活动，在鼓励褒奖"小善"中提升家庭文明，进一步引导农民培育乡风文明。谈早云家庭、符森家庭获评全国"最美家庭"。倡导以善为美，积极构建群众推荐、群众评议的长效机制，发动群众主动发现"最美"、推荐"最美"。自2008年起，每年开展道德模范、感动嘉善善人善事评选活动，涌现中国好人、浙江好人及各级道德模范、"最美教师""最美家庭"等500多例，2017年万林荣登中国文明网"好人365"封面，成为"身边最美人物"典型。

全面深化文明村镇创建，全县县级以上文明村镇建成率达到90%以上。以改变不良生活方式为切入点，引导农民逐步养成健康的生活习惯，建立"五站式"文化庭院，即"形势政策广播站、民情民意收集站、阅读思考学习站、文体活动交流站、便民服务联心站"。全县已建成文化庭院178家，文化庭院俨然已经成为农村培育和践行社会主义核心价值观、服务群众的"文明农家乐"。

四、立足以文化人，培育文明风尚

深化"理论研究系统化、宣传弘扬特色化、文化培育品质化、教育引导全民化、道德实践常态化"五大提升行动，着力推进"善文化"升级版建设。举办"满城颂善、满城论善、满城书善、满城行善、满城品善"五大系列为特色的善文化节。创编《核心价值观在嘉善》《满城荡漾善文化》等优秀曲目，在农村以排舞的形式跳动起来，有效融入百姓日常文化生活。培育乡镇了凡·善文化节、江南窑文化节、渔文化节等品牌，形成了"一镇一品"系列农事节庆活动，累计举办节庆活动800多场次。有效发挥村规民约在基层自治中的角色担当，将"办酒不铺张"内容纳入村规民约，扎实开展农村移风易俗工作，推进乡风文明建设。组建乡风评议团，制定红白事办理流程、标准及奖惩规定，通过群众自发道德监督评议的方式，倡导文明新风。以家宴中心为主阵地，通过"节俭菜单"

引导农村办酒从"大鱼大肉＋浪费"变成"家常便饭＋热闹"。把践行节俭办酒纳入乡厨考核机制,开展文明厨师评创,奖惩并举,抓好源头管理。对自觉践行移风易俗的农民和群体等给予褒奖,遏制大操大办、厚葬薄养、人情攀比等陈规陋习,《姚庄菜单》经验得到省文明办通报表扬。以"结对子、种文化、育文明"为主要内容,全面开展文明单位和文明村(社区)共建活动,实现文明村(社区)结对全覆盖。

第二节 "善文化"人文品牌深入人心

地嘉人善,"善文化"在嘉善源远流长。嘉善历史上有最早的劝善思想家袁了凡、最早的善书《了凡四训》、最早的民办慈善组织同善会,以及丁宾、陈龙正等一批乐善行善的慈善人士,嘉善是名副其实的"善文化"发祥地之一。2012 年,嘉善开展"弘扬善文化建设新家园"主题系列活动,正式启动培育"善文化"区域人文品牌建设。充分依托"善文化"这一根植于当地老百姓内心的文化基因和价值认同,将培育和践行社会主义核心价值观与弘扬了凡善学思想、传承优秀传统文化有机融合,深入培育打造"善文化"县域人文品牌,探索新时代精神文明实践,社会主义核心价值观更加深入人心,社会文明程度得到显著提升,初步形成了"善政理念亲民惠民、善商群体创业创新、善德育人快乐成长、善居之地心美人和、善行天下温暖人心、善气迎人幸福嘉善"等六大现象。2021 年 7 月 23 日,"善文化"县域人文品牌入选浙江省高质量发展建设共同富裕示范区典型案例清单。

一、以"善"溯源,弘扬传承"善文化"基因

充分依托"善文化"这一根植于当地老百姓内心的文化基因和价值认同,把培育和践行社会主义核心价值观与"善文化"有机融合,深入培育打造"善文化"县域人文品牌。

（一）挖掘"善的基因"

深研"善文化"特质属性,开展"善文化的时代价值与嘉善科学发展"课题

研究,深入挖掘"善文化"历史内涵。推进了凡善学思想的文献整理,影印出版并点注由袁了凡主笔编撰的明万历《嘉善县志》,编写出版嘉善地方名人文化乡土教材《了凡及其善学思想二十六讲》,首次刊出《袁了凡年谱》,汇编整理《了凡四训》《训儿俗说》《庭帏杂录》等袁氏系列家训。推出了《了凡与善文化》《生命的常数:善文化唯美绘本》《满城荡漾善文化》等"善系列"书籍,促成"善文化"得到有形展示。出版了理论与实践相结合的《论善》一书籍,深入构建"善源、善政、善育、善风、善行、善商、善居"的"善文化"理论体系,进一步梳理了善思想脉络。

(二)举办"善的论坛"

先后举办"满城荡漾善文化"书评会、"善文化"高端论坛、"慈善孝贤"暨了凡善学思想研讨会、"嘉善宝坻吴江"三地了凡善学思想论坛、中国嘉善了凡善学思想论坛等,邀请全国各地专家研究探讨"善文化"内涵外延、时代价值和现实意义,进一步深化"善文化"理论研究、交流、运用,扩大"善文化"的品牌影响力。从《了凡四训》等优秀家训中汲取先人传承下来的价值理念和道德规范,推广"家训墙""家风廊""家风馆"建设,举办以"弘扬善文化传承好家风"为主题的系列活动,以好家风带动好民风。

(三)传播"善的理论"

打造"善讲名家"理论骨干讲师团、"精才善能"业务骨干宣讲团、"乡音善行"百姓讲师团品牌,创设党员上门送学、每月固定学、集中宣讲学、主题活动学、文艺创新学"五学"载体,推动党的创新理念"飞入寻常百姓家"。推出通俗理论对话节目《理响嘉善》,受众人群超30万人次。高标准、示范性地建立了"善文化·道德讲堂"总堂,分类建立不同类型道德讲堂,截至2022年,各类讲堂已开讲6000多期,受众50多万人次。依托县新时代文明实践中心,以"百姓需要什么,'百姓课堂'就讲什么"的宗旨,打造了强国学堂、百姓课堂、文化殿堂、道德讲堂、新风礼堂等"五堂"特色品牌。

二、以"善"为核,营造"善文化"县域人文品牌

多角度、全方位地宣传和弘扬"善文化",全力打响"善文化"县域人文

品牌。

（一）营造"善的氛围"

推行"媒体＋""系列＋""视觉＋"，全媒体、多元化、立体式传播"善文化"，"善文化"频道、"点赞嘉善人"等栏目得到广大群众认可。持续策划"善文化"微电影、微散文、微故事等系列活动，连续 7 年举办全国"善文化微散文"大赛，参与人数逾 300 万人次。南派三叔、流潋紫等 10 余位知名作家先后参与，先后编印出版《了凡与善文化》《生命的常数：善文化唯美绘本》《满城荡漾善文化》等书。更新"善文化"logo 标识系统，制作"五姑娘"系列和"牛鼻子"系列善文化公益广告片，突出辨识度和地方特色。修缮了凡墓，特别是先后建成了凡纪念园、了凡陈列室、了凡书院等，进一步完善"善文化"城市视觉系统，让市民时时处处浸润在"善文化"的氛围中。

（二）实施"善的教育"

在学生中，将"善文化"融入学生守则、校风校训，开发"善的教育"系列丛书，在小学四年级开展"善的教育"。在党员干部中，教育引导"行善政、善行政"，率先垂范"善文化"，打造了"善政惠民""善育未来""善育善成""善铸天平""善的教育""首善孝老"等子品牌。在群众中，创新开展"日行一善久成林"活动，通过"互联网＋慈善众筹"的方式，引导人们"日行一善"，让善举成为一种生活习惯。

（三）打造"善的品牌"

以"满城荡漾善文化"为主题，连续五年举办中国嘉善·善文化节，推出了"声动善城"嘉善名人文化朗诵会、"恋恋西塘"诗歌征集大赛等系列活动，打响"善文化"县域人文品牌。以"全民共享共奔小康"为主题，培育嘉善春晚、端午节长三角田山歌展演、非遗日活动、全民文化艺术节等群众文化品牌。突出乡镇特色，打造了了凡·善文化节、江南窑文化节、渔文化节等系列特色品牌，形成"一镇一品"系列节庆活动，累计举办节庆活动 800 多场次。

三、以"善"惠民,建设共同富裕县域典范

以善论引领、善聚人心、善诚服务、善美传播、善心关爱"五善五实践"打造新时代文明实践嘉善模式,被中央文明办列入全国试点,高质量建设共同富裕县域典范。

（一）引领"善的实践"

把"善文化"融入志愿服务,打造"积善之嘉"志愿服务品牌,开发了志愿服务网络点单系统和大数据可视化平台,实行"群众点单—中心派单—志愿者接单—群众评单"的服务模式,全县注册志愿者达13.06万人。在农村深入开展新时代文明实践户评选,形成创星、定星、评星、奖星的全过程评创机制,以"户户挂牌"撬动农户比学赶超积极性,吸引广大家庭积极参与文明实践中。在城市社区开展"文明楼道"评创活动,明确一套5C标准,争夺一面流动红旗,设立一个睦邻基金,让小楼道微治理撬动社区大文明,累计评选出红旗楼道292个,参评户数逾3万户。实施十大文明好习惯养成工程,倡导家庭积极参与文明实践,每月一主题积极开展"制止餐饮浪费"、使用"公筷公勺"、讲究卫生、诚实守信等行动。

（二）树立"善的典型"

倡导以善为美,打造"好人善城"品牌,自2008年来已开展8届感动嘉善十大善人善事暨道德模范评选表彰活动,截至目前,涌现了中国好人11例,浙江好人35例,市级道德模范10例,县级道德模范62例以及"最美教师""最美家庭"等各行业"最美"800多例,形成"身边最美人物"典型库。组建"最美人物"宣讲团,进讲堂、进学校、进社区、进企业开展巡讲巡演4700余场,参与人数达22万余人。先后创作《父亲》《好人金瑞林》等"最美"文艺作品85篇、系列漫画30幅和微电影52部,使"最美人物"的感人事迹和崇高精神以艺术形式彰显,提升"以文化人"的效果。

（三）健全"善的机制"

2012年起,每年制定出台《深入开展"弘扬善文化建设新家园"主题实践

活动行动计划》,为培育和践行"善文化"设计总体目标和工作路径。动员社会力量,成立新时代文明实践基金,首次募集资金 302 万元,定向用于支持新时代文明实践项目实施,孵化培育志愿服务组织,礼遇褒奖道德模范、优秀志愿者等。同时出台《嘉善县道德模范待遇保障若干规定(暂行)》《嘉善县志愿服务礼遇十条(修订)》等机制,进一步完善关爱道德模范、志愿者保障激励措施,在全社会营造崇善、向善、扬善、行善的浓厚氛围。

第三节　农村文化礼堂建设

农村文化礼堂是浙江省加强和改进基层思想政治工作的一项独特创举。自 2013 年正式启动以来,经过 8 年的不懈探索实践,农村文化礼堂已经成为基层思想政治工作的主阵地和农村群众的精神家园。2021 年,中共中央、国务院印发了《关于新时代加强和改进思想政治工作的意见》,并明确指出要提升基层思想政治工作质量和水平,加强农村思想政治工作,加强农村精神文明和思想道德建设,开展弘扬时代新风和移风易俗行动,抵制腐朽落后文化侵蚀,培养有理想、有道德、有文化、有纪律的新时代农民。嘉善县农村文化礼堂建设一直走在前列,成为新时代农村新的精神文化地标。

一、农村文化礼堂的建设成果

自 2013 年起,嘉善县紧扣"文化礼堂、精神家园"的目标定位,加大农村文化礼堂建设力度,于 2019 年实现全覆盖,并成功入选首批浙江省农村文化礼堂建设先进县、浙江省农村文化礼堂建设示范县,使之成为展示"双示范"建设的一张金名片,其具体做法主要有 6 个方面。

(一)坚持规划引领,礼堂实现全覆盖

1.注重顶层设计

以嘉善"双示范"建设为统领,将农村文化礼堂建设列入政府民生实事工程和意识形态工作责任制考核,作为实施乡村振兴战略的重要内容,纳入美丽乡村建设和公共文化服务标准化均等化体系。

2.注重规划布局

先后制定《嘉善县村级文化礼堂建设方案》《文化礼堂建设五年规划》《关于进一步推进农村文化礼堂建设的实施意见》,强化文化礼堂的建设目标、功能定位、职责分工、资金保障、长效机制,推动形成全覆盖、高品质、广参与的建设格局。

3.注重彰显特色

以"善文化"地域人文品牌为特色,将当地村落人文内涵、自然风貌、民俗风情、人文景观等融入礼堂建设,全县已建成文化礼堂116家,其中省五星级17家、市四星级21家,形成了"渔文化""桥文化"等一批特色文化礼堂和展陈馆,建成了"桃源渔歌""梦里水乡""甜蜜花海"等特质鲜明的文化礼堂精品线路。其中缪家村文化礼堂作为第一批县域红色教育基地,在2021年的党史学习教育中接待170批、6000余人次,和合文化礼堂的红色革命历史党课上了《人民日报》、缪家村文化礼堂庆祝中国共产党成立100周年活动上了《浙江新闻联播》,西塘镇、开发区(惠民街道)被评为省级文化礼堂示范镇。

(二)建立健全机制,礼堂管理规范化

1.建立理事会制度

理事会覆盖率达100%,推广独立法人理事会建设,做到有章理事、有人管事、有钱办事。

2.创新"大驻堂"制度

率先探索完善"大驻堂"模式:从推动"七个一批"进礼堂驻堂到推广文化礼堂选项目、选师资、选时间、选对象、选成果和选堂主的"驻堂六选"服务模

式,从评选星级驻堂团队、驻堂英雄榜到创新长三角一体化"联盟驻堂",推动"大驻堂"向 4.0 版纵深发展。

3.实施星级管理制度

建立"督评管理+自我管理"双管齐下的长效管理模式,完善"动态巡查+月度抽查+季度督查+年度考评"督评机制。定期通报礼堂督查情况,并与星级评定挂钩,推动文化礼堂"自治有序"的精细管理。

4.构建统筹共享制度

开展"互看互学互比互评"活动,礼堂建设重点从建硬件向抓软件、提内涵转换,实现礼堂发展从"普遍型"向"竞争型"转变。建立不同星级的文化礼堂结对共建,组织"文化礼堂巡回走亲",实现"礼堂联盟+计划联排+队伍联建+节目联演+活动联办+村民联欢"的交流协作机制。搭建"礼堂+机关"合力推进平台、"礼堂+学校"联姻结对平台、"礼堂+企业"资源共享平台、"礼堂+社团"对接互动平台,实现礼堂内外资源的集聚共享。

(三)坚持内容为王,礼堂服务多元化

1.文化活动系列化

开展以"我们的"系列活动为主题的礼堂大巡礼,唱好礼堂"四季歌"。开展"道德模范、善美家庭、身边乡贤"等评比展示活动。精心组织"形势政策宣讲团""百姓课堂宣讲团""文化礼堂百姓讲师团""理想嘉善 8090 青年宣讲团""党史学习教育宣讲团"等在农村文化礼堂开展专题宣讲 1000 多场次,受众近10 万人次。

2.礼堂项目菜单化

整合各方力量,开展"我为礼堂送服务"活动,内容涵盖文化、健康、教育、科技等 10 个方面,形成 258 项服务项目菜单,送出服务 3000 多场次。探索"云上礼堂"模式,形成"云上菜单",送出戏曲交流、文化走亲、"云上课堂"等线上文化服务 200 余场次,受众 5 万余人次。

3.礼堂服务社会化

每年投入 500 多万元购买社会化礼堂服务,探索文化礼堂社会化运行模式,并在全县镇(街道)因地制宜落地推广,推动优质社会资源向文化礼堂输送,充实丰富礼堂活动项目。

(四)强化队伍建设,礼堂品牌特色化

1.深化"两员"队伍建设

实现每个镇(街道)配备1名文化下派员,每个文化礼堂配备1名专职管理员,常态化开展指导和服务,出台"两员"管理考核办法,形成"有岗有人、能上能下"的工作机制。

2.深化志愿者队伍建设

打造"积善之嘉"志愿服务站,开发集项目发布、预约报名、签到签退、服务时间等功能于一体的礼堂志愿服务管理平台,培育礼堂志愿队伍575支,志愿者11150人。

3.深化文艺社团建设

组建摄影、戏剧等600多支文艺团队,有针对性地开展教育培训,涌现了戏曲达人张艾嘉、"故事奶奶"钟爱文等一批本土文艺人才和花乡艺术团、"辣妈宝贝"等一批优秀文艺社团。

4.深化礼堂文化品牌

创新"五问工作法"、礼堂总分堂等礼堂自治新方法、新模式。开展"五个一"为主要内容的礼堂成果展。推出"新媳妇孝敬礼""新兵壮行礼"等礼仪活动样板。打造沪浙毗邻文化走亲、"孝亲文化节"等活动品牌。

(五)构建项目数据,礼堂系统数字化

1.以数字化提升礼堂整体效能

在全省率先试运行农村文化礼堂数字化项目数据系统。全县116个文化礼堂上传输入各类图文、数据信息2538条。实行"4+4+1"整体运行框架,建立礼堂列表、活动管理、场馆预约、通知公告4大模块,设置基础因子、活跃因子、影响因子、评价因子4个量化指标,实现效能指数1键考核。

2.以数字化优化礼堂考核管理

围绕星级、活跃度、特色等指标,细化30条"礼堂指数"评定标准,由第三方按季度对各礼堂进行打分,形成比学赶超的良好氛围。数字化管理平台已登记礼堂管理员 146 人、队伍 628 支,队员 11421 人、活动 1068 场。全县 116个文化礼堂上传输入各类图文、数据信息 4425 条。

3. 以数字化丰富礼堂内容供给

强化平台数据分析研判,优化礼堂点单派单,结合"我为礼堂送服务"活动,整合八大类、千余条涉及民生、政务、志愿等公共服务点单事项。根据参与者的年龄结构、点单类型、活动喜好等,实现文化礼堂定向、精准、高效服务。

(六)注重统筹协调,礼堂投入有保障

1. 强化组织领导

成立由县委常委、宣传部部长为组长、农业农村、财政、文旅等部门组成的文化礼堂建设领导小组,明确工作职责,加强工作统筹。

2. 强化要素保障

县财政每年投入 500 万元用于文化礼堂建设,每年投入 800 多万元用于文化礼堂专管员队伍建设,并优先解决规划立项、用地指标、改造提升等问题。

3. 强化激励考核

每年投入 200 多万元用于星级礼堂奖励,通过以奖代补的形式促进礼堂提档升级。将文化礼堂建设纳入党的建设和意识形态工作责任制落实情况检查、各镇(街道)的目标责任制考核。

二、农村文化礼堂促进乡村治理有效

农村文化礼堂是基层弘扬优秀传统文化、促进基层治理的重要阵地。农村文化礼堂建设实践充分表明,农村文化礼堂在重构村民日常生活的"公共空间",孕育村落公共精神,传播社会主义核心价值观,传承、建设乡土文化,发挥农民主体性实现村民自治等方面发挥着重要作用,文化礼堂促进乡村治理的功能显现。

(一)"精神充盈"的文化礼堂有利于重构乡村价值体系

嘉善通过挖掘传承"善文化"基因培育文化礼堂的"魂",开展"三大工程"

建设,发挥文化礼堂在弘扬文明新风、推动道德建设等方面的示范作用,以道德之基打造"精神充盈"的文化礼堂,重构乡村价值体系。

1.信念引领工程

建好文化礼堂宣讲平台,开展领导干部讲政策、专家学者讲文化、身边最美讲故事、媒体记者讲新闻、农民群众讲身边事"五讲"活动进文化礼堂。不断提升农村居民的政治素养、文化素养、道德素养,引导农民正确认识社会,形成积极向上的价值追求,文化礼堂成为居民的精神力量来源地。

2.道德新风培育工程

将"善文化"作为道德讲堂独特的"文化代码",设置农村善文化·道德讲堂,建立四库资源共享系统,推行菜单点题式宣讲,探索 6+X 讲堂流程,每月开展主题性的微讲堂活动,使得善基因可学可看可示范,引导群众提升精神文明素养,激发蕴藏在人们心底的道德情感。依托文化礼堂开展"好家风家庭"评选,宣扬好家规好家训;发动群众遵循村规民约,将社会公德和文明公约融入村民价值认同;评选"道德模范""最美人物""善美家庭"等先进典型,用身边榜样引领乡风文明,推动村民自我管理、自我约束、自我提升。

3.人文关怀工程

在县城区文化公园内建设嘉善志愿服务总站,在各农村文化礼堂建立志愿服务支站,把党员、干部、知识分子、能人吸纳进文化礼堂志愿者队伍,组建专业服务队,在文化、卫生、环保、交通、农业、居家养老等领域开展志愿服务。开展"我们的传统""我们的村晚""我们的村歌""我们的节日""我们的民俗""我们的非遗""我们的家风"等"我们的"系列活动,增强农民群众对文化礼堂的归属感。

(二)"生活着"的文化礼堂有利于繁荣基层村落文化

文化礼堂作为地方文脉传承与发展的重要阵地,通过提升"五大品牌",用和谐文化生活来引领农村公共生活的价值取向,丰富公共生活的内涵,发挥农民的主体性,激活农民的文化自觉,实现新的乡村文化形态的重塑,形成"村头有礼堂,心中有文化"的礼堂内涵。

1.大菜单式配送

整合全县20多个部门（单位）资源，深化"七个一批"进文化礼堂活动，合力推行"大菜单式配送"，精心打造县级层面的文化礼堂服务菜单，通过农村文化礼堂公共文化服务平台为全县文化礼堂提供演出、展览、辅导、民俗礼仪等50多个大项的点单服务，推动了"教育教化""乡愁乡风""礼仪礼节""文化文艺"进文化礼堂。同时，鼓励"本土题材、本土创作、本土编演"，提升本土创作积极性，让本土文艺爱好者找到发挥才能的舞台。

2.星期日活动

精心编制每月一主题的《嘉善县农村文化礼堂新常态活动指导目录》，将全年活动分为"幸福欢乐在礼堂""民俗礼仪在礼堂""身边最美在礼堂"及"素质提升在礼堂"四大系列90项子活动，精心安排每周固定时间开展系列活动，促进村民形成相对固定的活动参与习惯，激发村落文化内在活力，使广大农民群众成为各项活动的主角。

3.传统文化礼仪活动

注重融合当地乡风民俗元素，设计"新年尝新礼""儿童开蒙礼""孝亲敬老礼""迎新祈福礼"等礼仪活动载体，让群众切实感受到活动的仪式感、庄重感。

4.乡村文化走亲

探索"文化走亲"常态化机制，以村组队、以镇组团，建立"节目库"，搭建网上"走亲平台"，各文化礼堂根据自我需求开展"寻亲结对"。细化各级职能部门的任务，建立节点服务和跟踪指导的工作机制，做到对口指导、按需服务。通过政府支出一点、村级自筹一点、社会资助一点的方式，完善逐级负责和灵活可靠的保障制度，确保活动开展和队伍建设的基本费用。开展以"城乡一家亲"为主题的社区与村结对走亲活动，促进社区文化与村落文化共同繁荣。

（三）"富民安民"的文化礼堂助力文明嘉善建设

以"自治安民、富民增收"为目标，全面推广四项制度，助力美丽嘉善建设。

1.周三课堂

打造"两课"（开学第一课、毕业加一课）、"三礼"（开蒙礼、成人礼、毕业礼)、"三好"(赠与家乡一本好书、争做一次家乡好事、看望一次家乡好人)礼仪品牌,探索着"文以载道,以文化人"的道德路径,使文化礼堂活起来;结合美丽嘉善建设、五水共治、生态保护等主题,采用戏曲、说唱等形式开展乡音系列宣讲活动,把文明新风"种"进农民心田,使文化礼堂"亲"起来;上好"法律课",提供家门口的婚姻家庭、人身伤害等类型一对一"法律门诊"服务,有效解决农村法律服务"最后一公里",使文化礼堂"和"起来。

2.全面实施理事会负责制

以"汇智聚力、共建共享"为宗旨,推广实施农村文化礼堂"理事会负责制",广泛吸纳群众性组织的代表、乡贤达人、文化能人和大力支持礼堂建设的热心人士等加入理事会,共同参与文化礼堂的建设谋划、工作统筹、活动开展和经费管理等日常工作,充分发挥群众自我组织、自我管理的力量,努力依靠村民群众建设好自己的"精神家园"。

3.探索乡贤参事会制度

在罗星街道和合村、西塘镇礼庙村、大云镇缪家村试点实施农村文化礼堂"乡贤参事会"制度,调动企业家、乡村"五老"等体制外人员的积极性,乡贤"组团"为村事出谋划策,参与美丽家园建设、创业帮扶指导、民间调解、文艺指导培训等志愿服务,让广大乡贤在寻找乡愁中助推乡村发展。

4.推行农村电商试点

在罗星街道马家桥村,姚庄镇姚庄村、北港村、北鹤村,大云镇缪家村、江家村进行农村电商试点,放置配套设施,选择合适的人员进行网站运营,并试行相应的激励机制,定时对人员进行专业培训。通过电子商务的作用,在文化礼堂中植入"互联网、创新、文化、自组织"等四大基因,实现了"小农户"与"大市场"的有效对接,在推动创业创新、发展分享经济、促进农民增收等方面取得积极作用。

三、农村文化礼堂建设的问题短板

对照新时代加强和改进基层思想政治工作的新要求,对照"双示范"建设的新任务,对照基层群众的新期盼,在推进文化礼堂建设中还存在一些问题短板,主要有以下五个方面。

（一）农村文化礼堂的设施还需迭代升级

嘉善的农村文化礼堂虽然实现了全覆盖，但镇街之间、村与村之间还不平衡，一些经济相对薄弱的村，文化礼堂建设的标准还不高，特别是早期建设的文化礼堂，有的已跟不上形势的发展，需要不断改造提升，提质增效，使之设施更齐全、功能更完备、服务更到位，进一步增强吸引力。

（二）农村文化礼堂的队伍素养需要巩固提升

嘉善的文化礼堂虽然实现了专职人员配备的全覆盖，每个文化礼堂均配有1名专职宣传文化员，但在实际的工作中，宣传文化员往往精力不够集中、管理水平不高，特别是支撑文化礼堂的专业能力还亟须提升，以更好地丰富活动内容形式，进一步增强感召力。

（三）农村文化礼堂的品牌需要更具特色

嘉善的文化礼堂虽然开展了一系列的活动，但在深入挖掘地域特色上还不够紧密，在打造"一村一品""一堂一韵"上还不够明显，特别是少数村还存在着"自娱自乐"的现象，需要深入培育特色亮点，持续打造品牌效应，进一步增强影响力。

（四）农村文化礼堂的融合尚需纵深推进

嘉善的农村文化礼堂虽然整合形成了一些串点成线的线路，但总体的质量水平还不高，在文旅融合、推进美丽乡村建设中的彰显度不够，在融入乡村治理、推进乡村振兴中的作用还不够明显，在与新时代文明实践的融合上还不够紧密，往往受地域局限，缺乏由"盆景"变"风景"成"风尚"的系统性尝试，需要不断拓展延伸、深度融合，进一步增强感染力。

（五）农村文化礼堂的传播有待手段创新

嘉善的农村文化礼堂虽然开展了一些线上的服务，但总体还是以线下为主，特别是在疫情防控的情况下，强化线上服务显得尤为迫切。随着数字化改革的深入推进，需要充分利用现代信息技术，加大农村文化礼堂数据系统的场景开发,进一步增强传播力。

四、关于农村文化礼堂建设的思考

农村文化礼堂是新时期推进基层思想政治工作的重要抓手,也是浙江省加强和改进农村思想政治工作的成功经验,嘉善文化礼堂建设实现了点上有风景、线上有故事、礼堂有内容的目标,推动了农村文化礼堂由盆景向风景的华丽转身。但针对当前实际工作中存在的问题短板,还需不断创新发展,在共同富裕中实现文化先行。

(一)着力做好提质增效文章,进一步增强文化礼堂的吸引力

1. 要改造一批

根据农村的发展实际,全面开展一次"回头看",进一步摸清农村文化礼堂的现状,针对设施比较陈旧、功能缺失的,倒排时间,科学合理制订农村文化礼堂三年改造提升计划。

2. 要提升一批

针对三星级以上的文化礼堂,在巩固现有建设成果的基础上,进一步提档升级,着力打造领军型、示范型的农村文化礼堂样板。

3. 要新建一批

针对在发展中拆迁、搬迁的村,要提前介入、超前谋划、及时跟进,高标准建设好文化礼堂,并拓展延伸建设社区文化家园、企业文化俱乐部。

(二)着力做好培育品牌文章,进一步增强文化礼堂的感召力

1. 要注重"一村一品"

在抓好规定动作的基础上,深入挖掘地域历史人文底蕴,融入文化礼堂的建设、管理、运用的全过程,打造有个性的文化礼堂,调动农民群众主动传承文化、记住乡愁的积极性,切实避免"一刀切"或"类同"现象。

2. 要注重"一堂一韵"

根据本村的优势特点,持续开展原创文艺作品展演,着力培育符合自身实

际、象征自身形象的文化品牌,切实提升农民群众在传承优秀传统文化中的参与感,营造可触碰、可感知的文化氛围。

3.要注重"一员一特"

择优精选专业能力强的文化下派员到镇街驻点指导,重点选优配强在文化文艺方面有特长的文化礼堂专职管理员,并持续开展岗位业务学习培训教育,着力打造一支有一技之长的宣传文化员队伍,为培育礼堂品牌提供人才支撑。

(三)着力做好融合发展文章,进一步增强文化礼堂的影响力

1.要融入美丽乡村建设

整合各村文化礼堂,串点成线,真正把"盆景"变为"风景",把文化礼堂精品线打造成为美丽乡村的精品线,成为乡村旅游的打卡地。

2.要融入乡村治理

以乡情乡俗乡景为切入点,深入挖掘乡情乡俗背后的情感故事,形成建设美丽乡村共识,产生呵护美丽家园共鸣,重视村风、家风、民风建设,积极引导农民群众培育向上向善的精神品格,主动将修身齐家,为国为民的家国情怀融入乡村振兴中。

3.要融入新时代文明实践

切实把农村文化礼堂建设纳入新时代文明实践工作中,整合各种资源,构建工作体系,形成工作合力,营造共建共育共享的浓厚氛围。

4.要融入日常生产生活

努力把农村文化礼堂打造成为农民群众茶余饭后的打卡地,着力构建农村生产、生活、思想共同体,通过有效的活动和群众的互动体验,拉近农户之间的心理距离,培育守望相助、邻里共荣、和衷共济的乡土文化氛围,努力在共同富裕的道路上真正实现"物质富裕、精神富有"。

文化礼堂是创新拓展厚植优秀传统文化的载体,是重要的民生工程、民心工程和基层治理的重点工程,要根据时代进步的要求、不断提高群众的精神需求,积极创新,使它们真正成为村民、居民的精神家园,成为现代基层治理强大的动力。

第四节　文明实践新风浸润万家

2012 年以来,嘉善县以历史人物"袁了凡"为依托,结合以"善文化"为核心的县域人文品牌,打造出了特有的"善文化"背景下的家庭家教家风建设品牌,弘扬好善文化、建设文明家庭、传承文明家风、弘扬文明风尚,使"向善、学善、扬善"成为全县家庭共同追求的价值取向,为打造精神文明高地提供坚强支撑,为助力乡村振兴和高质量发展建设共同富裕示范区做出贡献。广大家庭通过自我参与、自我实践、自我教育的方式,接受良好家风教育,学习科学家教经验、感悟家庭美德内涵。

一、注重机制建设,建设文明家庭

以文明实践户评创为载体,从机制体制建设、明确程序标准和加大奖惩激励入手,构建纵向到底、横向到边的全域评创体系。

(一)机制化创"星"

按照评创户、星级文明户、镇级文明户、新时代文明实践示范户,构建起覆盖户、村、镇、县四个层级,面向全县所有家庭,涵盖创星、评星、育星全过程的评创机制。各镇(街道)因地制宜,形成各自特色机制,如大云镇的九星文明户评创机制、干窑镇的商户＋农户"两户联创"机制和姚庄镇的"五步评创法"。

(二)标准化定"星"

设置环境卫生星、安全防范星、诚信友善星、移风易俗星、勤劳致富星,结合全国文明创建、人居环境整治、平安建设等中心工作,制定无卫生死角、无乱堆放、无乱搭建、热爱公益、诚实守信等 25 项具体标准和 2 项一票否决事项,激发持久参与的原生动力。

(三)程序化评"星"

充分发挥道德评议团、百姓议事会等组织作用,通过家庭自评、农户互评、两委审评等多种形式开展评星认定,让农民充分享有知情权、参与权、监督权,推进村民自治。建立挂牌公示机制,以"户户挂牌"撬动农户比学赶超积极性,从"要我评"向"我要评"转变,吸引广大家庭积极助力参与文明实践中。

（四）特色化奖"星"

县新时代文明实践户由县文明委命名授牌,每户奖励1000元;文明户评创比例达到90％的村,县财政一次性以奖代补10万元,镇财政同比例配套奖励。与建设银行、县妇联共同推广"好家庭信用贷"项目,累计发放信用贷款103万元。各镇（街道）都结合自身特色,推出了文化、健康、网络等激励扶持大礼包,形成"有德者更有得"的社会风尚,涌现出了符森、金友弟等全国最美家庭。

二、注重价值引领,传承文明家风

立足深厚的"善文化"渊源,将"善基因"深深根植于家庭沃土中,在广大家庭中潜移默化传承家庭美德和良好家风。

（一）活动丰富显家风

大力挖掘蕴藏在百姓家庭的家风家训,结合寻找"最美家庭"活动,深入开展"地嘉人善好家风"传承活动。通过广泛开展征集"最美家庭瞬间照片""最美家庭科学家训""最美家庭感人故事""最美家庭梦想愿望"活动,使蕴藏在家庭深处的道德情感显露出来,成为大家经常颂扬和遵照的规范。如干窑镇长生村为突出尊老、敬老、爱老、助老开展敬老礼活动,以念劝善词、行尊老礼、唱孝敬歌、发吉祥物、表彰十佳家庭方式,体现感恩、表达关爱,弘扬传统孝道文化。大云镇东云村以"忆家风秀家训"活动,开展了"最美家训百姓点赞"活动,接受百姓的评议,发动文艺骨干协助编写"优秀口述家训故事",将家风家训中"让人感动的小故事"编写成册,向百姓宣传推广,扩大文明家风影响力。西塘镇妇联开展了一系列以"水乡为家"为主题的家风寻找活动,古镇西塘的送子来风桥上,更有不少"善美志愿者服务队"成员摆起了小桌,剪起了"诗礼传家""勤俭持家""家和万事兴"等各种花样的剪纸,赠送给游客、居民,让大家感受"古韵家风"的和谐氛围。

（二）文明阵地传家风

注重家风阵地建设，在县级打造了嘉善好人馆，生动展示嘉善县道德模范、身边好人、文明家庭等先进事迹，常态化开展"好家风好家训"活动。在镇（街道）层面根据自身特色打造了一批慈孝馆、了凡纪念园、丁宾清风园等新时代文明实践阵地，在村（社区）建立村史廊、励志廊、成就廊和家风廊，通过秀家训、送家规、扬家风、讲家事、做省事等活动，传承家风、弘扬风尚。在家庭中选择群众威望较高、交流便利、农户集中、场地开阔的农户创建文化庭院，采取多种形式开展讲理论、讲政策、讲家风故事 3900 多场，真正实现党的创新理论飞入寻常百姓家。云澜湾了凡书院在了凡善学思想基础上，实践探索家校社协同育人的有效机制和模式，成为全省首个"家庭教育科普人文示范基地"。大云镇歌斐颂巧克力小镇，多年来致力于融合家庭教育和亲子活动，不断弘扬善学理念家教家风特色，获得全省首个"家庭亲子活动示范基地"称号。

（三）搭载平台颂家风

出版了"聆听家训"系列丛书，包含"爱国篇""立志篇""勉学篇""孝悌篇"和"明礼篇"五个分册，收录 300 则家训，300 个故事、300 条小叮咛。依托县新时代文明实践云平台，专门设置了家庭服务菜单 64 个，开发了志愿服务网络点单系统，实行"群众点单—中心派单—志愿者接单—群众评单"的服务模式。

（四）创新形式扬家风

每年举办家庭文化节系列活动，开展了"美德在农家""清风在农家""家庭睦邻节"等活动，形成了"姚娄母亲节""东云孝亲节""惠通村的慈孝文化"等特色品牌。运用舞蹈、音乐、戏曲等形式，根据文明家庭事迹创作了《誓言》《好人金瑞林》《一双解放鞋》等文艺精品，通过文艺宣传的形式传递好家风。成立金嘉平家庭建设区域联盟，围绕队伍建设和人才培养、家庭志愿服务、家庭教育创新、工作互动交流等方面整合资源、互通有无，每年轮流主办交流活动。

三、注重科学家教，倡导文明新风

将家庭教育作为推进文明家庭建设的重要组成部分，实施文明好习惯养成工程,倡导绿色健康的生活方式。

（一）开展科学家教传播行动

将家庭教育作为推进文明家庭建设的重要组成部分。

1.构建立体多维的家教网络

建成了以家庭教育工作领导机构为主导,以"好习惯家长学校""孟母学堂""企业家长学校"等作为家庭教育主阵地,横向到边、纵向到底的家庭教育社会化工作网络。开设"15分钟"微课堂实行快捷服务,以家庭教育短片、家教宣传画等方式,开展高效、便捷的家庭教育服务。深入推进"科学家教城乡行"活动,开展家庭教育菜单式服务,开设亲子早教、习惯培养、情绪管理等50个家教菜单,满足不同年龄层次、不同领域家长的需求,实现了从新婚夫妇、孕妇、婴幼儿家长、中心学生家长教育的无缝对接。完善家庭教育信息化平台,创新利用手机互动平台,开设短信课堂、微博课堂、微信课堂等"手机微课堂",通过文字、图片、语音、视频,在传递家教知识的同时传播家庭文明。

2.完善可持续性发展的政策框架

县妇联牵头认真抓好《家庭教育"十四五"规划》编制工作,召集相关部门进行座谈、对规划框架进行征求意见后形成初稿。在全市率先发布《嘉善县进一步加强家庭教育工作实施意见》,制订2021年嘉善县家庭教育工作计划,细化落实5类13项家庭教育活动,并把家庭教育作为春节期间为新居民"留嘉过年"服务的实事项目之一。继续抓好"教子有方大讲堂"送课下基层、故事家长"悦"读会、"童"创未来系列亲子阅读、家庭教育个案服务等品牌家庭教育项目,进一步满足家庭立体化、个性化的家庭教育需求。

3.链接文明创建未成年人道德建设

组织开展的"颂党恩传家风百户最美家庭传承百年优秀家风"2021年度嘉善县家庭建设月主题活动,通过展示广大家庭听党话、颂党恩、跟党走的鲜活实践,宣传宣讲近平总书记关于注重家庭家教家风建设重要论述、组织"红色穿越亲子同行"等活动,不断丰富和活跃全县广大家庭的亲子活动精神内涵、推动家庭文明建设发展。

（二）实施家庭文明行动

制定家庭文明建设行动方案，立足"妇女之家"平台，自下而上创新活动载体，层层推进家庭文明弘扬。

1.开展家庭文明建设成果展示活动

家庭赛"宝"：突出"亲情、温馨、幸福、和谐"的主题，以家庭特色的文化作品及文化节目，倡导积极、健康、向上的家庭文化；家庭闯"关"：通过开展亲子活动、邻里协作、孝亲敬老活动展示城乡家庭文明风采；家庭筑"梦"：通过编印宣传画册、制作宣传展板、刊登典型事迹等形式，以"小家梦"，共筑"大家梦"。

2.发挥最美家庭带动作用

2012年，由姚溇姚志坤家庭女婿卜闰秋和同村的姚荣伟、姚玉明等几位志愿者商量，想给母亲们过一个有意义的节日，第一届"姚溇母亲节"活动由此诞生，2021年已经是第十届了。活动现场开设了百家宴，为母亲们庆祝节日，姚溇的100多位母亲欢聚在一起，向子女赠送了家风家训书籍，志愿者为母亲们拍摄幸福全家福，设置母亲节"微心愿"留言板、"清风传家·廉行致远"母亲节寄语墙等。以行动诠释和弘扬传统美德，打造慈孝现代品牌，优良家风代代传递。姚志坤家庭于2018年获得当年度第三季度省级最美家庭称号。

3.以熟人讲述真实故事激发作用

在农村庭院中，通过"家风家训征集""写家训亮家规""家风分享会""家风传家宝"等一系列活动，收集农村家庭的朴素家训篆刻到每家每户的门牌上，并以身边熟人讲述真实故事来教育身边群众注重家教、家风的方式，积极引导社会新风尚。让公认的"好婆媳""好妯娌"等群众身边散发着"泥土味"的正能量，能够口耳相传，引领农村群众做事有参考、做人有准则。

（三）拓展家庭公益行动

充分发动群众，紧贴身边事、身边人，倡导家庭积极参与"积善之嘉"志愿服务，在村（社区）广泛开展"家园微服务"，为独居老人、青少年、困难群众提供"夕阳红"送餐、"周周入户"等服务492次。在疫情防控中，涌现出了"全村志愿""全家志愿""夫妻志愿"等最美身影。在全国文明城市创建中，通过开展

"小手牵大手,文明一起走""清洁楼道"等公益活动,助力全国文明城市创建。

2020年以来全县共举办家风家训评议会130次、举办最美家庭故事会102次、"线上线下"晒出家庭照片2124幅,征集家训家规1694条,家庭征文1039篇。2021年表彰县级家庭工作先进集体10个、最美公益家庭13户,获得市级家庭工作先进集体荣誉1个、市级文明家庭1户、市级最美党员家庭4户、市级最美教师家庭2户、市级最美慈孝家庭2户、市级最美创业家庭2户,省级最美家庭1户。

第五节　打造新时代文明实践样本

2019年10月,嘉善县被中央文明委确定为全国新时代文明实践中心建设试点县。嘉善县认真贯彻落实中央关于新时代文明实践中心建设的系列决策部署,抓住"双示范"建设、共同富裕示范区建设、打造新时代文明高地、全面推进数字化改革这四个新机遇,以"善文化"县域人文品牌为特色,以"五善五实践"为主要工作内容,因地制宜开展群众喜闻乐见的文明实践活动,努力摸索打通宣传群众、教育群众、关心群众、服务群众"最后一公里"新路径,真正解决群众的操心事、烦心事、揪心事,不断增强群众获得感、幸福感、安全感。

一、突出高水平、全覆盖,实践阵地建到"家门口"

发挥党委主导作用,构建起"县级中心、镇(街道)实践所、村(社区)实践站"三级组织体系。

(一)中心"抓统筹"

市委常委、县委书记担任中心主任,各级所、站均由党组织书记担任主要负责人。制定印发了《嘉善县建设新时代文明实践中心工作实施方案》《深化拓展新时代文明实践中心建设全国试点工作实施意见》等系列文件,高规格举办县新时代文明实践中心建设全国试点推进会,建立完善领导挂点、联席会议、结对共建、激励保障等工作机制。成立上海青浦、江苏吴江、浙江嘉善长三角一体化示范区新时代文明实践联盟,建立资源共享、队伍共建、项目共育、活动共办、城市共创"五共"机制,打造示范区文明实践群。

(二)所站"抓管理"

建立镇(街道)实践所 9 个、村(社区)实践站 134 个,所站新时代文明实践阵地实现全覆盖。建立有固定场所、有统一标识、有专人负责、有工作制度、有活动项目、有活动发布、有工作记录等"七个有"标准,着力加强新时代文明实践所(站)规范化建设管理。聚焦"一镇一品""一村一品",打造 9 条新时代文明实践精品线。

(三)网点"抓扩面"

建立网上平台,打造新时代文明实践云平台,成为集组织、服务、培训、评价以及展示功能于一体的志愿服务综合平台。盘活社会资源,向工业园区、企业、文明单位、礼堂书屋、小区客厅、文化庭院等延伸建设新时代文明实践点 348 个,构建"15 分钟"文明实践圈。拓展流动阵地,推出了新时代文明实践号、流动少年宫等服务,使活动阵地延伸到田间地头、农家院落、工厂车间等生产生活一线,真正把服务送到群众"家门口"。

二、突出精准化、项目化,志愿服务做到"心坎里"

全面启动"志愿+"模式,成立嘉善县新时代文明实践志愿服务总队,由市委常委、县委书记担任总队,健全理论政策宣讲、文化文艺服务、助学支教等"8+N"志愿服务队伍体系,建立各级实践所、站新时代文明实践志愿服务分队 188 支,各类志愿服务组织 716 个,着力推动志愿服务成为一种生活习惯和社会风尚。

(一)"志愿+平台"

大力推广"志愿浙江"平台,在嘉兴市率先点亮"志愿浙江·志愿嘉善"专区,统一归集全县志愿服务数据。规范发布各项志愿服务活动,精准服务群众需求。截至 2022 年 12 月,嘉善县在"志愿浙江"平台注册志愿者 13.28 万人,日活跃率位居浙江省前列。

（二）"志愿＋项目"

建立志愿服务总菜单，涵盖理论宣讲、党史学习教育、文艺表演、便民服务等八大类志愿服务项目 168 个。在医院、图书馆、旅游景点等场所建立志愿者服务岗 153 个，形成了"爱在善医""绿丝带""周六公益集市"等品牌服务项目 68 个，涌现了"文明巡访团""善阿姨""幸福 365""网络爱心志愿者""吾·善行志愿服务联盟"等优秀志愿服务团队，突出打造了全县各部门单位"善政惠民""善育未来""善育善成""善铸天平""善的教育""首善孝老"等特色志愿服务品牌，切实促成志愿服务在嘉善大地上百花齐放。

（三）"志愿＋激励"

开发"志礼嘉"时间银行平台，制定并发布《嘉善县志愿者激励办法（试行）》《嘉善县志愿服务"善积分"管理办法（试行）》《嘉善县志愿服务礼遇关爱十条及兑换标准》，建立健全志愿服务激励机制，并积极探索县级志愿服务激励标准，吸引更多的人加入志愿服务行列，更多的志愿者主动参与志愿服务活动，提升社会认同感。2022 年，已有 20 多家爱心单位提供首批 7000 余件礼遇物品，累计价值 35 万元。

三、突出参与性、互动性，培育文明实践"善品牌"

坚持以人民为中心，聚焦"五善五实践"，实施十大行动，打通宣传群众、教育群众、关心群众、服务群众"最后一公里"。

（一）善论引领，学习实践科学理论

新时代文明实践中心把宣讲党的创新理论和深入学习贯彻习近平新时代中国特色社会主义思想作为首要政治任务。打造"善讲名家"理论骨干讲师团、"精才善能"业务骨干宣讲团、"乡音善行"百姓讲师团等"3＋N"宣讲队伍，发布宣讲课程 164 个，创设党员上门送学、每月固定学、集中宣讲学、主题活动学、文艺创新学"五学"载体，依托新时代文明实践所、站和礼堂书屋、小区客厅、爱国主义教育基地等实践点，让党的创新理论飞入寻常百姓家。围绕建党百年，开展精品创作、展演巡演、理论宣教等"十个百"系列活动，推出 57 项子活动。举办了庆祝中国共产党成立 100 周年主题晚会、"歌颂百年"企业职工大合唱、全国中青年书画邀请大赛暨百件红色艺术作品巡展、"同心向党多彩华章"书画展览等活动。建立"请你来学习"点单式、"请你听我说"空中式、"请你拉家常"流动式等宣讲模式,推广文艺宣讲、电视宣讲、网络宣讲等,实现指尖日日点,线上理论与线下实践有机融合,确保学习教育不间断。

(二)善聚人心,培育实践主流价值

把培育和践行社会主义核心价值观与传承"善文化"有机融合,致力于打造"善文化"县域人文品牌,大力弘扬"坚韧不拔敬业争先"嘉善精神。打响"善文化"品牌,连续开展了五届中国嘉善·善文化节系列活动,举办了"慈善孝贤"暨了凡善学思想研讨会,进一步深化"善文化"理论研究、交流、运用。打造"好人善城"品牌,充分利用嘉善好人馆、好人公园、道德讲堂等阵地,组织开展各级道德模范事迹宣讲、故事会等 360 余场次。常态化开展道德模范、"身边好人"等评选活动,涌现中国好人、浙江好人及各级道德模范、"最美教师"等 800 多例,推动形成"发现最美、学习最美、争做最美"良好氛围,使各行各业涌现的"最美人物"成为城市文明的精神脊梁。既有奋力挽救轻生女子的快递小哥董华,也有 18 年扶贫助学的八旬老太陈阿条,24 年如一的照顾瘫痪妻子的金友弟,还有 3 年教字 3000、圆脑瘫儿读书梦的陈孝林,他们用善行义举传播着新时代文明新风。

(三)善诚服务,丰富实践乡村文化

紧紧围绕群众的需求,把文明实践服务送到群众"心坎儿里"。以"门常开、灯常亮、人常来、事常办"为服务宗旨,推出一系列的基层精神文明活动内容服务广大农村,组织开展"我们的节日""我们的榜样""我们的礼仪""我们的村晚"等十大主题活动,创新推出"云上村晚",获千万点击量。推广文化礼堂"大驻堂"机制、"理事会"制度和礼堂联盟合作模式,开展"我为礼堂送服务"十进活动,更新"我为礼堂送服务"菜单 54 项,累计开展送戏下乡、讲座展览、文化走亲、"儿童开蒙礼、孝亲敬老礼、青年成人礼、新媳妇孝敬礼"等活动 800 余场。在新时代文明实践中心创设文明实践五大堂(强国学堂、道德讲堂、百姓课堂、新风礼堂、文化殿堂),积极开展党史学习教育、文化传承、技能培训、健康生活等公益辅导活动,实现人人都是文明实践活动的组织员、宣传员和参与者。

(四)善美传播,倡导实践文明乡风

把新时代文明实践融入家庭建设中,不断探索新时代文明实践进家庭的新方法、新途径,让新时代文明实践之风浸润万家。深入开展新时代文明实践户评选,形成创星、定星、评星、奖星的全过程评创机制,设置"环境卫生星""安全防范星""诚信友善星""移风易俗星""勤劳致富星"等五星标准,建立挂牌公示机制,以"户户挂牌"撬动农户比学赶超积极性,吸引广大家庭积极参与文明实践中。已评出星级文明户16000户,新时代文明实践示范户1000户。积极探索小楼道大文明长效机制建设,在城市社区全面开展"千个楼道争红旗、百个楼道创特色、十个小区作示范""千百十"评创活动,明确一套5C标准,争夺一面流动红旗,设立一个睦邻基金,让文明实践天天在门口,让小楼道微治理撬动社区大文明,让文明常驻楼道。比如,罗星街道实现了文明楼道评创13个城市社区全覆盖,共计参评楼道数1900余个,覆盖居民18000余户。截至目前,共已评选出红旗楼道2000余楼次。实施十大文明好习惯养成工程,倡导家庭积极参与文明实践,每月一主题积极开展"制止餐饮浪费"、使用"公筷公勺"、讲究卫生、诚实守信等行动。在全国文明城市创建中,通过开展"小手牵大手,文明一起走""清洁楼道"等公益活动,使广大家庭自觉养成文明好习惯。

(五)善心关爱,积极实践人文关怀

围绕精准服务群众,在新时代文明实践中常态化开展"为群众办实事",创新建立"五问工作法"机制(一问需求、二问项目、三问路径、四问支撑、五问成效),着力实施"四单"工作机制(居民出单、分类派单、团队接单、群众评单),构建一体化、精准化、互动式的文明实践体系,切实为群众办实事解难题,全面厚植文明温度和力量。紧贴身边事、身边人,在村(社区)广泛开展"家园微服务",为独居老人、青少年、困难群众提供"夕阳红"送餐、"周周入户"等服务892次。在疫情防控中,全县志愿者一呼百应,冲锋一线,全面当好防疫知识宣传员、卡口执勤检查员、流动人口排查员、居家观察代办员、心理陪护疏导员、复工复产护航员等角色,"红马甲"为战"疫"筑起铜墙铁壁。在全国文明城市创建中,全县志愿者奋勇向前,甘于奉献,文明巡访团通过明察与暗访追踪城市文明的美丽风景,广大青少年成为志愿者服务的第二梯队,"善阿姨""青年突击队""网格志愿者"以强烈的主人翁意识,参与文明劝导、环境整治、礼仪普及等志愿服务,形成全民参与文明实践热潮。

经过探索与实践,嘉善县新时代文明实践中心试点工作取得了一定的成效,但在阵地整合、精准服务、常态长效等方面还存在不足。在实践中还要继续把握政治导向,着眼凝聚群众、引导群众、以文化人、成风化俗,从群众的需求出发,开展各类有用、有趣、有效的文明实践活动。进一步整合资源,盘活基层各类志愿服务资源,打通调配使用机制,确保志愿服务向农村聚焦发力、形成倍增效应。抓牢"善文化"人文品牌,不断完善机制、创新载体、处理好政府主导与群众主力的关系,用好线下志愿组织和线上服务平台,激发群众主动自觉地参与到文明实践活动中来,为嘉善"双示范"建设擦亮文明底色,打造新时代文化文明高地,助力共同富裕示范区建设,不断提升群众获得感、幸福感、安全感。

第六节　以文化品牌建设驱动乡风文明的姚庄实践

嘉善姚庄在推进长三角生态绿色一体化发展示范区、县域科学发展示范点建设和全国文明城市的创建中,一直走在前列,将精神富有与物质富裕同步推进,实实在在地让文明的"种子"深深扎在百姓素质中。这些年依托文化建设,特别是文化品牌打造助推乡风文明,为"双示范"建设和文明城市营造了良好的社会氛围,取得了实实在在的成效。

一、以文化品牌建设驱动乡风文明的主要探索

（一）注重文化品牌建设,使乡风文明有载体

在充分挖掘地域人文、科学研判现实特点和时代发展要求的基础上,积极回应和引导社会大众的文化诉求,提出了打造"文化佳姚"镇域人文品牌的理

念,并通过制定政策制度加以保障。通过了全县首个镇级乡村振兴三年行动计划(2018—2020)。该计划中,首次明确了姚庄镇今后三年乡风文明的具体举措和方向,提出以现代农业发展、土地全域流转等作为乡风文明落到实处的物质基础;以丁栅小城镇环境整治、姚庄镇养老中心二期、全省示范性残疾人就业中心等一批普惠性的项目作为促进乡风文明的重点工程;以横港村、展幸村等一批三治融合村为样本,做到乡风文明与乡村治理同安排、同部署、同推进。在镇级层面成立党群书记牵头的工作领导小组,在村级层面以村规民约和道德评议会、村民理事会等"一约四会"为脉络,确保农村移风易俗工作得到有效保障。从随机调查情况来看,几乎所有受访农民对文化品牌建设、文化活动开展给予大力支持和肯定,认为文化品牌使村民增强了集体观念,消除了原先不必要的矛盾和隔阂,为邻里和睦相处搭建了一个很好的平台,切实提高了农村文明素养,为乡村振兴提供坚强的思想保证、精神动力和文化支撑。

(二)打造文化阵地特色,使乡风文明有底气

1.搭建"一核四馆,一路三体"的文化阵地架构

从 2013 年 8 月至今,姚庄镇基本实现文化礼堂全覆盖(银水庙、武长和展丰,由于农房集聚或者水源保护地的缘故需要整村搬迁集聚,不再增加建筑物),文化核心阵地陆续启用,让礼堂真正成为守住乡土、传承乡风、留住乡愁的文化阵地,通过政府投入、社会资本引入,打造"一核四馆,一路三体"的文化阵地。合计投资超 4000 万元。打造"一核",即以体育馆和城市客厅内有城市书房、新时代文明实践所、电影院、春泥活动中心等为主体的文化核心区,确保该核心区能覆盖姚庄集镇约 2 万人的文化日常需求。"四馆",即洪福印象馆、丁栅记忆馆、桃文化馆和渔文化馆,其中洪福印象馆以农民画为特色,丁栅记忆馆以田歌为特色。渔民村文化礼堂渔文化展示馆,深入挖掘渔文化的内涵,并拓展渔文化的外延,结合美丽乡村建设,融入田歌、丁栅水会、扎肉提香、打甲鱼以及坐家船等渔文化元素,凝聚渔民村百姓的共同记忆。"一路",即将桃源新邨社区、北鹤村、横港村和渔民村串联成的文化礼堂精品线路。"三体",从 2019 年起开展文化综合体、文化共建体和文化特色体等体系性建设,如以礼堂为主,结合文明、公益、三治等各类元素的村、社区文化综合体(18 个礼堂＋2 个企业俱乐部),把文化庭院、党员先锋站、美丽庭院等相结合。建设文化

共建体(28 个左右的常规性的挂牌文化庭院),结合美丽乡村、全域旅游等需要,打造展现传统文化的文化特色体,形成多个串联的文化特色带。

2.拓展文化礼堂内涵特色

文化礼堂作为农村新时代的宣传教育主阵地,与农房集聚工作、美丽乡村、小城镇环境综合整治等中心工作结合,让文化礼堂因地制宜地成为其中的一道美丽风景线。主要按特色定位三类文化礼堂内涵:第一类枢纽型礼堂形态丰满,从 2020 年农户集聚率达到 70％的实际情况出发,针对在周边居民5000 人以上的村建设枢纽型礼堂,枢纽型礼堂形态丰满、内部功能更加丰富、礼堂文化内涵更加突出。比如有室内面积在 3000 平米左右的大型文化礼堂桃源新邨、北鹤、界泾港等。第二类主题型礼堂特色明显,打造以"礼堂＋"的理念,体现时代气息,与基层工作结合更紧密的礼堂综合体。比如横港作为嘉兴市三治融合示范村,以善治为主题、形成了六个善的礼堂活动体系;北鹤旅游资源丰富,黄桃产业历史悠久,在景区内以农旅作为礼堂特色;桃源新邨居民多,以学习为龙头助推农民到市民的转变过程。第三类节点型礼堂内涵突出,对一些周边居民人数在 1000 人左右的行政村,秉持小而精的理念,一方面在资源利用上更加合理,比如在文化礼堂之外,借助文化庭院等微型文化阵地,延伸和扩展礼堂的服务功能;另一方面在内涵挖掘上更加鲜明,比如在丁栅文化礼堂,结合戏服展厅突出戏曲的元素;在俞汇文化礼堂,结合亲子活动突出家风元素等等。避免千堂一面,努力挖掘文化礼堂特色。

(三)丰富文化活动,使乡风文明聚人气

文化品牌建设应符合地域特征,充分挖掘地域传统文化的内涵和特点,将传统文化同现代新元素结合起来,为传统文化注入新的元素和活力。姚庄镇以"桃渔歌画"为核心,打造"一年四季,四节联动"的文化活动,坚持用文化来演绎姚庄故事和姚庄生活。桃渔歌画:其中桃文化以北鹤黄桃展示馆＋一棵桃树两个节继续保持;渔文化以渔民村的渔文化展馆、美丽乡村建设、丁栅记忆馆等和踏白船队伍为核心;田歌在丁栅继续保持传承不断,打造原生态新的精品节目;农民画是重点,包括精品创作、展出、比赛、文创作品等。"一年四季",即以春夏秋冬四个季节为主线,每个季度确定一个文化主题,如 2018 年以"民俗闹春、非遗消夏、欢歌庆秋、文艺暖冬"为主题;2019 年以"书画迎春、音乐消夏、农俗庆秋、光影暖冬"为主题。"四节联动",即以 4 月桃花节,8 月黄桃节两个文旅节日和 6 月百姓文化节、10 月田园文化节两个群众文化节日为载体。举办精品文化活动,既继承传统又开拓创新,根据百姓的喜好,在北面丁栅和俞汇区域开展传统越剧、沪剧等地方戏演出。在桃源新邨、沉香荡等农村城乡一体新社区,开展"我们的电影文化课"等更具时代特色的活动。

（四）培养文化骨干队伍,使乡风文明有基因

品牌文化需要品牌文化队伍来创造,培养骨干文化人是关键,使这些骨干文化人像一个个文明的基因在群众中落地生根。培养文化骨干队伍,形成"三三制"的管理体系。"三三制"的队伍管理模式:一是"三位一体"管理方式。从2016 年起,村级宣传文化员镇招、站管、村用的"三位一体"管理方式。每年按需统一招聘宣传文化员,镇文化站负责签订合同、教育培训、日常管理,并就近安排到村、社区开展工作。同时,村、社区相应建立文化建设投入稳定增长机制,镇以奖代补给予补充,既加强了资金整合,也提高文化资金的使用效益。二是"三管齐下"交流机制。全镇 22 个村、社区划分为姚庄、桃源、丁栅、俞汇4 个片区,并形成月报、季评、年考的"三管齐下"的交流机制。其中,每月由各片区召开会议,制订月度工作计划,镇文化站负责给予分析指导;每季度开展片区 PK 赛,评选出本季度特色活动、最佳方案等,并给予一定的活动经费奖励;每年度以量化考核的方式,对宣传文化员个人进行绩效考核,并给予相应的考核奖励。三是"三级联动"培育机制。围绕年度宣传文化工作目标,完善"走下去普及培训,带上来集中提高"的竞赛、培训、实践的"三级联动"培育机制。一方面,创新实行《"十二个一"竞赛活动实施方案》,每年开展 10 多场的文案制作、读书分享、即兴演讲、文案撰写等"个性化 PK",促使宣传文化员练好内功、强化素质。另一方面,邀请市县的文化领域专家学者,每年开展 12 期"我的文化课"公益培训,全面提升宣传文化员的专业素养和业务水平。姚庄镇自 2013 年招聘首批 8 名宣传文化员至今,全镇围绕文化礼堂形成以 22 名宣传文化员为核心,63 支文体队伍为骨干的整体农村文化活动体系。"三三"制管理体系被列为 2017 年度的嘉兴市创新项目之一。

通过培育,文艺骨干成为近年来姚庄镇保持高质量、高频次文化活动的一支生力军,每年组织开展文体活动 800 场左右。尤其是农民画、田歌等传统文

化队伍保持传承发展的良好势头,常年参与农民画活动的土生土长的农民 100多人,老中青三代能唱田歌的文艺爱好者30多人。

(五)组建"文化联盟",使乡风文明有传播

建设品牌文化还需要以开放格局加大与周边地区的交流,扩大文化传播力和影响力。

1.镇域内组建文化联盟

将姚庄镇22个村(社区)划分为姚庄、丁栅、俞汇、桃源4个文化联盟。依托嘉善县文化礼堂原有的大驻堂制,聘请30多位县内外的文艺名师作为4个文化联盟的顾问,有效确保联盟内部的良性循环。姚庄镇的文化联盟内部就优化组建了北鹤腰鼓队、俞汇戏曲队、桃源农民画队、南鹿马灯舞队等8支特色民间艺术队伍,为文化生活可持续发展增强了动力。

2.长三角一体化示范区内组建文化联盟

姚庄镇作为嘉善接轨上海的文化桥头堡,与金山区枫泾镇签订文体共建联盟,俞北村和浦东张江环东村签订文化共建协议,两地以友好村的名义,形成文化的联盟体系,共同传唱传统文化好声音。姚庄镇各村、社区和金山区枫泾镇,青浦区练塘镇、金泽镇等地先后开展了走亲演出。2018年姚庄镇文化联盟内部的各村和社区先后开展走亲演出20余场次,通过文化交流进一步为毗邻区域的共融共通打好基础。以非遗项目为支撑、以文体联盟为平台、以文化走亲为途径,让姚庄这个长三角的交汇点,不断加深与周边的文化纽带。

二、文化品牌建设助推乡风文明实践中存在的问题

在推进乡风文明建设的过程中,姚庄镇注重发挥自身优势,尤其是以文化品牌建设推动乡风文明的做法,效果明显,乡风文明的目标正在逐步变为现实。但对标先进地区,在文化品牌的打造、乡风文明的建设方面,仍然存在较大的提升空间。经过多方面调研,主要存在以下几方面问题。

(一)广大群众的共识欠缺

姚庄镇明确三年乡风文明的具体举措和方向,将文化品牌建设作为推进

乡风文明的重要途径,但文化产品享受的主体是广大农民群众,乡风文明最后是要提升广大群众整体素质,但是由于各种原因民众反响不强烈、不热心的现状普遍存在。

（二）人才和资源欠挖掘

人才资源是实现乡村振兴的动力因子,在整个乡村振兴过程中,虽然有考虑人才资源的重要性,但在实际操作过程中并未建立人才目录,也忽视了人才的引进和培养,导致目前在理论宣讲、文化活动、宣传教育、网络传媒、志愿服务、文明实践等方面的人才和资源紧缺。文化活动还是以文化宣传员为主,专业的文化团队较少,活动大多以表演式、节目式为主。

（三）文化活动内容不够贴近群众

虽然已经建设有文化礼堂、文化广场、休闲广场、健身器材、农家书屋等硬件基础设施,形成了乡村综合文化服务中心,注重开展送文化下乡活动,为乡村文化队伍建设提供展示交流平台,但是文化作品内容与形式缺少原创性、新颖性、针对性,与老百姓的生活不够贴近。文化活动的针对性不够,现有的文化品牌服务对象基本为青少年,而对于留在农村大多数是年龄稍大的群众来说吸引力不强,所以有时会出现"拉人看戏"的情形。评价体系还不够健全,尤其是忽视了评选以后的推进举措,导致文化品牌进入发展的滞后期。

（四）实力强的社会力量偏少

由于社会资讯的迅速发展,人们对文化产品的需求量大,品质要求高。政府一直积极鼓励广大社会力量参与文化产品的供给,但是能够提供丰富文化产品的社会力量偏少,提供的文化产品有待进一步丰富,提供的服务质量有待进一步提高,运营管理尚处于摸索阶段,社会力量参与公共文化建设后的评价与反馈,维持其持续发展的考核、监督等评价体系建设方面仍然比较薄弱。

三、以文化品牌助推乡风文明建设的一些对策建议

文化品牌是否深入人心,要从制度保障是否健全、社会管理是否到位、载体设计是否精细等方方面面查找问题、分析原因。经调查研究,认为培育文化

品牌,充分发挥其引导社会价值观念的功效,从而引导人们摈弃陋习、崇尚文明,实现乡风文明的真正提升,要从以下几个方面着手。

(一)注重文化品牌建设的针对性,避免走过场现象发生

相关部门要加大对各镇(街道)、村(社区)的指导力度,统筹做好文化品牌建设,考虑当地经济发展等实际,传播最具特色、最易接受的文化价值理念。对文化品牌建设的考核要把握好尺度,不能以量作为关键评分标准,应该更加注重实际效果。

(二)注重文化品牌建设的亲和力,推选好品牌代言人

推进农村移风易俗,是推动乡风文明的重要途径。"新乡贤""身边红人"作为推进农村移风易俗的重要力量,推选出一批德高望重、带头发展、服务乡邻、孝善齐家的新乡贤、选树一批在各年龄段、各行业具有较强影响力的"身边红人",比如快递小哥董华、戏剧家、曲艺家张艾嘉等,鼓励他们参与文化品牌的建设推广,为文化品牌出谋划策、建言献策。

(三)注重文化品牌建设的感染力,分层分类设计文化文艺活动

开展文化下乡活动,在节目的安排上一定要精益求精,要充分考虑到受众群体的喜好,比如面对老年受众,就要多考虑戏曲、小品;面对中青年,就要多考虑歌曲、相声;面对小朋友,就要多考虑歌舞。比如横港村村民对传统戏剧非常感兴趣,组织的元宵戏曲专场演出,《盘夫索夫》《游陵》、血手印之《花园会》和沪剧《小得满赢》等韵味十足的戏曲赢得了村里戏迷们的热烈掌声,听到高兴之处他们还会跟着轻声哼唱一段,过足了戏瘾。文化品牌要注重"三贴近",即贴近实际、贴近生活、贴近群众,最显而易见的就是文明品牌的名称,一定要避免高而不实,不要给人高高在上、不切实际的感觉。

(四)注重文化品牌建设的影响力,建设高素质文化队伍和文化力量

健全基层宣传文化员准入机制,逐步提升相关待遇保障。规范培训模式,分层培训和系统培训相结合,重点用好文化礼堂、文化庭院、新时代文明实践点等基层文化文明阵地,突出打造"文化礼堂"主题文化品牌,让文化品牌建设

与文化礼堂"建管用育"相辅相成、共同发展。拓宽社会力量参与文化品牌建设渠道。

注重对社会力量的扶持。合理引导社会文化运营机构参与文化建设,对文化机构、文化信息服务、文艺下乡等群众需求比较强烈、条件比较成熟的领域,搭建平台进行引导,鼓励社会力量参与。制定专项政策加强对文化社团分层次、分阶段培训和管理,提升整体素质,鼓励其成为参与文化品牌建设的重要组成部分,并切实发挥作用。

(五)注重文化品牌建设的传播力,推动形成"一村一堂一品"的发展生态

利用新技术、新手段、新载体,加强对文化培育和品牌宣传,加大对村晚等文艺活动的技术支撑和指导,以短视频、H5、VR 等形式,引导更多群众主动参与到文化品牌创建中来,共同践行文明风尚、弘扬社会主义核心价值观,传播社会正能量。潜移默化、润物细无声地引导农民崇德向善,传承好传统乡土文化精髓,带动乡风文明积极健康发展。

第六章 治理有效是核心

推进乡村治理体系和治理能力现代化建设是实现乡村全面振兴、巩固党在农村执政基础、满足农民群众美好生活需要的必然要求。嘉善县从推进基层社会治理创新"两网融合",到"抓住人权事权改革,推动'四个平台'高效运行",到构建城乡一体化共建基层治理新格局,再到党建引领下的自治、法治、德治、智治相结合的乡村治理体系逐步建立健全,充满活力、和谐有序的善治乡村已然形成。农村基层党组织战斗堡垒作用进一步加强,农村移风易俗进一步深化,村规民约实现全覆盖,农村精神文明建设扎实开展,乡村治理效能不断提升,"地相近、人相亲、心相通、情相牵、邻里和睦、乡风文明"治理有效的乡土中国社会生态正在显现。

第一节 推进基层社会治理创新"两网融合"的实践

在创新社会治理方式提升基层社会治理能力的过程中,2016年之前,嘉善不断推进"网格化管理"与浙江省平安建设信息系统"两网融合",在社会治理现代化征程上迈出坚定步伐。

一、推进基层社会治理创新"两网融合"的迫切性

（一）"两网融合"是贯彻落实党中央决策部署的"应势之谋"

进入新时代，我国改革处于攻坚期和深水区，社会稳定进入风险期，发展正值转型期，维护国家安全和社会稳定的任务十分繁重，社会治理面临许多新情况、新问题。党中央提出了全面深化改革的总目标，在党的十八大提出推进国家治理体系和治理能力的现代化的基础上，党的十八届三中全会审议通过的《关于全面深化改革若干重大问题的决定》中具体提出改进社会治理方式的基本要求，指出"坚持源头治理，标本兼治、重在治本，以网格化管理、社会化服务为方向，健全基层综合服务管理平台，及时反映和协调人民群众各方面各层次利益诉求"。党的十八届四中全会审议通过的《关于全面推进依法治国若干重大问题的决定》中对于基层治理法治化的问题，又指出"全面推进依法治国，基础在基层，工作重点在基层"。因此，社会治理的重心在基层，把网格这张最基层的"有形的网"与平安信息系统这张"无形的网"融合起来，创新基层社会治理的崭新模式，无疑是贯彻落实党中央决策部署的需要。

（二）"两网融合"是顺应基层社会形态大变革的"应时之举"

人口结构的变化、人员集聚方式的改变，以及人民群众物质文化生活需求的日趋增长和个性化，导致社会形态的急剧变化和社会矛盾的日益高发和多样化，构成了社会治理创新的原动力。变化了的社会现实要求在社会治理的路径上，从一元主体单向治理向党委政府主导的多元主体共治的结构性变化。信息技术的高速发展、网络社会的高度发达，迫切需要引入社会治理新模式，并以信息化为引领，推动社会治理的现代化。特别是信息采集与预警，传统的"口口相传式"的排查防控方式显然已无法应对，时效性、灵敏度、完整性的严重不足，影响了社会治理的效能，特别是对群体性事件的及时有效处置，传统的模式已经力不从心。从改革发展的趋势来看，依托于大数据的云治理，是社会治理新模式的必然选择，而推进基层社会治理信息化"两网融合"，则是破题。

（三）"两网融合"是深化"网格化管理、组团式服务"工作的"应景之作"

"网格化管理、组团式服务"工作，是随着城镇化进程快速推进，在传统的社会管理模式难以适应经济社会的深刻变革的大背景下应运而生的。浙江省自 2007 年开始试点，2009 年全面推开。在社会管理和社会服务的各个领域发挥了一定作用，也迅速成为政府各部门基层管理模式改革的"时尚"。但是在新常态下如何深化"网格化管理、组团式服务"，如何突破"网格化管理"瓶颈？理论界与实务部门众说纷纭，也有诸多探索，而破冰的起点，选择在信息化支撑和强化网格功能上，即以"互联网＋网格"模式，依托省平安建设主干平台，统一网格、整合资源，使之在实践中发挥好效能。

二、推进"两网融合"阶段的主要做法及存在问题

2014 年 8 月，嘉善县按照省委省政府要求，启动基层社会治理"两网融合"建设工作，并确定干窑镇为试点镇。2015 年 3 月份县"两办"制定下发《关于推进基层社会治理信息化建设的实施方案》，"两网融合"工作在全县推开。同年底，县、镇（街道）两级信息指挥平台全部建成，813 个网格配备了 1014 部"平安通"移动终端，网上网下联动工作体系初步形成，"两网融合"工作已初见成效。

（一）调整网格，建立统一的基层社会治理单元

1. 调整网格

按照属地性、整体性、适度性原则，对全县各行政村、社区网格进行调整，把工业园区、新建成的农房集聚区等全部纳入网格管理范围，对不符合相关规定要求、不利于管理和工作开展的网格进行重新划定。经过调整，全县基层网格总量由原来的 798 个调整为 813 个（其中 29 个企业网格），每个网格至少配备 1 名网格长和 2 名网格员，全部实行 8 位数编码，为数字化管理网格奠定基础。

2. 全面整合

针对各部门基层网格多头划分、重叠交叉的混乱状况，进行全面整合，把

党建、综治、劳保、食药、民政、安监、消防等部门和行业的网格全部合一,形成统一的基层社会治理单元,为建立全县"一张网"的网格体系起好步、开好头。

（二）完善平台,搭建二级对接的信息指挥中心

1.建立县级指挥中心

设立县社会治理网格信息中心,由1名科级领导干部兼任中心主任,落实2名事业编制人员和固定办公场所,投入40万元配置信息管理专用设备,装修标准化指挥协调室和办公室。县"两办"发文明确,县网格信息中心作为社会治理信息化工作的日常办事机构,负责全县网格信息平台的运行管理、任务指派、交办督办、考核奖惩等工作,统一指挥全县"有线、无线、微信"等渠道采集信息上报后的分流、交办、督办等。中心平台还可以在县社会治安动态视频监控系统指挥平台和县重大决策社会稳定风险评估系统指挥平台之间即时切换,真正实现了资源共享、统一指挥、及时响应、有效处置。

2.建立镇（街道）级指挥平台

全县9个镇（街道）均出台了《关于推进基层社会治理信息化建设的实施意见》,并依托社会服务管理中心建立网格办公室,配备专用设备,落实1~2名专职工作人员;在各村（社区）落实专兼职人员,负责信息的收集、甄别、录入、流转、处置等工作,确保镇级综合指挥平台顺利运转。

（三）畅通渠道,规范三级流转的传递处置程序

为加大信息采集力度,实现信息来源更加快捷,在33个县级重点职能部门开通PC终端账号,打通201个镇（街道）基层站所信息渠道,全县配备"平安通"移动终端1014部,配备率达125％（省要求不低于网格数的30％）。由于信息采集队伍稳定,采集手段和渠道多样化,报送到浙江省平安建设信息系统的信息逐月增多,以刚开始的2015年3月至9月的数据为例（见图6-1）。

在此基础上,规范信息报送程序,加快信息传递处置。对网格员采集上报的信息,采取村（社区）、镇（街道）、县级部门三级分流办理的工作机制,形成信息报送交办和事件处理结果的双向互动反馈体系。第一级,"网格—村（社区）"流转处置机制,主要通过"道德评议团""村（居）务协商议事会""便民服务

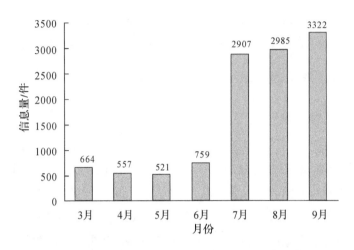

图 6-1　嘉善县 2015 年 3 月至 9 月上报信息统计情况

团"等自治组织化解村(社区)的一般矛盾纠纷信息;第二级,"网格—村(社区)—镇(街道)网格办—基层站所"流转处置机制,主要解决村(社区)层面有困难或权属镇(街道)层面的较大矛盾纠纷信息;第三级,"网格—村(社区)—镇(街道)—县网格信息中心—县级部门"流转处置机制,主要解决各镇(街道)层面无法处置或权属县级层面的重大矛盾纠纷信息(见图 6-2)。同时坚持流程与跟踪相结合,交办与督办相结合,凡流转交办或部门认领的事项,网格信息中心及时跟进,动态掌握受理、办理进度,加强检查督促,限期解决问题,让信息在最短的时间内流转到相应的部门处置,提高办事效率。

(四)健全制度,建立四个方面的系统工作机制

1. 以奖代补机制

县综治委出台社会治理有效信息采集上报奖励办法,明确信息采集的 5 大类 25 项重点内容,规范信息报送、流转处理、奖励标准等具体操作办法。县镇(街道)两级均设立了专项奖励资金,总计 200 万元。另外,各镇(街道)均结合实际制定了考核管理办法,明确了工作任务,提升了网格长和网格专职管理员信息录入的时效性和积极性。

2. 动态监管机制

建立"日提醒、周分析、月通报"工作制度,对全县信息平台的运行进行全

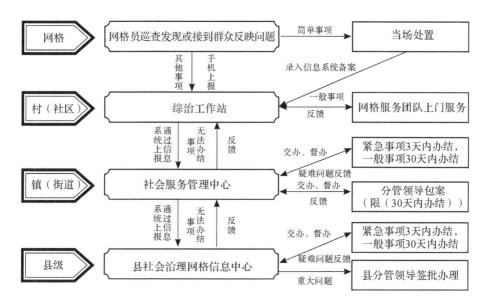

图 6-2　嘉善县社会治理网格信息处理工作流程

程监控、动态跟踪,即每日通过短信、QQ 群、微信群等途径,对各镇(街道)录入信息系统的隐患排查整改数、矛盾纠纷排查化解数以及不规范信息事件数进行通报;每周对矛盾纠纷、治安隐患等重点信息进行预警性分析并通报;每月电话抽查网格员工作开展情况并通报,每月分析统计系统信息录入情况,提出针对性工作建议,形成专题简报。

3.督查督办机制

实行时限等级三色挂牌,对存在录入事件信息滞后、更新动态缓慢的,根据时限不同,分别给予蓝牌、黄牌、红牌警告;实行事件等级三级督办,按一般个案、较大事件、重大事项等不同情况,分别由县网格信息中心、县综治办、县考评办督办。同时,出台基层社会治理信息化建设考核制度,纳入县对镇(街道)的综合考评;把网上受理、处理相关信息的工作情况作为县级重点责任部门平安综治工作考核的重要内容。

4.分析研判机制

以提高矛盾纠纷的一次性化解率为目标,县、镇(街道)两级定期进行网格信息汇总、分析、研判。在县级,县网格信息中心每月召集各镇(街道)和县级重点部门分管领导召开分析研判会,分析全县矛盾纠纷发生的趋势和动向,协调解决重大矛盾纠纷、突出治安安全问题及其他需要县级层面解决的工作事项。

以上四项机制及相关配套制度的实施,在矛盾纠纷类信息板块的调处化解方面效果明显,一次性就地化解率显著提升(见表6-1),从而确保了各类矛盾纠纷稳控在当地、化解在萌芽状态。

表 6-1　2015 年嘉善县矛盾纠纷化解率对比情况

时间	受理数/件	调处成功数/件	成功率/%
3 月	514	493	95.9
6 月	756	728	96.3
9 月	794	776	97.7

(五)基层社会治理信息化"两网融合"推进工作实践中存在的问题

嘉善县基层社会治理信息化"两网融合"推进工作进展快捷,取得了一定的成效,得到了省、市综治部门领导的好评。但在实践也暴露出一些问题,具体如下。

1.思想认识不到位

一些镇(街道)在实践中仍然"形式大于内容",未把推进"两网融合"作为基层社会治理创新的"实战"项目对待。表现在具体工作中,无论在信息采集上报,还是在事件流转处置上,均存在着基本信息录入不完整、信息质量不高、运转不畅、反馈不及时等问题,尤其是未能在实效上做足文章、下足功夫。一些县级职能部门协作配合的积极性不高,虽然在形式上已经做到共用一个网格,但依然各管各的责任田,未能做到信息资源共享共用,整合程度尚处于低端水平。这些问题的存在,归根结底是思想认识问题,反映出一些单位和部门在习惯思维的支配下,仍然把社会治理信息化"两网融合"作为贴上创新标签的宣传活动对待。

2.顶层设计不明确

基层社会治理"两网融合"的重要杠杆是建立"一张网"的网格体系,即以浙江省平安建设信息系统为骨干平台,整合公安、民政、社保、司法行政、卫生计生、安监、环保、食药、消防等部门要素资源,搭建信息前端采集统一平台,一次录入、多方共用共享,构建一张统一的基层社会治理网。但是,在基层实践中各条线的要素整合难度很大,非但如此,要形成共识还需假以时日。主要原因在于上级的顶层设计尚未做好,各条线的信息平台整合仍停留在意向性文件上,还没有具体的实施方案,也就谈不上具体整合了。

3. 信息采集水平尚待提高

网格长(员)是承担信息前端采集任务的基本力量,在"平安通"配备后,采集录入主要通过移动终端进行。如前所述,由于一些基层干部的思想认识不高,对网格长(员)的政治业务教育培训不够,部分网格长(员)存在着应付性完成任务指标的思想,所报信息的质与量均差强人意,且未能按要求对信息加以研判甄别后进行报送。比如,2015 年 1—8 月份(见图 6-3),网格长(员)采集录入的各类信息有 9488 件,其中民生服务类信息 5340 件,矛盾纠纷 2281 件,治安、安全隐患 1867 件,民生服务类信息占比达 56.28%,一些重大矛盾纠纷隐患则未被排摸出来,特别是在重大活动、敏感时期,对重点人员的动态信息排查不清楚、报送不及时,甚至压根不掌握不报送,使"两网融合"的实际效用大打折扣,影响了领导与群众对基层社会治理创新效果的正面评价。

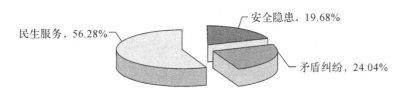

图 6-3　2015 年 1—8 月份嘉善县上报信息类型分布情况

三、以信息化为引领,打造基层社会治理"两网融合"的升级版

习近平总书记指出,"当今时代,以信息技术为核心的新一轮科技革命正在孕育兴起,互联网日益成为创新驱动发展的先导力量,深刻改变着人们的生

产生活,有力推动着社会发展。"①社会治理方式要主动适应新环境、新形势、新任务,要坚持信息化引领,构建纵向贯通、横向集成、共享同用的平安建设信息化综合平台,推动信息化成果转化为平安建设能力。"两网融合"是基层社会治理模式的创新之举,实践中面临着许多难题需要解决,还需要打造基层社会治理"两网融合"的升级版。

(一)加大统筹协调,推进信息资源一体化

推进社会治理信息化"两网融合",形成基层社会治理"一张网"体系,最大的挑战来自部门分割,各部门平台及力量的整合是需要突破的难点和重点,否则就无法消除信息孤岛,实现部门数据共享。为此,要在以下三方面加大统筹协调力度。

1.平台的整合

信息系统的整合对接是基础。尽管省综治委等十六个部门联合发布了构建全省"一张网"的通知,如果能够得以实现,既是制度创新,又解决了基层系统繁多、数据重复采集、浪费人力物力等问题,增强了管理的精准度,减少了基层的工作量,对于基层可谓"功德无量"。但当时各系统平台林立,单兵经营、各自为战的信息架构格局没有改变,且呈反向发展态势(因为各部门都在搞信息化创新)。没有平台的整合就不可能打破部门行业信息壁垒,因此,需要以"不整合平台交换数据就交换干部"的坚定决心,加快建立单一的共享交换平台。

2.人员的整合

各职能部门要放弃本本观念,破除利益藩篱,树立大局意识,把基层"七站八所"的安全员、专管员、协管员、调查员等整合成一支持续、稳定,职责可分可合的专职网格员队伍。

3.事权的整合

在平台整合的基础上,把各部门条线基层协辅人员的工作职能整合起来,

---

① 习近平纵论互联网[EB/OL].(2015-12-16)[2016-02-14].http://jhsjk.people.cn/article/27933800.

实行各类信息综合采集制度,逐步实现"多元合一"的信息采集模式,"下去一把抓、回来再分家",实现一人采集、各方共享的效果。

(二)着眼事件处理,健全网上网下联动工作体系

网上采集的目的是网下研判处置,中间环节就是县、镇(街道)两级信息系统平台的横向交办,即向各职能部门的交办。在前期工作实践中存在的主要问题是系统平台交办不力和受理部门不予办理,是相辅相成的两个问题。

1.交办要精准

首先有效交办的前提是规范流程;其次是权责明晰,按照"法定职责必须为"的标准向职能部门交(转)办;再者是部门的认同,部门的认同既是重点又是难点。不认同就谈不上联动,也就不可能按时办结受理案(事)件,这样的信息流转也就没有实际意义。

2.考核要严肃

制度建设要前行,但徒法不足以自行,还必须有监督制度执行的措施和方法,特别是科学严格的绩效评价。因此,很有必要把"两网融合"工作纳入基层目标管理综合考评,乃至镇(街道)、部门党政领导政绩考核。

3.处理要有效

"案结事了"是基本的评价标准。没有事件的有效处理,信息前端采集就没有任何意义,尤其是矛盾纠纷类信息,如果仅限于答复反馈、文书往来,就是费时费力的无效劳动。特别是随着信息采集渠道的进一步多样化,信息量将不断扩张增大,丰富的信息来源需要及时有效的"消化"。要全面提升事件办理和服务群众的综合效能,当务之急是建立事件处置的科学评价体系,推动实现网上网下良性互动,形成前端采集、网上交办、网下处置、联动应对的工作格局。

(三)强化要素保障,建立一支高素质的基层信息员队伍

1.人的要素保障

承担信息前端采集任务的网格长(员)的素养决定了信息取得与报送的数量和质量,但基层网格员普遍存在着村干部兼任多、文化水平低、工作兼职多

等情况。据统计,全县有99%的网格长由村(社区)干部担任,全县网格员中本科及以上学历占3.2%,大专学历占27.8%,高中及中专学历占38.0%,其余为初中及以下学历;年龄在20~40岁之间的占51.8%,在40~60岁之间的占42.0%,在60岁以上的占6.2%。总体而言,文化水平及年龄结构都需要调整,尤其是村干部兼任网格长,精力大受牵制。

2.制度要素保障

"网格化管理、组团式服务"工作推进多年,但网格和网格长的作用效果不显、群众认可度不高,原因有多方面,其中没有制度保障是重要原因。网格作为新的治理单元,按照文件定位是村(社区)以下的基本工作单元,但这样的身份没有法律制度认可的合法身份,实体地位不确定,自然也无法得到社会认可。因此,建议通过地方立法明确网格的法律地位,从制度上予以规范和保证,从而增强广大村(居)民对网格的认同感和归属感,从根本上提高网格和网格长作用的发挥。

3.财政经费保障

尽管建立了网格员信息采集"以奖代补"机制,但仅此项机制是无法保障一项社会治理创新项目的长期整体运行的,尤其与专职网格员队伍建设及工作正常开展所需经费保障相距甚远。有必要把"两网融合"项目列入县、镇(街道)两级财政预算,形成综合经费保障的长效机制。

第二节　抓住人权事权改革　推动"四个平台"高效运行

2015年9月以来,嘉善县按照省委、省政府基层治理体系"四个平台"建设的部署和要求,搭建框架、先行先试,取得了一定的成效,但传统的人权和事权管理方式,制约了"四个平台"的顺畅运行。2017年以来,嘉善县积极调整工作思路,抓住人权和事权改革牛鼻子,在依法依规前提下,突破传统管理模式,推动县级部门的职权、人员、资源向一线下沉,着力扫除体制机制障碍,推动"四个平台"高效顺畅运行。

一、突破传统人事管理模式，彻底下放人员，增强乡镇刚性调控力

把强化乡镇对派驻机构人员的属地管理和刚性调控作为"四个平台"建设最关键的基础工作，通过人员管理、考核、任免权的彻底下放，让派驻机构人员与乡镇干部的力量集聚起来，有效提升执行力和战斗力。

（一）确定纳入镇（街道）管理范围

在不改变行政隶属关系和不改变人事关系前提下，将综合行政执法中队（分局）、国土资源所、市场监督管理所（分局）、司法所、环境保护所、畜牧兽医站（动物监督分所）、质监所等7个县级部门派驻机构纳入镇（街道）管理范围，同时下放723人由属地管理，其中编内283人，编外440人。根据工作需要，今后还将进一步增加派驻机构人员数量，不断推进力量向一线下沉。

（二）明确享受乡镇经济待遇

派驻人员除了人事关系继续保留原单位，工资关系、党（团）员组织关系等一切关系全部转入属地镇（街道）管理，享受属地镇（街道）的工资、津补贴、考核奖及各类福利待遇。县财政调减原单位部门预算，同时调整属地镇（街道）财政预算指标，考核性奖励所需资金由属地镇（街道）财政承担。属地管理后，派驻人员与镇（街道）干部"同吃一锅饭"，经济待遇普遍提高。

（三）考核任免由乡镇主导

县级部门驻镇（街道）机构正副职负责人的任用由属地镇（街道）党委书面提出建议人选，县级部门按程序任免。派驻机构主要负责人不服从、不配合镇（街道）工作，影响工作正常开展或造成较大工作失误的，镇（街道）可书面建议县级主管部门对其撤职或调离，县级主管部门向镇（街道）反馈处理结果。同时，派驻人员的考核工作由属地镇（街道）党委政府负责，根据工作表现确定考核等次。

二、突破传统执法管理模式,彻底下沉权力,推动乡镇责权一致

市场监管、综合执法、国土资源等重要执法部门的派驻机构已经在全县各镇(街道)实现全覆盖,为推动执法更加高效,在不改变行政执法主体的前提下,积极创新派驻机构行政执法管理方式。

(一)执法权能放尽放

赋予派驻执法机构对违法案件有更大直接处理职权,要求部门权力清单中80%以上的权限由派驻机构直接处理。相关部门的执法权力下沉清单梳理确定后,由县政府发文公布,2017年7月1日起正式实施。5个部门共下沉执法权1395项,下沉执法权达到92.7%,其中综合行政执法局654项,市场监管局465项,国土资源局64项,农经局41项,环保局171项。

(二)执法工作流程重构再造

县级有关部门不再对纳入“四个平台”属地管理的执法事项行使法制审核、组织集体会审、单位负责人签批等职权,除派驻机构有权以自己名义直接对外作出执法决定的,涉及权力下沉的一般执法事项内部流程调整为派驻机构承办人意见→派驻机构法制员审核意见→派驻机构主要负责人意见→属地镇(街道)法制室复审意见→属地镇政府(街道办事处)主要负责人审批意见。发生错案与执法过错责任追究情形的,按上述流程的签署意见人进行倒查。

(三)基层法制工作做实做深

按照一线执法实战机构的定位和机构、人员、场所、经费、职责、制度“六到位”的标准,设立镇(街道)法制室,与党政办合署办公。法制室设专职副主任1名,由熟悉法律、执法事务协调处理能力较强的同志担任,并配备1~3名法制员,从派驻执法机构择优选配。明确1名班子成员分管法制工作,兼任法制室主任。

三、突破传统条块分割管理模式，强化乡镇主体责任，推动部门围绕主体转

权力不能一放了之。通过县级考核指挥棒把部门和镇（街道）的工作捆绑在一起，倒逼部门转理念、转方式、转作风，把工作重心转移到业务培训、工作指导、执法监督等工作上来，切实围绕主体转。

（一）捆绑考核强责任

优化法治工作考核内容和方式，强化对镇（街道）的考核，并与部门捆绑在一起，比如，因履行属地管理的执法事项职责而发生有关考核扣分情形的，原则上对所在镇（街道）实行全扣分，对相应的县级执法部门按一定系数给予扣分；县级执法部门能提供本部门已履职到位的充分理据的，可豁免扣分。

（二）围绕主体强服务

县法制办牵头相关部门为镇（街道）法制室建设提供专业指导，经常性下基层开展调研，紧贴执法实践提供及时、高效的服务，研究解决执法一线遇到的法律问题。对于重大或复杂案件需组织集体会审的，由属地镇（街道）分管负责人召集有关人员进行集体讨论决定，县级主管部门必须派员参加。对符合适用听证程序的案件，仍由县级执法部门负责组织举行。引起行政复议或行政诉讼的，由属地镇（街道）负责组织复议答复、应诉答辩，相应的县级执法部门给予具体指导，并依法落实本部门负责人出庭应诉。

（三）统筹管理强监督

对纳入属地管理执法事项中县级部门仍然有管辖权的几种情形予以明确，比如涉及跨镇（街道）或全县性的执法事项，由县级执法部门直接管辖处理。加强对派驻机构行使权力的工作监督，通过明察暗访、案件评查、驻点指导、核查案卷等形式开展执法巡查，必要时可以要求有关镇（街道）就重大执法问题说明情况，提出改进意见，让镇（街道）在依法行政的前提下灵活运用权力。

第三节　加快城乡一体化　共建基层治理新格局

党的十九届四中全会提出,要构建"党委领导、政府负责、民主协商、社会协同、公众参与、法治保障、科技支撑"的社会治理新格局,嘉善县全面落实党的十九届四中全会精神,把加强党建引领作为提升基层社会治理能力的根本路径,积极探索矛盾纠纷调处"最多跑一地"、社会治理全科网格、基层治理"四个平台"、数字化智慧治理等创新举措,全面提升县域社会治理社会化、法治化、智能化、专业化水平,在加强和创新基层社会治理,特别是在新冠疫情的防控中发挥了重要作用。

一、推进社会治理领域"最多跑一地"

牢固树立以人民为中心的发展思想,坚持党委领导、政府负责,将"最多跑一地"理念和方法向社会治理领域延伸,整合行政、司法、社会等各种资源,设立县社会治理综合指挥服务中心,把信访接待、法律咨询援助、调解、仲裁、诉讼、心理疏导等社会矛盾纠纷化解多元平台集于一体,实现矛盾纠纷调处"只进一扇门""最多跑一地",构建县镇村三级联动、协同高效、全域治理的共建共治共享社会治理新格局。

二、创新社会治理全科网格

以"网格化管理、组团式服务"为基础,依托镇(街道)、村(社区),合理划分基础网格单元,将综治、组织、食安、生态等部门原有网格资源整合成"一张网",打造"信息收集全、职能发挥全、业务能力全"的"全科网格"队伍,推动社会治理从分散向集中、从粗放向精细转变。比如,在新冠疫情防控中,将全县网格进行再优化,细分一万多个微网格,形成"镇(街道)—村(社区)—网格—村民小组(社区)—微网格(党员中心户)"五级防控体系,实现农村一长联十户、城市一长联一楼,推动社会治理更加精准高效。

三、推动基层治理"四个平台"下沉

深化综治工作、市场监管、综合执法、便民服务"四个平台"建设,通过打破编制身份束缚、打破层级管理束缚、建立基层法制机构、建立捆绑责任机制,完善派驻机构属地管理,推动社会治理执法权限、人员力量向基层一线下沉,有效提升基层社会治理统筹协调解决问题的能力。这些力量在新冠疫情防控中得到有效发挥,专门成立基层综合执法组,深化联合执法防控,切实把牢交通卡点、村居社居、企业单位"三道门户"。

四、创新科技赋能精准治理

综合运用大数据分析排查等现代科技手段,发挥"智治"支撑作用,深入实施"雪亮工程""智安小区""智安街道"建设,把科技优势转化为治理效能,提升精准治理水平。"智安小区"建设获全国创新社会治理优秀案例,在此基础上,2020年又将"健康码"嵌入指挥云平台,创新研发了"智安小区"疫情防控系统,有效推动"一图一码一指数"精密智控,确保"管住重点人,方便健康人"。

五、共建社会治理共同体

建设"人人有责、人人尽责、人人享有"的社会治理共同体,是社会治理的重大制度创新。嘉善注重把党的政治优势和组织优势转化为基层社会治理优势,引导社会组织、群团组织、广大群众广泛参与社会治理,全面提升公众参与社会治理的主体意识。通过新冠疫情联防联控,更加凸显社会各界、广大群众是基层社会治理中不可替代的重要力量。

(一)发挥党组织在社会治理中的核心作用

坚持党建统领基层社会治理,按照"支部建在网格上、党员服务网格中"的要求,创新实施"村(社区)党组织＋网格党支部＋党员先锋站＋党员中心户"基层网格党建,深化"善城大爱"城市党建品牌,建立"四方红色联盟""党员楼道长"等制度,党群服务中心实现全县覆盖,构建起县、镇(街道)、村(社区)、党员"四级联动"的10分钟党群服务网络体系。在新冠疫情防控中,各级党组织

第一时间构建科学的防疫组织体系,全县1800多个基层党组织、2.7万多名党员在一线践行初心使命,充分发挥了党组织、党员在社会治理中的战斗堡垒作用和先锋模范作用。

(二)发挥群团组织和统一战线优势作用

坚持在党委的统一领导下推进群团组织和统一战线工作,以党建带群建,深化群团组织改革,创新推进工会"打造优秀工匠助力二次创业"、团委"志愿汇"平台、妇联"妇女微家"、科协发挥"三长"作用等实践举措,依托统一战线资源优势、人脉优势、智力优势,以实施"同心工程"为主抓手,凝聚党内党外合力,整合上下统战资源,探索开展统一战线民主协商议事、新乡贤等工作,充分发挥群团组织和统一战线在社会治理中的桥梁纽带作用,带动社会各界合力参与社会治理。

(三)调动基层群众自治的积极性和主动性

完善自治组织、丰富自治形式、扩大自治参与,健全村民代表联系农户、重大事项决策"五议两公开"等制度,实行村务公约、村务公决、村级民主听证会,修订完善村规民约、社区公约,变"为民作主"为"由民作主"。积极搭建乡贤集聚平台,建立重大决策事项征求乡贤意见建议等制度,让乡贤在公共事务决策、公序良俗关系协调等基层社会治理中发挥作用。

(四)调动社会组织积极参与社会治理

社会组织在县域社会治理中有其独特优势和作用。近年来,嘉善大力实施社会组织"双孵化、双提升"工程,构建县、镇(街道)、村(社区)三级社会组织培育网络,创新运用社会组织"公益地图""互联网+"等方式,引导和规范社会组织参与社会治理,成为社会治理的重要力量,新冠疫情防控中,全县400多家社会组织积极响应号召,开展捐资捐物、志愿服务、一线值守、支援湖北等活动,发挥了重要作用。

第四节　建设"四治融合"治理体系

党的十九大报告明确提出："加强农村基层基础工作,健全自治、法治、德治相结合的乡村治理体系。"嘉善县在村(社区)"三治融合"全覆盖的基础上[有 103 个村社获得市级"三治融合"示范村(社区)称号],坚持自治为基、法治为本、德治为先、智治为媒,推动"四治融合",共同发力,充分发挥百姓议事会、乡贤参事会、道德评判团在村(社区)治理中的作用,大力探索创新社会综合治理新模式,打造共建共治共享的社会治理新格局,不断书写共建共治共享的嘉善"善治"新篇章。

一、坚持党建引领,夯实自治基础

(一)以加强基层组织建设

强化基层党组织的领导核心作用,大力实施"领军人才"和"星育成才"工程,全面加强村(社区)党员干部队伍建设,不断提升领导城乡治理的能力和水平。全力打造"五善社区"实验品牌,形成"善治社区"标准体系,经验、做法获得省里肯定并推广,6 个村的自治案例入选浙江社区治理的创新蓝皮书及嘉兴实践选编。

(二)完善民主管理制度

全面加强村级民主管理,规范"5＋2"村级组织制度,实行重大事项决策"五议两公开"制度,达到民主管理规范化建设标准。创新打造"嘉和善治"品牌,在全省率先开展城乡社区协商试点,形成公共事务、为民服务、公益事业等协商事项清单 10 大类 55 项,实现社区协商议事会全覆盖。天凝镇洪溪村 2021 年入选全国村级议事协商创新实验试点单位。注重发挥自治章程、村规民约、社区公约作用,引导村(社区)建立"红色业委会""大妈环境卫生督导队"等群众自治组织参与基层治理,实现民事民议、民事民管。

（三）健全网格治理机制

抓实"一体两翼三基四联"工作模式，形成了"街道—村（社）—网格—小区（自然村）—微网格（中心户）"五级联动的基层治理机制，17971名党员、4181名"三官三师"亮化身份，微家园实现党员联户连心全覆盖，全面织密党群"连心网"。

二、坚持依法治理，强化法治保障

（一）强化宣传教育

围绕镇、村中心工作，以"七五"普法为抓手，成立法律法规讲师团，把普法教育与新农村建设紧密结合，针对农村管理中难点问题、热点领域，建设法治文化阵地，通过村（社区）法治学校、普法长廊、普法文化墙、普法宣传栏、文化广场、平安主题公园普法阵地扩普法范围，依托普法讲师团、法治村村行、普法讲座等载体，加强常态化普法宣传教育，开展普法活动，大力营造办事依法、遇事找法、维权靠法的良好法治氛围。

（二）强化法制服务

深入开展民主法治村（社区）、"无讼"村（社区）创建活动，高水平建成公共法律服务站、推进村（社区）公共法律服务点建设，配备专职人员从事法律援助工作，完善法律援助网络体系，深化法律援助"最多跑一次"改革。依托人民调解委员会和平安志愿者力量，展开矛盾纠纷大排查大化解活动。通过开展"一村一法律顾问"实现村（社区）聘请法律顾问全覆盖。涌现出姚庄镇横港村等一大批村民自治制度完善、法治氛围浓厚的民主法治带头村。

（三）强化规范执法

整合综合执法、公安、消防等部门和街道、社区力量，组建联勤执法队伍，探索建立联勤共管机制、网格管理机制、快速处置机制，打通执法"最后一公里"，实现了问题第一时间发现、违法行为第一时间查处，及时处理室外无照经营、公共区域堆放物品等问题。

三、坚持以文化人，推动德治教化

（一）以文明汇聚人心

围绕社会主义核心价值体系，大力推进社会公德、职业道德、家庭美德、个人品德建设，在全社会形成普遍认同的道德标准和价值尺度，营造崇德向善、诚信友爱的良好社会风尚。以"万家文明风"品牌为统领，深入开展"好好学习、天天向善、周周月月、日日年年、心心相印"等主题新时代文明实践活动，全面开展村（社区）星级文明户、新时代文明实践示范户评创。江南社区志愿服务站获评全国社区学雷锋志愿服务联络工作示范站称号，开展各类志愿服务活动，五星文明户评比。

（二）以阵地凝聚人心

依托文化礼堂，突出"文化礼堂、精神家园"的定位，广泛开展教育教化、家风家德、礼仪礼节、文化文艺等活动，以文化人、以文亲民。打造"善美和合""爱在江南"等一村（社）一品的人文品牌。常态开展"善美家庭""好媳妇""道德模范""寻找最美身边人——嘉善好人"等典型选树活动，利用道德评判团、"红黑榜"等载体，以道德评议和社会舆论的力量，革除陋习，改进民风，推进移风易俗。表彰符森等5位县级道德模范和"善爱无疆，援鄂抗疫"等善事，王建强入选"中国好人"，潘骏等3人入选"浙江好人"，王正秀入选市级道德模范。用身边榜样引领乡风文明，让崇德向善、见贤思齐深入人心，凝聚基层德治正能量。

（三）以活动常聚人心

常态化开展"送文化、种文化、赛文化"和"我们的村晚、我们的节日"等系列活动，搭建百姓文化娱乐舞台。深入开展以"百名文艺骨干联基层、百场文艺演出进基层"为内容的文化"双百"活动，开展各类基层自办和选送文体活动，弘扬时代主旋律，传播党政好声音。开展民俗礼仪、文艺展演、宣传宣讲活动3000多场次，近20万人次参与。

四、坚持精准治理，实现高效智治

（一）发挥智治便民功能

推动"共享法庭"融入县域社会治理"141"体系，协同全科网格治理机制，把调解指导、纠纷化解、线上诉讼、普法宣传等服务送到群众家门口，打造一站式诉讼服务、一站式多元化解、一站式基层治理的最小支点，把"共享法庭"打造成"四治融合"的基本单元。

（二）发挥智治善政功能

高起点建设数字信息枢纽，罗星街道全面整合智安小区、企房云管家、垃圾分类等系统平台，建立了"公共安全、经济服务、民生服务、综合治理、基层党建"五大类数据系统，初步实现经济服务、社会管理、民生服务和政务建设信息化。

（三）发挥智治惠民功能

创新运用"互联网＋"技术打造"三朵云"品牌建设，即"云访室""云网格""云管家"，实现化解常态化、治理联动化、管控动态化。打造全省首个农村文化礼堂数字化项目数据系统试点，开展系统运行操作专题培训，依托全县115家文化礼堂大数据平台，实现内容供给智慧高效、服务形态丰富多样。

第五节　以文化人实现村域善治的洪溪模式

嘉善天凝镇洪溪村位于天凝镇东部，是原洪溪集镇所在地，全村共1.38平方公里，地理位置优越，水陆交通便利。洪溪村下辖7个自然村，18个村民小组，共565户，常住人口1698人，新居民1310人。现有党员60多人，村民代表43人。2017年荣获中国最美村镇五十强、2018嘉善县洪溪村荣获中国最美村镇大奖——"治理有效奖"，"全国民主法治示范村""全国妇联基层组织建设示范村""全国乡村治理示范村""浙江省全面小康建设示范村""农村基层党风廉政建设示范村""浙江省文化示范村""浙江省城乡居民社会养老保险经办管理服务省级示范点";浙江省文化礼堂排舞金奖、嘉兴市社区治理服务创新优秀奖等称号,"重大村务决策公决"和"文化活动创造文明幸福生活"入选"中国全面小康十大民生决策"。"辣妈宝贝"和篮球队是洪溪村的两张金名片。

从昔日上访不断的"问题村"蝶变为如今乡风文明的"幸福村",这是用文化力量筑牢人心纽带,用实际行动深化法治、德治、自治"三治"融合,实现小乡村的大振兴。

一、党建引领,选优配强班子是关键

2003 年 9 月,为了切实选出代表民意、能带领群众创业致富的村党支部书记,通过走访村里的党员、群众,并召开座谈会充分听取党员群众意见后,镇党委决定在洪溪村实行嘉善县首次村党组织书记的无候选人直选。在无记名投票中,参加会议的 29 名党员中,有 25 票选举熟悉村情民意,在村里担任了10 多年妇女主任的陈俐勤为村支部书记,至此洪溪村民主选举拉开了帷幕。同时镇党委又对群众反响较差的个别村干部,通过相关工作程序,劝其退出村干部工作岗位。对其他村干部采取谈心谈话、帮助教育等方式提高工作责任心,从而在根本上解决了村两委班子问题。

面对这样一个烂摊子,陈书记认为:村班子四分五裂,党员和群众人心聚不到一块儿,要解决洪溪的发展问题,只能依靠村里党员户,所以她上任后挨家挨户地上门走访交流,尽全力把全村党员"拧成一股绳",凝心聚力谋发展,齐心协力促和谐。2004 年开始进行村庄环境整治,为了改变村民对党员的看法,发挥党员的先锋模范作用,在村书记的带领下,村里广大党员总是出现在环境最糟糕的卫生死角,不嫌脏不怕累冲锋在第一线,此举极大改变了村民对党员的不良看法,也赢得了党群关系的改善。同年,洪溪村要置换高浜自然村20 多亩的宅基地,广大党员又是冒风雪,顶严寒,不分昼夜地泡在农户家中,对接、测绘等工作全部亲力亲为,最终为村里带来 20 多万元的土地复耕补偿款,这也是新任书记上任后为村集体挣到的"第一桶金"。

洪溪村把基层党组织建设放在建立健全现代乡村社会治理体制的首位,通过全村党员的共同努力,改善党群关系,党组织的威信逐渐树立起来,凝聚力逐渐显露。充分发挥了基层党组织的战斗堡垒作用和党员先锋模范作用,有力规避了乡村治理中的弱化、虚化、散化等问题,使乡村善治有了灵魂,引领乡村各项工作打开新局面。

二、自治管理,激发村民参与管理活力[①]

(一)还权于民,从"对着干"到"帮着干"

凡是涉及村民切身利益的重大事项,无论是道路修筑,还是环境整治,均采取"村务公决",即遇事先经过户长会议,充分听取村民意见和建议,再由党员、村民代表会议,形成征求意见表,最终交由每家每户签字表决,在得到大部分村民同意后,才开始实施相应的工程。这就是洪溪村总结出的村务公决"八步工作法":公决事项酝酿、公决事项论证、提出公决草案、合法性审查、完善公决方案、组织村务公决、决议实施及监督、实施结果公布。十几年来,洪溪村通过这样的方式,顺利地实施 29 项民生事项,真正实现从"为民作主"到"由民做主"的转变。2006 年以后,村里再无 1 例群体性上访事件。

(二)还治于民,从"网格化管理"到"小社微治理"

早在 2009 年,洪溪村就在全县开创"五户"评创制度,以小社为单位,开展互评互比,形成良好的自治氛围。近些年,洪溪村更以"网格化管理组团式服务"为依托,不断夯实网格化管理基础,并将网格细分至村民小社。不管是安装宣传大屏,还是污水管网维修工程等,洪溪村充分利用小社长的重要作用,稳妥实现"小社微治理"。

(三)搭建平台,从"传统渠道"到"互联网+"

近年来,洪溪村深化搭建"红色 E 家园"微信平台,不仅实现党员教育的"微模式",更开启了民生信息的重要"窗口"。洪溪村"红色 E 家园"已有 40 余名党员,近 230 名群众,从基础设施损坏到邻里矛盾纠纷等各类突发事件,都能通过这一微信平台实现及时知悉、处置。

---

① 　选自"三治融合"实现村域善治的洪溪样本。

三、法治引领,提升村民明辨是非能力

(一)学法懂法夯实法治基础

依法治村,必须学法懂法。近年来,洪溪村深知依法治村的深刻内涵,定期邀请法律知识专业人士围绕人民调解法、婚姻法、土地承包法等与基层群众息息相关的法律法规开展法治培训,切实增强村干部、网格员、小社长的法治观念,提高法治意识,提升依法治村能力。

(二)聘请顾问营造法治氛围

洪溪村以"法律顾问"为依托,以公开招标为抓手,以纪检监察为指导,不仅实现村规民约制订和合同协议签订时的"全身法律体检",村民也习惯遇事向法律顾问咨询。目前,洪溪村村民碰到纠纷,不但会到村里咨询法律顾问,而且遇到自身利益与村务开展有冲突时,由于有了信任底线,村民不再较之前大吵大闹,而是有商有量,积极营造干部群众依法办事的良好氛围。

(三)依法办事守住法治底线

依法实行民主选举、民主协商、民主决策、民主管理、民主监督,用法治守住底线,把权力关进法治的笼子。洪溪村针对村民比较关注的热点事项,如村级重大工程,统一实行村务公决、公开招投标,并请村监会全程参与、监督,既保证工程质量,又增强村级组织的公信力。

四、德治教化,厚植村民同心协力土壤

(一)组织关怀,根植道德基础

德治是乡村治理的"春风细雨"。十余年来,洪溪村通过弘扬善文化,不断向村民释放"暖意",无论是重症病人,还是普通老人,都会感受到村级组织送去的关怀。针对村里的困难群众,村干部会及时送去救助金、安排公益性岗位,为他们"遮风挡雨",面对老人节日、生日,村里会赠送蛋糕、举办生日宴,为他们送去关爱。村级组织的点滴关怀不仅令村民感受温暖,更让小乡村情暖温馨。

（二）文化凝聚，打造道德名片

一个村要发展，首先要稳定，社会的稳定，关键是人心稳定，要拉近村民与村民、村民与村干部之间的距离。当时为了改变村里的现状，村两委班子确实动了不少脑筋，如以特色体育项目篮球为重点活动载体，动员全村村民参与文化活动，以活动来聚人心、稳人心。2005年，重组了篮球队，随后组建了多支文体队伍，把以前几名积极参与上访者和平时喜欢抛头露面妇女邀请到文艺队来。多支文体队伍组建以后，经常开展各类活动，营造欢乐和谐的氛围。篮球队重组以来，天天有练、月月有赛，特别是2007年农民"种文化"百村赛的村级擂台赛，短短半个月的6场精彩的篮球赛，共吸收观众1.5万人次，每个比赛的晚上全村村民扶老携幼，呼朋唤友，连外村、外镇的村民和附近的外来务工者都沉浸在看球的欢乐氛围中，镇上的舞厅、茶馆都早早关门，连老板都跑到球场看球赛。这就像一个热闹的节庆，这样的场景在以后的每年都会出现。文化凝聚人心，洪溪村通过文化活动的开展，增进了村民间的感情，顺畅了村务的开展。20多支文体队伍，每年要组织100余次各类文体活动，每年举办农民文化体育节。文化活动的开展，使村民的心拉近了，村民间关系更和谐了，社会风气得到了明显改善，让一个不到1700人的小村庄人心齐、人心聚。同时打造了"洪溪篮球"和"辣妈宝贝"两张道德名片，"辣妈宝贝"先后在央视、东方卫视亮相，并跳出国门，在西班牙等国际民间艺术节上展示风采，成为国内极具知名度的乡村文化品牌。昔日"上访带头人"成为了文艺骨干、"和事佬"，让矛盾化解在基层，让人心凝聚在乡村。通过"三会一课"、党员活动日、共享书屋等载体，宣扬"爱国主义、社会公德、家庭道德、传统美德"等内容，以点带面来培育农村文明家庭新风尚，切实提高村民鉴别是非、美丑、荣耻的能力，让文明乡风幻化成村民的自觉行为。

（三）"五户"评创，树立道德模范

为改善脏乱差的环境，洪溪村开展全域美丽乡村建设，高浜自然村成功创建3A级景区村庄。营造美丽容易、持久美丽不易。洪溪村把美丽建设和村民文明指数提升紧密结合，通过开展"五户"评创无限放大村民言行"闪光点"，巩固树立村民言行"好榜样"。2009年制定"五户"评创办法，每年开展尊老爱幼户、邻里和睦户、热心公益户、卫生清洁户、创业致富户"五户"评创活动。以社为单位进行自评、互评,对评出的家庭进行表彰,建立起美丽文明的长效管理机制。评创结果通过村内6个户外大屏进行轮流展播,增强获奖家庭的存在感,树立道德模范,激扬淳朴乡风。全体村民主动参与美丽乡村建设的意识大大提高,绿色生态发展理念在无形中已经全面融入村民共建美丽、共享美丽的自觉行动中。

文化活动已经实实在在地融入农民的生活和行为方式之中,成为建设新农村,培育新农民的一个重要载体,增进了党员干部与村民之间,村民与村民之间的感情,干群关系和谐了,邻里纠纷大大减少了,社会风气得到了明显改善,使村里其他各项工作开展起来更加顺利。如2010年10月,因天凝镇两新工程建设的需要,在洪溪村征用230亩土地,村里花了短短2个星期的时间,就与47户农户全部签订了征田协议,堪称飞速,这彰显文化促和谐的力量。同时,一份集体荣誉感和责任感,使大家形成了新的凝聚力,心情愉悦的村民集中精力发展经济,村集体经济收入快速增加,从2004年村可支配收入不足30万元到现在的800多万元。农民人均收入从不足8000元到超40000元,将一个昔日的经济弱村转为发展富裕村。集体经济壮大了,为群众办好事、做实事的实力更强了,就更增强了村民的凝聚力。

第六节　以生态引领乡村有效治理的横港模式

横港村位于嘉善县姚庄镇中部,总面积2.1平方公里,共有3个自然村,418户1660多人,其中党员60多名。2015年以前,横港村是一个地道的软弱落后村,戴了三顶"帽子":一是"贫困边缘村"的帽子,村级集体经济十分薄弱。全村年集体经济稳定性收入不足30万元,长期处于入不敷出的状态,根本无力办更多的村级公益事业。二是"全镇第二大生猪养殖村"的帽子,生态环境比较脆弱。横港村猪舍面积达到6万多平方米,生猪存栏达到2万余头。全村生猪无序养殖的情况较为突出,养殖污染较为严重。三是"九年调整三任书记"的涣散村帽子,干部队伍相对软弱。几年前村书记调整时,村班子队伍一度面临青黄不接、无人可用的局面,村党组织的战斗力和凝聚力不强。

但是,近几年来横港村在上级组织的大力支持下,以党建为引领,充分发挥村党支部的核心作用、党员的先锋带头作用和群众的主体作用,大力发展生态产业、提升生态基础设施,积极探索"党群联动、户比互评"环境卫生长效治理等机制,全面推动生态建设,走出了一条薄弱村蜕变的有效路径。

一、抓好机制设计强引领

立足横港村实际,打造并形成了"一网三制三评"特色工作机制,引领生态建设逐步深入。

(一)设计一张生态网

依托基层网格治理体系,全面开展党员服务和生态"一句话"承诺,按网格设置"一长五岗"由党员认领亮牌,组建"微心愿"圆梦、美丽乡村巡护和生态电商示范三支党员生态服务队,形成了一张党员生态责任网,使每名党员都有一块责任田。

(二)设计三项机制

积极探索"党群联动、户比互评"环境卫生长效治理机制和农村垃圾分类党员"双联"机制,大力推行"五彩"志愿服务,形成了党员带着群众抓环境卫生、党员带动群众学垃圾分类、党员带领群众做志愿服务的三项党群人人参与的工作机制。

(三)抓好生态工作成效"三评"

落实上级考核和群众打分结合评村干部、与先锋指数挂钩评党员、突出家庭环境卫生评农户。切实做到让党员做给群众看、带着群众干,做好"党群联动、共创美好生活"的文章。

二、加强党群联动抓评比

大力推动党员带头、群众参与的党群联动生态建设评比机制建设和落实,推动农村生态建设常态长效。

（一）看

经常性组织党员村民到先进地区学习。比如,组织村党员干部和村民到嘉善三里桥村、银水庙村、浦江县、海宁市长啸村、平湖市三叉河村等地学习治水、垃圾分类、美丽乡村建设等先进做法。通过让村民实地感受,既有利于改变一些农民长期养成的不良环卫习惯,帮助大家找准环境治理的差距和努力方向,又有利于增强村民对家园保洁美化的认同感和责任感,生态建设和环境卫生评比得到广大村民更广泛的认可、支持和参与。

（二）商

由村党组织牵头组建以党员、"三小组长"、村监会成员为主的生态建设评比统筹小组,并商量提出"房前屋后整洁美观""畜禽养殖有序环保""生态保护人人参与""绿化设施共同维护"等4个方面共17条通俗实用的生态评比标准。这一标准经村户长会议讨论通过,全体户长签字承诺,成为全村共同遵守的行为准则。明确评比程序,每月不定期轮流开展评比,一年内每户党员和农户都能参加一次评比,切实做到"我评人人、人人评我"。

（三）治

坚持集中治和长效治相结合,积极发动全村群众开展集中整治行动,党员带头,村民参与,志愿者助力,彻底整治"脏乱差"。2017年累计发动党员群众1300余人次,拆除违章建筑3.3万平方米。在此基础上,通过"户比互评"促进长效治,既要求党员户带头打造示范样板,又创新实施党员联户制度,按照就近原则,要求1名党员联系10户农户,并把联系户环卫评比、垃圾分类结果与党员户进行挂钩,做到党员干部走在前、广大群众齐参与。

（四）比

每月由统筹小组随机确定评比时间,由联合评比组,对全村所有农户以百分制的方式进行打分评比、拍照留档,并按照一定比例评出先进户、良好户、合格户和需提高户。同时,实施"评创结果大公示",在村显眼位置制作公示牌,每月及时公布评比情况,并由党员向每户发放评比结果,促使"后进户"向"先进户"学习,努力整改、提升质量。该村正在为每户统一制作评比公示牌,届时将挂在各户门口,公示评比结果,进一步激励先进、鞭策后进。

（五）议

专门打造党员先锋站,并在站内设立生态环境评比的议事堂,实行党群议事公开机制,要求联合评比组完成打分后,在先锋站集合、汇总、评优,并由带队的党员主持议事流程,包括宣布结果、点评先进、指出不足等,真正将"户比互评"置于广大村民的监督之下,好坏大家一起议,以浓厚的舆论氛围引导广大村民自觉维护住所和村庄的环境卫生。

（六）督

综合采用县镇村分级督查、党员志愿服务队实时督查等方式,加强全村环境卫生"无死角"监督。县里每月开展环境督查;镇里的联村干部每月重点检查整治工作是否到位、评比工作是否严格执行等情况,存在工作开展不力的,对村书记进行约谈;村里组建党员志愿服务队,不定期开展巡逻维护、文明劝导、监督检查等服务,每名队员除做好所辖片区的巡护工作,还要对其他片区的"五水共治"、拆违等工作进行不定期督查,并将监督结果及时向统筹小组进行反馈。已有20多处不达标区域得到限期整改。

（七）奖

落实分层分类奖惩措施,每月评出环境综合整治"先进"户,奖励花木植物或印有环境卫生宣传口号的脸盆、餐巾纸等;每年评出环境综合整治"优美"户,在年底召开"优美庭院"表彰大会。对党员户和村干部户提出更高要求,评比成绩不佳的党员还要影响年度党员先锋指数考核成绩,年度也不作为各类先进的推荐对象。另外,明确对生猪养殖、违章搭建彩钢棚等行为,严格实行评优"一票否决"。

经过多年努力,2017年横港村全村工农业总收入超12594万元,农民人均收入达到33000元,村级集体固定性收入107万元左右。先后获得省级信用村、市级文明村、市级卫生村、县级民主法治村、县级三无达标村等荣誉。

第七节 "生态绿色加油站"赋能乡村治理的姚庄模式

2019年来,姚庄镇贯彻落实长三角区域生态绿色一体化发展国家战略要求,在全镇18个村近万户农户中,推行"三治积分＋金融赋能＋生态绿色加油站"模式,构建起激励引导村民齐心为生态绿色"加油出力"的乡村治理长效机制,在局部区域、关键环节上探索实践生态绿色发展之路。

一、紧扣生态绿色目标,丰富"三治"积分内容

各村党组织围绕政治上民主、环境上生态、追求上绿色的要求,以"三治"为纽带,因村制宜丰富积分内容。

(一)丰富自治积分

将房前屋后和田园河道等农村人居环境卫生、农肥农药使用等涉及村民自律方面的2项,以及党员和村民积极主动参与村级民主议事、村级事务工作等2项,纳入对村民家庭的考核积分,向全体村民传递民主决策、民主理事和生态绿色领域"自我管理、自我服务、自我教育、自我监督"的主体理念。

(二)丰富法治积分

将法律法规有规定的农村生活垃圾分类、农村生活污水处理、秸秆等废弃农作物处置、土地流转、服兵役等5项内容,根据村民平时的依法行事、守法护法用法等情况,对村民家庭进行考核积分,让全体村民了解普遍、明确、可操作的生态绿色领域的规则。

(三)丰富德治积分

将星级文明户评比、慈善公益、零污染家庭创建、考上大学、志愿者服务、年度村民家庭获得各类荣誉情况等6项内容列入对村民家庭的考核积分,倡导道德引领、规范、约束的内在作用,不断增强村民生态绿色发展意识,调动其参与生态绿色创建的积极性。

二、紧扣公开公平原则，把牢"三治"积分评定

各村党组织坚持公开公平原则，把牢"三治"积分"三个关口"，激励引导村民自愿参与为生态绿色建设加油出力的行动。

（一）把牢评定细则关

对15项积分内容，逐项制定出台考核评定细则，交由村党员议事会、村两委班子联席会议、村民代表大会层层讨论表决同意。印成宣传手册，分发到户，做到家喻户晓，解决怎么评的问题。

（二）把牢参评人员关

村两委班子联席会议推选、村民代表大会确定，各村成立生态绿色加油站积分考评小组，负责本村生态绿色"三治"加油积分事项的考核评定，解决谁来评的问题。其中对农村人居环境整治采取"党群联动、户比互评"的方式，即由党员领衔、村民家庭挨户轮流参与考评；对农村生活垃圾分类采取党员联系指导、联带考评的"双联"考评方式。

（三）把牢考核评定关

由各考评小组每月或每季对生态绿色"三治"积分相关事项组织一次考评，考评结果提交村两委班子联席会议进行审核评定签字。党组织书记签字后的评定数据交由加油站专职工作人员一一录入电脑、自动存入中国银行姚庄支行为每户农户开设的专属银行卡，村里派监督员监督核对数据录入的正确性，解决评后绩效问题。

三、紧扣方便实效要求，创新"三治"积分兑换

各村党组织围绕让生态绿色理念融入村民生产生活、让村民家庭得方便实惠要求，与中国银行姚庄支行结对共建，金融赋能创新"三治"积分兑换方式，创设"生态绿色加油站"，不断激励全体村民为生态绿色积分、加油、出力。

（一）做到积分公开

各村利用村部空闲房屋设立"横港村生态绿色加油站"，落实专人负责日常运行。"三治"15项积分事项通过录入电脑，以大数据分析的方式呈现在加油站触摸屏上，既有村民家庭单项积分排名，又有总积分排名。村民到站一点触摸屏，本户总积分和分项积分加油情况一目了然，给村民以提示和激励。

（二）做到积分打卡

为彰显积分信用和村民家庭的获得感，中国银行姚庄支行已为全镇8695户农户办理了8695张具有姚庄个性特色的银行卡。加油站将考核评定后的村民家庭单项积分，以1分1元、不计利息的方式，由专职人员存入中国银行专属银行卡，年终结余储入中国银行卡。村民到站可打卡查阅本户家庭积分情况。

（三）做到储兑自便

村民可在银行卡上持续积分存储，当累计超过1000元时，可到指定的中国银行营业网点柜台支取现金。也可根据银行卡上的积分，在白天工作时间段到生态绿色加油站，自由挑选兑换明码标价的油盐酱醋、米、牙膏、毛巾等生活用品，工作人员在卡上扣除相应积分，做到兑换两清。

四、紧扣智慧智能手段，加强"三治"积分监管

镇党委政府围绕先行启动区生态绿色建设是一个长期过程要求，不断加强"生态绿色加油站"运营监管。

（一）创设联网总站

在镇政府大厅设立姚庄镇生态绿色加油总站，依托数字网络技术，连通18个行政村的生态绿色加油站，并通过小程序将各村相同的"三治"积分进行大数据汇总分析，公开在大屏上滚动显示，既可展示每村生态绿色"三治"积分情况，又可展示各个生态绿色"三治"积分事项情况，分析做到横向到边、纵向到底。

（二）明确运营责任

明确镇乡村振兴办为牵头部门，综合协调全镇生态绿色加油站建设发展等事项。明确镇生态办、创建爱卫办为主管部门，主要负责监督各个村的生态绿色"三治"积分情况，做好分析预判，加强指导服务。明确中国银行姚庄支行为全镇整个生态绿色加油站系统的技术硬件和金融赋能支撑单位。各个村负责各自的生态绿色加油站的运营管理。

（三）加强监管服务

镇创建爱卫办每天监管掌握各个站的数据情况，对异常情况进行联系指导分析，确保显示数据的准确性。镇生态办结合"三治"积分情况，比对分析全镇面上生态绿色建设情况，加强"三治"积分工作指导，并根据发展实际不断丰富"三治"积分事项。

五、主要成效

（一）农村居民家庭得了大实惠

全镇 18 个行政村共有家庭在册农户数 10500 户，已有 8695 户居民家庭自愿参加到"生态绿色加油站""三治"积分活动中，以 402139 分积分兑换油、盐、米、餐巾纸等各类物品，银行卡存余积分 171750 分。农村居民家庭不仅可自由选择实物，也可将剩余积分长期储存在富有个性的中国银行卡，同时点开手机屏幕上的中国银行卡 App，可以享受中行的一切金融优惠项目，得到了最大的实惠。

（二）生态绿色指数有了大提升

截至 2020 年底，全镇农户生活污水治理率达 99%，生猪养殖业转型升级 220 户、拆除面积为 10.48 万平方米，三个出境断面水质全部为三类水，城乡生活垃圾全面实现市场化运行和分类处理，全域环境秀美综合整治向纵深挺进，创成国家园林城镇和首批浙江省美丽乡村示范镇，通过全国文明镇、国家卫生镇复评，吸引总投入约 50 亿元的"五彩姚庄""中国文艺青年小镇"项目入驻姚庄。

（三）党群干群关系有了新改善

村民家庭"三治"积分为生态绿色加油出力,健全完善了以村党组织为领导核心、村民议事会、村民代表大会、村民委员会、村务监督委员会和全体村民共同参与的乡村治理机制,推动党员干部深入基层、走近村民,既把党员干部的干劲用在了为村民家庭的服务上,又把村民家庭的生产生活引导到建设生态绿色家园、向往美好生活的正道上来,真正把生态绿色加油站建成了党员干部与村民生产生活相连的"连心站"。

（四）村域善治模式有了大认同

"三治"积分既让村民明白为什么要这样做、这样做的好处在哪里,又让村民最后获得了这样做带来的实惠,得到了村民的最大认同,"三治"积分参与率达到82.81%。做法也得到了县委、县政府认可,嘉善县和中国银行联合在姚庄镇举办了"乡村三治融合金融赋能共赢"启动大会,在"横港经验"推向镇域的基础上,全县域推进建设长三角生态绿色加油站,以"三治"积分方式践行生态文明新理念、打开村域善治新局面。

（五）农村金融创新有了新尝试

中国银行姚庄支行试水参与姚庄镇生态绿色加油站建设发展,为每户村民家庭办理一张专属中国银行卡,推送了金融产品和金融服务,让每户村民家庭有了多种金融服务的选择,也让中行有了稳定的农村客户群,开辟了中行进军农村市场的新渠道,有利于中行继续把农村金融市场做强做大,深入挖掘国际国内两个市场潜力,激发内外循环活力,实现银行自身价值,不断推动乡村振兴战略深入实施。

第八节　乡村有效治理的启示

县域作为社会治理的基层基础,是直面人民群众的重要现场,是社会治理的重点、难点。推动社会治理重心向下延伸、打破治理困境,打造共建共治共享的社会治理格局,事关民众民生福祉,事关基层和谐稳定,事关国家的长治久安。在党建强力带动下,充分发挥了人的积极性和制度的约束力,将"被动执行"变成了"主动参与",将"干部负责"变成了"党群联动"。因此强组织、聚群众、定规矩、兴文化、善统筹,才能使乡村有活力、有特色、有风景、能留人,百姓才能有获得感。

一、强组织,乡村有效治理有灵魂

无论是村集体经济发展还是农村环境长效治理是一场硬仗、更是一场持久战,没有坚强的组织领导,群众就会成为一盘散沙。嘉善夯实基层基石,将镇村干部、党员中心户、普通党员户"拧成一股绳",增加了基层村级组织的引导力、示范力和公信力,凝心聚力谋发展,齐心协力促和谐,基层组织成为凝聚广大村民力量的主心骨,实现了新时代基层组织振兴。从横港村和洪溪村的实践来看,村党总支书记发挥了很好的领导作用,在生态环境评比中,先从自家做起,作出示范。村书记总是带领广大党员出现在环境最糟糕的卫生死角,不嫌脏不怕累冲锋在第一线,极大改变了村民对党员的不良看法,也赢得了党群关系的改善。随着村里的环境变好、经济变强,村书记在村里的威望与日俱增,形成了强大的凝聚力。村里的党员干部也充分展现出先进性和模范性,组建统筹小组,切实担负起环境整治等工作,并带头清理自家生活垃圾、建筑材料堆,自觉教育家人搞好环境卫生,为广大村民树立了榜样。

因此,推动乡村有效治理要创新运用"党建+"模式,充分发挥基层党建的核心作用,既要选优配强村班子特别是村级带头人,又要加强农村党员队伍管理,全面增强农村党员干部的先进性、号召力和战斗力,全力把全村党员"拧成一股绳",凝心聚力谋发展,齐心协力促和谐。

二、聚群众,乡村有效治理有主体

乡村治理中一直以来遇到的难题是:一方面广大农民迫切渴望能呼吸到清新的空气、喝到干净的水、吃到安全的食品;另一方面广大农民在农村人居环境综合整治、违章建筑拆除等工作中参与程度不高,主动参与的积极性不大,部分农民也不愿牺牲自身眼前既得利益服从于全局。坚持群众主体,全面调动村民的积极性和主动性,是推进乡村有效治理的关键法宝。洪溪村通过整治前让群众制定标准、治中让群众充分参与、治后让群众自我监管的乡村治理群众工作法,真正建构起村民自我管理、自我教育、自我监督、自我服务的乡村治理方式,找到了一套德治深入人心、自治形成规范、法治强力保障的有机结合、充分融合、基层聚合的乡村善治体系,走出一条依靠村民共建共享的和谐社会治理之路。洪溪村用实际行动深化自治、法治、德治"三治"融合,把法律法规管不到、村规民约管不好的问题化解在村间田头,实现了"小事不出村,大事不出镇,矛盾不上交"的目标,促进了乡风文明,维护了全村和谐稳定,连续七年被县委、县政府评为"平安村",并列入省级"三治融合"建设示范点。

村民是家园富、家园美、家园和的直接利益相关人。起源于大云镇的"星级文明户"评比,从党员干部带头,到千家万户行动,全民参与乡村治理蔚然成风,激发了群众参与乡村治理的主动性、积极性和荣誉感,崇优向善成为村民的共识,形成强大合力,完全改变长效保持难的状况,真正找到了一条群众愿接受、政府善引导、集体能操作、治理可持续的经验。横港村通过"户比互评",在"看、商、治、比、议、督、奖"七个环节中始终让党员带头、让所有的村民都积极参与进来,环境成为了党员群众茶余饭后热议的话题,环保先进户成为很有"面子"的荣誉,乱堆乱放乱建、垃圾随意倾倒、畜禽粪便肆意排放等现象也得到了有效遏制。因此,乡村有效治理要通过宣教、学习、评比、讨论等形式,千方百计调动村民及新居民的积极性和主动性,切实增强家园意识、环保意识、争先意识,让"垃圾不落地,家园更美丽"成为全村百姓的自觉行动。同时,为进一步巩固提升村党组织的凝聚力和向心力,横港村在农业转型升级示范园中专门划出4.5亩,建立"五彩"精准扶贫基地,由村民政联络站负责运作,将相关收益纳入村级慈善基金,采用就业帮扶、"四方红色联盟"结对帮扶、"1+X"组团帮扶、创业补助等多种形式,帮扶辐射全村50多名残疾人、低保户、低保边缘户及困难党员群众。做好扶贫帮困顺心气,党群关系变得更加紧密和谐,村党组织的决策部署也得到了更有力的贯彻落实。

三、定规矩,乡村有效治理有遵循

要坚持因地制宜,建立适合本地实际的科学制度,并严格执行到底,是推进乡村有效治理的重要遵循。农村有效治理的方法有很多,关键是要选择一套适合本村实际的有效办法,并一抓到底、久久为功。在横港村实践中,"党群联动、户比互评"这套办法的顺利实施,除了党建引领这一根本前提,还蕴含着三个要件:一是村庄规模适度,横港村域面积不大,随着近年来姚庄镇农房集聚的深入推动,2.1平方公里的面积上共418户,实际仅居住了262户人家,并以本地人为主;二是制度严格执行,比如在奖惩环节,每月评出的"先进户",都奖励花木植物等,而对当月评比得分落后于平均分的,特别是党员户和村干部户则要落实约束措施;三是能够迅速见效,横港村这套办法一经实施便让村民看到了家园环境变得越来越好,立竿见影的成效让村民对这套办法有了更强的认同感和执行力。因此,推动农村生态建设横港村做法值得借鉴和推广,但在学习推广过程中不能生搬硬套,需要结合各村实际进行改良,如村域规模较大的村以1~2个自然村为片区,开展户比互评,并进行片区之间交叉打分;对新居民较多的村,要把热心、有威望的新居民吸收到统筹小组中;对环境基础较差的村,要把更多的内容纳入村规民约中、评比工作中。

四、兴文化,乡村有效治理有载体

要坚持文化特色,发展有喜闻乐见的群众文化体育活动,是推进乡村有效治理的重要载体。特色的文化体育活动是将村民凝聚起来的载体,广大村民在精神上的需求和期盼在日益加强,必须要在满足村民精神需求方面不断创新来保障和谐稳定。比如,洪溪村通过文化体育活动将村民紧紧地凝聚在一起,发挥了"人心齐、泰山移"的作用。男人打球,妇女姐妹不甘落后,村文艺队在几个文艺骨干的带领下,编排了腰鼓舞、双绸舞、交谊舞;"辣妈宝贝"们先后参加了《中国达人秀》《舞动好声音》《歌声传奇》等电视节目,走进北京人民大会堂参加全国村歌大赛,还成功登上了央视舞台。2013年,"辣妈宝贝"又开起了公司,走上了品牌市场化运作之路,更是激发"辣妈宝贝"们的跳舞热情,造就一个名声在外的农民表演团体,洪溪村有十几支文艺队伍,基本实现了"社社有队伍、家家有骨干"。每年举办农民文化体育节,准备一台文艺晚会,每次都有400多名的文艺骨干,身着盛装表演舞蹈、三句半、快板、大合唱、诗朗诵和舞龙、拔河、有社级篮球赛等多项村民喜爱的文体活动,让村民们过足了一把体育健身的瘾。以家庭主妇带动全村百姓参与文化活动的方式,使得村民的文化素质有了普遍提高。业余生活丰富了,过去由于文化生活比较匮乏,闲暇时间容易滋生扩大纠纷和矛盾的环境早已经不复存在了,幸福感自然而然不断提升,家家户户乐在其中。

五、善统筹,乡村有效治理有基础

要坚持统筹兼顾,实现集体经济、精神文明和环境治理共提升,是推进乡村有效治理的核心要义。环境保洁需要投入,建设美丽乡村更需要持续投入。横港村党组织把强村富民贯穿农村环境治理的始终,在"三改一拆"、生猪养殖转型等工作中主动作为、攻坚克难,拆除猪棚后,率先建起了农业转型升级产业园,实现了猪棚变花棚、变菜棚,既为村级集体经济带来固定收益,也为养猪农民的转型就业找到了出路、提高了收入。

比如,洪溪村 2016 年前每年固定收入约有 150 万元,其中 80% 来自土地、房屋的出租,与三发村合开的一个铁市场每年也能带来 40 多万元。但是2016 年全县开展村级"低小散"企业腾退工作,对洪溪村来说,腾退"低小散"意味着要整治全村 22 家小企业和铁市场,一年要减少 140 万元的收入。这个决策一度让村干部们很发愁,因为腾退后村里有可能面临"揭不开锅"的窘况。县、镇两级政府及时开出了"妙药良方"——抱团发展。洪溪村、马塔塘村等 5个村投资 1100 万元,在洪溪集镇建造 6800 平方米的公建配套用房,预计每年村均可增加收入 20 万元。天凝镇进行码头整治后,确定了 3 处永久性码头,其中有一处就位于洪溪村。码头的投资、开发和营收全都归属村里。村里投资了 400 多万元将原有的码头进行改造和提升,经过拍租达到 202 万元。码头边上是一家占地 10 亩腾退企业,这里将被整改成垃圾分拣站,每年也能收入 54 万元。因为"退散进集",村集体收入比以前还要多。

因此,推动农村有效治理,各村特别是经济相对薄弱村要始终牢记"绿水青山就是金山银山"理念,坚持发展第一要务,千方百计通过开源节流,壮大村级集体经济,提高村民收入,为环境长效保洁、打造美丽家园提供不竭动力,让村民有更多的获得感和幸福感。

第七章　共建共享是目标

中国共产党之所以能够发展壮大,中国特色社会主义之所以能够不断前进,正是因为依靠了人民。中国共产党之所以能够得到人民拥护,中国特色社会主义之所以能够得到人民支持,也正是因为造福了人民。人民是中国共产党执政的最大底气,人民对美好生活的向往就是党的奋斗目标。党的十八大以来,以习近平同志为核心的党中央始终把人民放在心中最高位置,推动改革发展成果更多更公平惠及全体人民。嘉善遵循嘱托,在教育、交通、养老、医疗等方面始终坚持城乡一体发展,努力使人民有更好的教育、更快捷的交通、更优质的养老服务、更高水平的医疗卫生服务、更舒适的居住条件、更优美的环境,不断提高乡村社会基本公共服务供给。

第一节　城乡教育融合发展

近年来,嘉善县把城乡教育优质均衡发展作为城乡一体化建设的重中之重,2005年嘉善县在全省率先出台了关于进一步落实农村义务教育"以县为主"管理体制和经费保障机制改革的实施意见,将农村义务教育公用经费、校舍建设与维修、设备购置、教师收入待遇等全面纳入县财政保障范围,实行城乡同标准、同步骤推进,保障了城乡教育资源的一体化配置。在嘉善县实施城乡一体化发展战略的背景下,2014年嘉善县成功获评全国首批义务教育发展基本均衡县称号,2018年浙江省教育基本现代化县,城乡教育融合取得显著成效。接下来将全力以赴推进全国义务教育优质均衡发展县和全国学前教育普及普惠县。

一、嘉善教育概况

(一)学校、学生与教师数量

据嘉善县教育部门统计,以 2021 年为例,嘉善县拥有各级各类学校(含幼儿园、不含普通高等学校)94 所,其中普通高中 3 所,初级中学 17 所(含九年一贯制学校 7 所),职业中学 2 所,小学 24 所,幼儿园 48 所。嘉善县小学学生人数不足 500 人的小规模学校有 5 所(不含九年一贯制学校)。农村学校均位于乡镇。

2021 年,嘉善县共有在校学生 82874 人,其中普通高中在校学生 5926 人,初级中学在校学生 15208 人,职业中学在校学生 4385 人,小学在校学生 38322 人,幼儿园在校学生 19033 人。义务教育入学率和巩固率均达到 100%。高考报名 1740 人,高校录取率达到 96.3%。全年高等自学考试报考 1391 人,获得大专及以上文凭 38 人。

2021/2022 学年初,嘉善县共有教职工数 6885 人,其中专任教师 5538 人。普通高中教职工数 531 人,其中专任教师 515 人;初级中学教职工数 1280 人,其中专任教师 1181 人;职业中学教职工数 350 人,其中专任教师 341 人;小学教职工数 2211 人,其中专任教师 2098 人;特殊学校教职工数 27 人,其中专任教师 17 人;幼儿园教职工数 2486 人,其中专任教师 1386 人。截至 2022 年 9 月嘉善县小学本科及以上学历的专任教师 1793 人,占小学专任教师总数的 85.46%;初级中学本科及以上学历的专任教师 1116 人,占初中专任教师总数的 94.5%。①

(二)教育经费投入力度大

嘉善县经济发展迅速,城乡一体化发展水平较高。财政支出优先保障教育领域,均衡配置城乡教育经费,在一些经费项目上对农村学校予以倾斜。在

---

① 本节数据来自嘉善县教育局。

公用经费方面,嘉善县早从 2007 年就坚持城乡中小学生均公用经费、生均事业费同一标准,并且在高于国家标准的基础上根据财力状况不断提高。在硬件投入方面,主要包括教育装备与基建项目两部分,同时每年安排暑期校舍常规维修专项经费。2021 年,嘉善县公办学校教学设备购置经费预算达到 2429 万元;列入年度政府投资项目计划的教育基建项目经费预算达到 39506 万元,暑期校舍常规维修专项经费预算达到 2600 万元,保障了嘉善县办学条件的改善与提升。此外,嘉善县积极争取、统筹安排各项专项经费,不断加大专项经费投入力度,保障了各项目的有序推进。如在教育装备上,县财政每年安排 3000 万元教育装备专项经费,并且向农村学校予以倾斜,其中 70% 用于农村学校。在职业教育经费投入上,嘉善县 2011 年起设立职业教育专项经费 600 万元并逐年增加,2021 年达到 1000 万元,2022 年增加到 1200 万元。在提高教师待遇上,2019 年全额补齐了教师与公务员的平均收入差距,全县中小学教师的平均工资收入与公务员收入已经基本持平。

(三)城乡学校标准化建设全覆盖

嘉善县不断出台、完善相关政策,为城乡学校办学条件的均衡配置提供政策保障,实现了城乡学校办学条件标准化建设全覆盖。2004 年,嘉善县编制了嘉善县城乡学校布局专项规划,并制定出台《关于优化农村学校布局加快推进农村教育现代化的实施意见》。2010 年,嘉善县修编了《嘉善县城乡学校布局专项规划(2010—2030)》。2013 年,嘉善县将义务教育优质均衡发展纳入县域经济社会发展规划和科学发展示范点建设方案,为推进城乡学校办学硬件的均衡提供了保障。2017 年修编了《嘉善县幼儿园专项布局规划(2016—2020)》,2020 年修编《嘉善县学校布局专项规划(2020—2035)》,对嘉善教育设施建设进行总体布局。

在学校建设上,实施教育资源扩容提质工程,以"十三五"期间为例,新建、改扩建中小学校 8 所,扩容学位 9120 个;新建、改扩建幼儿园 22 所,扩容学位 7770 个。学校体育运动场地、塑胶跑道、卫生室和心理健康咨询室全县公办中小学实现全覆盖、全达标,其中 27 所中小学校建有室内体育场馆,省心理健康教育标准化建设实现公民办学校全覆盖,省公办标准化学校建有率达到 100%。据嘉善县教育部门统计,2021/2022 学年初,嘉善县生均校舍建筑面积小学为 7.38 平方米/人,初中为 28.77 平方米/人,高中为 22.58 平方米/人;生均图书占有量小学为 34.92 册/人,初中为 79.82 册/人,高中为 66.97 册/人;计算机拥有量小学为 0.17 台/人,初中为 0.48 台/人,高中为 0.40 台/人。

在教育装备上,嘉善县城乡学校电脑、多媒体和校园网络系统配置率达到 100%,实现"千兆到校、百兆到桌面",逐步升级配置"万兆到校、千兆到桌面"。成功入选国家级"基于教学改革、融合信息技术的新型教与学模式"实验区和浙江省"互联网＋义务教育"实验区,嘉兴智慧教育联盟率先在嘉善设立工作站,培育市级"未来学校"3 所。2021 年,嘉善县全面深化教育数字化改革,投入 6500 万元,建设县域教育整体智治一体化平台,丰富数字教育资源和服务供给。基础教育信息化发展指数位列全省第三,建成教育大脑中心,培育 10 所智慧教育应用试点学校,成为全国"家校(园)共育"数字化项目示范区,子应用"空中课堂系统"获评全省教育领域数字化改革第一批创新试点项目。区域学生综合素质评价系统等 15 个应用场于 2022 年上线。通过数字资源赋能,全面推进城乡教育优质均衡发展。

二、提升义务教育师资均衡水平促进城乡教育融合发展[①]

人才振兴是乡村振兴的关键。十年树木、百年树人,乡村人才振兴本质上是乡村教育振兴的问题。随着经济社会发展水平不断提高,出现城市对乡村的虹吸效应,人财物向城市流动,最明显的现实就是教育资源向城市集中。乡村要振兴,乡村教育必振兴;乡村教育要振兴,乡村教师必提升。嘉善县非常重视县域内教师城乡学校均衡配置,缩小城乡教师专业素质差距,保障城乡教师专业共同发展,提升城乡学校师资均衡水平,逐步实现城乡教育融合发展。

(一)多措并举保障城乡学校师资均衡配置

1. 统一城乡教师编制标准

城乡学校师资均衡配置对城乡教育融合发展起到导向作用。嘉善县通过统一城乡教师编制标准,加大农村学校教师招聘力度,明确城镇学校教师晋升

要求以及提高农村学校教师待遇等举措均衡配置城乡学校师资,既调动了城镇学校教师"下得去"的意愿,又保障了农村学校能够获得满足其需求的师资。据嘉善县教育部门提供的教职工名册数据显示,2021 年嘉善县义务教育阶段城镇学校共有 904 名正高级教师、高级教师、一级教师,占义务教育阶段城镇学校教师总数的 70.57%,占全县义务教育阶段一级教师以上职称教师总数的 47.88%;义务教育阶段农村学校共有 984 名正高级教师、高级教师、一级教师,占义务教育阶段农村学校教师总数的 62.6%,占全县义务教育阶段一级教师以上职称教师总数的 52.12%。

2021 年嘉善县义务教育阶段城镇学校本科以上学历教师有 1219 人,占义务教育阶段城镇学校教师总数的 95.16%,占全县义务教育阶段本科以上学历教师总数的 46.07%;义务教育阶段农村学校本科以上学历教师有 1426 人,占义务教育阶段农村学校教师总数的 90.71%,占全县义务教育阶段本科以上学历教师总数的 53.91%(见表 7-1)。

表 7-1   城乡教师学历比较

2021 年	一级教师以上/人	占比率/%	占全县比率/%	本科以上学历/人	占比率/%	占全县比率/%
城镇学校	904	70.57	47.88	1219	95.16	46.07
农村学校	984	62.6	52.12	1426	90.71	53.91

从义务教育阶段教师职称以及学历情况来看,虽然城镇学校教师中一级教师以上职称教师以及本科以上学历教师的占比要高于农村学校教师中一级教师以上职称教师以及本科以上学历教师,但从全县一级教师以上职称教师以及本科以上学历教师的绝对量来看,农村学校的占比要高于乡镇学校,从平均数来看农村学校的占比要低于城镇学校,农村学校教师的职称与学历水平与城镇学校相比仍有差距。据教育部发展规划司公布的教育统计数据显示,2020 年,全国普通小学师生比为 1∶16.67,初中师生比为 1∶12.73,高中师生比为 1∶12.90。[1] 据嘉善县教育部门统计,2021/2022 学年初,嘉善县小学师生比为 1∶18.27,初中师生比为 1∶12.88,高中师生比为 1∶11.57。[2] 从

---

[1]   教育部网站:《2020 年全国教育事业发展统计公报》,2021 年 8 月。

[2]   嘉善县教育局:《嘉善县 2021/2022 学年初教育事业统计资料汇编》,2021 年 11 月。

国家政策规定的编制标准来看,嘉善县落实了统一城乡中小学教师编制标准的规定,基本实现了城乡学校教师编制一体化配置,保障了农村学校的师资配置,有利于促进城乡中小学教育资源均衡配置,推进城乡教育融合发展。

2.加大农村学校教师招聘力度

为了提升农村学校教师职称和学历水平,嘉善县积极采取多种措施,适当加大了农村学校教师招聘力度,通过编制及岗位设置吸引应聘者到农村学校任教,以实现均衡配置城乡学校人力资源。如在招聘中小学教师时,由嘉善县教育部门统计并公示农村学校与城镇学校所缺学科教师人数,应聘者现场报名时按学校、学科进行确认,并且每人限报一所学校。在按学段、学科岗位划定的面试成绩、综合成绩合格分数线以上的应聘者进行体检、考核以及公示合格后,根据考试综合成绩,应聘者按高分到低分(综合成绩并列的按笔试成绩高者优先)从自主报名的岗位中选择所对应的招聘学校。加大农村学校教师招聘力度,有利于吸引优秀毕业生及教师到农村学校任教,极大程度地缓解了农村学校教师短缺问题。2020—2022 年,嘉善县共招聘义务教育学校教师311 人,其中农村教师 172 人,比城镇学校多 33 人。全县义务教育学校共招聘高层次人才 48 人,其中农村教师 20 人。[①]

(二)开展城乡教师双向有序流动激发教师活力

在嘉善县学校经费、校舍、装备等教育财力与物力资源城乡同一标准的背景下,农村学校在师资力量方面却依然与县城学校有差距。城乡间优质师资的不均衡导致择校问题成为普遍现象。一方面,导致县城学校面临巨班大校的压力,教育资源短缺;另一方面,农村学校却处于生源(尤其是优质生源)频频减少的状态,教育资源闲置。优质师资带动优秀生源向城流动,城乡学校的质量差距越发拉大,阻碍了城乡教育融合发展。

要实现优质师资的均衡发展,进一步扩大优质教育资源,使每一所学校都成为优质学校,教师流动势在必行。早在 2010 年底,作为国家推进义务教育学校教师流动工作试点县,嘉善县开始着手在全县范围内推行教师流动的改革。通过解决教师思想认识问题、建立流动机制与后续管理机制,嘉善县逐步

---

① 嘉善县教育局提供。

形成了城乡教师双向流动的良好发展态势——县城教师流动到农村学校既带动了农村学校发展,又为原县城学校的年轻教师提供了发展平台。农村教师流动到县城学校提升了教师自身专业素养与教学水平,通过选调也为县城学校补充了优质师资。根据嘉善县教育部门统计,截至 2016 年底,嘉善县义务教育公办学校参与流动的教师共有 1016 人,超过了男性 45 周岁以下、女性 40 周岁以下、工作 3 年以上,适合流动教师总数的 60％。2016 年,嘉善县公办义务教育校际间均衡系数小学为 0.29,中学为 0.31。按照教育部公布的义务教育基本均衡县的标准,小学和初中的均衡系数分别为不高于 0.65 和 0.55。由此来看,嘉善县的教育资源均衡化水平远远高于国家标准。①

1. 从城市向乡村流动

(1)制定流动政策。2011 年 5 月《嘉善县人民政府办公室关于印发嘉善县义务教育学校教师流动工作实施意见(试行)的通知》(善政办发〔2011〕64号)颁布,嘉善县教师流动改革正式启动。嘉善县创新建立合作共赢目标激励机制、城乡互动多元交流机制、政策驱动积极引导机制、后续发展跟进管理机制,实行学校中层以上干部、名教师、普通教师、新教师和特长教师五大类别的城乡义务教育教师流动。② 制定了详细的教师流动计划书、路线图和时间表等操作方案,为不影响正常的教学秩序,在时间上根据教师、中层及名师、校领导等不同类型教师分三个批次有序进行,明确公开每一所学校流出教师和流入教师的数量和类别,确保"有一定数量但不过量",有计划进行。同时,还要求流动教师原则上是小学一、四年级教师,初中七年级教师。2011—2015 年全县参与流动教师共 891 人,流动比例占适流教师的 52.6％,完成试点工作目标任务的 105％,95％的教师是首次流动,其中 227 名骨干名师由县城学校流入农村学校,首次在全省率先实现了城乡教师双向多元流动、农村义务教育学校名师和名师工作室全覆盖。③ 有序的教师流动使得农村学校补充了优秀

---

① 央视网. 新闻调查——择校变局[EB/OL]. (2017-07-08)[2017-12-23]. http://tv.cctv.com/2017/07/08/VIDE5q9lXhTLtS6GdgwlbvBZ170708.shtml.

② 包庆余. 城乡教育"一盘棋" 均衡发展"三方面"——浙江省嘉善县全面推进义务教育均衡发展[J]. 基础教育参考,2014(20):11-13.

③ 浙江省教育厅. 嘉善县全面完成教师流动国家改革试点实现城乡教师合理分布[EB/OL]. (2016-01-08)[2017-03-02]. http://www.zjedu.gov.cn/news/145224623332521464.html.

教师,在一定程度上为原县城学校的年轻教师提供了发展平台。县城流动教师的到来为农村学校发展注入了新鲜血液,既带动了农村学校发展,也令县域优质师资分布更为均衡,推动城乡教育融合发展。

(2)设置流动范围。教师流动从范围上来看分为全县范围统筹推进的县域流动以及教育联盟根据实际需要主导的片域流动。县域流动的对象是学校中层以上干部、名师和特长教师。学校中层及以上干部流动是流动的关键,主要采取同类学校互动、回避调动、轮岗锻炼等方式,鼓励县城区学校年轻优秀校级领导流动到农村或者薄弱学校任职,原则上每3年集中流动1次,各校推荐1至2名流动对象,由教育局统一调配。名师是指县级学科带头人以上的教师,名师流动是流动的骨干,通过自我报名、学校推荐、网上挂牌、需求学校竞争、教育局协调等方式确定,主要由县城区学校向农村薄弱学校流动。特长教师主要是指具有体育、艺术、信息技术、科技、劳技等专长的教师。这部分教师的流动主要是为特色学校或有特色项目的学校加强师资配置,在县域内公开选拔聘用,以学校公开聘用为主,促进特色学校建设。

片域流动是指根据全县城乡学校师资和办学水平现状,嘉善县把全县义务教育学校分成8个教育联盟,采取城乡互动、优势互补、互通有无、以强扶弱的方法分类、分型、分批推进片域流动,对象主要是普通教师和新教师。普通教师流动是流动的主体,流动方式主要有四类:竞聘型流动、服务型流动、互动型流动、转岗型流动。新教师流动主要是以当年新招聘的教师为主,根据实际情况确立新教师培养基地,每年安排一定数量的新教师在基地学校进行专业成长培养,期限一般为1至2年,期满后新教师回原招聘学校任教。[①]

(3)刚性政策保障。为了提高县城教师参与流动的积极性、保证流动工作质量,坚持原则性和灵活性相结合,既制定相关的政策推动,又强调人文关怀,充分考虑县城流动教师个人的利益和实际困难,保障县城流动教师待遇水平,不断完善县城教师流动后的发展与管理问题,确保每一名教师愿意流动、乐意流动,带着感情、激情流动。从制定的刚性政策来看,明确规定城镇义务教育学校教师申报高级职称必须具备3年以上农村任教经历,申报中级职称必须

---

① 包庆余. 师资均衡才是真正的均衡——浙江省嘉善县义务教育学校教师多元流动模式的实践与启示[J]. 人民教育,2013(Z2):62-64.

具备 2 年以上农村任教经历,对流动到农村学校任教的教师,在同等条件下优先晋升。对校级领导实行任期制,3 年一届,到届实行竞聘上岗,连续任满 2 届的正、副校长作为流动重点对象,要求县城区学校年轻优秀校级领导流动到农村或者薄弱学校任职,提拔校级领导一般要有农村工作经历或 2 校任职经历。此外,在同一所学校连续任教满 3 年的教师作为流动对象(一般男未满 45 周岁,女未满 40 周岁,本人主动申请交流的年龄可以适当放宽);连续任教满 6 年及以上的教师作为流动重点;连续任教满 9 年及以上的教师,由学校统筹安排择时流动。

(4)柔性激励措施。嘉善县制定了柔性激励措施推动教师流动改革顺利进行。在财政支持方面,县财政每年安排不少于 400 万专项经费,用于流动教师的奖励、培养和农村教师上下班的交通费用,同时全县安排了 43 辆教师接送车。在评聘提拔方面,对主动到农村任教以及有多校任职经历的农村教师,在职称评聘、评优评先和提拔任用等方面予以优先考虑。在待遇方面,农村教师享受农教津贴,上浮一级工资,并且修订了嘉善县名师评创、培养、管理办法,在农村任教的名师津贴标准是城镇的 3 倍,参与流动的名师可优先享受 1 年 1 次的学术休假。

刚柔并济的教师流动政策保障了教师流动改革能够有序推进,在县城教师,特别是中层以上干部和名师的带动下,农村教师快速成长,农村学校发展充满了活力,农村学生及其家长对农村学校发展的信心得到增强,越来越多的学生选择在片区内入学,择校现象得以缓解,就近入学也能够顺利进行。同时,县城优秀教师向农村学校流动进一步调整、完善了城乡教师队伍的学科结构、职称结构和年龄结构,城乡优质教育资源和教育教学质量差距不断缩小,县域优质师资分布更为均衡,有力地助推了县域城乡教育融合发展。

2. 从乡村向县城流动

(1)流动方式。《嘉善县人民政府办公室关于印发嘉善县义务教育学校教师流动工作实施意见(试行)的通知》(善政办发〔2011〕64 号)中明确规定普通教师流动主要有服务型流动、互动型流动、竞聘型流动、转岗型流动等四类流动方式。不适合原任用岗位的教师可以选择转岗型流动,其他普通农村学校教师可以选择服务型流动到农村学校以便在申报中级以上职称时能够得到优先考虑,或者可以根据自身能力通过竞聘流动到编制有空缺的农村学校。

为保持城乡教师的数量平衡,保障县城学校的正常运转。农村学校教师从农村学校流动到县城学校主要有两种方式,一种是通过竞聘流动到编制有空缺的县城学校;另一种是互动型流动,是农村学校教师流动到县城学校的主要方式。善政办发〔2011〕64号文件规定,凡有名师和服务型教师流入的农村学校,须根据对等要求,向流出学校选派中青年教师任职。在这一政策规定下,许多农村学校教师带着学习县城学校教学经验的"使命"流动到了县城学校。农村学校教师流动到县城学校后面临着家长的偏见与不信任,教学水平落后于县城学校教师所带来的压力等种种挑战。农村学校教师需要顶住压力在县级学校平台证明自己,提升自己的专业素养与教学水平。流动期满后回到原农村学校充分展示流动成果,带动农村学校发展以及其他农村学校教师专业素养的提升。此外,对于在县城学校表现优异的农村学校教师,可以通过竞聘等方式留任在县城学校继续任教,保障了县城学校除流出优秀教师还能够流入优秀教师,有利于维持县域内优质教师的均衡配置。

(2)选调农村优秀教师到县城。教师流动改革实施后,县城优秀教师流动到农村学校带动了农村学校发展,然而对于县城学校来说,适当的教师流出会空出许多岗位让原来缺乏试练的县城教师挑起大梁,激发这些教师的活力,不断培养新一批的优秀教师。除了培养本校教师成为新一批优秀教师的后备力量,农村优秀教师也可以通过竞聘和选调的方式进入县城学校任教,为其补充优质师资。

教育部门每一年度在统计县城公办学校所需的选调岗位学科及人数后在全县范围内公开选调在编、在岗教师,选调学校根据教育部门的要求拟定本校面试考核方案,符合报名基本要求的在编在岗教师需要如实填写《公开选调赋分表》,由选调学校根据岗位进行汇总排名后组织面试录用。《公开选调赋分表》是在编在岗教师参加公开选调的重要依据,得分高的教师更有机会通过公开选调。个人教学经历、教育教学能力、所获荣誉称号、教学业绩是考察选拔参加选调教师的四个重要方面,其中个人教学经历所占分值较小,仅为总分值的5%,教育教学能力、所获荣誉称号各占总分值的35%,教学业绩占比为25%。个人教学经历是对参加选调教师的原所在学校类型进行考察,并向远郊学校予以分值倾斜。对教师教育教学能力的考察从班级管理、教研能力、教学能力入手,既考虑了教师是否具有班主任的班级管理经验,又注重教师论文写作与课题申报等教研情况以及教学比武、学科竞赛辅导奖等参加教学技能大赛的得奖情况,鼓励了有意参加选调的在编在岗教师积极参与班级管理与各项评比活动。荣誉称号着重考察参加选调教师是否获得了县级、市级、省级、国家级的荣誉称号,以及参加选调教师的名师级别和年度考核情况。教学业绩是由教育局组织考核,分三等赋分。通过对参加选调教师进行赋分排序可以较为客观地选拔优秀在编在岗教师,特别是在对农村学校教师有一定倾斜的情况下,客观的赋分选拔更有利于农村学校教师。

在教师流动改革不断深入推进的背景下,县城优秀教师持续流入农村学校。为了不让大批县城优秀教师的流出影响县城学校的师资水平与教学水平,县城学校需要不断培养以及流入新的优秀教师。公开选调是县城学校补充优秀教师的重要途径,通过适当规模的公开选调,农村学校教师可以凭借自身实力进入县城学校任教,既为县城学校补充了优质师资,保障县城学校能够持续帮扶农村学校,又有利于与教师流动改革相结合,实现优质师资的城乡双向流动,促进县域内城乡教育融合内涵式发展。

(三)创新县管校聘管理机制激发教师活力

在圆满完成义务教育学校教师流动国家级试点任务的基础上,为打破教师轮岗交流的管理体制障碍,加强县域内中小学教师的统筹管理,2017年嘉善县先后出台了《关于推进中小学教师"县管校聘"管理改革试点工作的实施意见》(善政办发〔2017〕82号)以及《嘉善县中小学教师"县管校聘"管理改革试点工作实施方案》(善教人〔2017〕68号),从健全教师编制管理、完善岗位管理办法、创新教师管理模式、健全评价激励机制、深化教师交流等方面探索构建教师退出机制,健全教师流动长效机制,充分调动校长和教师的工作积极性,不断激发教师活力,为促进校长教师合理流动提供制度保障。

1.第一轮县管校聘工作实施

根据规定,嘉善县公办中小学校按照相关政策要求和实施方案规定的程序,本着适岗、协商、调剂的原则开展岗位竞聘。聘用岗位数一般不超过原聘用教师岗位总数的98%,同时不得低于原岗位总数的90%。对于接近退休年龄的教师、新入职的教师,经组织选派参加支教的教师,处于孕期和哺乳期人员及患重大疾病的教师,原则上原聘用学校续聘。按照3年一轮、每年微调的聘用管理办法,学校与各类聘用人员签订聘用合同,岗位微调的范围由城区缺岗学校和教师基于自身发展需要确定。对通过竞聘未上岗且不服从组织统筹调剂的人员,当年度起在原聘用学校待岗使用,享受待岗待遇。教师年度考核或聘期考核不合格的,学校可以调整其岗位,或者安排其离岗接受必要的培训后调整岗位,不服从调整或虽同意调整但到新岗位后考核仍不合格的,学校可按规定程序解除聘用合同。2017年,嘉善县共有3394名教师报名参加竞聘上岗,直聘和首轮竞聘共聘用教师3271人,123名教师进入二轮竞聘,15名教师待岗,5名教师解除聘用合同。其中,跨校竞聘上岗的教师有82人,跨学段竞聘上岗的教师有21人,教辅工勤与教学岗位间转岗3人;共有18名教师主动申请跨校竞聘农村学校岗位,27名教师参与农村学校之间跨校竞聘。2021年嘉善县出台中小学教师第二轮(从2021年10月起至2024年7月止)“县管校聘”实施方案,将教师管理改革不断推向深入。

嘉善县通过实施“县管校聘”管理改革在深化完善校长教师流动机制的基础上探索了教师退出机制,制定教师退出教学岗位实施细则,对于长期病假、不再适合担任教学工作的教师,通过竞聘、调剂等方式调整岗位。对落聘的教师进行待岗培训,享受待岗待遇,培训期满后仍未竞聘上岗的,予以解除聘用合同。这有利于调动产生职业倦怠的教师的工作积极性。一方面,“县管校聘”管理改革规定县城学校教师竞聘到农村学校并且工作表现突出的教师在下一轮竞聘中优先考虑其报名岗位相关学校,激励了优秀教师在县城学校与农村学校、优质学校与薄弱学校之间流动。另一方面,对于长期病假、不再适合担任教学工作的教师,通过竞聘、调剂等方式调整岗位或进行待岗培训后若教师考核合格则可以最大程度地挖掘教师的自身价值,若考核仍未合格解除聘用则可以切实提升教师队伍的整体质量。

2.第二轮县管校聘工作实施

为进一步深化教师“县管校聘”管理改革省级试点工作,根据嘉善县人民政府办公室关于转发嘉善县教育局、嘉善县机构编制委员会办公室、嘉善县财政局、嘉善县人力资源和社会保障局《关于推进中小学教师“县管校聘”管理改革试点工作的实施意见》(善政办发〔2017〕82号)精神,在总结第一轮实施工作情况的基础上,特制定第二轮实施方案《嘉善县教育局嘉善县中小学教师第二轮“县管校聘”实施方案》(善教人〔2021〕173号)。本轮时间为3年,从2021

年 10 月起至 2024 年 7 月止,分年段分目标有序推进。

(1)制定完善考核细则和竞聘方案。制定和完善学校教师队伍建设考核细则和竞聘工作实施方案,教师考核细则包含德、能、勤、绩、廉、学等方面,既有利于提升教师的工作责任感和积极性,又兼具科学性和可操作性;以学年为单位对教师教育教学等工作作出全方面综合性评价。制定竞聘工作方案,内容包括:在核定范围内根据本校教育教学工作实际,科学合理设置学校工作岗位,明确每一岗位的名称、职责任务、工作标准、任职条件、岗位工作量、聘任期限等事项,明确竞聘工作程序,各岗位的竞聘方法、形式,明确以上学年或上一聘期考核为依据开展竞聘工作,另外还有特殊情况的处理办法、投诉救济等渠道。该方案由学校竞聘工作领导小组在广泛征求教职工意见的基础上研究制定,经学校党委(总支委、支委)会通过后向全体教职工宣布,并报县教育局人事科备案。

(2)组织竞聘。宣传动员,学校组织召开教职工大会,认真学习相关文件精神,确保政策知晓率达 100%。个人申请,各类符合条件人员根据自身实际和竞岗意愿,凭相关证明材料,分别向学校提交直接聘用申请、本校竞聘申请和跨校竞聘申请,填写《嘉善县教职工工作岗位竞聘意愿表》,申请跨校竞聘的须符合相关要求和政策规定并由学校审核同意。规定时间内不提交个人申请的,视作自动放弃竞聘资格。竞聘工作领导小组负责对竞聘人的竞聘资格认定。

(3)开展竞聘。跨校赋分竞聘,分城区缺额选调和农村特岗选调两类,由县教育局公布岗位数和岗位要求,符合条件教师向所在学校提交跨校竞聘申请表(农村特设岗位主要指城区学校教师自愿到农村学校工作服务一段时间的岗位,其中符合县学科带头人/县名师申报基础条件的教师通过赋分竞聘到农村学校可直接获评下一届县学科带头人/县名师,农村学校服务期至少 3 年)。

校内直接聘用,直接聘用对象指 3 年内退休人员、工作未满 3 年新教师,经组织选派参加支教、孕期和哺乳期人员及患重大疾病的教师。由学校直接聘用,不再参与其他岗位竞聘。学校对直接聘用对象在校内公示无异议后,报县教育局备案。校级领导由县教育局直接聘任。符合直接聘用规定的教职工若不满意学校安排的岗位,也可参加竞聘上岗,放弃可直接聘用权利。

校内或者共同体内首批竞聘,各校或者融合型共同体按学校实际分类公布竞聘岗位名称、岗位数量、岗位条件及岗位职责等,组织开展本校教职工对本校或者共同体内所有岗位的竞聘。在岗在编教师数与核编教师数匹配度高的学校聘用本校原聘用教师比例3年一般不超过总岗位数的97%(教师基数以2021学年在编在岗教师为准/中职类学校以2021学年非职业技能类学科在编在岗教师为准。学校提前做好分年度聘用比例的谋划,但教师总人数在120人及以上的学校每年需完成至少1名教师流动的任务,教师人数在60人及以上的学校,前2年需完成至少1名教师流动的任务,全部学校3年均需完成1名教师及以上的流动任务)。匹配度低的学校聘用本校原聘用教师比例3年一般不超过总岗位数的94%(学校提前做好分年度聘用比例的谋划,分学科情况推进;但教师总人数在120人及以上的学校每年需完成至少2名教师流动的任务,教师人数在60人及以上的学校,前2年需完成至少2名教师流动的任务,全部学校3年均需完成2名教师及以上的流动任务)。同时不得低于总岗位数的90%。3年内新开办的学校,聘用本校原聘用教师比例不作要求,但可参照执行。学校"县管校聘"年度任务达标情况将纳入学校年度考核指标并与本年度或下一年度的新教师招录紧密相关。竞聘工作领导小组根据学校实际组建考评小组,对竞聘对象按学校教师考核细则进行综合考评,考评方式由各校根据竞聘工作方案自行确定,学校竞聘工作领导小组根据考评情况,确定各岗位聘用人员,聘用结果在校内公示后报县教育局备案。

校内或者校外二批竞聘,二批竞聘对象为首批竞聘未落实岗位人员和申请跨校竞聘的人员。各学校空缺岗位由县教育局统一公布后,竞聘人员向意向学校递交竞岗申请,参加二批竞聘(义务段学校教师建议先在共建型/协作型共同体内竞聘,鼓励符合条件的教师跨学段竞聘)。二批竞聘只限报1所学校,但可以报多个岗位,或服从分配。二批竞聘由各校竞聘工作领导小组根据岗位要求,经综合考评,按需选定初步人选,报县教育局审核同意后聘用。首批竞聘已聘用人员不再参与二批竞聘。

(4)组织调剂。两批竞聘结束后,各校公布空缺岗位。经前两批竞聘仍未落实岗位的人员,向有空缺岗位的学校提出工作意愿,学校根据申请人情况和单位实际需求作出是否聘用决定。仍未落实岗位的人员,县教育局根据学校特色差异、评价方案差异、教师个体情况和相关学校空岗情况,征询相关单位意见,对少部分待岗教师进行协调安排、组织调剂(校际交流、跟岗提升、培训提升等)。对组织调剂仍未能落实岗位的人员,当年度起纳入待岗人员管理。对于在全县范围内无可选岗位的人员,如二批竞聘都未上岗,直接进入待岗,不再进行组织调剂。

(5)办理手续。各类聘用人员按规定办理聘用手续。嘉善县"县管校聘"管理改革不仅进一步深化了教师流动机制,优化人才配置,弥补了城乡优质教师在学科、职称、年龄上的结构失衡,更是激发了教师队伍整体的活力,提高了教师工作积极性,为县域内城乡教育融合发展提供了有力支撑。

(四)创新教师培训模式与分层培养机制

缩小城乡教师专业素质差距、提升教师教学能力是促进城乡优质师资均衡配置、推进城乡教育融合发展的重要环节。嘉善县还按照分层分类、分批分梯度的原则,创新县域教师培训模式与分层培养机制,开展了优秀教师"竞争性承办"、内容更具针对性的培训项目,建立了新教师、教学能手、学科带头人、名师四大分层培养机制,针对不同群体开展不同类型的培训以及评比活动,充分发挥名师辐射带动作用,带动了县域内整个师资队伍质量的提升,促进了城乡教师专业成长一体化的发展。2022年底,嘉善县入选教育部基础教育学科教学指导专委会1人,正高级教师5人,在职省特级教师10人,市教育领军人才2人,全国名校长工作室2个,省级特级教师工作室2个,市级大师工作室2个,县级个人名师工作室22个。教师教育教学论文获奖数量及质量长期保持县域全省领先。

1."团队浸润式"培养新任教师

新任教师在教育教学方面缺乏教学管理经验,所学专业理论知识和实际教学存在偏差,承受着较大的心理压力,需要帮助新任教师完成从职业准备到完全进入职业状态的阶段过渡。2011年,嘉善县颁布《嘉善县教育局关于印发〈嘉善县中小学教师专业发展培训实施办法(试行)〉和〈嘉善县中小学教师专业发展培训实施细则(试行)〉的通知》(善教人〔2011〕89号),明确要求新录用的、教龄在1年以内的新任教师,在试用期内须参加不少于180学时的培训,其中实践培训90学时。新任教师在试用期内接受规定培训的时数,不列入教师周期内专业发展培训时数。新任教师专业成长的前3年要参加规范化培训,包括岗前集中培训、团队浸润培训、岗位过关考核三个阶段,培训内容包括教师职业道德与修养、德育工作及班级管理、课堂教学及实践、教学研究及基本技能四个方面共 25 个要点。县、校培训活动为新任教师完成规范化培训提供支持,设计规范化培训手册,新任教师要将相关活动记录或结果填写在培训手册中作为 3 年期满后考核的依据。

在新任教师三年规范化培训中,着重实施"团队浸润式"培训,通过统筹全县优质教育资源,以学科团队为单位,让新任教师在优秀教育教学团队的浸润和专门的指导教师带教过程中正确认识并适应教师角色,强化教育教学实践能力,形成良好的教育教学行为规范。有利于帮助新任教师形成良好的教学习惯,促进新任教师教学能力和专业素养提升,又有利于加快新任教师融入工作环境,加强新任教师与其他教师的沟通与交流,解决自身面临的新入职难题。据嘉善县相关部门统计,经过"团队浸润式"的 3 年规范化培训,大约有15％的教学把刚满 3 年的新任教师列入学科教研员培养的骨干教师队伍,培训效果显著。

2.优秀教师竞争承办培训项目

为加强教师专业发展培训的有效性,充分发挥县域名师、学科带头人的辐射引领作用,2014 年嘉善县颁布《嘉善县教育局关于嘉善县教师专业发展培训项目"竞争性承办"的通知》(善教人〔2014〕59 号),决定开展教师专业发展培训项目"竞争性承办"活动,将部分培训项目以"竞争性承办"的方式向全县各学校开放"培训项目承办权"。教师专业发展培训项目分为德育类、学科类、教师能力拓展类等类别,各级名师、学科带头人、特长教师根据有关项目申报要求,结合自身特色,选定相应项目,拟定申报方案,围绕项目设计背景、目的、培训内容、培训课程安排、培训成果展现、培训经费使用等环节进行答辩,专家组按照"公开、公平、公正"的原则遴选培训项目负责人。培训项目负责人所在学校需要在培训期间有效整合学校的校本培训,调动学校优质资源,提供实施培训项目所需的良好教学条件和后勤保障条件。

在嘉善县教师流动改革不断深入推进的背景下,大部分名师、学科带头人、特长教师具有到农村学校的流动经验,对于县域内农村学校发展的瓶颈以及农村学校教师专业发展的需求较为了解,充分了解城乡教师对于自身专业发展的需求,使之承办了培训项目后受训教师能够得到更具针对性与实效性的培训内容,有利于受训教师将培训内容融入日常的教育工作当中。

虽然各级名师、学科带头人、特长教师与普通教师相比具备专业优势,但在其内部,优秀教师间的专业水平也存在着一定差异,并且教育教学能力强的优秀教师不一定具备优异的策划、实施教师专业发展培训项目的能力。通过组织现场答辩对竞争承办培训项目的教师进行专家评审,优中择优遴选更为了解城乡教师实际需求、培训项目策划能力强的优秀教师,既有利于增强教师专业发展培训项目的针对性与实效性,同时对实施培训项目的优秀教师而言,也是展示自身专业能力的平台,在教师专业发展培训项目"竞争性承办"的过程当中实现承办教师与受训教师共同提升,促进县域内城乡教师专业发展的一体化。

3.充分发挥名师辐射带动作用

为充分发挥名师在学科建设和骨干教师培养等方面的示范引领作用,深入推进嘉善县义务教育学校教师流动工作,2012 年嘉善县颁布《嘉善县教育局关于建立嘉善县学校名师工作室的通知》(善教人〔2012〕102 号),规定在全县各中小学、幼儿园成立学校名师工作室,其中名师主要包括县学科带头人、县名教师、市学科带头人、市名教师以及特级教师。名师工作室是学校名师团队带动全校教师发展的共同体。文件规定名师工作室成立后,名师需要在培养骨干、学科建设、科研方面发挥示范引领作用。在为学校培养骨干教师方面,名师主动承担培养优秀青年教师的任务,充分发挥了传、帮、带作用,力争为学校组建骨干教师团队。在学科建设方面,名师带领学校学科教研组积极开展校本教研活动以及听课、评课和科研交流活动,并主动承担示范课、观摩课等公开教学任务。在科研方面,名师充分发挥教育科研专长,在完成自身名师科研要求的同时,积极指导学校青年教师开展论文撰写、课题研究等教育科研活动。

在实施教师流动改革前,全县优质师资分布不均,全县义务教育学校有县级学科带头人及以上名师 89 人,其中农村不到 1/3,12 所农村学校没有名教师,缺乏学科领军人物。[①] 为了能够让名师的城乡分布更为均衡,嘉善县采取

---

① 包庆余.师资均衡才是真正的均衡——浙江省嘉善县义务教育学校教师多元流动模式的实践与启示[J].人民教育,2013(Z2):62-64.

一系列保障措施为名师专业发展创造良好的外部条件,促进名师向农村学校合理流动。在学校层面,切实关心名师工作和学习生活,优先保障名师参加各类教研活动和科研的时间及经费,并积极帮助、协调名师开展公开课、带徒、教科研等方面的工作。

在县教育部门层面,对验收合格的名师工作室予以工作经费保障,积极为名师创设学习、交流、展示的机会,扩大名师的知名度和影响力,每年评选若干优秀名师工作室进行表彰奖励,在职称晋升、评优评先方面对名师工作室成员予以倾斜。同时,提高流动名师的待遇,规定在农村任教的名师津贴标准是城镇的3倍,参与流动的名师可优先享受1年1次的学术休假。多方有效的保障措施促使了名师向农村学校流动。嘉善县通过名师的合理流动使之前12所没有名师的农村义务教育学校都至少有1名名师引领,实现了义务教育学校名师工作室全覆盖,农村学校基本学科都由县级以上名师引领,通过名师引领带动薄弱学校骨干教师的培养和学科建设,共同提升。

名师工作室的建立从制度体制上为名师提供了充分发挥自身作用的发展空间与平台,支持了名师自身的专业成长,激发了名师工作的积极性和创造性,也带动了农村学校教研科研发展,引领了农村学校教师的专业发展。名师工作室立足本校实际,强化研训研修,发挥各类名师在学科建设、竞赛辅导、特色创建等方面的示范、引领、辐射作用,通过课题研究、课堂教学研讨指导培养年轻教师成长,使得名师工作室真正成为优秀教师培养的发源地、青年骨干教师的集聚地、未来名师的孵化地。

4. 分层开展评比评选活动

为提升教师专业化水平,嘉善以"课博会"课堂教学展示和"善教杯"课堂教学系列评比活动两大平台为载体,按照分层分类、分批分梯度的原则,针对不同教师群体分层开展评比评选活动,不断提升教师队伍的综合素质和专业化水平。

2013年嘉善县颁布《嘉善县教育局关于印发〈嘉善县首届"课博会"活动方案〉的通知》(善教基〔2013〕123号),决定举办嘉善县首届"课博会"。截至2022年底,嘉善县已经连续10年举办了"课博会"。每届"课博会"会选取一个活动主题,围绕活动主题有针对性地选择开展省级名师或善派名师课堂教学展示与研讨、学校社团展评、重大课题成果展示、学校领导论坛、专家学术报告、课程建设评比、课博会征文等活动内容。"课博会"是浙江省教育系统课堂教学展示的首次模式创新,150 余名省内外特级教师、高校专家来到嘉善县参与课堂教学、开展实践培训、科研指导等,同时,全县有累计万余人次教师参与其中。2022 年起,嘉善"课博会"升格为长三角生态绿色一体化发展示范区"课博会"。

2015 年嘉善县颁布《嘉善县"善教杯"课堂教学系列评比活动实施方案(试行)》(善研训研〔2015〕26 号),决定组织开展嘉善县"善教杯"课堂教学系列评比活动。"善教杯"课堂教学系列评比活动分为"新锐杯""创新杯""睿智杯""卓越杯"4 个专场,每学期举办 1 个专场,2 年为一周期。其中,"善教·新锐杯"专场的参加对象为 30 周岁以下青年教师,旨在引导青年教师熟悉课堂教学常规,提高青年教师教学能力,检阅各校青年教师培养成果。"善教·创新杯"专场的参加对象为 30—45 周岁教师(高级教师必须参加),旨在引领教师深度聚焦自身的课堂教学实践,提升课堂教学水平。"善教·睿智杯"专场的参加对象为 45 周岁以上教师(高级教师必须参加),旨在激发教师再次焕发参与课堂教学评比的热情,感悟课堂教学的真谛,提升自身教学积极性。"善教·卓越杯"专场的参加对象为嘉善县县级学科带头人及以上名师,旨在通过参加评比活动发挥名师的示范、引领、辐射作用,展示名师课堂教学风采,促使各级名师审视自身教学优势与不足。

"课博会"课堂教学展示和"善教杯"课堂教学系列评比两大活动平台为不同学校、不同年龄段、不同职称、不同荣誉称号的教师提供了充分展示、学习优秀教学经验的机会,在客观上助推了教师的工作紧张感与积极性。通过以赛带训、以赛择优,教师间形成了相互质疑、相互探讨与相互沟通的良好教学氛围,进一步带动了县域内不同教师群体专业水平共同提升,为城乡学校打造了一批教学效果优异的各层次各学科的骨干教师队伍,有利于促进县域内城乡学校教师专业发展的城乡教育融合发展。

三、嘉善县城乡教育融合发展的启示

嘉善县城乡教育融合发展也取得显著成效,可以为我国城乡教育融合发展提供实践经验与有益借鉴:坚实的经济基础是城乡教育融合发展的重要支撑,创新完善体制机制是城乡教育融合发展的制度保障,发挥独特的区位优势

是城乡教育融合发展的有利条件,城乡统筹是促进城乡教育融合发展的重要方法。

（一）坚实的经济基础是城乡教育融合发展的重要支撑

教育的发展对经济社会发展起到重要的能动作用,经济的发展为教育发展提供重要支撑作用,两者相辅相成,城乡教育融合发展需要相对充足的经费支持,可以让教育部门在研究制定相关政策措施时在经费方面无后顾之忧地"放开手、大胆干"。嘉善县利用自身各种优势条件促进经济发展,始终把教育作为财政支出的重点领域予以优先保障,依法落实教育经费不断增长,均衡配置城乡教育经费,为县域内城乡教育融合发展的改革与实践提供了可能。在强有力的经济支持下,嘉善县早于国家规定时间先行实施了城乡中小学生均公用经费、生均事业费统一标准,并在"十二五"期间实现了城乡学校办学条件标准化建设全覆盖,促进了教育经费与办学条件的城乡一体化发展。在"十三五"期间,嘉善县逐年加大对普惠性民办幼儿园的扶持力度,2016年,关于印发《嘉善县普惠性民办幼儿园认定管理办法（试行）》和《嘉善县扶持普惠性民办幼儿园发展奖补资金管理暂行办法的通知》（善政办发〔2016〕8号）;2018年,出台《关于印发嘉善县扶持普惠性民办幼儿园发展奖补资金管理暂行办法的通知》（善教〔2018〕86号）。2021年,县财政对普惠性民办幼儿园的补助达到1160万元左右,较2018年的奖补资金230万元,提升幅度达405％。

为了促进优质师资城乡结构均衡,嘉善县提高农村教师以及流动到农村学校的名师的生活待遇,并且为名师工作室等促进城乡教师专业发展的政策制度提供经费保障,促进优质师资以及教师专业发展的城乡教育融合发展。2019年,嘉善县制定出台《关于推进嘉善教育高质量发展的实施意见》（善委发〔2019〕17号）、《嘉善县人民政府关于推进教育高质量发展的若干政策意见》（善政发〔2019〕19号）和《嘉善县教育高层次人才引育工作实施方案》（善政办发〔2019〕56号）,为嘉善教育高质量发展提供强大支撑。

（二）创新完善体制机制是城乡教育融合发展的制度保障

随着社会不断发展,各项制度也需要与时俱进。嘉善是一个充满创新的地区,在城乡教育融合发展的实践探索过程中,嘉善教育部门形成了一套有效促进城乡教育融合发展的健全的体制机制,充分调动相关利益主体的积极性与能动性,为城乡教育融合发展提供制度保障。

在县域城乡统筹发展的背景下,嘉善县为了调整优质师资的城乡结构、解决愈演愈烈的择校问题,作为义务教育学校教师流动国家级试点,建立了行之有效的教师流动机制,并且制定了相关配套政策以破除教师流动障碍。在圆满完成义务教育学校教师流动国家级试点任务的基础上,为打破教师轮岗交流的管理体制障碍,加强县域内中小学教师的统筹管理,嘉善县没有满足于已取得的成绩,而是选择继续创新教师管理模式,探索构建教师退出机制,健全教师流动长效机制,制定并实施县管校聘管理体制以充分调动校长和教师的工作积极性与能动性,不断激发教师活力,为促进校长教师合理流动提供了制度保障。

(三)发挥独特的区位优势是城乡教育融合发展的有利条件

嘉善县处于长江三角洲的中心地带,紧邻上海,经济发展水平较高,交通便利,具有十分有利的区位优势。作为全面接轨上海的第一站,一直致力于建设面向上海的"开放合作先导区",嘉善经济技术开发区近九成的优质项目均来自上海的产业转移,企业对技能型人才,特别是高技能人才的需求越来越大。2018 年之后,嘉善作为长三角生态绿色一体化发展示范区的核心区,与上海金山区、青浦区、奉贤区建立教育全面合作,积极引进沪杭高校资源或优质学校品牌,加大优质资源导入,与浙师大、华师大二附中等 7 所名校合作,建设和运行 12 所嘉善附属实验学校,引进上海世外教育集团托管 2 所公办薄弱学校,上海音乐学院合作办学项目成功签约。不断扩大县域优质教育资源的覆盖面,社会反响良好。

(四)城乡统筹是促进城乡教育融合发展的重要方法

城乡统筹是促进城乡教育融合发展的重要方法,让城市和乡村居民处于同等地位共享改革发展成果是维护和保障全体人民生存和发展权益,既是我们党一切行动的出发点和根据,也是落脚点和归宿。体现了以发展依靠人民、发展为了人民、发展成果由人民共享为奋斗目标。教育均衡发展改革正是人民群众能感受到的获得感最强的改革,教育均衡发展是实现和维护社会公平正义的基础。一个人如果在义务教育阶段没有受到应有的良好教育,必将导致终身的学习力、想象力、执行力等核心竞争能力的缺失,也将难以在经济社会发展中获得公平的机会。用城市优质资源来带动农村的教育,让所有的孩子能同等享受到优质教育是各地政府需要突破的难题。嘉善的改革通过城乡资源有效整合,使师资水平、教学资源、各校生源均衡化,由此打破学区纠葛,打消择校念头,从源头上打造教育均衡发展,实现"让家门口的每一所学校都优质"的目标,为全国教育均衡发展、城乡融合发展提供借鉴。

第二节 统筹城乡交通一体化高质量发展

在实施乡村振兴过程中,高水平、高质量推进交通基础设施规划建设,是嘉善主动谋划全县发展战略、城乡形态、产业布局的重要保障,是嘉善"双示范"建设的重要内容和紧迫任务。近年来,嘉善始终坚持"致富路上、交通先行"初心,奏响交通蝶变曲,创新形成了统筹城乡交通发展的"嘉善经验"。

一、统筹城乡交通一体化高质量发展的历程

嘉善地处江浙沪两省一市交汇处,区位优势明显。加快交通建设,对嘉善主动接轨上海、统筹城乡发展、加快新农村建设有重要促进作用。2009 年,交通运输部从"接轨上海、融入长三角"和"统筹城乡发展"的高度,帮助嘉善破解交通发展难题,积极探索区域交通科学发展路径,促使嘉善交通工作取得了阶段性成果。

(一)2008 年以前嘉善交通基本情况

2008 年之前,嘉善县公路、水运、铁路、公共交通发展情况如下。

1.公路概况

全县拥有通车公路总里程 706.07 公里,公路密度 139.3 公里/百平方公里。其中,高速公路 36.97 公里、一级公路 44.3 公里、二级公路 53.97 公里、三级公路 150.24 公里、四级公路 335.95 公里;境内县镇公路桥梁 202 座,村镇通村公路以下桥梁 1375 座;营业性客运车辆 560 辆,货运车辆 6989 辆。

2.水运概况

全县拥有限制性定级航道 56 条,总里程 327.39 公里,定级航道密度为 63.22 公里/百平方公里。其中,四级航道 2 条共计 27.54 公里、五级航道 1 条共计 1.4 公里、六级航道 6 条共计 63.28 公里、七级航道 27 条共计 149.33 公里、七级以下航道 20 条共计 85.84 公里;装卸作业货运码头 237 个,船厂 29 家,航运企业 5 家;运输船舶 1576 艘,总载重吨位 17.3 万吨。

3.铁路概况

沪杭铁路客运专线尚未建成,县域内沪昆线穿境而过,设嘉善站。2008 年,嘉善火车站客运量 47.13 万次,货运量、装卸量 84.62 万吨。

4.公共交通概况

县内汽车站有嘉善汽车站和西塘汽车站;出租车公司 6 家,车辆 210 辆;开通城乡公交线路 44 条,投入客运车辆 175 辆,建成港湾式停靠站 187 个。

(二)2008 年以来嘉善交通迅速发展

2008 年以来,嘉善围绕习近平总书记对嘉善交通的重要指示批示精神,高起点谋篇布局、高质量推进项目建设、高水平提升行业服务供给能力,交通发展取得阶段性成果,形成由铁路、公路、水路三种运输方式构成的交通运输网络。

1.交通框架基本形成,建成统筹城乡交通发展示范县

形成以沪昆高速公路、申嘉湖高速公路、320 国道为"三横",以杭州湾跨海大桥北岸连接线、善江公路为"两纵"的"三横两纵"道路交通基本框架;以湖嘉申线、长湖申线为"两横",以杭申线、丁诸线为"两纵"的"两横两纵"水运网络主骨架;沪杭高铁和沪昆铁路分别在县内设站停靠;县域内形成了各镇 10 分钟上高速、各镇到县城 20 分钟和村域之间 40 分钟互通的"102040"交通圈。在全省率先实现村村通公交,荣获"全国农村公路养护与管理先进集体"称号,成功创成"四好农村路全国示范县",成功入围全国城乡交通运输一体化示范县创建。

2.交通建设初见成效,建成交通一体融合示范县

全县拥有通车公路总里程 869.258 公里,公路密度 171.451 公里/百平方

公里。其中,高速公路 62.151 公里、一级公路 95.691 公里、二级公路 108.17 公里、三级公路 320.416 公里、四级公路 282.83 公里;境内国省道桥梁 83 座、农村公路桥梁 784 座。全县有定级航道 56 条,总里程 324.14 公里,定级航道密度为 63.98 公里/百平方公里,其中三级航道 1 条 6.03 公里,四级航道 3 条共 36.48 公里,五级航道 2 条共 18.38 公里,六级航道 4 条共 49.1 公里,七级及准七级航道 46 条共 214.15 公里。内河港口泊位 153 个,其中年通过能力超 100 万吨级的企业码头 2 个。发挥公路、水路、铁路联动优势,推进嘉善至上海、江苏等省际通道建设,开通 3 条至上海的省际直达客运班线、8 条省际毗邻公交线路。

3. 交通运输便捷高效,建成县域智慧交通示范县

全县运输企业拥有货运汽车 5455 辆,客运汽车 433 辆。各类营运船舶 487 艘,其中各类营运货船 388 艘,23.9 万载货吨,功率 6.49 万千瓦;12 客位以下游船 99 艘,848 客位;码头企业 68 个,船厂 2 家;水路运输企业 5 家,其中货运 3 家,客运 2 家。出租车公司 7 家,车辆 264 辆;开通城乡公交线路 52 条,投入车辆 220 辆,共设公交站点约 1450 个,其中建有港湾式停靠站的公交站点约 430 个,建有候车亭的公交站点约 520 个。率先建成全国首个县级综合交通信息中心,全面提升了全县交通运输管理能力和服务水平,荣获"全国交通运输信息化智能化建设优秀项目"称号。

二、嘉善交通一体化高质量发展的经验做法

嘉善县以深入贯彻落实习近平总书记重要指示批示精神为主线,紧扣"全国县域交通运输科学发展示范点"发展目标,充分发挥区位优势,精准发力、争先示范,着力实现"通达、便捷、经济、安全"的现代化综合交通运输体系,立足"三个服务",做好"六个统筹"(统筹城乡交通基础设施建设、统筹城乡公共交通发展、统筹城乡交通物流发展、统筹城乡智慧交通建设、统筹城乡生态交通建设、统筹城乡交通体制机制创新),并注重把统筹城乡交通发展与现代综合交通运输体系建设结合起来,与破解交通瓶颈制约结合起来,与全面加快融入上海工作结合起来,与促进公共服务均等化结合起来,与管理创新和政策创新结合起来,不断加大投入,落实举措,着力破解交通发展难题,增强了城乡交通一体化发展的动力,初步形成了统筹城乡交通发展的"嘉善经验"。

（一）把统筹城乡交通发展与现代综合交通运输体系建设结合起来，抓好综合交通规划编制

构建完善交通规划体系。立足长三角一体化发展、交通强省等战略背景，发挥规划引领作用。2019年，启动编制了《嘉善县域综合交通规划》《嘉善县公路网（县道）规划》《嘉善县公交发展规划》《嘉善县"十四五"综合立体交通规划》等，建立交通规划体系，在县级层面率先编制数字交通专项规划。为优化县域主要通道布局，统筹区域、城乡交通发展提供了重要保障。

1.嘉善县域综合交通规划

编制了《嘉善县"十四五"综合立体交通规划》，深入谋划研究打通"三纵四横"省际断头路、G60沪昆高速公路大云互通及连接线改造提升工程、320国道改建工程、苏嘉甬铁路、杭申线（嘉善段）三级航道改造等一批项目，进一步完善了县域综合交通规划体系。重点对轨道交通、智慧交通、生态绿色交通等方面进行优化提升，着力提出"六个嘉善"（即轨道嘉善、枢纽嘉善、高快嘉善、蓝绿嘉善、智慧嘉善、品质嘉善）的交通规划主要内容。深入研究满足高质量发展、一体化发展的县域综合交通总体构想，明确未来县域交通发展方向。系统制定嘉善与长三角一体化示范区乃至上海、苏州、嘉兴等城市的对外交通衔接方案，在后续区域层面规划及对接协调中占据主动性。

2.统筹城乡交通规划

嘉善交通积极与省厅市局、周边地区、县内各镇（街道）和相关部门开展规划对接，编制完成《全国城乡交通运输一体化示范县实施方案》《关于加快推进嘉善县城乡交通高质量发展的实施意见》，以构建"长三角高质量一体化交通示范区"为总体目标，按照"先行谋划年（2019）、启动建设年（2020）、全面攻坚年（2021）、示范引领年（2025）"实施步骤，通过"六大专项行动，百大重点项目"工作举措，将嘉善建成为"国际品质的县域交通标杆地、全国城乡交通一体化示范县、长三角核心区交通战略通道"，实现"三个半小时"交通圈，即半小时城际圈（长三角主要城市半小时互达）、半小时通勤圈（示范区主要节点半小时互达）、半小时县域圈（县域内部各组团半小时互达）。

3.公路网（县道）规划

主要完成《嘉善县道（公路）网规划》《嘉善县美丽农村公路建设规划》等。

为解决项目难以落地问题,将嘉善所有县道在规划中确定坐标点位,具体包括线位、技术标准、整体投资、建设年限的确定等,做好项目所在廊道区域的建设管控,并准备将该规划与嘉善空间规划的编制有机衔接,最大程度地使规划项目能够顺利落地。

4.公交发展规划

制定《嘉善县公交发展规划》,研究嘉善公共交通发展的不同层级,以及公共交通分担率不高导致中心城区部分路段和节点常发性拥堵等问题。提出在交通发展新阶段,公共交通应一体化融合发展,促成多网融合的公共交通体系,形成公共交通主导出行的体系。建立公交骨干体系,以常规公交为基础,公共自行车为衔接,构建多层次公交网络体系。

(二)把统筹城乡交通发展与破解交通瓶颈制约结合起来,大力推进交通基础设施建设

从县域交通发展实际出发,抓住制约城乡交通一体化发展的关键环节,实施重点突破。

1.全力推进农村康庄工程

2003—2011年,嘉善全力实施农村康庄工程,新改建农村公路594公里,完成桥梁建设702座,全县农村交通面貌发生了根本性改变,并在2007年底全面完成等级公路通村率和路面硬化率实现"双百"目标和撤渡建桥任务,告别千年渡运历史,所有建制村之间100%通公交。自2011年开始实施农村公路指路体系全覆盖工程,实行统一设计、施工和验收,实现全县指路标志体系完整统一。

2.精心实施品质提升工程

嘉善县深入贯彻落实"四好农村路"重要指示精神,紧密围绕乡村振兴战略,以"畅、联、洁、绿、美、安"为目标,推动"四好农村路"建设高质量发展。2012年12月制定《嘉善县农村公路品质提升工程实施意见》,并按照综合提升、因地制宜的原则,配套出台了《公路等级提升管理办法》等6个细则办法,优质高效地开展新一轮农村公路品质提升工程,提高路网基础水平,改善农村交通条件。2022年1月28日,交通运输部发布《交通运输部财政部农业农村

部国家乡村振兴局关于命名"四好农村路"全国示范县的通知》,嘉善县正式被命名为"四好农村路"全国示范县。农村公路总里程达791.572公里,优、良、中等比例达到93.5%以上,二级以上公路比例提升至30.6%,等级公路比例提升至100%;乡镇和街道全部通三级以上公路,建制村通双车道公路比例92%,较大自然村全部通等级公路;公路实现"路长制"全覆盖。成功打造了红色党建之路、蓝色智慧之路、生态绿色之路、金色暖心之路四条特色之路。建成党建引领"四好农村路"精品线,祥符荡科创绿谷精品线,大云—惠民县域农旅风情线,构建"乡村大旅游"格局。

3. 大力开展美丽通道建设

自2015年12月启动"美丽通道"建设以来,建立了《嘉善县美丽通道建设专项行动工作方案》和《嘉善县美丽通道专项行动建设项目库》,通过进一步加强基础设施建设,优化通道环境、提升绿化景观,将县域通道建设成为环境整洁、景观优美、互联互通、管理有序的绿色廊道和景观大道。

4. 积极创建美丽经济交通走廊

编制完成美丽经济交通走廊创建方案,其中公路走廊149公里。缪洪公路两侧非机动车道改造成集自行车道和步道于一体的3米绿道,首次应用集智能照明、无线网络、信息发布、视频监控、充电桩等功能于一体的智慧路灯,成为游览十里水乡、云澜湾温泉小镇、巧克力甜蜜小镇、碧云花园的旅游经济之路。

5. 加快推进道路客运场站建设

有效落实道路运输客运枢纽和城乡公交场站的规划布局、设计建设工作,完善客运基础设施,提高城乡客运交通综合能力和服务水平。已建成可供公交车停放的公交站场共有16个,公交站点约1450个,其中建有港湾式停靠站的公交站点约430个,候车亭的公交站点约520个。

（三）把统筹城乡交通发展与全面加快融入长三角工作结合起来,努力实现区域交通一体化

把交通作为嘉善全面融入长三角区域的先行者,加快提升对外交通互联互通水平,促进区域融合发展。

1.交通基础设施加快建设

完成沪嘉城际铁路轨道(嘉善段)、通苏嘉甬铁路线确定,完成了320国道改扩建工程、平黎公路高架项目、杭州湾跨海大桥北接线二期等重点项目建设,有序推进"三高四铁"项目的谋划建设,加快打通与上海、江苏交界区域"三纵四横"省际断头路,创新建设模式成功打通姚杨公路省界段、丁枫线等省际断头路,区域网络互联互通水平全面提升。

2.公共交通服务日益紧密

先后开行嘉善至上海金山区、松江区、青浦区省际班线3条,如公交310线路(湖滨村—水闸桥)顺利延伸至江苏吴江黎里(芦墟),极大满足两地居民通勤上班、走亲访友等民生需求,让百姓充分享受到公路发展和建设成果。客运中心至枫泾、姚庄至枫泾、丁栅至蒸淀、西塘至枫泾、大通至枫泾毗邻公交5条,西塘至江苏黎里、上海东方绿洲(上海轨道交通17号线)省际定制公交旅游专线2条,嘉善至上海浦东机场包车线路1条,嘉善至上海、苏州、无锡、昆山、杭州、宁波、湖州定制客运10条;IC公交一卡通实现与全国327个城市互联互通。

3.合作交流机制不断完善

积极加强与青浦、金山、吴江等地的交通部门沟通对接,重点在规划协调机制、重大建设项目通报、信息共享、公交客运、联防联控、人才培养等多方面深化合作。携手推动项目建设,2012年,与上海市建交委等部门就轨道交通衔接工作进行专题会谈,共同完成《嘉善与上海综合交通对接研究方案》;2019年7月,嘉兴市与金山区毗邻交通重大工程立功竞赛启动仪式在嘉善举行。加强人才交流培养,2018年,1名上海市金山区交通委青年干部来嘉善县交通局挂职局长助理。加强"毗邻党建"共建,2019年6月,嘉善县交通局机关支部与同济大学浙江学院交通运输工程系教工支部签订党建共建协议;2019年10月,上海城建设计总院长三角研究院交通一体化办公室揭牌成立,嘉善县交通运输局党委、团委与上海城建设计总院规划党支部、团支部分别签订党团共建协议。

（四）把统筹城乡交通发展与促进基本公共服务均等化结合起来，加快提升城乡交通服务水平

始终把惠民利民作为交通发展的最终目标，把满足城乡居民需求、服务新农村建设作为推进城乡交通一体化的出发点和立足点。

1. 公共交通更好满足

坚持公交优先战略，推进公交运营体制改革，加快公交站点信息化改造，优化公交线路和运营时间，为群众提供更好的出行体验。嘉善县城乡道路客运一体化发展达到5A级水平，主城区500米半径内公交站点覆盖率达到93％以上，行政村公交1公里通车率100％。全县实现城乡客运公交一票制，开通公交线路99条，投放车辆485辆；投入氢能源公交132辆，清洁能源或新能源公交车占比达90％以上；建成新能源汽车分时租赁网点94个，投放共享汽车350辆；建成公共自行车租赁点135个，投放公共自行车4650辆。

2. 物流服务降本增效

进一步深化"交邮合作"，推动农村配送物流体系建设，有效降低农村物流成本；成立县物流与供应链协会，招引重点企业项目，抓好产业配套服务，促进物流业与制造业联动发展；持续推动物流行业转型升级，主动服务、推进物流园区建设发展，大力培育重点物流企业。引进特易购、晋亿、博洋等龙头物流企业落户，凯鸿智能公路港项目已完工；全县共有A级物流企业4家，其中4A级1家、3A级1家、2A级2家。

3. 信息建设率先突破

以信息化引领综合交通一体化为突破口，建成全国第一个县级综合交通信息服务平台，推动嘉善交通信息服务体系建设，在行车诱导牌、城区停车诱导系统、手机客户端等方面已取得阶段性成效，为公众出行提供高效便捷的信息服务。借力平台优势，设想结合智慧公路试点、5G车路协同试点等建设，将综合交通信息服务平台打造为城市大脑，成为智慧交通的重要载体。

4. 品牌创建打造亮点

2012年，嘉善交通创建"e路畅优"服务品牌，经过培育发展，品牌内涵扩展为卓越的（excellent）、高效的（effective）、活力的（energetic）、情感的

（emotional）、特色的（especial）、科技的（electronic）六个方面。多年来，嘉善交通始终把品牌的创建实效放在首位，持续扩大其知名度和影响力，不断推动嘉善交通运输工作向前迈进。"e路畅优"品牌成功进入交通部"十大文化品牌候选"行列，并创建为嘉兴市市级机关示范品牌。

（五）把统筹城乡交通发展与管理创新、政策创新结合起来，增强城乡交通一体化发展的动力

切实抓好机制、要素、模式等方面的基础保障工作，创造良好环境，激活发展动能，提升工作效能和服务质量。

1. 创新推动机制

不断完善组织领导、对接落实等机制，强化部门协作配合，凝聚上下工作合力。进一步强化交通基础设施攻坚专班运作、部门协同，压实主体责任，汇聚攻坚合力。成立由县领导联挂，县交通局、发改局、财政局、自然资源局等多部门参与的项目推进"六个一"机制；依托省交通厅对长三角生态绿色一体化示范区嘉善片区的政策支持，深化对接交流，探索最优发展路径、破解交通发展难题。

2. 夯实要素保障

紧抓国家战略机遇期，积极向上级部门争取资源，努力在项目规划、立项、土地、环评、资金筹措等方面得到支持。同时，强化自身担当，细化工作举措，资金筹措采取"三个一块"办法，由嘉善县交通投资集团公司进行运作，提高交通建设融资能力；陆续出台公交财政补贴、全县同质老年人乘坐公交优惠等政策文件，大力推进公共交通发展。

3. 优化管理模式

进一步深化简政放权、优化资源配置、推动转型升级，探索建立统筹交通规划、建设、管理、服务的综合管理模式，基本实现交通行业科学管理一体化。建立了农村公路管养工作长效机制，水上非现场执法走在全省执法创新的前列。依托红旗塘激光卡口系统强化水上非现场执法，不断探索船舶全覆盖管理的新路子，实现了行业监管效能、日常执法效能、安全保障效能、服务民生效能"四个提升"，走在了全省执法创新的前列。

三、交通一体化高质量发展的经济社会效应

交通是发展区域经济的基础,具有先导性,对区域经济发展具有重要影响。嘉善的经济社会发展与交通的发展密切相关,在当前的城镇化进程、城乡统筹发展、民生改善和新农村建设中,嘉善的交通发展具有重大的现实意义,对经济社会发展产生巨大效益。

(一)交通运输发展创造农村客货邮融合发展

结合党中央、国务院和省委省政府关于全面推进乡村振兴决策部署,聚焦农民群众幸福出行、物流配送、邮政寄递三个"最后一公里"难题,依托城乡公交一体化、农村物流、快递进村工程等工作载体,加快推进农村客货邮在体制机制、基础设施、运营线路、运输信息等方面深度融合,打造具有嘉善特色的"客货邮＋农电商协同发展"新模式,被评为浙江省农村客货邮融合三星级样板县,是嘉兴市唯一的省级样板县。已建成1个县级共同配送中心、4个乡镇综合服务站(振兴驿站)和21个农村物流服务点(振兴服务点),开通5条客货邮合作线路,实现农村物流各类物资"最初一公里"和"最后一公里"有序集散和高效配送。

(二)交通运输发展加速城乡一体化进程

交通运输的快速发展,特别是城乡公交一体化的深入推进,城乡间人流、物流和信息流的运转速度和相互作用,加速了区域城镇化进程,促进和改善了民生。交通运输条件的改善相对缩小了生产、居住和流通的空间范围,方便了人们的社会往来。实现村村通公交后,形成了各镇10分钟上高速,县城到各镇20分钟和村域之间的40分钟互通的"102040"交通圈。实现了与上海市公交一卡通互联互通,开通了长三角地区嘉善到上海和江苏的省际公交线路。推行城乡公交一票制、公交一卡通,实现了城乡公交同质、同价、同网;推行镇域公交运行模式,全面提高了公交服务水平。

(三)交通运输发展促进了新农村建设

交通的大量投资建设创造了就业机会,更是改善交通基础设施条件,尤其

是乡村康庄工程,是造福于民、服务于民的幸福工程,不仅改善了农村生活条件,更是为嘉善的新农村建设提供了必要的硬件基础设施,促进了农村资源开发、产业结构调整、生产发展和农民生活方式的改变。使嘉善本地的农产品可以在更大的市场范围内实现优化配置,罗星街道马家桥村的甜瓜从采摘到进入上海、杭州等大中城市的超市货架上仅需 2 个小时。根据市场的需求,形成专业化生产,促进本地的农业产业化经营。产业化经营可以将千家万户的农民组织起来,以联合与共同体的方式形成规模经济,从而提高农产品的竞争力,提高农业效益,增加农民收入。村村通达的公路,美丽乡村风景线的建设使得村容村貌明显改观,农村成为人们向往的休闲舒适地,随着旅游人数和旅游收入的增加,也改变了农民的生活方式,使农民成为旅游业的服务人员,而乡村旅游业发展,对 GDP、财政收入具有重要的促进作用。

公路网络化的逐步建成和贯通,为嘉善的乡村振兴提供有力的交通支撑。即使农村地区,也可以凭借着交通便利的优势,吸引资金和人才,对发展农村区域经济,提高农民群众的生活水平,推动农村地区更好地融入"长三角地区"作用重大、意义深远。

第三节　养老城乡统筹全域覆盖打造"幸福颐养标杆区"

嘉善突出"城乡统筹、全域覆盖",全面推动养老服务业高质量发展,先后被确定为全国智慧健康养老应用示范基地、国家级养老服务业标准化试点、省级养老服务综合改革试点和"幸福颐养标杆区"建设试点和省级养老服务数字化改革试点。基本形成以居家为基础、社区为依托、机构充分发展、医养有机结合的幸福养老服务体系,养老服务体系建设 2018 年、2019 年连续 2 年获省政府专项督查激励。

一、嘉善县老龄化现状

嘉善县共有常住人口 64.9 万人、户籍人口 41.7 万人,其中 60 周岁以上老年人 11.8 万人,占户籍人口总数的 28.3%,高于全省老龄化率 23.4%和全市老龄化率 27%的水平。同时与 2012 年相比较老年人口增长 28526 人,占比从 23.2% 提高到 28.3%,提高 5.1 个百分点。80 周岁以上高龄老年人 1.9 万人,占老年人总数的 15.6%(较 2012 年提高了 1.1 个百分点),百岁老年人 49 人(2012 年有百岁老人 15 人),其中男性 9 人占 18.4%、女性 40 人占 81.6%。据统计,过去 3 年嘉善县老年人口增加 3724 人,老年人口占比保持在 28.4% 左右,2021 年底略有下降,为 28.3%。根据测算,2022—2025 年嘉善县老年人口数将以每年 7000 人以上的增速快速增长,老年人口占比每年增长 1% 以上,到 2025 年底 60 周岁以上老年人将达到 14.6 万人,占户籍人口总数的 33% 以上,80 周岁以上户籍老年人占比将达到 18.6%,失能失智比例明显增长,专业照护需求明显增多,养老保障问题迫在眉睫。建立完善覆盖城乡居民的社会养老保险制度,将各类人群纳入社会保障大网中来,实现老有所养,对统筹城乡发展,构建和谐社会有着十分重要的意义。

二、嘉善县养老事业实践探索

嘉善县经过积极的探索,已经基本建立起符合嘉善实际的养老保障体系,全面推进养老设施建设,不断提升养老服务品质,健全优化养老服务机制,推进养老事业。

(一)着力提质升级,推动养老服务供给精准化

近年来,嘉善持续加大投入力度,高标准、高质量建设养老服务设施,推动机构养老、居家养老、智慧养老协调发展,提升养老服务供给精准性。

1. 推进各类养老机构建设

通过政府引导、社会参与等方式,加快建设各类养老机构。全县共有 10 家养老机构,其中县级机构 2 家、镇(街道)级机构 6 家、民办机构 2 家,每千名老年人拥有社会养老床位数 58 张,护理型床位数占养老机构床位数比例达到 50%。投入近 15 亿元,启动 5 个镇(街道)养老机构新建、扩建工程,设计床位 2000 多张,其中医养联建体 2 个。2018 年 5 月投入使用的县社会福利中心(银福苑颐养中心),总投资 2.15 亿元、床位 800 张,已入住 430 名老年人。吸引 4 亿元民营资本,建成保利和熹会老年公寓一期和中山养老服务中心等 2 家民办养老机构。

2.拓展居家养老服务设施功能

根据老年人居住、需求等情况,每年投入近 1000 万元,坚持改造提升 10 家以上功能型、特色化照料中心,在全省率先实现村(社区)照料中心建设、社会化运营、连锁化运营全覆盖,为老年人提供精准化、专业化服务,所有照料中心建设等级均达到 3A 级以上。建成镇(街道)示范型居家养老服务中心 11 家,共设有床位 171 张,全部委托有养老机构背景的专业组织负责日常运营,充分发挥中心生活照料、助餐、中短期托养、康复护理等功能,入住 87 名老年人,入住率达到 50%,老年食堂运行率达到 100%。围绕"如厕洗澡安全,室内行走便利,居家环境改善,智能监测跟进,辅助器具适配"五个方面功能,全面推进困难老年人家庭适老化改造,2020 年、2021 年共完成 351 户改造,有效提升老年人生活自理能力和居家生活品质。

3.推动养老服务智慧化

以"浙里养"为核心,个性化建设"善养嘉"养老综合服务平台,聚焦城乡老年人关键需求,从老年人助餐、生活照料、康复等最小切口应用场景建设起步,形成"服务一张图",有效推动智慧养老进村入户。全省率先建立康养联合体数字化应用场景,多跨卫健、医保部门老年人健康数据,为 1.9 万名 80 周岁以上老年人建立"数字画像",实施个性化康养服务。率先打通"浙里养"用户体系,实现养老数据省市县交互,围绕受理办结率、预算执行率等,对各镇(街道)养老工作进行科学评价和实施调度,"浙里养"监督实施排名全省第一。

(二)创新有效机制,推动养老服务形式多样化

坚持供给侧发力,重点推进长期护理保险、认知障碍老年人照护、医养康养结合等机制创新,满足老年人多样化、多层次的养老需求。

1.推行长期护理保险制度

2017 年开始嘉善县率先建立长期护理保险制度,不分城乡、不分年龄,覆盖全县职工基本医疗保险和城乡居民基本医疗保险的参保人员,年度最高参保人数达 54 万人。

(1)强化顶层设计,建立健全制度体系。建立由县政府牵头,财政、医保、民政、卫健、残联等部门组成的长护险联席会议制度,在出台《关于建立长期护

理保险制度的意见(试行)》的基础上,配套出台《长期护理保险统一需求评估办法》《长期护理保险失智老年人评估管理办法(试行)》《康复辅具租赁服务工作方案(试行)》等10多个政策文件,从机构准入、精准评估、标准化服务等方面,进一步完善长护险制度体系。同时,根据老年人失能失智状况和护理服务类型,分别确定长护险待遇标准。对重度失能老年人,区分医疗机构、养老机构或居家护理等类型,分别给予每天54元、36元、32元的补助,对中度失能老年人适当降低补助标准。根据老年人的实际需求,全省首家将失智老年人纳入评估服务对象范围,对重度失智老年人入住医疗机构、养老机构"失智专区"的,制度初期分别给予每天54元、36元的补助,对中度失智老年人适当降低补助标准。

(2)优化工作流程,形成特色评估体系。成立由县民政部门牵头,县财政、医保、卫健、残联等部门组成的长期护理保险失能评估委员会,借鉴上海市老年照护统一需求评估体系,研究制定嘉善县长期护理保险统一需求评估标准,将评估结果分为一级至六级,其中五级、六级为重度失能,三级、四级为中度失能。依托镇(街道)卫生院执业医师、村(社区)民政助理和社工,分别组建长护险评估AB团队,每年邀请专家就长期护理保险制度、护理评估管理办法、护理经办规程等内容,为全县评估员开展专业化的学习培训。推进长护险评估数字化改革,创新研发长护险评估App,建立评估员预警考核机制,将原30个工作日的流程优化到10个工作日出具评估结果。截至2021年底,累计受理长期护理保险申请15746件,完成评估13459件,评估等级达4级以上的有11612人,其中6级的5397人,5级4988人,4级1227人。

(3)增强服务供给,完善护理市场体系。精准排摸失能失智老年人养老服务需求,科学定制长护险护理项目服务包,推出基本生活护理、医疗护理等29个服务项目,并将每日服务数据推送到长期护理保险业务管理中心平台,有效指导、监督、提升护理服务质量。为使护理服务更多惠及广大老年人,将纸尿裤、护理垫等老年人易耗品列入长护险支付范围,每年销售护理耗材3万件以上。截至2021年底,累计共有8400多人享受到长护险待遇,累计基金支出1亿元,提供各类护理服务130万人次,有效减轻了老年人家庭经济与精神负担,增强广大老年人的获得感和幸福感,构建起共同富裕的惠民新机制。

2.构建认知障碍照护体系

将认知障碍老年人作为家庭医生签约服务重点人群,纳入社区慢性病管理,定期由社区医生上门关爱和提供支持,该经验做法得到浙江省民政厅的推广。强化专业机构、社区、家庭"三位一体"照护模式,在县社会福利中心(银福苑颐养中心)设立全市首家"认知障碍照护专区",引进英国孝尔集团专业服务模式,重点开展个性化照护、康复训练、基础疾病处理、生活照料、心理干预、家庭社会支持等六大服务,共设床位42张,入住率100%。建设认知障碍老年人社区照护"幸福忆站"5家,委托失智症照护专业组织开展日间照料、心理关爱、家庭照护技巧、失智症知识社区普及等服务,已开展活动200多次,惠及86户认知障碍老年人家庭。

3.促进医养康养相结合

全县155家居家养老服务照料中心均与村(社区)卫生服务站签订医养协议,所有公办养老机构均设立"巡回医疗点",每周定期上门为机构老年人提供诊疗、配药等服务,民办养老机构内设医疗机构。推进县银福苑颐养中心、县老年公寓、大云镇养老服务中心康养联合体省级试点工作,整合民政、卫健、医保等部门资源,按照"有设施、有器材、有队伍、有标准、有数据"的建设标准,联合社会力量,畅通人财物支持渠道,依托数字化服务手段,为失能失智老年人提供康复护理、康复训练和生活照护等服务。加快推动流动上门服务,配备9辆流动服务车,安排医护人员和专业社工,重点为困难老人、高龄老人等提供上门服务。将康复辅具租赁纳入长护险范畴,依托嘉善县社会福利中心(银福苑颐养中心)配套用房建设县康复辅助器具展示中心,面积400平方米,由上海凤凰设备租赁有限公司出资装修并运营,共设护理、助行、进食、益智等十大类100多种辅助器具,提供展示、租售、体验、宣教、适配等服务。

(三)坚持有序参与,推动养老服务发展社会化

坚持营造良好的发展环境,大力引导各类社会力量参与养老服务,促进养老服务事业、产业协同发展。

1.推进养老产业发展

积极推进养老服务机构公建民营,定期举办养老机构公建民营推介会,推

出 7 家镇(街道)养老机构公建民营计划,吸引 10 家长三角地区优秀养老服务组织(企业)参会,吸引邀请长三角地区优秀养老服务组织(企业)参会,有 4 家养老机构实现公建民营。在实现居养中心、照料中心社会化运营全覆盖的基础上,推动居养中心、照料中心品牌化、连锁化运营,将 155 家照料中心划分为 18 个连锁化片区,通过公开竞标方式确定 11 家社会组织参与运营,年底由县民政部门、镇(街道)、村(社区)、智慧养老平台共同开展绩效考评,依据考评结果给予运营补助。

2.搭建"3＋X"县域养联体平台

以县老年公寓、银福苑颐养中心、西塘养老中心等 3 家优质养老机构为牵头单位,其他养老机构、各镇(街道)居养中心、村(社区)照料中心为成员单位,建立县域"养老服务联合体",开展全县老年人身体能力评估、建立老年人身体能力档案、护理员技能等级考培、"家庭养老床位"上门服务和每月定期主题交流等活动,培育一批高级以上养老护理员、设立一批"家庭养老床位"和开展人才技术交流等,促进机构、社区、居家养老服务互融互通,满足老年人多样化康养服务需求。

3.健全多层次养老服务评价体系

制定《嘉善县养老机构年度考评办法》,围绕硬件设施、人员队伍、管理机制等,细化具体标准,每年进行一次综合考评,对被评定为五星级、四星级、三星级的养老机构,县财政每年分别给予最高 10 万元的运营补助。出台《嘉善县困难老年人能力评估实施方案》,对全县困难老年人逐一进行初步筛查,共明确 292 名困难老年人评估对象,并对养联体牵头单位 18 名评估人员进行专题培训,制订详细评估计划,逐一预约上门评估,2021 年 6 月初在全省率先完成评估工作。推进国家级养老服务业标准化建设试点,提升养老服务行业标准化水平,共制定各类养老服务标准 47 项,形成以机构养老、居家养老、智慧养老、健康服务、老年旅游、老年金融和休闲文化为核心要素的养老服务标准化框架,核心标准的宣贯培训率达到 90％以上。

(四)强化培养激励,推动养老服务队伍专业化

坚持人才优先发展战略,通过政校合作、领军护理人才带培、岗位技能培

训等,全面打造专业化养老护理人才队伍。

1.成立养老护理领军人才工作室

在全省率先建立 11 个养老护理领军人才工作室,采取"领军人才＋团队"模式,以高级养老护理员、养老护理能手等为负责人,以医疗人员、专业社工为团队成员,围绕护理基础知识、技能实操等,每周开展 1 次以上带培活动,每年带培至少 10 名护理人员。累计举办带培活动 2000 多场次,参训养老护理人员 2 万多人次。

2.创新专业护理人才培育方式

采取政校合作的方式,在县中等职业技术学校开设 3 年制养老服务专业,五届共招收生源 118 名,其中 36 名来自山海协作单位——庆元县。探索院校合作,与长沙民政学院、湖北职业技术学院等合作,开展护理员委托培养工作。为留住护理人才,规定实习期内享受不低于全县职工最低工资标准的实习津贴,转正后薪酬待遇不低于上上年度全县在岗职工年平均工资的 1.2 倍。一批毕业生进入嘉善县各养老机构工作,充实了专业护理力量。

3.强化养老服务专业技能培训

依托 3 个养联体培训基地,组织开展养老护理员培训班,推行职业资格证书制度。举办养老机构院长、骨干护理员等培训班,开展护理员技能大赛及"最美院长""最美护理员"评选活动,有 23 名护理员获得县级以上相关荣誉。

三、嘉善县养老事业发展的经验

(一)坚持"五统联动",全面优化养老服务机制

1.养老机构统辖

建立"以县为主"的管理体制,成立国有养老实体公司,统管全县养老机构运行,将专业护理服务力量延伸至村(社区),机构参与居家、社区养老服务比例达 70%。

2.养老设施统建

推动养老基础设施向农村延伸,五年规划建成养老机构 14 家、镇(街道)

居养中心 20 个、村(社区)照料中心 155 个,实现"机构跟着老人走"。

3. 养老队伍统管

依托国有人力资源公司,定向培育护理员,建立服务绩效考核和城乡双向流动机制,已引进护理员 430 名,年平均薪酬从 7 万元提升至 10 万元。

4. 养老服务统享

推动长期护理保险覆盖人群从户籍人口逐步拓展至常住人口,在浙江省率先将认知障碍及中度失能老年人纳入保障范畴。长护险参保人数超 54 万,享受长护险保障 8400 多人,其中农村老年人占 83%,保险基金支付超 1 亿元。

5. 养老保障统标

区分兜底型、普惠型、特需型养老机构,规范供养、护理、资金监管等标准体系,特别是针对特困老年人,扩容提质 2 家养老机构作为集中供养单位,确保有意愿供养率 100%。

(二)坚持扩面提效,全域提升养老服务品质

1. 养老设施更加优质健全

探索养老机构公建民营新模式,引入国企、央企参与 4 家养老机构运营。建立"认知症障碍照护专区"3 家,每万名老年人配有 10 张认知障碍照护床位。2021 年,开工新建养老机构 5 家,总投资 15 亿元,新增床位 2255 张,其中医养联建体 2 个。公建民营养老机构老年人平均入住率达 76%,列嘉兴市第一。

2. 服务供给更加多元专业

推进康养联合体省级试点工作,按照"有设施、有器材、有队伍、有标准、有数据"的建设标准,为失能失智老年人提供康复护理、康复训练和生活照护等服务。县域养老机构与乡镇卫生院签订康养协议,设立"巡回医疗点",医护人员每周为机构老年人提供诊疗、配药等服务。各镇(街道)均已配备健康流动服务车,居家困难高龄老年人康养上门服务实现全覆盖,年服务 8.6 万人次;"巡回医疗点"年服务 16 万人次。

3.资源配置更加科学高效

发挥龙头机构带动作用,以县老年公寓、银福苑颐养中心、西塘养老中心等3家优质养老机构为牵头单位,其他养老机构、各镇(街道)居养中心、村(社区)照料中心为成员单位,将全县养老服务资源划分18个连锁化片区,搭建县域"养共体"平台。居养中心、照料中心社会化运营达100%,共创造就业岗位2000多个,年养老服务市场营收从2016年的2380万元提升至1.2亿元。

(三)坚持数字赋能,全链整合养老服务场景

1.搭建"一个智慧平台"

搭建"1+N"智慧养老服务总体框架,聚焦城乡老年人关键需求,从老年人助餐、生活照料、康复等最小切口应用场景建设起步,提高数字服务决策、服务监管、服务供需能力,形成"服务一张图",有效推动智慧养老进村入户。

2.做优"一项多跨应用"

在全省率先建立康养联合体数字化应用场景,多跨卫健、医保部门老年人健康数据,实时记录上传康复照片、视频以及身体康复情况,形成数字化管理闭环,实施个性化康养服务。已为1.9万名80周岁以上城乡老年人建立"数字画像",到2022年底,实现了老年群体全覆盖。

3.完善"一套评估体系"

率先与"浙里养"用户体系打通,完善数据归集和共享标准体系,实现养老数据省市县交互,对各镇(街道)养老工作进行科学评价和实时调度,受理办结率、预算执行率、群众满意率等达100%。

四、关于提升养老服务水平的思考

提升养老服务水平,需要进一步优化养老服务体系布局、提升养老服务专业品质、实施养老数字化改革、激发养老服务市场活力、强化养老服务综合监管,更好地满足广大老年人的养老服务需求。

(一)扎实推进民生实事项目

加快推进困难老年人家庭适老化入户改造,确保全面完成改造任务。深

化省级康养联合体试点,制定《嘉善县康养联合体场景试点建设工作方案》,县老年公寓、大云镇居家养老服务中心围绕老年人康复养老需求,初步形成嘉善特色的个性化、精准化、多元化和可持续性的康养联合体服务模式,力争完成10家机构达到省级康养联合体试点标准。强化养老服务设施建设,持续推进魏塘、罗星、干窑养老中心建设,完成既定目标;保证姚庄养老中心、陶庄养老中心新(扩)建项目开工建设。

(二)推进省级养老服务数字化改革试点

智慧养老服务迭代升级。完成县养老服务大数据中心建设,构建养老数字化九大场景,打通户籍、医疗、社会保险、社会救助等数据信息,重塑老年福利与养老服务的流程,与"浙里养"智慧养老服务平台无缝对接,实现居家、社区、机构全方位、立体化统筹,提高数字服务决策、服务监管、服务供需对接的能力。完成"未来养老社区"建设。制定《嘉善县"未来养老社区"建设试点工作方案》,围绕居家服务适老化、社区环境宜居化、养老设施就近化、康养服务一体化、智慧养老普及化等五个方面,推进四季江南小区、北玫瑰小区家庭适老化、智慧化改造,打造更加安全、便利、生态、智慧的养老社区场景和家庭养老床位场景。试点建设智慧养老院。在县老年公寓开展"智慧养老院"建设试点,重点推进智能健康评估、智能监护、智能终端产品应用等,试点推行"一床一码一人",提升日常运行管理水平和老年人康复休养品质。

(三)深化公办养老机构体制机制改革

在老年公寓企业化试点的基础上,挑选条件成熟的公办养老机构进行改制,实行"以县为主"的管理体制,盘活公办养老设施零星资产,提高护理员薪酬待遇、建立灵活用人机制,筑牢机构服务的保基本之底,增加公益性、普惠性养老供给。将养老机构优质护理服务延伸到城乡社区和居家上门服务领域,丰富公办养老机构服务功能和内容,逐步形成高中低合理配置的养老服务供给格局,进一步推动居家养老服务市场良性竞争,促进机构社区居家养老服务融合发展。

（四）深化长三角区域合作平台

立足首批长三角区域养老一体化试点单位优势，健全长三角区域养老服务协商协作机制，搭建长三角区域内养老产业资源对接、项目合作、人才交流的服务平台，协同推进区域养老服务政策通关，老年照护需求评估、养老服务相关标准和养老护理员资格认定等互通互认。探索建立养老服务优质诚信品牌互认和推介机制，建立养老机构行政处罚和失信行为的定期通报机制，推动长三角区域协同应对人口老龄化。

（五）进一步提升养老服务质量

一是做实养联体日常工作。确保镇（街道）"家庭养老床位"上门服务到位，适时建立考评机制。将养联体每月主题活动办好办实，形成互帮互促、共同进步的良好氛围。二是推进康复辅助器具租售服务。依托县康复辅助器具展示中心、全县各养老机构、镇（街道）居养中心、村（社区）照料中心，建立完善县康复辅助器具租售服务网络，广泛宣传，使有需求的老年人进一步了解和使用康复辅助器具。

（六）加强护理人才培育

提升院长管理水平。根据民政部 2021 年出台的《养老院院长培训大纲（试行）》，对全县养老机构院长、养老社会组织负责人及管理人员开展系统培训，打造一支适应养老服务高质量发展要求的高素质管理人才队伍。加大护理员培训力度。按照《嘉善县养老护理人员职业技能提升行动实施方案（2021—2021 年）》要求，强化 3 家县级养老护理员培训基地和 11 家家庭照护者培训基地建设，分批分层次推进培训，2022 年底前完成培训不少于 2000 人次。加强优秀人员褒扬奖励。推动养老护理员职业技能等级鉴定，落实养老护理员岗位奖励。积极参加省、护理员技能大赛，持续开展"最美养老护理员"等各类评先评优活动，努力提升养老护理员收入水平。

第四节　打造共建共享紧密型医共体

所谓"县域医共体建设"是以县级医院为龙头,整合县、镇(街道)、村(社区)卫生资源,形成服务、利益、责任、发展、信息、文化的共同体,实施集团化运营管理。县域医共体建设是公共服务升级最重要举措之一,是事关全县广大人民群众健康的重大民生事项,覆盖人员广,关注度高。2017 年 4 月,省医改办根据省政府工作部署,在 11 个市各选择一个县(市、区)开展试点。2018 年 9 月,省委省政府在德清县召开了现场推进会。同月,省委办公厅省政府办公厅印发了《关于全面推进县域医疗卫生服务共同体建设的意见》。

嘉善县始终坚持把人民健康放在优先发展的战略地位,2018 年 12 月,印发了《嘉善县医疗卫生服务共同体建设实施方案》,2019 年 2 月 26 日,召开了健康嘉善工作推进会暨县域医共体建设动员大会,标志着嘉善县医共体建设进入实施阶段。同年 3 月,以县第一人民医院和县中医医院两个医共体为载体,实现资源重组、体系重构、机制重建、服务重塑,构建起了"城乡一体、覆盖全域、服务连续"的紧密型县域医共体卫生服务体系。2020 年 9 月,嘉善县域医共体获得"2019 年度国家医疗健康信息互联互通标准化成熟度区域信息平台四级甲等(区县级)"荣誉,并在全国基层卫生健康创新发展大会进行主题汇报。2020 年 11 月,嘉善县在浙江省县域医共体建设现场推进会上作典型发言;2020 年 12 月,嘉善县获得中国县域医共体实践价值案例奖;县第一人民医院医共体荣获浙江省 2020 年度县域医共体工作成绩突出集体;县中医医院医共体管理被评为 2021 中国医院现代管理优秀案例医共体十大案例;2021 年 4 月嘉善县"健康大脑＋智慧医院"建设入选浙江省揭榜挂帅名单。2021 年 9 月嘉善县代表浙江省唯一县域医共体,接受国家卫生健康委专家组考核,被称为全国数字医共体新型典范。最近,嘉善县成为浙江省推进县域医共体建设工作成效明显的县(市、区),2022 年给予适当奖励,在安排其行政区域范围内、医疗资源配置方面予以适当政策倾斜。县域医共体建设为当地群众提供了更优质的医疗服务,社会效益明显。

一、打造共建共享紧密型医共体的主要措施

嘉善县委县政府高度重视县域医共体建设,认真贯彻执行县域医共体建设的决策与部署,创新县域医疗卫生服务体系、管理体制和运行机制。

(一)高位谋划、高标推进,做强大卫生、大健康顶层生态

1.深化领衔机制

建立由县长任主任、分管副县长任副主任,县级各部门、镇(街道)主要负责人为成员的医共体管理委员会,统筹医共体重大事项,制定权责清单94条,将医共体建设纳入县委县政府重点工作考核和"两张清单"督查,形成改革合力。

2.强化规划保障

对标"30年后的深圳"发展定位,高标准完成"1+1+N"重点规划体系编制,嘉善片区发展规划等7个规划由省级层面印发实施,实现对医疗资源布局的科学规划。总投资近30亿元的健康嘉善"八大工程"全部落地,正按照全球视野、全国标杆推动建设总投资31.03亿元的区域急诊医学中心项目、县120急救中心项目等八大"健康嘉善普惠工程"(已列入示范区"十百千"重大项目,另有计划总投资49亿元的4项工程列入储备清单),初步打造形成"15分钟"优质医疗圈。

3.布局政策体系

县政府出台《关于推进医疗卫生事业高质量发展的若干政策意见》,将卫生健康工作列为"一事一议"重点支持对象,每年投入4500万元完善医疗体系建设,用于补助医共体建设绩效奖励、基层特色发展及接轨沪杭优质医疗资源等,推动实现公共服务质量大提升。2021年财政补助达2.15亿元,较2018年增长1倍。

(二)创新模式、革新理念,做强有活力、有凝聚的动力引擎

1.党委领导管大局

建立县医共体管理委员会,实施医共体内唯一法定代表人的治理架构,合

理调整医共体内党组织设置和隶属关系,全面落实党委领导下的院长负责制。全面实行机构一家人、财务一本账、人员一盘棋。深化党建带群团建设,建立"红色医共体",打造统一党建品牌"善医先锋",基层党支部细化量化星级评定24个指标、党员先锋指数考评35个指标,考评结果综合应用、统一表彰。

2. 财务一体强统筹

成立两大医共体财务核算中心,建立医共体统一的预算管理制度、会计核算制度、支出审批制度、资产管理制度等,实现"预算、收支、资产"统一管理,财政资金统一拨付医共体,由医共体总院结合资金性质和用途统筹使用。启用内控信息管理系统实现即时化、无纸化监管。

3. 放权赋能有活力

全面赋予医共体内部人事、绩效等自主权。创新"一统三池"融合式干部培养体系,统一干部任免、岗位设置、职称评聘,形成全员一家人岗位管理。建立医共体管理人才池、技术人才池、高层次人才池,以"岗编分离"模式对人员统筹使用。医共体总院人员到分院担任院领导10人,技术骨干下沉51人;分院骨干到总院挂职锻炼38人,其中4名成员单位干部担任医共体党委领导。

(三)战略引领、政策引导,做活争一流、建高峰的发展氛围

1. 锚定高层次人才

专门出台卫生人才引进新政,对全日制医学类博士、硕士、医疗高端人才等,分别最高给予125万元至268万元补贴。2020年度引进省内外副高级及以上高层次人才21名,2021年引进医学博士等各类高层次人才15名,招录硕士研究生28名,实现县级医院全覆盖。出台补助政策、鼓励在职深造,对攻读硕士、博士学位分级分类给予待遇保障及科研经费资助。通过沪杭培训、进修、挂职,高质量打造人才培养平台,2021年有21余人次赴沪杭进修,引进15项崭新技术,激发县域医疗可持续发展活力。医共体内高级职称387人,博士研究生1人,硕士研究生124人。

2. 盯紧高品质资源

积极向上争取获得"一市两省22条""省19条""市20条"政策支持,形成举全省全市之力建设的强大态势。全方位对接、全领域融入长三角一体化发展战略,成立浙江大学附属第二医院嘉善分院,围绕"一馆(名医馆)两中心(急救、肿瘤)"带动县域整体发展。先后开展肝总动脉瘤栓塞等10余项以往需上转的高难度手术,开展了多项"省内县域首例手术"(如心内科开展房颤冷冻消融＋左心耳封堵"一站式"治疗),填补了县域多项技术领域空白。

3.打造高能级平台

通过打造沪杭两地联合平台、推动名医名科建设,实现学科飞速发展。已与省人民医院、上海市儿童医院、中国福利会国际和平妇幼保健院等24所沪杭三甲医院构建协作,建立3个远程平台、15个名医工作站、41个专科协作,推进"医学高峰"建设成果加速落地。县第一人民医院在全国三级公立医院绩效考核中排名414名,提高了105名。县中医院国考成绩位列全国二级中医院百强,为浙江省第5名。2021年有57人次赴沪杭进修,在多个学科上拓展诊疗超20项新病种,新开展38项新技术。2021年获国家重点实验室科研项目1项、省厅级科研项目11项、市级项目7项。嘉善还将与浙大二院合作建立长三角未来医院,与浙江省中医药大学合作建立长三角附属医院,与温州医科大学眼视光医院合作建立长三角眼视光医学中心。

(四)数据共通、资源共享,做优更融合、更协调的集团体系

1.创新错位特色发展

总院从业务需求、错位发展方向与分院结对,基层分院均按省级标准建立慢病一体化门诊9家、胸痛单元9家、全一专科联合门诊46个、特色服务14大项,年均服务患者超20万人次。成立31家县域质量控制中心,实现管理同质化、业务特色化发展。试点推进"住院服务一体办"改革,提高县域内床位合理使用率。

2.创新培训优化模式

针对高层次人才、紧缺人才、基层人才、青年人才实施四大高质量培育工程,超200余人次赴沪杭进修。两个医共体都高度重视对基层卫生医疗人员的培训,建立基层医疗人员常态化培训机制,制定临床类医生、中医类医生、护士等23个培训模块,采取"2＋5"(2天集中、5天分散)的模式培训,2021年开展培训111次,培训人员4800余人次。推进基层医疗机构争创"国家优质服

务基层行"，基层分院全部达到"国家优质服务基层行"基本标准要求，3 家乡镇卫生院达到推荐标准，提升了基层卫生院的医疗能力和水平。

3. 创新信息联通共享

统建开发医共体业务应用，采用县域一体化区域云 HIS 系统，全面打通 5 大业务条线数据，建设 13 个基层"云诊室"平台、全县域覆盖的"五大诊断共享中心"（影像诊断中心、临床检验中心、心电会诊中心、病理诊断中心、消毒供应中心），实现县域机构 100％数据和业务全联通，城乡检查、检验同质化。接入"白玉兰远程诊室"等智慧医疗平台，与沪杭 39 家三甲医院互联。2020 年数字医共体"嘉善实践"被评为"国家医共体建设价值案例信息化建设创新奖"，受邀在全国基层卫生大会上交流。

4. "双向转诊"资源共享

"双向转诊"是医共体建设中病人最有获得感的一项改革。在牵头医院都建有住院服务中心和持续医疗服务中心，基层卫生院对转院病人信息上传后，中心即予以安排科室和床位。两家牵头医院都开设预约门诊服务，病人需转县级医院诊疗的，卫生院医生可直接在电脑上预约，短信直接发送到患者手机完成预约。医共体内实行大型检查设备共享，病人需进行卫生院所不具备的，如 CT 等大型设备检查的，可在卫生院完成开具检验单、预约、交费，病人按预约时间直接到检查科室检查。通过转诊，免除了到县级医院再挂号、诊断、排队之累，大大方便了病人和家属。对于胸痛、卒中、创伤、孕产妇等，县级医院还与卫生院开通绿色通道。另外，县消毒供应中心还为医共体内医疗机构提供统一的消毒供应服务。

二、医共体建设的亮点特色

（一）数字赋能加速提升运行效能

1. 互联互通更高效

打通跨省域、跨层级的网络链条，5G＋健康管理案例入选工信部 5G＋医疗健康试点；向上与长三角 37 家三甲医院实现远程读片、诊疗等，向下建立覆盖全县的可视化基层"云诊室"。同时联合浙大二院健康管理团队建立嘉善县域"城市健康指数"和"居民健康指数"计算模型,实现公共卫生数字化迭代升级。

2.智慧服务更惠民

医共体集成8大智慧平台,对接29个跨部门跨区域的业务系统,实现"云胶片""智慧药房""无现金就诊"等智慧应用县级医院全覆盖,平均减少就医环节3个,减少等待时间5分钟。

3.数字监督强引领

打造一数多屏(PC电脑屏、电视大屏和移动手机屏)动态监管网,对医疗机构用药、医疗费用、质控指标等7类信息智能分析并推送异常数据。2021年,通过监管平台发现不合理数据超50次,有效防范不合理事件141起。制定涵盖8大类150余项的监管指标体系在全省推广使用,"智慧卫监"在全省卫生健康行政执法数字化改革现场会上作经验交流。

(二)多元一体实现急救能力提档升级

1.智慧急救一体化

总投入近亿元重构县域急救体系,建立1个中心＋7个分站的5G智慧急救网络,配备高性能救护车21辆(达到每3万人一辆标准),综合5G、GPS、远程诊疗等应用,打造"上车既入院"智慧急救模式。2021年,急救平均反应时间城区6.57分钟、镇区9.69分钟,响应能力居全省前列。

2.城乡区域一体化

在浙北率先实现三大急救中心(胸痛、卒中、创伤)的建设,全部获得国家认证。基层分院全部建成胸痛单元,社区卫生服务站培育65名急救人员参与村村救体系,实现急救县镇村三级联动。

3.跨域联动一体化

与青浦、吴江建立长三角一体化发展示范区院前急救联盟,指挥信息系统实现数据交互、资源跨域调度、急救一体支援。

（三）大健康理念推动医防融合全面发展

1.慢病协同闭环管

嘉善成为全国首批五个"中国慢病协同管理示范项目"试点县。将"两慢病高危风险指数"等 AI 模块与医共体"基层一体化联合门诊"等业务融合，县级专家及家庭医生实时完成对患者重点疾病的"人工＋智能"筛查评估，线上进行上转治疗、下转康复、诊后随访。

2.健康小屋全覆盖

建设全县域覆盖的 10 个长三角 5G 智慧健康屋，20 个智慧健康小小屋，实现居民自我健康评估及指数分析，构建高效的反馈通路，已年均服务群众14.4 万人次。2021 年，累计阅览个人健康档案数据 54.78 万条。

3.医疗服务掌上化

将线上智慧健康服务网与线下智慧健康站统筹结合，将居民血压、血糖、血脂等 11 项重点体征数据实时记录电子健康档案，异常预警提醒推送掌上"移动家医"应用，专科医生在线管理。

三、医共体建设的工作成效

医共体建设实现了医共体内资源共享，提升了基层卫生院的医疗能力和水平，建立了比较系统完善的医共体制度机制，成效显著。

（一）群众就医体验感更提升

嘉善县始终将提升群众就医获得感和幸福感作为改革目标，以医共体建设为抓手实现省级卫生镇全覆盖，国家卫生镇创建满堂红。同时完善医共体连续性服务中心，将集团所有的床位、门诊及检查号源等资源进行数字化标注，纳入虚拟资源池动态管理，基层"一键式"从池中为居民获取上级资源。改革以来，群众门急诊及住院满意度提升至 95.13％。居民健康水平持续提高，新生儿死亡率降低至 0.88‰，婴儿死亡率降低至 1.32‰，5 岁以下儿童死亡率下降至 1.76‰，孕产妇死亡率保持零纪录，远低于健康浙江指标；人口期望寿命达 84.37 岁。

（二）政府工作满意度更提升

随着医共体改革深入，县域卫生健康事业高质量发展成果显著：在最近一次国考中，县第一人民医院在全国三级公立医院绩效考核中提高105名。县中医医院在全国908家二级公立中医医院中绩效考核排名42名。2021年，县一院CMI值0.8974（同期CMI值0.8808）；RW≧2病例占比5.21%，三、四类手术比例21.65%。2021年基层就诊率66.51%，县域就诊率较上一年提升5个百分点，均达到健康浙江考核标准。

（三）医务人员获得感更提升

医共体建设以来，年门急诊、住院均次费用增长均控制在5%以内；职工人均收入每年增长5%～10%；基层医疗机构首诊人次同比增长7.09%，业务收入增长24.75%。随着医疗服务提升，整体尊医重卫氛围更浓，医务人员的工作获得感更加提升。

（四）整体智治的整合性服务体系逐步形成

医共体牵头医院与成员单位在管理、服务、利益、责任和文化五大方面实现深度融合，改革共进："健康大脑"体系建设入选省揭榜挂帅名单，"长三角5G智慧健康屋"全面落成实现县域覆盖。在医共体集团的共同努力下，高分通过国家慢性非传染性疾病综合防控示范区省级复审，慢病管理案例纳入健康浙江行动优秀案例，"颐养云"智慧养老平台被评为全国智慧健康养老示范基地。2021年度，医共体集团各单位党建、数字化改革、慢病管理等相关工作，在各类全国、省级会议上作了12次经验交流，被省级以上媒体公开报道62次，转发超1.8万次。

（五）应对突发公共卫生事件的统筹能力更凸显

在疫情防控阻击战中，县域医共体集团发挥了强大的组织凝聚力和战斗力。嘉善在浙江省率先提出"整建制管控""工作十法"等经验做法，为全省新冠疫情防控作出示范。目前医共体网格化疫情防控管理机制持续完善，2021年开展网格化日常巡查共10513次。在医共体的统筹推进下，以门诊、方舱、临时接种点以及 5G 移动接种车等多种形式开展预防接种工作,2021 年在全市率先完成市级分配的接种任务。医共体 3 个核酸检验实验室交替收样检测,基层发热诊室核酸检测报告时间缩短到 5 小时左右,提高基层哨点敏感性。

第五节　以"三化"共织院前急救体系

随着社会经济发展,群众对医疗服务的需求不断提升。院前急救作为老百姓享受医疗服务的"第一公里",能满足群众获得快捷高效的急救服务需求。从群众拨打 120 急救电话开始,到救护车抵达现场,再到医院急诊科接受治疗,期盼整个 120 院前急救流程更精准、更高效。卫生主管部门也希望通过整合医疗资源,优化提升整个院前急救流程各环节的效率,实现县镇村急救一体化。2019 年以来,嘉善县在原有的院前急救体系基础上,投入近 1 亿元在全县范围内建成独立型院前急救体系,依托数字赋能,通过规范化、标准化、智慧化等多项举措,全力打造智慧急救一体化,不断提升县域急救能力,显著缩小城乡差距,院前急救能力位列全省县级前列。县急救站再度获得全市院前急救医疗质量考核第一,取得"两连冠"。

一、规范化推进院前急救体系建设

(一)结合高质量发展,制定院前急救实施方案

为贯彻落实长三角一体化示范区高质量发展的工作要求,在急救体系建设方面先行先试,探索形成院前急救改革制度体系。于 2019 年 9 月份,制定了《嘉善县院前急救体系建设实施方案(2019—2021 年)》。先后将急救体系提升工程项目、区域急诊医学中心建设项目列为 2020 年、2021 年政府民生实事项目,并投资 4.6 亿元高标准打造区域急诊医学中心和县 120 急救中心。院前急救制度改革参照了国家院前急救的相关规定,特别是在建设投入、建设标准、运行管理等方面,彰显"嘉善特色",全面提升全县院前急救能力。

（二）全力保障基本建设，完善急救资源配置

在嘉善县委、县政府的关心和指导下，嘉善急救逐步完善急救资源配置。按照常住人口每2万人1辆救护车配置，每个站点配有备用车，车上医疗设备全部对标上海市急救中心配置。已配置36辆高性能底盘救护车（负压救护车29辆），1辆移动CT车。救护车上配有GPS卫星定位系统，对讲系统以及车载通信装置、无创呼吸机、心电监护除颤一体机、体外心肺复苏仪、负压吸引器、车载供氧系统、各式担架，完善的药品器械补给体系。移动CT车可以将高质量图像，通过传输网络与智能云系统结合，通过远程操作，灵活运用于多个工作用途，全面提升院前急救服务能力和水平。

（三）统一规划，探索城乡协调发展

为加强对院前急救体系的统一规划，根据县域人口分布、历史呼救频度、3公里急救半径等，建立1个中心＋9个分站的5G智慧急救网络，进一步促进城乡院前急救体系一体化发展，基本实现城乡急救医疗无差别化。每天保持8个急救班组在线。院前急救费用全部纳入医保报销范围，报销比例城乡同比例，全县所有救护车配备5G网络，实现实时医保支付，对低保家庭、困难家庭、危急情况，免收院前急救相关费用，减轻公众医疗负担，促进城乡院前急救体系一体化发展，基本实现城乡急救一视同仁。

二、标准化提升院前急救能力

（一）科学筹划院前急救体系人才队伍建设

坚持以人才队伍建设作为推动体系发展的关键环节，急救班组由原先的每个班组2人配置升级为3人配置，分别由医生、司机、担架员组成。目前急救站的急救医生均来自县内2家医共体，在中级职称晋升前须到急救站轮岗6个月。由于医生的专业基础和岗位差别较大，为了保证急救质量，急救站重视实践操作，专门制定出一套科学岗前培训模式，建成了浙江省内唯一的县域院前急救技能培训中心，创建了美国AHA授权的初级生命支持（BLS）培训基地、高级生命支持（ACLS）培训基地，医生要完成BLS和ACLS考核并取得

证书。同时与国家医学创伤中心(浙二)合作建立国际创伤生命支持课程(ITLS)培训点。已完成急救医生岗前培训 13 期,各类培训总人数达 700 余人,培训轮转后的医务人员承担了县内医疗机构的急救重担,形成了县镇村三级急救能力共同提升的局面。

(二)救治流程标准化,提升救治能力

院前急救体系运行期间,救护车是一个"移动的 EICU",基本做到"上车即入院"。胸痛病人通过 12 导联心电图院前筛查诊断急性心肌梗死院前率达100%,院前药物干预提前,大大缩短 D-to-B 时间(D-to-B,是衡量一家医院急性心梗救治能力的硬指标,是指患者从送到医院到接受正规治疗的总时间。患者发生心梗后,每秒都有大量心肌细胞坏死,死亡率逐渐升高。D-to-B 时间越短,抢救成功率越高),转运途中成功抢救心梗室颤患者多例。严重创伤病人通过院前规范评估、处置和规范搬运,救治成功率已提升至 90%以上,多例严重颅脑创伤患者经院前气管插管等操作维持生命体征安全转入院内,部分预后良好。安全转运危重孕产妇和危重新生儿率 100%。

同时,调度反应时间持续提高,调度平均派单时间仅 30 秒,一线人员出车时间(调度员派单到车辆启动)42 秒,比提升初期增快 131 秒,主城区平均反应时间(铃声响起至到达现场)6.61 分钟,非主城区平均反应时间(铃声响起至到达现场)9.30 分钟,急救平均反应时间、院前复苏成功率等 17 个指标稳居全省前三,接近发达国家水平。

三、智慧化院前急救提升抢救效率

(一)数字急救提高抢救成功率

随着互联网科技的进步和发展,智慧急救系统在急救医疗单位中得到广泛应用。嘉善县急救现有 36 辆救护车,所有车辆配备通过 5G 网络,纳入数字 120 指挥平台信息化管理,院前急救全程数字化监管、标准化考核,依托急救数字化改革建设县镇村一体化急救体系,将基层医生纳入村村救平台,实现呼救 120 后就可得到附近基层医生的及时救治。数字 120 指挥平台提供模块化急救远程协助服务,急救指挥中心接警 1 分钟内发起电话指导,协助家属先行自救,提高抢救成功率。

急救站通过升级调度指挥系统、电子病历系统、研发对接院前生命体征传输等数字化手段,进一步健全院前医疗急救工作信息管理系统,加强急救相关信息管理,健全急救系统监测预警水平。提高院前医疗急救信息化水平,推动院前医疗急救网络与医院信息系统连接贯通,推动急救调度信息与电信、公安、交通、应急管理等部门及消防救援机构的信息共享与联动,城市智慧大脑建设。探索并推广急救呼叫定位、居民健康档案与调度平台有效对接,提高指挥调度和信息分析处理能力。

(二)平台互联助力长三角急救一体化

嘉善作为长三角生态绿色一体化发展示范区的重要组成部分,在院前急救工作上也体现一体化示范。通过数字化 120 指挥平台长三角示范区内三地院前急救机构建立互联互通机制,建立跨省联合急救平台,统筹协同处理三地毗邻交界区报警信息,通过可视化智慧急救指挥系统,按照速度第一原则,跨省调度救护车急救。建立长三角急救联盟,整合信息建立急救资源数据库,统筹三地人、车、设备、物资,实现急救医生多地备案执业,负压救护车、新生儿救护车、移动 CT 车、救护直升机等特种装备共享调用,助力长三角一体化示范区急救同质均衡发展。

富裕是全体人民共同参与、共同分享的。生命健康与安全的共富共享与老百姓息息相关,嘉善县真正把共同富裕美好愿景变成现实图景,努力成为幸福指数最高、群众获得感最充实、城乡发展最均衡的先行典范。

第八章　集成改革是关键

集成改革是深入发展的客观需要。解放思想、实事求是，逢山开路、遇水搭桥，改革是浙江发展的"金字招牌"，改革也是乡村振兴的重要法宝。改革进入攻坚阶段，面临的问题纷繁复杂，关系相互交织，利益千头万绪相互纠葛，各种深层次矛盾逐渐凸显，单项突破或局部突进的改革方式已难以适应新形势要求，必须树立系统思维、注重改革的整体性和协同性，需要跳出农村来解决农村问题，将城和乡作为一个整体谋划，采用集成改革是解决农村问题根本方法。

集成改革是浙江省率先实现城乡融合发展的需要。浙江城乡统筹发展走在前列，继续保持良好势头为实现新发展理念作示范，需要继续破解城乡矛盾，促进融合发展。2018年5月，《浙江省农村综合改革工作领导小组办公室关于同意临安区等6个地区列入省农村综合改革集成区试点的复函》（浙农改办〔2018〕1号）文件，同意杭州市临安区、嘉善县、德清县、诸暨市、东阳市、缙云县列入"省农村综合改革集成区试点"范围。文件要求：试点区坚持改革集成、以农为本、因地制宜的基本原则……以深化改革为动力，积极探索乡村振兴有效实现路径。要加强规划引领，突出产业体系建设，人居环境提升，注重发挥村级集体经济组织的作用，努力实现村集体资产增值、农民增收、乡村治理能力有效提升。要补齐公共服务短板，进一步完善服务设施和功能，为居民生产生活提供便捷高效的服务。同时，要创新投入方式、形成政策合力、规范资金管理，大胆探索实践，不断开拓创新，及时总结试点经验。对试点过程中涌现出来的好做法好经验要及时进行宣传。

集成改革是中央对嘉善的信任和重托。2018 年 5 月,中华人民共和国财政部办公厅《关于深入推进农村综合性改革试点试验工作的通知》(财办农〔2018〕47 号)文件发布,文件明确:开展农村综合性改革试点试验是为实施乡村振兴战略探索有效制度机制供给的重要实践,是推进地方因地制宜实施乡村振兴战略的重要路径。中央要求:以项目承载机制为手段,以"扩面"拓展改革思路、"集成"充实试点内容、"提速"推广成熟经验为路径。进一步健全村级集体经济发展机制,深入推进乡村治理体系和治理能力现代化,不断完善农民持续增收机制,持续构建农村生态文明发展机制。同时强调"各试点省推进农村综合性改革试点试验,开展体制机制创新包括但不限于以上几项机制"。按照因地制宜、实事求是的原则,切实尊重基层干部群众主体地位、首创精神,允许试点地区先行先试,在确保风险可控的前提下,赋予地方一定的改革自主权,有效释放改革政策的综合效应,为进一步深化农村改革、推动乡村振兴探索路径、积累经验。

嘉善成为浙江省两家入选的国家级农村综合性改革试点试验区之一,以集成改革为方法,聚焦富民和强村,以乡村产业振兴为基础,以农民就业创业为优先,以农村产权激活为突破,系统推进强村富民乡村集成改革,加快推动发展型制度政策向共富型转变,高质高效促进农民农村共同富裕,具有典型意义、实践价值和理论价值。

第一节　农村综合集成改革的探索

2018 年,嘉善被列入浙江省 6 个农村综合改革集成示范区建设试点之一,成为嘉兴地区唯一试点单位。之后经省财政厅推荐,又升格为国家级农村综合性改革试点,成为浙江省两家试点单位之一,大云镇是实施这项工作的试验区。按照中央与省委要求深入推进农村综合性改革试点试验工作,并对成熟经验和做法及时扩大推广,发挥对实施乡村振兴战略的示范引领作用。

一、要素集成配置,注入充分的改革动能

(一)以全域土地综合整治为龙头,解决供地保障的关键难题

探索并构建"一保四化"整治模式,即以保耕地守红线为前提,推动结构优化添动能和资源节化拓空间双轮驱动,实现产业美化促融合和红利转化增福祉同频共振。统筹配置集镇、农村、园区用地资源,突破规划瓶颈,打破区域限制,让有限的用地指标在拆旧区整治中同步,实现建新区的最大优化配置。通过整治,高标准农田净增 4021 亩,新增标准农田面积 1445 亩,耕地质量等级从 5.9 直接提升到 5.4。

(二)以全域农田规模流转为支撑,解决现代农业的关键保障

发挥村级组织委托流转作用,优化农田流转政策,以度假区主要景观道路两侧、旅游项目周边农旅和民宿开发区、土地整治项目区、成片流转涉及零星农田作为重点区域,集中开展倒逼流转。采取联户流转、整社流转等方式,成片成方拉动土地流转速度,通过农业腾退、主体整合、低端产业淘汰等方法,全面提升土地流转效能。大云镇土地流转比例已达到 96.1%,并基于现代农业发展和环境整治相结合的大云特色,先后引入上规模的农业经营主体 18 家。

(三)以全域农房有序搬迁为助推,解决村庄经营的关键要害

全面优化村庄布点规划,做强中心集聚点,提升一般集聚点,做美保留自然村落。开展新农村规划建设,对零星农居点和建设用地展开地毯式复垦,让分散宅基地向大社区集聚。全面推进大云"1+5"集聚点建设,主导公寓房安置模式。通过农房有序搬迁,零星分散的自然村数由 86 个降至 13 个,人均村庄建设用地从 223 平方米下降到 108 平方米,农村建设用地减少 919 亩,农村建设新增用地增加 412 亩。农房集聚率已突破 80%,先后建成城乡一体新区 9 个。

二、治理集成演进，设计科学的改革模式

（一）党建齐心齐力，夯实新发展基石

始终坚持"党建＋"工作理念，通过培育引领经济富村、绿色美村、改革活村、人才兴村、双创惠村、文明立村、善治安村、班子强村"党建八领"品牌，打造极具地区特色的乡村党建综合体，形成了"党群连心、网格服务""红云总裁班""红茶坊"等一系列创新载体。如缪家村先后两次被评为全国先进基层党组织，是国家级农村实用人才培训基地，省全面小康建设示范村、农村基层党风廉政建设示范村。大云镇率先启动长三角乡村振兴发展联盟建设，确定缪家村为永久举办地。

（二）文明入心入脑，传扬新时代理念

深化新时代文明实践行动，重视历史文化传承，挖掘姚绶、魏大中清廉文化保护传承，建成姚绶文化广场和纪念馆、魏大中主题公园和展厅，以先贤精神品格塑造新时代大云人文明素养。着力新时代文明培育，2018 年由中宣部、浙江广电联袂打造的专题片《厉害了，我的乡村》之"乡风文明"篇在缪家村文化礼堂录制。缪家村高永松家庭荣获"全国最美家庭"称号。建立缪家乡村振兴学院和嘉善乡村振兴碧云分院，打造"美美大云、甜蜜生活"群众终身学习品牌，加快新农人培育。

（三）智慧先行先试，推动新技术应用

提升乡村善治内涵，探索创新"自治、法治、德治、智治"四治结合，创造性提出九星文明户自治模式，率先打造乡贤工作组团体系，全面打造数字乡村建设，实现镇村"智"治全覆盖，创新运用"互联网＋"技术打造"三朵云"品牌建设，即"云访室""云网格""云管家"，实现化解常态化、治理联动化、管控动态化。智慧医疗、智慧旅游、智慧食安、智慧园区、智慧环卫等惠民创新治理模式越发成熟。如在嘉兴市率先建立远程智慧医疗"云诊室"，开办至今，已累计惠及嘉善县各类病患 1000 多人次。

三、业态集成布局,把握精准的改革力点

(一)点状兴起,做强甜蜜小镇产业

以巧克力甜蜜小镇创建为抓手,以"旅游+工业、文创、休闲、农业"发展模式集聚产业,成功创建 3 个 4A 级景区,引领美丽农业开发,集聚嘉德园艺、碧云花海、文松氧吧、华神甲鱼等十大农场,引进 55 亿元的智秋良壤有机生活度假谷;带动美丽工业转型,用景区理念推进花园式园区打造。歌斐颂巧克力小镇投资 9 亿元,通过巧克力元素集生产、游览和研学于一体,每年接待游客 80 万人次,旅游收入 2 亿元;延伸甜蜜产业链,推进红色传承、绿色发展旅游新业态,实现了大云旅游品牌 IP "云宝"的"圈粉变现"。

(二)线型串联,做精美丽乡村产业

立足美丽乡村生态资源优势,加快全域秀美向全域富美转化。打造"民宿+景区"美丽经济发展模式,推动东云村拖鞋浜民宿组团建设,推动了休闲农业、特色餐饮、民宿运营等联动发展。串点成线、联珠成链,大云镇将各个美丽乡村、景区村庄等有机链接,形成 13.6 公里美丽乡村甜蜜花海风景线,以产城游融合发展为目标,以首批省级样板镇为标准,高质量推进文旅特色型美丽城镇创建工作。2020 年至今,大云镇旅游区累计接待游客 15.5 万人次,实现旅游总收入 1800 万元。

(三)面上突破,做靓高科园区产业

以"花园式园区、3A 级景区"为标准,以德国为主的欧美高端装备制造、精密机械及人才科技项目为产业导向,打造集工业、商务、旅游于一体的大云中德生态产业园,形成了"三区",面积约 3000 亩;引导工业企业走"生态+科技+人才+创新"的发展之路,持续打好"机器换人"、自主创新、亩均绩效评价等转型提质系列组合拳,累计培育国家高新技术企业 18 家,占规上企业的29%;通过上海平台实现国千人才申报零的突破,引进博士以上高层次人才18 名。

四、红利集成释放，创造充分的改革福祉

（一）村级集体经济在飞跃中成长

把强村富民作为城乡融合的目标保障，首创以"造血扶贫、跨省发展、股份经营、保底分红"为特色的"飞地抱团"强村发展模式，把最好的区块留给村集体和农民，在镇工业园区核心区域安排三期共 163 亩用地，组织县内各薄弱村、浙江庆元和四川九寨沟各贫困村通过出指标、投资金的方式参与"两创园"建设，按投资额的 10% 分红回报，目前已兑现分红 4290 万元，大云镇村人均经常性收入达到 380.26 万元、农民人均可支配收入 4 万元，在"跨村、跨镇、跨县、跨省"四步跨越式发展过程中，实现了村集体经济"被动输血"向"飞地造血"的亮丽转变。

（二）百姓幸福指数在增收中提升

深化薪金＋租金＋股金＋保障金＋养老金＋经营性收入"六金"模式，通过发展旅游业等吸纳本地农民就业约 614 人，实现人均月收入 4500 元左右。通过出租房屋、流转土地，可为每户带来 2 万元的房租收益、约 1500 元/年·亩的土地租金。通过村集体分红项目发放普惠式股金、精准式股金。通过给予农民合作医疗费用补助等提供政策性保障。通过基本养老、置换养老，实现农民养老安置。目前全镇享受养老安置的达 1.2 万人，养老金覆盖率达到75%。通过创办各类专业合作社、家庭农场，增加经营性收入。目前全镇劳动力就业率达 98% 以上、养老和医保均达 98% 以上，城乡居民收入比缩小至1.48∶1。

（三）乡村美好未来在描绘中展现

建立农业主体准入和腾退机制，出台农业产业负面清单，形成强有力源头管控机制。创新乡村生态文明传承保护开发模式，结合特色自然村落和历史文化村落的保护，建立在传承中保护、在保护中开发的长效机制。推进环境卫生公共服务向乡村延伸。创新农村、集镇、园区、道路、河道"五位一体"的环境市场化综合整治机制。在全镇推动垃圾、厕所、污水"三大革命"，实现垃圾分

类全覆盖、污水零直排试点镇创建,完成 A 级厕所改建 6 座。

五、改革集成示范,建立成熟的改革体系

(一)搭建集成改革的成熟体系

1.夯实改革基础,探索村级集体经济有效实现形式

通过 3 个试点项目,形成一体系三模式改革框架。分别是探索多路径强村发展体系、创新飞地抱团增收模式、深化农业创业增收模式、推动美丽经济增收模式、做强物业经营增收模式。

2.突出改革保障,打造乡村现代化善治体系

通过 5 个试点项目,形成一平台四机制改革框架。分别是打造党建引领治理新平台,探索"三治"乡村治理链接机制,构建涉农公共服务新机制、智慧效能管理新机制、乡村文明培育新机制。

3.创新改革手段,构建乡村生态文明可持续发展机制

通过 3 个试点项目,形成一体系二机制的改革框架。分别是建立乡村绿色生态管控体系、创新美丽乡村风景线建设机制、创新乡村环境综合整治推进机制。

4.抓牢改革突破点,大手笔推动农村产权要素集成改革

通过 4 个试点项目,形成一集成三全域改革框架。分别是推进乡村要素集成化配置、全域土地整治改革、全域农田流转改革、全域农房集聚改革。

5.抓实改革落脚点,大力度推进农民持续有效增收

通过 6 个试点项目,形成"引建带培"改革框架。分别是构建优化农民收入结构引导机制、创新探索农业经济开发区建设模式、创新一二三产融合带动农民增收机制、构建新型职业农民培育机制。

(二)打造集成改革的系列品牌

改革实施以来,大云镇大胆探索实践,形成一批在全市、全省叫得响、立得住的"改革品牌",获得时任省、市领导批示肯定 10 多次,《人民日报》、新华社、

中央电视台、《浙江日报》、浙江卫视等省级以上媒体聚焦报道 100 余篇。"飞地抱团"强村发展模式入选浙江省 26 条经济体制重点领域改革典型经验,并荣获第五届浙江省公共管理创新案例优秀奖;"云诊室"在嘉兴市开创镇级探索智慧医疗先河,惠及全县各类病患者 1000 多人;九星文明户评创首建"红海党建联盟"党群连心大平台,经验做法在全县复制推广。

第二节　"强村计划"提升村级集体经济发展品质

农村集体经济是社会主义新农村建设的重要物质基础,是村级组织有效发挥职能作用的前提和保障。在统筹城乡发展进程中,如何大力推进农村集体经济发展是至关重要并亟待破解的瓶颈问题。2008 年以来,嘉善县结合本地实际,深入贯彻中央和省市工作精神,以建设县域科学发展示范点为契机,从实施第一轮强村计划到全面推行"飞地抱团"发展模式,一手抓示范推动,一手抓政策扶持,着力打好强村、净村、美村"组合拳",推动村级集体经济统筹发展、均衡发展,走出了一条具有嘉善特色的科学发展强村之路。

一、"强村计划"实施过程及其面临的新问题

嘉善县村级集体经济发展工作自 2005 年启动以来,历经了输血解困(起步阶段)、造血扶持(发展阶段)和动能激活(提升阶段)三大阶段,各村积极抢抓发展机遇,大力兴办村办企业、村级市场和村级工业园区,出现了"村村点火、户户冒烟"的热闹景象,集体经济也得到了发展。从整体看,村级集体经济收入稳健增长、支出逐年递增和资产全面提质。但是,村级集体经济发展不平衡,偏远村集体经济普遍比较薄弱,单纯依靠村级集体自生力量很难解决。

(一)"强村计划"实施

2008 年,嘉善县及时审时度势,根据当时村级集体经济发展过程中出现的"增长空间拓展乏力、运营成本逐年增长、发展态势明显失衡"三大瓶颈问题,经过多方调研论证分析,为了从根本上扭转不利发展局面,从基础上营造长效发展机制。当年 6 月,下发了全面实施"强村计划"的意见等七个政策文

件和一系列配套政策,提出了强村发展四年工作目标,重点帮扶经济薄弱村发展壮大村级集体经济。

1. 扶持政策切实有效

2012年,在首轮强村计划取得阶段性成果的基础上乘势而上,出台了次轮四年强村计划。把工作重心放在引导村级组织建设强村发展项目,把工作重点放在扶持经济薄弱村发展,并重点抓好三方面的扶持工作:一是给土地指标,首轮和次轮计划对强村项目分别给予每年200亩和50亩建设用地指标;二是给扶持资金,首轮和次轮计划每年县镇二级分别配套1000万元和1200万元项目扶持资金;三是给减负政策,对部分项目规费全免或部分减免、村级集体土地和房屋出租租金税收先征后补、百万元以内银行贷款3年贴息等多项优惠扶持政策。

2. 因地制宜分类指导

推进强村计划关键在组织实施,县委县政府高度重视,职能部门全力推进,具体抓好四个方面:一是因地制宜,科学规划。认真制定强村建设规划,分阶段、分步骤组织实施。二是突出重点,注重特色。坚持"抓两头、促中间",重点对现代新农村建设中心村和集体经济相对薄弱村加强指导和扶持。三是激活主体,尊重首创。充分发挥村党组织领导核心作用和基层首创精神。四是分类指导,整体推进。坚持集体经济强村重管理、集体经济发展村重引导、集体经济薄弱村重帮扶的工作思路。

3. 培育引领示范模式

在推进过程中,嘉善县着力探索符合村级实际的具体发展路径与模式,结合"强村计划"深入推进,抓好"五个结合",积极探索"五种模式":一是与块状经济发展相结合,探索园区型发展新模式。积极推进村级创业园建设,通过抱团发展、强弱联合等推进形式,形成以魏塘村级创业园为代表的一批规模大、位置优、潜力足的村级创业园群。二是与现代市镇建设相结合,探索商业型发展新模式。引导相关村级组织参与集镇建设开发,通过商业开发和三产服务业的发展,实现集镇开发建设与村级集体经济同步发展。三是与农村新社区建设相结合,探索物业型发展新模式。结合全县城乡一体新社区建设,包装公建配套用房等强村项目,增强村级集体经济持续增收能力。四是与农村资源整合相结合,探索资源型发展新模式。引导农业资源、旅游资源比较丰富的村级组织开展休闲农庄等乡村旅游业,带动村级集体经济发展。五是与现代农业发展相结合,探索产业型发展新模式。逐步推进以村级组织为依托、服务型农民专业合作社为载体、农业技术部门为支撑的"三位一体"农业社会化服务新模式,县财政对符合政策条件的村级组织一次性奖励5万元。

4. 创新有效支撑机制

全面推进村级集体经济可持续科学发展,强有力的工作机制是关键。一是构建联动推进机制。在县强村办引领下,充分发挥部门联动、上下联动的优势和功能,抓好指导服务工作,通过建立绿色通道,对强村计划项目优先审批,缩短审批周期。二是构建帮扶结对机制。通过县领导联挂、机关部门结对、企业帮扶等方式,加大帮扶力度。县联挂领导帮助联系村理清发展思路、选准选好项目。结对部门从资金、信息、技术等方面给予支持。帮扶企业帮助解决项目实施资金问题。三是构建考核激励机制。建立健全考核奖励制度,增强村级组织积极性和创造性。四是构建舆论引导机制。通过广播、电视、报刊、网站等途径,大力宣传典型事例和先进事迹,努力营造浓厚的工作推进氛围。

(二)"强村计划"实施中面临的新问题

然而在村集体经济自然发展和实施"强村计划"的过程中,存在一些突出问题,主要表现在以下三个方面。

1. 村级工业低效用地浪费严重

据统计,全县村级工业低效用地约1万亩,村集体年收益6000多万元,亩均年收益只有6000多元。经济发展土地指标严重紧缺和村级低效用地大量沉淀浪费的矛盾突出。

2. 强村项目投入产出比不高

前两轮"强村计划"主要由村级组织来实施强村项目,共建成强村项目107个,投入了400亩土地,增加村集体年收入3500万元。集体经济亩均年收益只有8万多元,偏远村的强村项目投资效益更低。如天凝镇蒋村2013年利用1.5亩土地建设标准厂房,年租金仅5万元,亩均收益只有3.3万元。

3. 村级工业产业层次较低

村级组织发展工业经济因区位条件不佳、缺乏产业规划、村干部专业素质不高等原因,导致招商项目质量偏低,往往"装进篮子都是菜"。不仅对地方经济贡献不高,还带来了河道污染、违章搭建、安全隐患、生产扰民等突出问题。

二、提升村级集体经济发展品质的实践

针对"强村计划"中出现的问题,从 2015 年开始支持薄弱村抱团发展(第二轮"强村计划"最后一年),2016 年出台第三轮"强村计划",打造"强村计划"升级版,推行以"县镇统筹、跨村发展、股份经营、保底分红"为主的"飞地抱团"模式。主要实现两个提升:一是以"飞地"提升强村质量。围绕"产业转型升级引领区"建设,在国家和省级开发区、省市特色小镇、镇级"两创中心"等"金边银角"区域,规划符合产业发展导向的强村项目,实现土地价值的倍增。二是以"抱团"提升发展动能。发挥强村政策的牵引作用,引导村级组织将补助资金、自有资金和腾退的盘活资金整合起来,联合发展规模型、集聚型、生态型强村项目,增强村级组织参与优质项目的能力。

(一)超前谋划部署,变"单一政策"为"多管齐下"

1. 建立工作机制

县委、县政府始终将发展壮大村级集体经济工作作为一项重大政治任务,成立了"强村计划"工作领导小组(消除经济薄弱村领导小组),由县委副书记担任小组长,县委组织部部长和县政府分管农业副县长为副组长,组织部、县农业农村局、县发改局、县财政局、县自然资源局、县经信局、县建设局、县政务数据办、嘉兴市生态环境局嘉善分局、县农商银行分管领导任领导小组成员,领导小组办公室设在县农业农村局,为强村工作(消除经济薄弱村工作)的政策制定与实施提供了有力的保障。

2. 强化约束激励

将镇(街道)村级集体经济发展和管理成效列入年中党建和工作述职内容中,将发展村级集体经济列入县委县政府对各镇(街道)、县级有关部门的年度目标责任制考核,年度评出一、二、三等奖,并在县"三干"会议中评优表彰。将

薄弱村转化作为年度书记领办基层党建攻坚项目,要求各级党组织书记每年进行专项述职评议,做到一级抓一级、层层抓落实,责任到人,责任到村。

3. 专项资金扶持

县、镇(街道)财政每年安排村级集体经济扶持专项资金,通过资金补助、金融扶持、兜底保障等措施,用于发展村级集体经济。

(二)完善扶持体系,变"单村补助"为"项目补助"

在第三轮"强村计划"中,改变直接将资源要素投放到村的做法,以项目为牵引,实现政策、资金、服务"三集聚"。

1. 突出政策引领

2008年起,嘉善县连续出台四轮"强村计划",从资金、土地、帮扶、监管等方面加强政策扶持。制定《关于实施第三轮"强村计划"全面提升村级集体经济发展品质的意见》《进一步加快创业创新中心建设促进经济转型升级的实施意见》,县财政3年投入不少于6000万元专项资金,安排不少于200亩土地指标,建立项目审批绿色通道,实行红色代办。镇(街道)必须实施"飞地抱团"项目,才能享受落实强村项目土地指标、地方税收留存部分返还、"两创中心"增补奖励(由50元/平方米提高到80元/平方米)等政策;经济薄弱村必须参与"飞地抱团"项目,才能享受首个项目160万元的县镇财政补助(县财政100万元、镇〈街道〉财政配套60万元)、第二个项目60万元的县财政再补助和200万元的3年全额贴息贷款等扶持政策。2019年实施的第四轮"强村计划"明确提出,到2021年底原则上全县所有村集体经济全部达到年经常性收入160万元以上,经营性收入70万元以上,人均年经常性收入700元以上,经营性收入400元以上,村级集体经济造血功能进一步强大,业态创新、运行和监管机制进一步健全,发展品质全面提升。

2. 优化要素保障

在前两轮"强村计划"中,分年度落实土地指标,用于经济薄弱村单个项目建设,有的项目到最后一年才开始立项,产出速度比较慢。在第三轮"强村计划"中,调整土地指标使用方式,允许跨年度统筹安排使用,对择优确定的县级"飞地抱团"项目,优先安排计划用地指标。2017年5月,3年用地指标全部下达到 8 个优质"飞地抱团"项目。同时,以城乡建设用地增减挂钩结余指标交易试点为契机,对腾退低效用地后产生的土地指标,通过县土地收储中心按每亩 50 万元收储,其中对经济薄弱村的收储价格为每亩 60 万元,将村级低效资产转化为村级再发展资金。如干窑镇长生村通过低效用地腾退,节余土地指标 403 亩,扣除腾退成本后,获得村级再发展资金 5000 万元。

3. 实施全程代办

在前两轮"强村项目"中,由于镇村干部对规划要求不了解、对项目审批流程不熟悉等原因,导致个别项目推进较慢,甚至出现项目无法落地、土地指标和补助资金回收的现象。第三轮开始完善强村项目"红色代办员"制度,实施"最多跑一次"改革和项目审批绿色通道。从 2015 年开始抽调 4 名同志驻点县行政审批服务中心,提供规划咨询、审批代办、材料指导等服务。对立项的"飞地抱团"项目,逐一制定项目审批全流程图、项目建设前期进程表等"一图一表",通过倒排时间、流程优化、模拟审批等方式,建立项目审批绿色通道,全面压缩审批时间,促使强村项目早开工、早竣工、早产出、早分红。如干窑镇 9 村联建"两创中心"项目,从取得国有土地使用权出让合同到正式开工建设仅用了 4 个工作日,真正落实了"飞地抱团"项目从立项到主体基本完工在 1 年内完成。

(三)创新运作模式,变"单打独斗"为"抱团发展"

加强县镇两级统筹力度,突出重点、科学布局、整体推进,实现全域抱团。

1. 在县级层面突出两类重点村

针对经济薄弱村,打破镇村界限和要素流动障碍,做到全域优化布局、全域整合资源、全域整体受益。采用"土地＋资金""强村＋弱村"模式,在大云镇、罗星街道等区位优势明显的镇(街道),统筹布局"两创中心"。针对"退散进集"重点村,为减少低效用地腾退对村集体收入带来的阶段性影响,专门研究出台"退散进集"重点村"新七条"扶持政策,对按要求顺利完成腾退任务、经营性收入短期大幅下降的一般村,参照经济薄弱村享受第三轮"强村计划"的项目奖补、贷款贴息、规费减免等政策,并新增 50 亩土地指标,力争实现腾退不减收。

以大云中德生态产业园"飞地抱团"发展项目为例。该项目由 9 个镇(街道)的 22 个村共同出资成立"嘉善县强村创业大云投资管理服务有限公司"投资建设。项目用地 50 亩,新建高标准厂房 6 幢、总建筑面积 3 万平方米;大云镇统一承租,负责招商运营,每年按各村投资额的 10% 保底分红,2018 年已引进德资为主的精密机械、装备制造等 9 家优质企业。项目总投资 8000 万元,其中,17 个薄弱村每个村投资 300 万元,资金主要来自财政补助和银行贷款,截至 2017 年底财政一共已贴息 135 万元;5 个一般村每村投资从 300 万元到950 万元不等,资金主要来自村积累资金,仅缪家村贷款 300 万元。当年银行年贷款利率不到 5%,"飞地抱团"项目保底收益 10%,村里就是自己付利息贷款投资仍有 5% 的收益空间;"飞地"所在的大云镇同样受益,不考虑厂房租金、企业税收等因素,仅县里增加安排 50 亩用地指标,按购买 1 亩指标 50 万元计算,相当于得到 2500 万元。各抱团村资金来源及收益(见表 8-1)。

表 8-1　大云中德生态产业园"飞地抱团"项目投资情况

单位:万元

抱团村 (22个)		投资额	资金来源				2017年村集体经营性收入	"飞地抱团"项目分红
			财政补助	银行贷款	财政贴息	村积累资金		
薄弱村	惠民街道新润村	300	160	140	9.50	/	5.99	30
	惠民街道大泖村	300	160	140	9.40	/	8.43	30
	魏塘街道国庆村	300	160	140	7.60	/	105.04	30
	西塘镇地甸村	300	160	140	7.60	/	19.82	30
	西塘镇新胜村	300	160	140	7.60	/	8.52	30
	西塘镇钟葫村	300	160	140	7.60	/	14.20	30
	姚庄镇北鹤村	300	160	140	7.90	/	24.94	30
	姚庄镇武长村	300	160	140	7.80	/	24.23	30
	姚庄镇中联村	300	160	140	7.80	/	15.20	30
	姚庄镇金星村	300	160	140	7.20	/	4.69	30
	陶庄镇翔胜村	300	160	140	7.10	/	31.43	30

续　表

抱团村 (22个)		投资额	资金来源				2017年村集体经营性收入	"飞地抱团"项目分红
			财政补助	银行贷款	财政贴息	村积累资金		
薄弱村	陶庄镇汾湖村	300	160	140	6.90	/	12.16	30
	干窑镇胡家埭村	300	160	140	7.40	/	8.98	30
	天凝镇光明村	300	160	100	7.00	40	48.26	30
	天凝镇天凝村	300	160	140	9.80	/	57.34	30
	天凝镇新联村	300	160	100	7.00	40	9.75	30
	天凝镇蒋村村	300	160	140	9.80	/	25.34	30
一般村	罗星街道亭桥村	300	/	/	/	300	23.03	30
	大云镇江家村	550	/	/	/	550	32.29	55
	大云镇洋桥村	550	/	/	/	550	87.17	55
	大云镇缪家村	550	/	/	/	250	267.97	55
	大云镇大云村	950	/	/	/	950	68.03	95

注：魏塘街道国庆村在该项目立项建设时是薄弱村，2017年村集体经营性收入增长到100多万元。

2. 在镇级层面突出全覆盖

累计实施"飞地抱团"发展项目16个，实现镇域抱团项目全覆盖，村集体投资总额达近16.5亿元，30个经济薄弱村全部参与2个以上抱团项目。截至2021年底，嘉善118个村村均经常性收入达435万元，同比增长30.7%，经常性收入140万元、经营性收入60万元的村实现两个100%，真正实现"资源变资产、资金变股金、村民变股民"的目标期望，获评全省实施乡村振兴战略优秀县。2020年嘉善县"飞地抱团"项目分红情况（见表8-2）。

表8-2　2020年嘉善县"飞地抱团"项目分红情况

序号	项目名称	所在地	抱团村次/次	投资总额/万元	投资回报约定起止时间	投资回报金额/万元
1	大云中德生态园项目	大云镇	22	9400.00	2017年起	940.00

续　表

序号	项目名称	所在地	抱团村次/次	投资总额/万元	投资回报约定起止时间	投资回报金额/万元
2	罗星精密机械创业园	罗星街道	33	20499.13	2018 年起	1180.00
3	嘉善县跨区域多村联建强村大云创业园二期项目	大云镇	21	8100.00	2019 年起	810.00
4	嘉善县跨区域多村联建强村陶庄镇两创中心项目	陶庄镇	7	118600.00	2018 年起	1186.00
5	西塘镇十村联建项目	西塘镇工业园区	10	6000.00	2018 年起	600.00
6	西塘镇"两创中心项目"	西塘镇沈道村	18	10788.00	2019 年起	594.00
7	姚庄镇镇村联建两创中心项目	姚庄镇	18	32628.00	2019 年12 月起	1645.00
8	干窑镇 9 个村抱团联建强村创业园项目 1 期	干窑镇开发区	9	8000.00	2018 年起	800.00
9	开发区铠嘉职工宿舍项目 2017	开发区（惠民街道）	10	85000.00	2017 年 3 月起	1473.74
10	天凝镇"两创中心"一期	天凝镇	22	10100.00	2018 年起	400.00
11	开发区（惠民街道）中荷产业园项目 2018	开发区（惠民街道）	23	21500.00	建设中	230.00

（四）推进产业升级，变"村村冒烟"为"集聚发展"

为推进产业提档升级，坚决打破坛坛罐罐，全面整治村级"低散弱"企业，推进实体经济"二次创业"。

1. 集聚发展腾空间

针对亩均产出低、企业规模小、产业分布散、环境影响大的村级企业，全面开展专项整治，通过违建拆除、联合执法等方式倒逼腾退。三年多来，累计拆除"违建"402 万平方米，腾退产能低效的企业 2580 家、腾退面积 1.05 万余亩,为"飞地抱团"项目创造发展空间。同时,又通过城乡建设用地增减挂钩,为"飞地抱团"项目开发腾出用地指标,并通过增减挂钩节余指标交易,为腾退村腾出了村级再发展资金和参与"飞地抱团"项目发展资金。如干窑镇长丰村,通过集中连片腾退"低散弱"企业等,节余土地指标403亩并由县里以每亩50万元的价格统一收储,扣除腾退成本后,长丰村因此增收5000万元。同时,也为农村产业转型和环境美化腾出了空间。对腾出的发展空间,按照"高起点规划设计、高标准推进建设、高质量集聚项目"的原则,建设一批布局合理、产业鲜明、配套完善、运营多元、管理一流的"两创中心"。

2.招大引强提品质

依托强村项目平台,围绕重点产业和产业链,着力引进一批符合产业发展需要的大项目、好项目。如大云中德生态产业园定位德国等欧美精密机械、装备制造产业开展精准招商。又如干窑镇将9村联建"两创中心"项目作为承载"机器人小镇"发展的重要平台,已引进嘉兴博信机器人科技有限公司等10余个优质机器人项目,成为以机器人制造及研发为主导产业的嘉兴市唯一集聚机器人产业的特色小镇。占地70亩、总投资1.2亿元的二期"抱团"项目也已启动,将建设小镇客厅、孵化中心、研发大楼等"机器人小镇"配套项目。

3.就地提升优存量

制定出台《嘉善县小微企业园("两创中心")项目准入暂行办法》,通过转型提升、企业联合、兼并整合等方式,鼓励魏塘街道木业家具、罗星街道密封件、西塘镇纽扣服饰、陶庄镇再生资源、干窑镇轴承等优势传统产业集聚发展。如罗星精密机械创业园项目立足提升密封件产业,明确企业准入关,已引导6家企业通过兼并重组、抱团入园发展。又如陶庄镇腾退"三大废钢铁市场",同步建设"两创中心",项目一期17间标准厂房已竣工并投入使用,平均年租金达到1200元/m²,全镇9个村平均年增收100万元,实现"关一扇门、开一扇窗",既发展了集体经济,又提升了富民产业。

(五)拓宽增收渠道,变"低效土地"为"美丽农业"

践行"绿水青山就是金山银山"的理念,做好"退散进集"土地利用的后半篇文章,着力发展高效生态农业。

1. 实施"三全"集成改革

结合"退散进集"和开展以全域土地综合整治为重点,以全域农田规模流转为支撑,以全域农房有序集聚为助推的"三全"集成改革,挖掘农村土地潜力,盘活用地指标,盘活土地空间指标,优化产业发展空间格局,提升核心要素配置效率,全面激活城乡发展要素,切实保障村级集体经济发展用地。制定出台《嘉善县加快推进农村土地承包经营权流转促进农业规模经营实施方案(2017—2018年)》,鼓励集中流转,引导委托流转,支持全域流转,推动农村土地向村集体集中。对开展土地委托连片流转的村,县财政给予每亩250元的一次性补助;对土地流转率达到90%以上、实现全域流转的村,县财政给予每年每亩30元补助,同时镇(街道)财政给予每亩100元的一次性补助。嘉善县已流转土地面积26.93万亩,整体流转率达到85.11%,整村全域流转村数56个,并下拨财政补助资金824.51万元。成功完成村级一事一议项目26个,项目补助资金4270.40万元。积极落实了村级社会化服务项目7个,争取省级补助资金500万元。

干窑镇长丰村整村3800亩首次尝试第三方招标流转,实现田间配套设施折价入股,每年获取固定回报,增加了村级集体经济收入。有效地解决了农村建设用地缺乏、低效,解决了承包田散乱、低能,解决了农房布局凌乱的状况,突出了地、田、房的内在核心价值,满足了壮大村集体经济的主要资源要素储备。

2. 发展生态农业

因地制宜,通过腾退后土地生态化开发,推动农村产业转型和环境美化。如姚庄镇横港村探索"党建＋生态"农村环境长效治理模式,拆除猪棚6万余平方米,对拆除后的土地进行复垦和流转,建成农业转型升级产业园,既为村级集体经济增加100多万元的固定收益,又为生猪养殖户转产转业找到了出路。又如魏塘街道三里桥村腾退企业后复耕土地117亩,积极发展黄桃种植、采摘游、农业电商等项目,形成了桃花相映、倒影成画的生态发展美景。

3. 推进乡村旅游

嘉善县依托农业产业、自然风光、民俗风情、农耕文化等建设美丽乡村,积极发展休闲观光农业、农家乐休闲旅游和民俗等农村旅游项目,撬动乡村旅游美丽经济,实现从"美丽乡村"到"美丽经济"的华丽转身,实现村级集体经济和村民收入双增收。比如姚庄横港村以农耕文化为契机发展乡村旅游,为村集体带来年收入约30万元。

4. 培育乡村人才

"尚贤者,政之本也。为政之要,莫先于用人。"嘉善县多次组织村(社区)书记培训班,旨在强化村社党组织书记队伍建设,提升思想政治素质和担当履职能力,助"头雁"干部带领"群雁"齐飞。同时,以建设红云总裁班和缪家村乡村振兴学院为载体,拓展乡村人才的振兴途径,助力广大青年、乡贤回村创业,让技术、资金等要素向农村汇聚,以此激发传统农业转型发展的创新动力。

(六)强化规范管理,开创资产效能"新局面"

嘉善县在发展村级集体经济的同时,同步做好"增收＋节支"相结合的文章,通过规范农村产权交易,强化农村产权交易体系建设,强化产权交易监督管理等,加强农村集体"三资"监管,提升集体资产效能。由纪委、农业农村局、财政局、审计局联合开展的农村集体"三资"管理问题专项检查,将村级集体资产纳入平台、应收未收款项、村级资金出借等六方面内容开展自查自纠。同时,结合农村集体资产年度清查、"三年一轮审"、农村审计巡查等方式开展村级财务专项整治工作,对全县151村集体经济组织进行全面盘查,盘查覆盖率100％。

三、提升集体经济发展品质中遇到的问题短板

在乡村振兴战略的驱动下,嘉善县的村集体经济发展已经迈入筑底飞跃的关键期,各村正向更深层次推进发展,但在地田房、美丽乡村建设等要素配置改革的影响下,村集体经济高质量发展的后续问题也日益显露出来,全县乡村要素配置已经进入急需破题的转化期。

(一)村级干部队伍战斗力不强

1. 农村基层党组织党员干部、群众发展壮大村集体经济的意识不够强

在农村,群众对发展集体经济的意识逐渐淡薄,认为村集体经济的关键是

农民富起来,农村经济就发展起来了,村集体经济工作就完成了;有些村干部视野不够开阔,带动村民闯市场、上项目的意识不强。在学习乡村产业振兴的成功经验上,缺乏积极性、主动性和实践意识,经常出现"上边热,下边凉"的现象,个别"等、靠、要"的思想仍然存在。

2. 农村基层党组织的村干部文化程度不高,管理水平普遍差强人意

在农村,党员干部存在普遍年龄偏大、性别不均衡、文化程度偏低等问题。发展村集体经济对村干部的年龄和文化水平都有一定的要求,村干部队伍要有合适的年龄结构以及较高的文化水平。同时在工作中由于责任不明确、工作思路不开阔、方法不多,造成了基层党组织在农村的引导力不强,经济工作开展的效能不高,社会治理水平欠缺。

3. 农村基层党组织党员队伍年龄偏大,先锋模范作用有限

近年来,农村青年人口流失问题愈发突出,农村基层党组织后备干部的人数以及人员水平令人担忧。各村实际经常参加支部活动的党员平均年龄在60岁以上,这些老党员,文化普遍不高,对新媒体、新技术接受速度较慢,很难适应新时代下村集体经济发展的要求。而青年党员,尽管具备高学历,但多数是大学毕业后将党关系转回本村,人在城市工作,对村里的情况并不熟悉,在农村基层党组织发挥的作用也会大打折扣。

(二)农村资源要素保障缺乏,难以激发资源新活力

1. 农村土地资源开发利用率低

受家庭联产承包责任制的影响,农村土地大部分包产到户,以致农村土地资源整合度较低,存在严重的土地分散现象,阻碍了农村生产的组织化、规模化发展。自2016年嘉善大力推进农村土地流转工作以后,村集体的土地规模化流转已经形成了趋势,村集体也把土地牢牢掌握在手里,但是下一步流转土地的农业开发又面临市场和自然的双重风险,因此,充分提高农村土地资源开发利用率十分重要。

2. 农村村集体经济发展不均衡

全县区域发展不平衡现象突出,县城区发展快速,偏远镇、村发展相对比较缓慢,镇村两级发展处于连带驱动,同时村集体之间不平衡现象也很严重,

特别是部分纯农业村和偏远村位置偏远,各种资源条件比较差,发展速度缓慢,造成村集体经济体量不大,经常性收入较少,发展资金不足。干窑镇胡家埭村、天凝镇东顺村等15个村的经常性收入仍在80万以下;而大云缪家村达到650多万元、李家村的物业经济总产值也超了千万元,差异明显。

3.农村优秀人才缺失严重

一方面,基层农村工作的复杂性、工作强度与村干部的收入待遇不成正比,优秀人才即便引进来了,未必留得住。虽然有大学生村官的职位设置,但这些大学生村官在任期结束后,多数考录到机关事业单位,留在农村一线继续任职的少之又少。另一方面,村干部的迭代问题出现了,有能力的不爱干,没能力的干不了,一些行政村因人才储备不足,仍聘用一些年龄大的老会计、老文书、老妇女主任。

(三)村级经济发展路径狭窄,不易突破原有路径

1.村级集体经济增收后劲不足

村级集体经济收入组成主要以政府项目补助,租赁类收益和"飞地抱团"项目为主。租赁类主要以厂房、商铺、广告牌等租金为主的"物业经济",其中厂房大部分为低端企业。由于受"低小散"企业腾退的影响,大部分村的集体经济收入下滑明显。比如西塘镇新胜村在废旧钢铁企业整治腾退后,租金净收益减少近150万元,占整村集体经济收入的60%。

2.各村集体经济支出占比高

随着村民日益增长的对美好生活需求的向往,各村对人居环境建设的投入也日益增多,乡村的日常维护、村民的福利需求、文化建设等都需要投入资金,而各村集体经济收入虽然每年有增加,但支出压力也非常大,如大云镇东云村2020年稳定收入300万元,仅人居环境卫生整治就支出200万元。

3.美丽经济转化不够,亮点不多

近年来,嘉善以点带面,打造了若干美丽乡村示范样板,有效地提升了全县美丽乡村建设水平,提升了农村人居环境和生活品质。但美丽乡村如何转化为美丽经济的问题一直存在,通俗点说就是投入很大、收益很小、渠道很窄、

增收受限,存在美丽乡村建成未有村集体经济增收的情况。同时,由于同质化严重,创新亮点不够丰富,村级集体经济持续多元发展路径不多。

（四）"飞地抱团"持续造血不足,很难拓展共富新格局

1.发展模式过于单一

嘉善村集体经济发展主要依靠"飞地抱团"项目的收益,有一定的单一性和局限性。从调研情况来看,"飞地抱团"收益占村经常性收入的1/3。同时,易受区位和地域经济发展影响,如区位较好的大云中德生态产业园项目收益较高,而嘉善北部区位相对较差的项目收益则较低。特别在后疫情时代,吸引外资投入项目遇到瓶颈,如大云一期、二期项目,现在一期入驻的项目不到10家,并且有意向入驻的企业不多,"筑巢引凤"也变成了不稳定的因素。

2.自主发展能力薄弱

全县118个村参与"飞地抱团"项目的有104个,部分村参与二次或三次抱团,反映出村集体经济自我造血、自主发展能力不强问题比较普遍和突出,主要有三个方面原因:大力推进"低小散"企业腾退、"退散进集"等工作,村集体经济出现阶段性下滑;部分纯农业村和偏远村位置偏远,资源条件比较差,发展速度缓慢;一些村干部缺乏创新性和主动性,思维单一固化,同时由于日常行政工作任务量大,普遍存在进取精神不足、创新能力不够等。

3.运管机制有待完善

现行"飞地抱团"项目多由项目所在地镇（街道）政府或抱团村成立投资公司控股,如罗星街道"飞地抱团"由镇（街道）下属的嘉善归谷实业有限公司控股管理,大云镇中德生态产业园由抱团村成立公司控股管理。而两个管理模式中,实际运营管理人员大多由镇（街道）或村工作人员兼任,在专业和专注程度方面略显不足,在资源和管理方面缺少经验。若单独引进或组建市场化运营公司会进一步导致体制的再度膨胀,到某一阶段会成为另外一个负担。因此,如何更好地管理运营"飞地抱团"项目就显得尤为重要。

四、提升集体经济发展品质的对策建议

（一）强化党建引领，凝聚基层奋进力量

1.选优配强村两委班子

依托村"两委"换届，坚持"能人治村"的原则，选优配强村干部队伍。选择一批事业心强、懂经营、会管理、具有发展集体经济意识、不怕吃苦、秉公办事的人选进班子，具体推选所在村的大学生、致富带头人、经济合作社负责人等到村任职。同时加大村级后备干部培养力度，培育储备一批优秀年轻后备干部。坚持"一村一策"原则，因地制宜，聚集县挂点领导、镇联村组、驻村第一书记等各方力量，明确整改问题、措施、时限和责任人员，持续整顿软弱涣散村级党组织。

2.增强村干部综合能力素质

要坚持不懈地抓好村干部的培养教育，重点加强对村"两委"班子领导发展集体经济知识和技能的培训，提升发展农村集体经济的能力，着力培养造就一支懂农业、爱农村、爱农民的"三农"工作队伍。组织村党组织书记到先进地区进行考察学习，开拓发展经济思路，增强致富带富本领。重点解决村干部在农村经济发展上的"本领恐慌"，切实增强责任意识、机遇意识和创新意识。

3.强化关爱激励鼓励机制

农村基层干部先行先试容错机制，宽容失败失误，打消基层农村干部求稳怕乱、不敢发展的思想包袱，激励农村干部担当作为。落实好村干部待遇与村集体经济绩效挂钩制度，从村集体经济当年新增经营性纯收入中列支一定比例的资金作为奖金奖励村班子成员，充分调动村干部积极性和主动性。对发展村级集体经济成绩突出、贡献较大的村和人员，在评先评优等方面优先考虑。

（二）合理配置要素，深化改革成果转化

1.利用好全域土地综合整治成果转化

利用全域土地综合整治先行改革成果，在守住耕地红线的基础上梳理各

村的用地结构,结合规划做好农业业态的用地布局,用各村自己盘出的土地保障自身发展,实现以农哺农的转化。实施全域农田流转的过程中结合"农田三权分置"改革,探索村集体和农民农田双入股机制,引导村集体和农民积极参与农业社会化服务、农田季节性托管、农业两创中心建设、优质农业项目投资等项目中去。

2.发挥好财政金融政策成果转化

争取财政方面加大对"三农"的倾斜力度,根据嘉善县实际情况建立涉农资金整合的长效保障机制,健全涉农金融服务体系,要为村集体经济的发展提供多元化、多样化的金融服务,拓宽村集体的融资渠道,提高村集体参与社会市场的竞争力。

3.发展好多种业态产业平台成果转化

依据各村的特色和特点将村集体的地田房、人财物等资源要素进行整合、开发、利用,引进高品质农业项目,实现村级集体经济良性发展。比如干窑镇嘉佑田园综合体项目,通过与金都集团合作,依托本区域特色农业产业资源,打造集循环农业、创意农业、农事体验于一体的发展模式,实现乡村现代化和新型城镇化联动发展,确保村集体和农民都参与、都受益。天凝镇与浙粮集团签订粮食生产全产业链项目,现已经落地1.5万亩,实现了国有企业承包委托流转土地的良好发展态势。

(三)创新绿色理念,实现更高质量发展

1.找准本村发展定位

村级集体经济增收最大化,找准定位是关键,多元化发展起决定性作用。每个村的人文历史,区域位置,各要素配置等均不相同,所以必须精准定位各自的发展特色。如今,美丽乡村建设的投入,使农村人居生活环境得到了有效提升,补齐了短板,也为生态宜居打下了坚实的基础。在这基础之后,要根据本村最突出的长板延伸打造,人文历史浓厚的,深度挖掘人文内涵;区位优势足的,主动对接城镇,深度融入;精品农业强大的,广扩市场,广拓销路等。继续参与强村计划"飞地抱团",虽然前期投入较大,但后期盘活资金潜力巨大。根据定位,谋划相关增收项目,如引进第三方管理单位运营,充分利用闲置房

开拓新功能,加大特色农产品的提质扩销等。

2. 深研美丽经济发展

美丽经济可持续发展,是形成一个闭环稳定增收的模式。现阶段需要注意的是在发展美丽经济时,要时刻注意变化的因素。如是否吃透政策,是否对市场的波动做出及时的调整,是否能及时处理在发展中出现的问题等等。"飞地抱团"从思维上来说,让我们从"本村"跳到了"村外",所以我们在思考时不能只着眼于"本村",也要思考"村外"或更远。可以把一个村想成一家"公司",董事长是村集体,股东有乡贤,职员有村民。想要发展好就要懂政策,懂市场,就得多和政府这家"母公司"密切对接。比如东云村书记提出设想"东云村种植花卉的专业人员很多,养护经验也非常丰富,村可以成立一家公司,参与政府某一条道路上绿化带的花、草、木养护,既可以提高村民收入,又可以壮大村级集体经济"。

3. 强化农村数字赋能

深入开展数字化建设是大势所趋,在提高村级集体经济中要结合数字化建设,探索数字化改革新路,建成数字乡村"大脑",通过数字赋能、流程再造、制度重塑,形成系统集成、共建共享的数字乡村发展新格局,推动村级集体经济进一步发展。

(四)开辟发展路径,抓实共建共富共享

1. 做大联合,不断推动迭代升级

将"飞地抱团"作为推进农业农村现代化和提升乡村治理能力的重要切入点,纳入实施乡村振兴战略的总体设计,站在更高的层面、更广的范围、更大的力度下进行推广部署。一方面进一步做大"蛋糕",不断加大村级组织联合的力度,进一步突破村域、镇域、市域乃至省域的界限。积极探索打造长三角村集体经济发展联合体,突出大城市功能定位,建立区域抱团、深度合作机制,逐步形成新型物业经济和都市生态农业等多种抱团形式。另一方面选好"奶油",统筹协调全县经济发展,把更多用地指标、资金等要素资源"飞"到产业发达、项目集中、市场活跃的归谷科技园等经济发展主平台,把最优质的地块用于建设科创平台、楼宇经济等高质量物业项目,最大程度优化空间布局和资源

配置,切实破除村级集体经济发展增收乏力等问题。

2.做精拓面,不断丰富发展路径

实现村级集体经济快速发展、协调发展、均衡发展的最大动力,源于基层的首创精神和群众的广泛参与。完善"飞地抱团"发展模式,注重项目建设与区域各类发展规划有机统一,与全县重点发展的数字产业、先进装备制造、新能源和生命健康等主导产业结合起来,不断集聚高端要素和新兴产业,积极打造"飞地抱团"升级版,不断扩大改革红利面;探索多元化发展模式。推进"飞田抱团"发展模式,依托高标准农业经济开发区建设,实施农业生产社会化服务抱团项目、农业现代化发展抱团项目等,推动农业抱团项目进区入园、落地见效,加速农业产业升级、完善农业现代化发展体系。不断突显全域土地整治、农房集聚、土地流转等改革红利,积极培育休闲旅游、农事体验、健康养老等美丽经济业态,促进乡村产业一二三产有机融合。不断完善农民分享产业链增值收益机制,探索村级资金资本化、市场化运行等多种方式促进村级集体经济和农民收入持续较快增长。

3.做实机制,不断激发基层活力

在迈向共同富裕的征程中,找准低收入家庭增收与村级集体经济发展的结合点,尽快实现"飞地抱团＋低收入家庭增收"新模式,以镇(街道)为单元,将城乡低保户和低保户边缘户纳入名单,设立帮扶对象动态调整机制,通过集体出一点、慈善捐一点、家庭掏一点、政府补一点等方式解决城乡低保户和低保户边缘户资金入股问题,激发农村居民积极主动参与抱团项目。坚持"由专业的人干专业的事"理念,深入推进抱团项目政企合作,建立健全激励机制,探索构建"政府主导、企业管理、市场参与"托管合作机制,充分发挥各方资源优势和创新活力。同时,探索建立产权界定、股权设置、股权管理、收益分配、资金管理等一系列制度,健全纪委、审计、农业农村、民政等部门联动监管机制,对资金管理、使用、发放环节开展全过程闭环监督,打造长效监督闭环,确保"飞地抱团"模式发展有序合规。

五、村级集体经济提质发展的启示

2018年12月29日,中共浙江省委、浙江省人民政府印发《浙江省乡村振兴战略规划(2018—2022年)》明确:鼓励推广嘉善"飞地"模式,打破地域界限,推动村集体经济"飞地"抱团发展,实现规模发展、共同富裕。跨县域"飞地""造血"助推精准扶贫脱贫机制作为全省26条经济体制重点领域改革典型经验在全省推广。

(一)党委政府重视是根本保障

嘉善每年投入专项资金、优先安排土地指标用于"强村计划",把发展村级集体经济列入目标责任制单项考核,有力推进了"强村计划"的实施见效。县领导直接联系帮扶经济薄弱村,建立强村项目疑难会商制度;县"强村计划"领导小组发挥牵头抓总作用,建立健全统一规划、统一审批、统一建设、统一经营、统一管理、统一核算"六统一"的工作机制;镇(街道)将经济薄弱村转化作为党委书记领办基层党建攻坚项目,具体负责强村项目筹备建设、整体推进、管理服务;县委组织部、县农办负责具体推进,协调发改、国土、财政、金融等部门,做好优先立项审批、落实土地指标、拨付奖补资金、提供金融贷款等扶持措施,其他部门与村建立党建红色联盟,帮助发展壮大集体经济,形成"一级抓一级、层层抓落实"的强村工作格局。

(二)立足产业转型是实现县镇村共赢的发展基础

实施"强村计划"提升村级集体经济发展品质,必须要围绕示范点"产业转型升级引领区"建设,以"大平台、大产业、大科技"的发展视野去谋划和推进。"飞地抱团"项目之所以能够有效推进、效益倍增,得益于"低散弱"企业的铁心整治、得益于产业布局的优化重构、得益于特色小镇的快速发展。将"退散进集"和"飞地抱团"相结合,推进了县级层面实体经济的"凤凰涅槃"、镇(街道)层面的"腾笼换鸟"、村级层面的"筑巢引凤",实现了在聚力高质量发展、产业转型升级大背景下的县镇村三方共赢。

(三)增强集体实力是巩固党在农村执政基础的经济支撑

增强村集体实力必须要确保集体资产保值增值、确保农民受益,增强集体经济发展活力,才能增强农村基层党组织的凝聚力和战斗力。发展壮大村级集体经济不仅是简单的经济问题,更是事关执政基础的政治问题。俗话说,

"手里没把米,唤鸡也不来",只有村级集体经济做强了,村级组织才有能力为村民做实事做好事,才能满足人民群众对美好生活的需要,才能提升村级党组织的组织力。近年来,嘉善各个村普遍建立党群服务中心、文化礼堂、居家养老服务中心、医疗卫生站等服务阵地,有的村还为老人提供医疗补助和生活补助,有的村开展生日慰问、生病慰问等关爱活动,有的村结合"分红"加强环境卫生管理,使群众对党组织的感情更深了,党组织加强基层治理的手段更硬了,这都得益于村级集体经济发展的结果。所以全面加强基层党组织和基层政权建设,必须撒好一把"黄金米",才能牵起群众"一份情"。

壮大农村集体经济,是引领农民实现共同富裕的重要途径。发展壮大村级集体经济是强农业、美农村、富农民的重要举措,是实现乡村振兴的必由之路。嘉善县秉持"乡村振兴,产业先行,主体带动,大力发展村级集体经济"的理念,不断升华"强村计划"工作,打造以"飞地抱团"项目的新契机,加快村级经济要素潜能释放,多元化融合产业资源的构建,夯实"强村富民"新格局,真正实现资源变资产、资金变股金、村民变股民,使支部更有凝聚力,村庄更有精气神,村民更有归属感。

第三节　集体经营性建设用地入市的探索

土地是人类生存和发展的物质基础,是社会生产的劳动资料,是一切生产和生存的源泉。随着改革开放的深入,经济发展迅速,对土地的需求也在不断增加,但土地供应特别是建设用地的供应远远不能满足现代经济社会发展和建设的需要。然而我国广大农村有大量的集体经营性建设用地闲置,土地利用效率低,资源价值没有得到充分体现。如何使农村集体经营性建设用地与国有建设用地处于平等的法律地位、能够充分发挥集体经营性建设用地的使用效率、将土地资源的价值充分发挥? 充分发挥农村集体经营性建设用地作用在基层是具有长期而丰富实践基础的。

一、集体经营性建设用地入市试点背景

集体经营性建设用地入市,就是赋予集体建设用地与国有建设用地在同

一市场上的同等权能,使得作为土地所有者的农民集体可以像城镇国有土地所有者一样直接向市场中的用地者以出让、出租或作价出资入股等方式让渡一定年限的集体经营性建设用地使用权并获取对价收益,而不再需要先行征收为国有土地;同时,依法入市的集体经营性建设用地使用权享有与国有建设用地使用权同等的权能。

(一)国有建设用地的短缺加剧集体经营性建设用地入市的迫切性

一方面,现有国有建设用地的不足无法满足城市扩张的步伐,挖掘存量建设用地成为建设用地供应的主要方式;另一方面,广大农村有大量农村集体建设用地闲置,土地利用效率低,土地资源价值没有得到充分体现。国有建设用地的短缺和农村集体建设用地入市的渴望,成为中国现阶段独特的现象。

(二)城乡二元土地制度限制了集体经营性建设用地入市

在原有法律框架下,集体建设用地与国有建设用地的法律地位是不平等的,集体土地一般不能直接作为建设用途,必须征收为国有土地后由地方政府来统一供应,征地成为农村集体土地进入土地交易市场的唯一合法途径。这种城乡二元土地制度导致了地方政府高度垄断建设用地一级市场。政府通过低价征收农村土地和高价垄断出让而获取土地价差,同时通过投资于城市基础设施建设经营城市而进一步提升地价,但对于失地农民存在利益分配不科学,容易加剧城乡居民收入保障的差距和城乡发展差距,土地利用矛盾现象日益严重。因此,打破城乡土地制度的二元分割,构建城乡统一的建设用地市场,是我国当前农村土地制度改革的重点,以实现农村集体建设用地与城市建设用地"同权同价"。

(三)集体经营性建设用地入市的政策支持逐渐明朗

党的十八大以后,改革明显加速。2013 年 11 月,党的十八届三中全会在《中共中央关于全面深化改革若干重大问题的决定》文件中明确提出,在"符合规划和用途管制的前提下",允许农村集体经营性建设用地入市流转,拥有与国有土地"同等入市、同权同价"的权利,为"农地入市"流转指明了新的改革方向。2014 年 12 月中共中央办公厅、国务院办公厅联合印发的《关于农村土地征收、集体经营性建设用地入市、宅基地制度改革试点工作的意见》,详细勾画了开展集体经营性建设用地入市改革试点的蓝图。2015 年 2 月全国人大常委会又授权国务院在全国 33 个试点县市调整实施有关法律开展包括集体经营性建设用地入市在内的"三块地"改革的试点。其中,进行农村集体经营性建设用地入市试点的有 15 个,至此,"农地入市"流转进行到实践探索阶段。2016 年 9 月,改革进入统筹推进阶段,入市试点扩大到全国 33 个试点地区,试点地区涵盖各个省份。2017 年,党的十九大提出,深化农村集体土地产权制度改革,大力推进农村土地制度改革,在严守"土地公有制性质不改变、耕地红线不突破、农民利益不受损"的前提条件下,加快农村集体经营性建设用地入市改革试点,充分发挥农村集体土地在城乡发展建设中的基础作用。同年 11 月 15 日,全国人大常委会宣布,将全国 33 个农村土地制度改革试点期限延长一年至 2018 年 12 月 31 日结束。4 年多的试点探索表明,集体经营性建设用地入市改革在提高土地资源配置效率、壮大集体经济和保护农民土地财产权益、促进社会和谐、促进城乡融合发展和乡村振兴等方面成效显著。

2019 年"中央一号文件"提出,要全面推开农村集体经营性建设用地入市改革试点,加快建立城乡统一的建设用地市场,有效解决建设用地供需矛盾问题。2019 年 8 月 26 日,十三届全国人大常委会第十二次会议审议通过《中华人民共和国土地管理法》修正案。集体经营性建设用地入市作为此次修法中最大的亮点和创新,既是将中央改革决策转化为立法的重要举措,也是对改革试点探索形成的"可复制、能推广、利修法"的成熟经验的总结提炼。《中华人民共和国土地管理法》修正案第六十三条规定:土地利用总体规划、城乡规划确定为工业、商业等经营性用途,并经依法登记的集体经营性建设用地,土地所有权人可以通过出让、出租等方式交由单位或者个人使用,并应当签订书面合同,载明土地界址、面积、动工期限、使用期限、土地用途、规划条件和双方其他权利义务。明确了集体经营性建设用地的合法性。

二、集体经营性建设用地入市的嘉善探索

在国家级农村综合改革试点试验中,嘉善重点探索存量集体建设用地再利用,形成全市首单、浙江省最大单的集体经营性建设用地入市。

（一）"他山之石"开阔思路

在着手这项工作前,嘉善县多次前往德清县考察学习经验。通过考察发现,德清县农村集体经营性建设用地入市以出让、直接入市为主,实施主体主要是村集体经济组织,大部分的规划主要用途是工业用地。借助"多规合一"改革,在"土地公有性质不改变、耕地红线不突破、农民利益不受损"三条底线的基础上,德清县初步形成了一套完善的集体经营性建设用地入市制度体系,包含了集体经营性建设用地入市的决策管理、审批管理、交易管理以及收益管理制度等。

（二）摸清家底上图入库

按照"尊重历史、兼顾现实"原则,结合农村存量土地摸底调查,通过"一村一梳理、一地一整合",由县自然资源规划部门统筹,对全县存量农村集体建设用地数量、面积、使用现状等进行摸底核查和汇总。结合各个镇(街道)摸排出的地块进行初步筛选,选取符合入市条件且所在村集体入市意愿强烈的农村经营性地块上图入库。

（三）确定试点地利人和

在综合各种因素的前提下,确定大云镇曹家村上下自然村为试点单位先行先试。此次率先入市的地块为农村存量建设用地,权属明确无争议,地上农户均已通过集聚、搬迁等方式进行了安置,实际操作难度小。同时,曹家村属于经济薄弱村,村集体改革意愿强烈,多次主动与乡镇、县自然资源规划局对接,希望通过集体经营性建设用地入市改革壮大集体经济,实现改革和创收的双赢。

（四）"四步走"推进试点

一是定方案。制定《大云镇集体经营性建设用地入市试点实施方案》,并向嘉善县农村综合改革集成示范区建设试点工作领导小组请示,经批复同意后开始具体实施。二是调规划。通过调整曹家村的村庄规划作为此次入市的规划依据,并纳入国土空间规划中进行落实,明确上下村试点地块用途为村庄商业服务业设施用地(V31)。三是定指标。邀请专业的设计团队根据地块的自然风貌和上下村在大云镇旅游度假区规划中的功能定位,进行项目设计并拟定初步方案,在该方案中初步明确了容积率、绿地率等用地的各项指标。后将初步方案提交县规评会进行项目指导,听取各个部门及专家的意见建议并修改完善,最终确认该地块的各项指标范围,形成基本方案。四是招拍挂。最后曹家村股份经济合作社委托大云镇向县政府、县自然资源规划局提交招拍挂申请。经批复后于 2020 年 7 月 27 日,嘉善大云温泉省级旅游度假区内总用地面积 23.388 亩的农村集体经营性建设用地(2020—16 号地块)正式挂牌出让。

(五)制定相关配套政策

制定《嘉善县农村集体经营性建设用地入市管理办法(试行)》《嘉善县农村集体经营性建设用地使用权出让规定(试行)等若干规定的通知》《嘉善县鼓励金融机构开展农村集体经营性建设用地使用权抵押贷款的指导意见的通知》。出台《农村集体经营性建设用地使用权抵押贷款》《农村集体经营性建设用地出让地价管理》《农村集体经营性建设用地异地调整》《农村集体经营性建设用地入市土地增值收益调节金征收和使用》《农村集体经营性建设用地入市收益分配管理》等配套实施文件,以规范性文件的形式保障用地入市过程中各环节的顺利实施。

三、推进集体经营性建设用地入市工作的思考

集体经营性建设用地入市毕竟是一项创新工作,又由于试验的各地实际情况不同,缺乏直接可用的经验,在推进中遇到"指标体系、建筑保留、出让金收益分配、出让地价、后期监管、抵押担保"等方面问题较为突出,嘉善的试点工作可以为农村集体经营性建设用地入市规范化提供探索借鉴。

(一)需要健全完善指标体系

国有经营性建设用地已经有一套完善完整的指标体系,而农村集体经营性建设用地的指标体系有所缺失。如果一味地照搬国有经营性建设用地的指标体系,过高的容积率和建筑密度等不符合乡村实际情况,容易破坏原有的农

村风貌,丧失农村自身的特色,可能会出现将农村打造成城市的模样。需要建立健全一套规范、可行的规划指标体系,整合各个部门的规范要求,探索建立一套符合乡村实际的特定指标体系。或者针对不同地块的实际风貌和具体情况,根据"一事一议"的原则,每个项目单独建立起自己独特的用地指标范围。

(二)根据土地实际建立联审机制

本着"先易后难"的试点原则,大云镇集体经营性建设用地入市试点地块为整体搬迁的老旧村庄,属于农村集体存量建设用地,出让时地面建筑不进行保留。但是随着集体经营性建设用地入市的增加,将会遇到有建筑且需要保留的地块,而这类建筑在质量安全及消防方面可能不符合现行的标准和规范,如果准备保留建筑进行入市,对建筑的处理问题必然会涉及各个职能部门,建筑该如何处理、项目如何操作都有待商榷。

需要成立集体经营性建设用地入市项目联审小组,成员包括发改局、自然资源规划局、建设局等部门,对于需入市的项目进行联审。如果不涉及建筑的项目,联审小组对相关用地指标进行研讨、审核。如果涉及地上建筑需保留的项目,联审小组对于原建筑的消防、质量安全等进行评估审查。若符合现行的相关标准,经认定之后可直接入市;若不符合现行的相关标准或存在其他问题的,由联审小组出具整改意见,整改到位且再次通过评审后,方可入市。

(三)需要优化土地出让金分配比例

目前挂牌出让的第一宗集体经营性建设用地的出让金收益分配参照了德清的分配方式和比例,收益由县财政和村集体享有,而镇一级财政的收益为零。该种收益分配方式和分配比例尚未经过专业部门的系统测算,需在现有的基础上优化,制定详细的"农地入市"土地成本核算办法,明确符合本地实际的县、镇、村三者之间的收益分配比例。村集体和农民之间的分配应由内部协商来决定,村集体的提留比例应根据本村实际情况进行确定以及适当调整上浮,从而增加村集体为村民办事的资金以及积极性。

(四)需要完善地价评估体系

为实现集体经营性土地和国有经营性土地同权同价,入市流转的集体经营性建设用地的价格会接近国有经营性土地的出让价格。如果入市的收益过高,农民不仅能够得到短期的现金收益,还能收获长期的股权分红,对收益的期待值大幅提高,不利于收益相对较小的全域土地整治、农房集聚等工作开展;如果入市的收益较低,一方面背离集体经营性建设用地和国有经营性建设用地同权同价的目标;另一方面则会降低农民入市的积极性,不利于发展集体经济、实现乡村振兴。需要制定出台《农村集体经营性建设用地使用权出让地价评估指导方案》,对集体经营性建设用地使用权的出让价进行评估,依照同权同价原则、价值主导原则、审慎原则、公开市场等原则,参照当前市场的正常客观收益水平,完善地价评估体系,为出让方通过集体决策确定土地出让起始价提供参考依据。

（五）需要建立多方监管机制

集体经营性建设用地按照其集体所有的性质,在批后监管的主体上,自然资源等部门没有权力对其进行后期的监管,而是各级集体经济组织担负起对其入市的土地监管的责任。由于需要监管的范围广、内容多,集体经济组织专业度不够,监管工作力不从心。同时,由于对应的批后监管、发证系统尚未完善,集体经营性建设用地后期监管、发证等无法接入。

村集体要落实好对其入市的土地监管的责任,镇及自然资源规划局配合村集体落实好监管工作;建议由自然资源规划局牵头,参照现行国有建设用地监管模式,对入市的集体经营性建设用地实行动态监管。同时做好与上级自然资源主管部门的对接工作,尽快在批后监管系统中开辟单独模块便于项目后期的监管。

（六）需要加强宣传拓宽抵押担保范围

由于集体经营性建设用地入市工作还未全面开展,金融机构对集体经营性建设用地入市工作了解不深、对集体经营性土地和国有经营性土地的"同权"地位认识不够,一定程度上未认可其使用权可作为抵押担保。目前只有大云农商银行等少数银行接受农村集体经营性建设用地使用权抵押贷款。需要通过报纸、刊物等大力宣传农村集体经营性建设用地与国有建设用地同等入市、同权同价。按照金融改革与农村土地制度改革紧密衔接的原则,鼓励金融机构开展农村集体经营性建设用地使用权抵押贷款工作,贯彻落实《银监会、国土资源部关于印发农村集体经营性建设用地使用权抵押贷款管理暂行办法通知》(银监发〔2016〕26号)等文件精神。

四、集体经营性建设用地入市试点的意义

集体经营性建设用地入市制度是在改革过程中不断摸索形成的新制度。有利于破解城乡融合发展面临的空间要素制约,农地的入市流转既壮大了村集体经济,增加了农民财产性收入,又为二三产业发展提供了可利用空间。

(一)有助于实现"同权同价、同等入市",初步形成县域内城乡统一的建设用地市场

在县域范围内初步建立起城乡统一的建设用地市场,将全县集体经营性建设用地统一纳入县公共资源交易中心交易,与国有建设用地实行同等入市制度;完善城乡统一建设用地市场体系;完善统一的县公共资源交易中心;完善城乡统一的建设用地基准地价和租金体系;完善统一的招拍挂公开交易形式;完善统一的不动产登记和抵押全覆盖。从而实现农村土地市场的权能完整、统一规范,消除用地业主的怀疑和顾虑。

(二)有助于促进农民增收、集体壮大,增强群众的改革获得感

在改革试点工作中,始终把维护好、发展好、实现好农民利益作为出发点和落脚点。在入市改革上,除按规定征收的土地增值收益调节金,全部出让金归村集体所有。同时通过村集体无偿回购部分建筑,后返租给受让人以获得租金收益,让薄弱村实现经济造血,实现"资源变资本,资本变资产,资产变资金",为发展壮大村集体经济注入源头活水。

(三)有助于促进基层治理、乡风文明,加强农村土地自我管理

集体经营性建设用地入市的法定主体是集体经营性建设用地的所有权人。土地所有权主体是"农民集体"。农民集体是很多农民组成的一个集合体,《土地管理法》明确规定,集体经营性建设用地出让、出租等应当经本集体经济组织会议2/3以上成员或2/3以上村民代表同意,在落实集体土地所有

权的同时切实保障农民成员的知情权、参与权、表决权。入市改革把土地出让形式、年限、价格等决策权全权赋予农民和农民集体，充分发挥其主体地位，真正让农民群众当家作主，有利于提升农民对土地价值的直观认识，提升对农地的自我管理和对村集体事务的共同关注。

（四）有助于推动生态保护、节约集约，实现城乡融合发展

在农村集体经营性建设用地入市中始终把生态保护优先、节约集约利用放在首位，结合农村全域土地综合整治，全面推进农村"生产、生活、生态"空间再造，大力开展村庄集聚和农村集体经营性建设用地异地调整入市，开展"退散进集"暨村级低端产业腾退整治，以规划引导工业用地集中布局，全力带动"低散乱污"企业腾退整治，将零星、分散的工业企业向工业园区集中，盘活农村存量土地、改善了农村基础设施建设、农村环境进一步改善、加快城乡融合发展。

第九章 党建引领乡村振兴

基层是党的执政之基、力量之源。党的基层组织是"宣传党的主张、贯彻党的决定、领导基层治理、团结动员群众、推动改革发展的坚强战斗堡垒"。农村基层组织处在农村工作的最前沿,是党的全部工作和战斗力的基础,是党联系人民群众的桥梁和纽带,也是党团结和带领农民群众建设社会主义新农村的战斗堡垒。

第一节 提升基层党组织战斗堡垒作用

一、强化农村基层党组织的政治引领

提升基层党组织战斗堡垒作用,严把政治方向,强化政治定力,注重政治引领,牢牢把握农村基层党组织的领导核心和政治核心作用。突出抓好基层党组织和广大党员深入学习贯彻习近平新时代中国特色社会主义思想主题教育,坚持用党的创新理论把基层党组织和党员武装起来、统一起来,不断凝聚起信仰的力量、组织的力量。

二、提升农村基层党组织的服务水平

提升基层党组织战斗堡垒作用,突出党建引领,落实"网格连心、组团服务"工作各项任务,优化网格设置,强化网格政治属性,切实发挥微网格长、网

格中心户、党员楼道长作用,使党员成为网格连心的中坚力量。强化组团服务、日常服务和业务指导,针对人民群众日益增长的多元化服务需求,扎实开展精细服务、个性服务、综合服务,不断提升服务的能力和水平。推动党员心向基层去、人往基层走、事在基层做,做到"群众有需求、党员有服务",真正让面对面联系服务群众成为党员干部的好习惯。突出数据支撑,让信息在每一个网格中互联互通。

三、凝聚农村基层党组织的战斗力量

提升基层党组织战斗堡垒作用,推动乡村振兴,要选优配强基层党组织班子。加强村书记队伍建设,定期举办村(社区)党组织书记培训班,深化村(社区)党组织书记工作交流会制度,组织书记公开打擂、比拼实绩,推进基层党建互学互比常态化制度化,提高村干部履职能力。强化典型引领,选树一批兴村(治社)名师,加大从致富能手、经济合作组织负责人、本乡本土大学毕业生、外出务工经商人员、复原退伍军人中培养选拔基层党组织书记的力度。拓宽挂职锻炼渠道,深化毗邻村社"双委员"制度,通过外派、互派、上挂等形式,选派村社干部赴县外进行挂职锻炼。深入实施"雏雁培育"计划,举办"雏雁展翅"村(社区)干部能力提升长训班,建立后备干部库。强化激励关爱,选拔优秀村(社区)书记优先依法依章选拔进入镇(街道)领导班子,村(社区)党组织书记实行县级备案管理和个人有关事项报告制度。

推进基层党员队伍建设。积极发挥党员模范带头作用,开展党员挂牌、结对帮扶、承诺践诺、志愿服务和宣传讲解国家政策等活动,树立先进典型。深入实施"农村党员进党校"工作,每名党员每年至少参加1次集中轮训,提升基层党员队伍水平。

实施人才强农战略。打造长于经营、精于管理、勇于创新、能够带领群众致富的专业人才队伍。深入推进人才培育品牌建设,探索农业高层次人才培育新模式,以"善农客"农业领创人才培育为引领,采取"集中授课+研讨交流+现场教学+参观考察"等培训方式,通过上挂、下派、参与中心工作等形式,切实强化"三农"干部实践锻炼。落实乡村振兴相关人才政策,逐步破解乡村人才瓶颈制约,激励农业科技人才、农技推广人才、农村实用人才等各类人才大施所能、大展才华,为推动乡村振兴提供强有力的人才支撑和智力保障。

第二节　统筹城乡基层党建

嘉善县作为中央党建工作领导小组秘书组城乡统筹基层党建工作联系点，坚持以底线思维保基本、以发展眼光促提升、以均衡理念补短板、以钉钉子精神攻难点，全力推动基层党组织全面进步、全面过硬，全县经济社会发展得到大力推进。嘉善县委被评为全国、全省创先争优活动先进县党委，被列为全国农村基层党建工作座谈会现场观摩点，连续 8 年被嘉兴市委授予"统筹城乡基层党建工作先进单位"称号，姚庄镇党委、大云镇缪家村党委被授予"全国先进基层党组织"称号，"强村计划·飞地抱团"工作得到时任省委书记充分肯定，党员楼道长工作被评为第四届全国基层党建创新优秀案例。

一、抓"全面覆盖"，优化城乡基层党组织架构

制订"整乡推进、整乡提升"基层党建三年行动计划，根据产业特色、区域特征和党员特点，深入推进"组织优化工程"，全县基层党建工作质量得到不断提升。

（一）针对村域规模不断扩大的新情况

针对村域规模不断扩大，采取"上提下分"方式，积极创新基层组织设置模式。将 9 个村党总支升格为党委，探索农村网格党建，将全县 118 个村（社区）划分成 449 个网格，每个网格分别建立党支部（党小组），统筹整合党员中心户、文化中心户、网格中心户，建立 572 个"党员先锋站"，形成"村党组织＋网格党支部（党小组）＋党员先锋站"的农村网格党建新格局。全面发挥党员先锋站在加强党员教育管理、密切联系服务群众、加强基层治理中的作用，打造党员家门口的"红氧吧"、党群面对面的"连心站"、基层问民情的"联络所"。同时，不断加强党群服务中心建设，在实现 154 个村（社区）党群服务中心全覆盖的基础上，建成了经济技术开发区、魏中村、桃源新邨社区、姚庄镇党群服务中心等示范型党群服务中心，充分发挥党员教育管理、党建工作指导、党员学习活动、谈心交流、收集民意等综合服务作用。

（二）针对农业特色产业不断发展延伸的新情况

针对农业特色产业的不断发展延伸，采取"支部＋协会""支部＋合作社""支部＋电商"等模式，积极在专业合作社、党员创业示范服务基地、农业龙头企业等产业链上建立党组织。

（三）针对农房不断集聚的新情况

在城乡一体新社区，重点构建以社区党组织为核心，居委会、党群议事会、居务监督委员会相配套的"1＋3"组织架构。制定《新社区居民公约》和党群议事会规则，建立健全社区党组织核心领导、居委会具体执行、居务监督委员会重点监督的管理运行机制。针对城乡一体新社区跨村集聚的特点，创新党员"四双"管理服务模式，由原所在村与新社区共管共育，做到日常管理"双重"、作用发挥"双岗"、形象展示"双亮"、考核激励"双向"。

（四）针对新媒体运用在农村不断普及的新情况

镇、村两级分别建立"红色Ｅ家园"微信群、微信公众账号，组建新农村建设、民主管理、矛盾化解、文化活动等功能型党员群组，每两月至少组织开展一次"网络微党课"，开设"空中党校"、网络"两美论坛"，组织开展"我为发展献一计""热点难点大家议"、志愿服务、矛盾调解等活动。

二、抓"乡村振兴"，夯实村级组织经济基础

围绕"乡村振兴战略"，推进"党建＋乡村振兴"，深入实施第三轮"强村计划"，积极探索以党建引领新时代美丽乡村建设的嘉善经验。2017年，全县村均经常性收入达到191万元，全面消除65万元以下村。

（一）创新制定党建"八领二十条"

制定《党建引领乡村振兴专项行动实施方案》，以党建"八领二十条"助推乡村振兴战略。其中，"八领"即充分发挥农村党组织领导核心作用，引领经济富村、绿色美村、改革活村、人才兴村、双创惠村、文明立村、善治安村、班子强村。"二十条"主要是总结深化近年来嘉善县农村党建工作经验和其他县（市、

区)的优秀做法,提出了"飞地抱团"、推进农业产业链党建、农村"红色代办"等20条具体措施。同时,建立联系走访、结对共建、领办项目、排名推进、考核激励等5项机制,保障工作落实。全县118个村(社区)结合自身实际和特点重点推进,全方位打造"八领"示范带。

(二)撒好"强村计划""黄金米"

自2008年起,连续实施两轮"强村计划",逐步探索出一条具有嘉善特色的"强村之路"。2016年启动的第三轮"强村计划",县财政三年投入6000万元专项资金,安排150亩土地指标,建立项目审批绿色通道,实行红色代办,统筹推进"飞地抱团",建设"两创中心"。到2018年累计实施跨区域强村"飞地抱团"项目13个,实现9个镇(街道)全覆盖,99个村参与抱团项目建设,村投资总额达14.5亿元。同年5月,嘉善和丽水庆元、四川九寨沟打造跨省"飞地抱团"5.0版本,不断创新"山海协作"和东西部合作"消薄"新模式。探索研究低收入农户投资参股的"飞地抱团"6.0模式,通过集体出一点、结对扶一点、党员帮一点、慈善捐一点、党员关爱资金拿一点、政府补一点、银行贷一点、家庭筹一点等"八个一点"的方式,设立"初心帮扶资金"和低收入家庭筹措资金,入股至村级集体经济"飞地抱团"项目,每年获取稳定收益,帮助低收入农户拓宽增收渠道、实现脱贫。

(三)拓展多种经营"新途径"

成立县级电商服务联盟,探索"部门党组织+村党组织+合作社党组织+党员农户"先锋农电商工作模式,建立电商综合服务平台和"银嘉善"农电商党支部,为特色农产品销售提供线上线下一条龙服务。将现代农业发展与乡村旅游、生态资源开发相结合,实现一二三产融合发展,带动村级集体经济发展。如姚庄镇北鹤村依托万亩黄桃基地,打造"浙北桃花岛"景区,每年举办桃花节、黄桃节,2017年接待游客7万余人次,仅门票收入就达22万元,实现了"一片桃园两个产业、一面党旗两方带动"。

三、抓"活力工程",提升基层组织组织力

结合"两学一做"学习教育常态化、制度化,深入实施基层党组织"活力提

升"工程,从严从实建好堡垒、抓好队伍、发挥好作用,全面提升组织力。

（一）建强村社两委班子队伍

2017年5月,全县9个镇（街道）154个村（社区）全面完成村社组织换届工作任务,共选举产生"两委"班子成员862名,其中村（社区）党组织班子成员575名,村（居）委会班子成员504名。本次换届呈现出党员群众参与度高、一次选举成功率高、新一届"两委"班子素质高等特点,换出了村（社区）班子的新面貌、换强了村（社区）班子的战斗力。同时,从县级部门抽调14名机关干部驻村担任新一批"第一书记",帮助村级组织做好加强基层党建、壮大村级集体经济、建设美丽乡村等工作。

（二）开展"双创双推"主题实践活动

围绕践行创业承诺、领办创新项目,推动中心工作、推动晋位升级,开展村干部"双创双推"主题实践活动,实施素质提升、创业富民、争先晋位等七大行动。举办村社党组织书记能力提升班,创设"村社善治论坛",开展组织部部长—村社书记"面对面"活动,组织村干部到县内外进行挂职,建立示范村与薄弱村结对帮扶机制,锤炼提升村干部工作能力。加强村社主职后备干部队伍建设,通过举办为期一年的"雏雁展翅"培训班,全面提升主职后备人选的综合素质。全县共有28名村社书记入选省"千名好支书",11名村社书记被评为嘉兴市"先锋书记"。

（三）全面加强村（社区）干部保障待遇

在全面落实村干部基本报酬财政转移支付、村干部养老保险、公积金等政策的同时,完善村党组织书记积分管理和优秀村党组织书记到龄后参照享受镇（街道）事业单位退休人员养老保险待遇等制度,积极构筑"村社干部有保险、在职书记凭积分、优秀书记享事业、先锋书记有通道"的全方位保障激励链。2018年,全县村党组织书记年均收入达7.9万元;有27名村（社区）党组织书记符合享受事业单位待遇条件,其中4名已享受。

（四）党员队伍"保先"建设

共产党员永远保持先进性，这是一个永恒的课题。制定下发《关于开展"万名党员进党校"集中大轮训工作的通知》，2017—2019年对全县基层党员分批进行集中轮训。举办全县农村党员"两学一做"轮训示范班，2017年有30个村（社区）2500多名农村党员进党校开展培训。推行"5＋X"支部主题党日，确定5项规定动作和X项自选动作，举办创意"主题党日"方案设计大赛，评选产生最佳创意"主题党日"，其中新老党员"接力传承创新业""三个一"活动，被《中国组织人事报》报道，并获得全省"庆七一"党建活动方案评选优秀奖，在长期学习教育和督促带领中促使农村党员保持先进性。

四、抓"阵地建设"，营造党建工作浓厚氛围

充分发挥党建阵地引领激励、教育规范作用，建立多层次、多角度、多形式宣传党的方针政策的前沿阵地，让党的旗帜在各个阵地高高飘扬。

（一）创建一批城乡共用"善城党建客厅"

深化共享理念，依托商务楼宇、社会组织、善城驿站、善城书房等，建设一批党建客厅，布局在县城东西南北中的各个区域，以供组织关系在乡镇、工作生活在城区的党员学习和活动，创新在城市社区党群服务中心建立"善城党建客厅"，实现城乡党员教育活动阵地共享共用。如天凝镇洪溪村党总支成立由17名组织关系在村、日常居住在县城的党员组成"银城"党支部，并协调在罗星街道江南社区党群服务中心开展支部活动。

（二）建强一批服务基层一线党建阵地

建成全市首个"善城驿站"，为城市管理服务者提供用餐、休息、学习、应急等服务。针对城区停车供需矛盾突出问题，组织12个机关单位党组织推出共享车位210个，向社区居民提供错时共享服务。创设车站路街区党建"4区7站"工作模式，发挥驻区单位党组织、街区党员户和党群共建户作用，带头开展维权咨询、免费缝补、半价早餐、"四点半"课堂等暖心服务。

（三）提升一批高效实用网络平台阵地

整合民情、企情、双整、机关智慧考评在线等四大在线系统,启用"善行先锋"云平台,集成党员教育、支部管理、志愿服务、党建督查等功能于一体,量化评价各基层党组织组织力指数,构建城乡一体、线上线下互动的党建信息化网络体系。在"嘉善先锋"微信公众号上开设"示范点空中党校""党的十九大知识竞赛""支部好声音""我的入党故事""身边党员闪光言行""家有好风"等栏目,定期组织推送。

（四）规范一批红色志愿服务阵地

启用 96345 党员志愿服务总站,建立 9 个镇（街道）分站、154 个村（社区）驿站,围绕农业惠民、综合便民、助残帮困等六大服务项目,成立 300 多支专业化服务小分队,整合部门、企业、农村、社区"四方红色联盟"资源,每月开展进农村、进社区、进学校、进企业、进医院"五进"服务活动。召开全县党员志愿服务表彰大会,开展党员志愿服务"四百双十佳"评比,420 名优秀团队代表和个人全部上台接受表彰。建立党代表定人、定点、定时"三定"制度,固定每月 25 日组织党代表进党员先锋站等基层单位,开展集中接待活动,顺利完成大云镇省市党代会年会双联系点工作,为全省乡镇党代会年会工作提供样本。

五、抓"党建十"模式,不断拓展基层党建思路

创新"互联网十"思路,探索党建工作服务经济社会发展有效途径,推动党建工作融入中心、服务大局。

（一）完善"党建十服务"模式

全面开展"社情民意大走访、'八八战略'大宣讲、思想观念大解放"活动,实现全县居民（村民）、企业走访全覆盖,努力建设党群干部关系最融洽县域。按照"走村不漏户、户户见干部"的要求,整合基层党建、民生服务、治安管理"三网"资源,在全省率先建立"民情在线系统",将全县各村（社区）、各基层治理网格,8.27 万农户、1600 余名镇村干部基本信息纳入系统管理。每名镇村干部分别联系 100 户左右农户,每年走访所联系的农户不少于 2 次,并健全民

情民事"收集、研判、交办、督办、评价、反馈"六项机制,办理民情民事 17 万多件。针对企业生产经营特点,建立"企情在线系统",选派镇(街道)涉企干部和县级机关中层干部,组团走访联系企业,上门听取企业意见建议,对全县 2000 多家重点工业企业,实行在线管理、跟踪服务,办理涉企事项 2599 件。

（二）完善"党建＋治理"模式

组织 90 个县级机关部门、127 家企业与 118 个村(农村社区)、36 个城市社区成立"四方红色联盟",充分发挥自身优势,为结对村(社区)兴办民生实事,开展项目帮扶、技能培训等服务,为结对企业解决生产经营困难;村(社区)为县级机关干部实践锻炼提供平台,为全县统筹协调发展提供保障。深入开展"党群连心、双帮圆梦"活动,全县各机关企事业单位、镇(街道)、村(社区)和两新组织等各领域党支部与全县 1995 户低保户、223 户低保边缘户和困难家庭进行"生活帮困"和"创业帮扶"。结合党员"一员双岗",开展机关党员干部"两地报到、双岗服务",组织 5000 多名在职党员到居住社区报到,360 多名党员领导干部返村报到,认领服务岗位 11500 多个。

（三）完善"党建＋生态"模式

紧紧围绕示范点"生态文明样板区"和"特富美安"新县域建设要求,探索推行党组织统筹、党员带头、党群联动的"党建＋生态"七个一工作模式,即一份生产生活生态"三生融合"的建设规划、一块"四网合一"的党员责任田、一批专业高效的志愿服务团队、一套四级联动的工作运行机制、一种人人参与的群众工作法、一个绿色发展的强村富民产业、一方党群带建的美丽家园阵地,形成"党员做给群众看、群众跟着党员干"的浓厚氛围,以基层党建助推生态环境建设整体推进、全域提升,7200 多名农村党员在环境整治和"美丽乡村"建设一线建功立业。创新建立包括党员"三包五岗",党员河(段)长、楼道长、路长等制度,推行垃圾分类党员"双联"制度,细化党员联系农户职责,实行联系指导、联带考评,定期开展"党群联动、户比互评"活动,相关做法被新华社报道,100 余家媒体转载转发。

六、抓"制度约束"，推动村级组织规范运行

创新基层组织制度建设，把该管的事规范起来，不该管的事减少下去，使制度少而精，职责简而明。

（一）推行"2＋5"基层组织制度规范

在镇（街道）层面，建立健全村级重大事项报告、村（社区）组织建设监督等2项制度；在村（社区）层面，建立健全"两委"班子联席会议、党员议事会、党员干部和村民代表联系农户、重大事项决策"五议两公开"和公章管理等5项制度。推行村级重大事项全程痕迹化管理，明确集体经济项目管理、集体资金收支、村民奖惩补助等17项内容为村级重大事项，围绕事项提议、决策、实施等环节，细化工作流程和管理要求，"一事一册"建立档案，确保有章可依，有据可查。

（二）健全村务监督委员会运行机制

2008年，在全县各村实现村监委全覆盖。每个村监委由5名成员组成，下设村务公开、民主理财、工程建设和资产管理、重大村务决策等4个监督小组，实行交叉任职，明确村监会主任一般由村党组织成员担任。紧紧围绕班子建设强、监督能力强、配合协调强、工作保障强、作用发挥强的"五强"建设目标，明确村"两委"班子支持接受监督和村监委监督实务等工作流程，全面实施"程序式"监督、"参与式"监督和"审核式"监督，有效促进村监委作用发挥。建立村级组织"小微"权力清单，梳理出招投标管理、财务管理等11个类别36项"小微"权力，规范权力运行机制。

（三）实行民主管理"四日"机制

在各村中建立党员活动日、民主理财日、党员议事日、党（村）务公开日等村级民主管理"四日"制度，全面实行村务公约、村务公决、党员议事会、农村党员提议、村级民主听证会等制度，畅通群众知情参政渠道，有效提高村级民主决策科学化水平。如天凝镇洪溪村创立重大村务公决制，形成八步工作法（公决事项的酝酿、公决事项的论证、提出公决草案、合法性审查、完善公决方案、

组织村务公决、决议的实施及监督、实施结果公开），对涉及新村布点规划、村级集体投资、基础设施建设等重大村务，由全体村民民主表决，变"为民作主"为"由民作主"，从一个"上访村"变成了"和谐村"。

七、抓"责任清单"，整合资源形成工作合力

坚持层层压实责任，做到重心下移、力量下沉，整合各方力量，合力推进城乡统筹基层党建工作的各项任务。

（一）完善镇村抓基层党建责任清单

配齐镇（街道）组织委员、组织员和组织干事，建立镇（街道）党委书记、党委委员、村党组织书记抓基层党建"三张责任清单"，明确"研究部署带头落实""抓好班子管好队伍""带头抓基层打基础"等责任，村党组织书记重点开展好"创建美丽家园"先锋行动、实施"强村计划"、加强党员队伍教育管理等 15 项工作。每年底，镇村党组织书记对照责任清单，进行党建工作专项述职。

（二）完善"四方红色联盟"共建清单

"四方红色联盟"每年确定一批共建项目清单。同时，要求每个县级部门牵头制定"四方红色联盟"共同提升基层党建工作清单，全县共确定基层党建共建项目 1200 多个。组织 360 多名领导干部返乡报到，至少认领 1 个助推基层党建工作任务。

（三）完善基层党建工作考核清单

制定出台城市社区党建工作考核办法，明确 5 个方面 20 条具体考核项目，考核结果与社区党建工作经费相挂钩。加大社区党建经费投入力度，对社区党委、党总支、党支部分别按 20 万元、15 万元、10 万元的标准落实保障。建立专职社区工作者岗位与等级相结合的收入分配体系，按照"三岗十八级"建立岗位等级薪酬制度。每季度确定一批基层党建重点工作，每月确定一批基层党建重点项目，实行基层党建每月检查、每月打分、年终考核制度。县委组织部每月采取暗访、抽查等方式，加强督促检查，年终根据平时考核结果，结合党委书记抓基层党建述职评议情况，开展综合考核，与目标责任制考核挂钩。

第三节　农村基层党组织建设"整乡推进、整县提升"实践

嘉善县以浙江农村基层党建"二十条"为基本遵循，以"整乡推进、整县提升"的思路落实基层组织建设各项工作要求，坚持问题导向、带着问题学、针对问题改，着力抓基层、打基础、补短板、建机制，党员队伍整体素质有了很大提升，大多数基层党组织凝聚力、战斗力增强，推动了基层党组织全面进步、全面过硬，切实把党建优势转化为县域科学发展示范点建设的强大动力。2015年6月被列为全国农村基层党建工作座谈会现场参观点。"民情在线系统""企情在线系统"作为特色工作，在全省农村基层党建工作会议上作为唯一县级单位作经验介绍。"互联网＋党建""党建＋治理"的工作方法都在国家、省市有影响力，连续7年被嘉兴市委授予"统筹城乡基层党建工作先进单位"称号。但是也存在一些不足和问题需要进一步完善。

一、农村基层党组织建设"整乡推进、整县提升"的探索

农村基层党组织建设"整乡推进、整县提升"工作主要是：围绕落实党建工作责任、抓好党风廉政建设、优化党组织设置、规范党组织活动、规范党务村务财务管理、健全群团组织、加强班子建设、培育后备人才、严格党员教育管理、密切联系服务群众、全程代理群众事务、建立党组织威信、有效推进中心工作、健康发展村级集体经济、大力弘扬乡风文明、建好用好基础设施、营造浓厚党建氛围、强化工作保障等18项重点工作，细化66项具体指标，实现基层党组织责任过硬、组织过硬、队伍过硬、服务过硬、业绩过硬、保障过硬（简称66186指标[①]）。

---

① 66186指标：18项重点工作，细化为66项具体指标，实现基层党组织责任过硬、组织过硬、队伍过硬、服务过硬、业绩过硬、保障过硬六大目标，简称为66186指标。

（一）从整体布局着眼，科学规划"双整"目标

1.分年分步明确目标

结合嘉善实际，科学制订党建三年行动规划，2016年，建成12个基层党建先锋村（社区）、2个基层党建先锋镇（街道）；2017年，建成25个基层党建先锋村（社区）、4个基层党建先锋镇（街道）；2018年，建成35个基层党建先锋村（社区）、5个基层党建先锋镇（街道），全县创建成为嘉兴市基层党建先锋县。

2.一村一策精准定位

对全县所有村（社区）进行全面分析，每个村（社区）对照"66186"要求，逐条对照，制定村（社区）基层党建提升项目清单。各镇（街道）根据各村自查情况，排出规范村、先锋村创建时间表、任务书。按照三个"三分之一"有序推进，对于"三分之一"基本达到基层党建规范建设的村（社区），继续深化，跟进提高，作为先锋村培育对象；对于"三分之一"还未达到规范建设要求但差距不大的村（社区），查漏补缺、改进提升，作为规范村培育对象；对于"三分之一"与规范建设要求差距较大的村（社区），进行重点帮扶，逐步拉近。

3.串线成面作示范

在各镇（街道）层面，制定基层党建工作特色群建设计划表，全县9个镇（街道）计划打造特色群20个。根据镇（街道）特色群，统筹规划线路安排，确定4条示范带：一是以姚庄镇姚庄村、桃源新邨社区、魏塘街道魏中村、大云镇缪家村为主的统筹城乡党建精品示范带；二是以浙江众诚包装、科创中心、中国归谷嘉善科技园为主的"三强"党建示范带；三是以善人家公益一条街、综合行政执法局、魏塘街道嘉辰社区、西塘镇朝南埭社区为主的先锋服务精品示范带；四是以罗星街道马家桥村、魏塘街道庄港社区、天凝镇洪溪村、洪福村为主的经济强村示范带。

（二）从"强村计划"着手，夯实村级组织经济基础

围绕"深入推进'强村计划'，夯实整乡推进、整县提升基础"主题，结合村级工业园腾退整治，谋划实施第三轮"强村计划"。

1.大力推进"退散进集"

制定《嘉善县村级低小散工业企业腾退整治工作方案》,对亩均产出低、产业分布散、企业规模小、外来人口用工多、环境影响大的村级低效用地,共排查出低效用地9395亩,涉及106个村(社区)、1898家企业。按照"一年见成效、二年基本完成"要求,排出路线图、时间表,2016年对1124家企业进行腾退,腾退面积5750亩,其中对27个村(社区)进行净村腾退,涉及企业253家,占地面积1242亩;对33个重点区域进行集中腾退,涉及企业610家,占地面积3300亩。

2.加大要素保障力度

制定《嘉善县进一步提升村级集体经济发展品质的工作意见》《嘉善县进一步加快创业创新中心建设促进经济转型升级的实施意见》,县财政每年投入4000万元,引导"飞地抱团"发展。对经济薄弱村,统筹安排150亩土地指标,给予每村160万元财政补助和三年200万元全额贴息贷款;对符合条件的"两创中心",给予每平方米80元的财政补助。对腾退低效用地后产生的土地指标,通过县土地收储中心按每亩50万元收储,转化为村级再发展资金。

3.拓展发展有效路径

结合现代农业发展、农业社会化服务、农业生态资源开发等,鼓励村级组织建设农业产业化项目,组建专业合作社,开展全产业链"田保姆"式服务。积极发展乡村旅游、农家乐、农村电子商务等,带动村级集体经济发展。如魏塘街道三里桥村近2年腾退企业12家,复耕土地117亩,投入780万元,建成美丽乡村精品示范点和128个美丽庭院,积极发展黄桃种植、采摘游等项目;天凝镇洪溪村投资300万元,建成150亩高效农业生态园,种植葡萄、花卉等经济作物,每年获取经营收入50万元。

(三)从活力党建着手,提升镇村党组织战斗力

深入实施"基层党组织活力提升工程",从严从实建好堡垒、抓好队伍、发挥好作用。重点加强村级后备干部队伍建设,对需要调整村党组织书记的,提前调整到位、熟悉工作;对114名村主任助理,组织联村领导、镇(街道)机关干部、村党组织书记进行导师帮带,安排中心工作进行压担锻炼。

1.加强镇村干部队伍建设

坚持镇(街道)干部为民服务"五承办"制度,做到联系群众经常承办、住夜走访上门承办、错时上班及时承办、驻村一周现场承办、群众点题集中承办。加强村干部日常教育管理,正常开展村党组织书记专题培训,各镇(街道)定期办好"双休日课堂""强村论坛"。全面落实镇(街道)干部两个20%保障政策,实行村干部基本报酬财政转移支付,并从2009年起率先实行优秀村书记到龄后参照享受镇(街道)事业单位退休人员养老保险等待遇制度,有23人符合资格条件。探索建立村党组织书记积分管理制度,按照书记任职年限、所获荣誉和年度考核情况进行积分,按比例享受镇(街道)事业单位退休人员养老保险差额补助,扩大激励范围。扎实做好退职村干部城乡居民社会养老保险政策调整工作,解决1900多名退职村干部退有所养问题。

2.持续整转软弱落后村党组织

深化基层党组织"堡垒指数"星级管理,深入开展"对标创标、晋位升级"活动。每年按照不低于5%的比例,倒排一批软弱落后基层党组织,滚动开展整顿转化工作。对排定的软弱落后村党组织,实行一名领导领衔、一个工作组帮扶、一套措施推动、一批项目惠民"四个一"整转机制。从县级机关中层干部中,选派第一书记,脱产一年驻村工作,每两月召开一次工作例会,交流基层党建提升、村级集体经济发展等工作情况,协调解决工作难题。

3.加强党员队伍建设

严格落实"三会一课"制度,全面建立以党员学习日、关爱日、服务日为主要内容的农村(社区)党员"固定活动日"制度,每月5日、25日分别开展学习日、服务日活动,结合"七一"等节点,开展关爱日活动。开展党员先锋指数考评,深化警示党员"三定一提升"(定责任、定目标、定措施、提升先锋形象)帮带转化机制,稳妥做好不合格党员处置工作。比如有30名党员由于种种原因成为警示党员,有14名不合格党员,其中8名除名、6名限期改正。

(四)从制度建设着手,推动村级组织规范运行

创新基层组织制度建设,把该管的事规范起来,不该管的事减少下去,使制度少而精,职责简而明。

1.推行"2+5"基层组织制度规范

在镇(街道)层面,建立健全村级重大事项报告、村(社区)组织建设监督等两项制度;在村(社区)层面,建立健全"两委"班子联席会议、党员议事会、党员干部和村民代表联系农户、重大事项决策"五议两公开"和公章管理等五项制度。推行村级重大事项全程痕迹化管理,明确集体经济项目管理、集体资金收支、村民奖惩补助等17项内容为村级重大事项,围绕事项提议、决策、实施等环节,细化工作流程和管理要求,"一事一册"建立档案,确保有章可依,有据可查。

2.建立健全村务监督委员会运行机制

紧紧围绕班子建设强、监督能力强、配合协调强、工作保障强、作用发挥强的"五强"建设目标,加强村务监督委员会建设,全面实施"程序式"监督、"参与式"监督和"审核式"监督,有效促进村监委作用发挥。建立村级组织"小微"权力清单,梳理出招投标管理、财务管理等11个类别36项"小微"权力,规范权力运行机制。

3.推进"三多"事项清理整改

针对村(社区)机构牌子多、考核评比多、创建达标多等"三多"问题,建立健全准入申报、许可清单、公示备案、捆绑考核、责任追究等长效管理机制,为村级组织"松绑减负"。村(社区)统一保留党组织、村(居)委会和村(居)务监督委员会3块牌子,考核评比、创建达标事项从51项减少到11项,同比减少78.4%;厘清村(社区)依法履职和协助政府开展的工作事项共29类、68项,减少事项30%,明确涉村(社区)盖章证明事项44项,减少47.6%。

二、农村基层党组织建设"整乡推进、整县提升"的启示

"为政之要,惟在得人。"党员干部素质提升,党组织的战斗力凝聚力才能提升。因此,加强村级党员队伍建设,打造好一支素质优良、数量充足的村级党员干部队伍,是确保党在农村各项事业发展的现实需要,也是实现"四个全面"战略的现实需要。在复杂严峻的形势下,要继续深刻分析新形势下农村基层党建的现状、问题和原因,加强对农村基层党建的规律性探索,通过"整乡推进、整县提升",强基固本,巩固党执政的基础。

（一）加强以村党组织书记为重点的村干部队伍建设

要搭建学习教育平台锻造敢于担当、善于担当、精于担当的农村干部队伍，要紧紧围绕组织需求、岗位需求和干部需求开展分层教育培训，并总结研究村支书群体成长轨迹和规律。如开设以农村党组织书记、农村后备干部、普通党员干部为主要教育对象的分层分类学习教育平台。

1.村党组织书记"领头雁"队伍的学习成长平台

按照"自我管理、自我教育"的方式，每期确定一个主题，事先做调研准备、事中自由发言、事后小结，形成共识，推动村级工作，锻炼村级党组织书记统揽农村工作的能力和水平。

2.农村后备干部学习提升平台

为所有农村后备干部认"师傅"，确定各村党组织书记或村委会主任为第一带培责任人。组建青年农业创新团、实施青苗成长工程、共建青年农业基地等系列活动，提升农业青年建功"三农"的能力和农技知识水平，农业青年创业创新的氛围浓厚。开展"农村青年论坛"，通过"青年说青年"的方式，突出青春活力、青年话题，努力在形式上不落俗套、在主题上不拘一格、在参与上广泛覆盖，让每位青年干部都能够分享自己的工作心得和人生感悟，展示青年风采，传递青春正能量。

通过设立多层次的学习教育平台，强化日常学习，编织一张横向到边、纵向到底的学习网络锻造"铁心"，使干部形成比学赶超、激情干事氛围。

（二）创新教学方式提高对农村普通党员教育的实效

农村党员普遍年纪大，文化层次相对较低，要创新做好农村普通党员的教育培训工作，可以会合县委组织部、县委宣传部、县委党校等部门加强教育培训，如将农村党员纳入县委党校的教育培训计划，安排农村普通党员到党校学习参观，学习内容有学党章、学系列讲话精神等；参观内容为科创中心、党建展示厅、城市规划馆、归谷人才产业园、现代农业发展示范点、五水共治示范点、新农村集聚点、美丽家园示范点等等。经过学习参观，原本很少有机会到县城参观的老党员感触良多，深深感觉到我们的政府非常不容易，体现了足够的担当,为了全县人民的幸福生活付出很多,规划得很好,感觉到作为一个老党员应该作好宣传工作,让更多的老百姓了解政府确实是以人民为中心而工作。因此,普通党员和党组织的心更近了,党员的身份认同感增强了,党员意识增强了。党校老师前后两次去一个村里上党课,反差很明显,后面一次上课党员表现学习认真、纪律良好。据村干部介绍,党员们对村里的事务也关心多了,时不时会提出些建设性意见和建议,有事的时候愿意找村干部商量,村党组织的归属感增强了。

（三）高度重视村级后备干部队伍建设

鉴于全县党员老龄化程度比较高,要重视优化农村党员结构,要从战略的高度加强党的后备队伍建设,认真做好党员发展的源头工作,确保新党员质量。

1. 责任上要强化

建议把村级后备干部队伍建设纳入村党组织书记抓党建工作责任清单,作为年终抓党建专项履职的必述内容,促使村党组织书记把后备干部队伍建设工作摆在谋求自身发展和村可持续发展的高度,积极发现,认真筛选,科学培养。镇党委要把村级后备干部队伍建设纳入村党建工作考核细则,与村干部年终报酬相挂钩,促使村两委班子成员摒弃错误思想和做法,把解决村干部后继乏人的工作列入重要的议事日程,制定切实可靠的措施和办法,不断发现、挖掘、网罗、储备新的农村人才资源,积极主动做好培养村级干部后备力量的工作。

2. 方法上要拓宽

要不拘一格选人才,全方位、多角度地挖掘村级后备干部。要千方百计育人才,坚持以需求为导向,以管用为根本,充分依托村级党校、党员教育活动点、农村远程教育网络站点和"常青藤讲堂"等平台,组织开展学习教育活动。要关键岗位炼人才。将村级后备干部放在中心工作、关键岗位上去锻炼。

3. 政策上要保障

千方百计增强村干部岗位的吸引力,经济上要有保障,政治上要有奔头,使村干部岗位能够成为一个能吸引人、留得住人,能够成为实现自我价值的基层工作岗位。

第四节　党建"八领""二十条"促乡村振兴

2018 年 6 月,专门制定出台《嘉善县党建引领乡村振兴专项行动实施方案》,坚持把党建引领与推进乡村振兴有机结合、深度融合,梳理出需要重点推进的八个路径二十个载体,全面激活农村发展活力。充分发挥基层党组织宣传党的主张、贯彻党的决定、领导基层治理、团结动员群众、推动改革发展的坚强战斗堡垒作用,为把嘉善建设成为全省乡村振兴示范县提供坚强组织保证。2019 年初,时任省委相关领导对嘉善县贯彻党建引领乡村振兴"嘉兴十条",开展党建"八领"乡村振兴专项行动,不断实现更高质量城乡融合发展等做法给予批示肯定。

一、党建"八领"主要内容

(一)引领经济富村,推动农村产业兴旺

结合农村低效用地整治,深入实施"强村计划",每年投入 2000 万元专项资金、优先安排土地指标,建立县镇统筹、跨村发展、股份经营、保底分红的"飞地抱团"模式,在开发区、特色小镇、"两创中心"等"金边银角"区域,引导经济薄弱村抱团建设强村项目。推动农业、工业、服务业等一二三产业融合发展,通过组建专业合作社、全域土地整治、集中连片流转、发展乡村旅游、农业社会化服务等方式,整合产业链、价值链、供应链,拓展服务增收渠道,不断夯实村级组织经济基础。到 2022 年,实现全县村级年经常性收入全面达到 160 万元以上、年经营性收入达到 60 万元以上的强村目标,不断激发农业农村活力,让农业和农村新兴产业成为有奔头的产业。2018 年创造性开工建设浙江嘉善、庆元、四川九寨沟三地跨省跨市"飞地"产业园,为庆元、九寨沟 121 个经济薄弱村每年增收 2000 万元。

（二）引领绿色美村，提升美丽乡村品质

深入践行"绿水青山就是金山银山"理念，健全党组织统筹、党员带头、党群联动的"党建＋生态"机制，推行一份生产生活生态"三生融合"的建设规划、一块党员生态保护责任区、一批专业高效的志愿服务团队、一套四级联动的工作运行机制、一种人人参与的群众工作法、一个绿色发展的强村富民产业、一方党群带建的美丽家园阵地"七个一"工作模式。建立"党员河（段）长"制，全县共有 2000 多名农村党员担任河（段）长，按照定段包干、定时巡查、定责履职、定期汇报"四定"机制开展剿劣治水。创设垃圾分类党员联系指导、联带考评"双联"制度，定期开展"党群联动、户比互评"活动，助推生态环境建设全域提升，打好生态底色，建设美丽乡村，推动生产生活生态协调发展，让农村成为安居乐业的美丽家园。

（三）引领改革活村，加大制度红利供给

围绕深化体制机制改革，推动农村土地制度、农村产权制度、金融体制改革，推进乡镇治理体制改革，将 7 个县级部门派驻机构人事管理权、考核任免权、事权执法权全部下放，建立镇级"综治工作、综合执法、市场监管、便民服务"四个平台，构建"权责清晰、功能集成、扁平一体、运行高效、执行有力"的基层治理体制和机制，提升基层治理四平台统筹协调能力。统筹配置地、田、房三大要素，推进全域土地综合整治、全域农田流转和全域农房集聚"三全"集成改革，探索形成以保耕地为红线、推动结构优化、资源节化、产业美化、红利转化同频共振的"一保四化"土地综合整治模式。将农户承包土地集中流转到村集体，统一进行发包发展高效农业，并给予农户土地流转费和稻谷补偿，有些实现整村全域流转；科学制定出台农房集聚政策，2018 年公寓房开工建设173.5 万平方米，集聚农户 4171 户。推进"红色代办"最多跑一次，实行在职党员"上门代办"与在册党员"联动代办"工作模式，提升服务质量和效率。清理村（社区）机构牌子多、考核评比多和创建达标多"三多"事项，实行村（社区）差异化考核管理。把农业农村优先发展的要求落到实处，在干部配备上优先考虑，带动要素配置上优先满足、资金投入上优先保障、公共服务上优先安排。

（四）引领人才兴村，加快人才要素集聚

完善以"菜单式点题、承诺式蹲点、全程式联挂"为主要内容的"三式"蹲点服务模式，每年选派200名左右县级部门优秀干部到镇（街道）开展助力经济转型、环境整治、农村发展、社会治理等活动。实行机关单位在职党员干部"两地报到、双岗服务"，由在职党员到居住地进行报到，科级党员领导干部到农村成长地进行报到，认领返乡服务岗位。推进农村人才"双招双引"工作，用好农技远教平台加强教育培训。

（五）引领双创惠村，促进百姓增收致富

推动实施新型农业经营主体先锋培育工程，引导党员带头发展一批家庭农场、农民合作社、龙头企业、社会化服务组织和农业产业化联合体。成立县级电商服务联盟，建立电商综合服务平台，探索"部门党组织＋村党组织＋合作社党组织＋党员农户"先锋农电商工作模式，为特色农产品销售提供线上线下一条龙服务。深化"党群连心、双帮圆梦"活动，实施全县各党支部"1＋X"组团结对帮扶，开展送温暖增感情、送岗位增就业、送技术增本领、送项目增收入、送福利增温馨"五送五增"工作，结对帮扶全县2000余户低保户、困难户。实施低收入家庭抱团增收计划，全县2800余户低收入家庭多方筹措帮扶资金，投资"飞地抱团"项目，每年获取稳定收益，推动早日实现"全县低收入农户收入翻番"目标。充实县、镇（街道）、村三级党员关爱专项资金600万元，推进党员创业扶助工程建设，打造魏塘街道智果村尚品农业、干窑镇长生村嘉佑农业等一批"党群致富联合体"。

（六）引领文明立村，传承兴盛乡村文化

积极推进新时代文明实践中心建设，推动"文明实践中心—文明实践所—文化礼堂"全覆盖。以"红船精神"引领乡村文明建设，利用好本地红色资源，开展好党员现场体验式教育，组织广大党员干部过好看一次展览、听一次党课、学一次党章、观一次专题片、瞻仰一次红船、重温一次入党誓词等"六个一"红船组织生活，提升农村党员精气神。以"善文化"为引领，打造"善文化"升级版，持续举办"善文化"节，充分挖掘"地嘉人善"历史传统文化，组织开展农村党员家风家训、最美人物、农村文明星级户等评选活动。依托村党群服务中心、党员先锋站、书场书屋等,组织党员文化志愿者队伍定期开展家风家训分享会等文化活动。深化"乡风评议"活动,发挥好乡风文明促进会、村民议事会等群众自治组织以文化人的作用,不断形成文明乡风、良好家风、淳朴民风等推动农村治理。

（七）引领善治安村,优化乡村治理体系

按照"支部建在网格上、党员服务网格中"的要求,整合基层党建网、民生服务网、平安综治网资源,将全县 118 个村划分成 449 个网格,采取"一网格一支部""多网格一支部"模式,分别建立党支部（党小组）,依托 572 个标准化党员先锋站,指导联系网格内党员中心户、文化中心户、网格中心户,形成"村党组织＋网格党支部(党小组)＋党员先锋站"的农村网格党建格局。注重从镇（街道）村干部、三小组长、老党员中选任网格员,每个网格配强网格长、专职网格员、兼职网格员和网格指导员等"一长三员",做好信息采集、隐患排查、矛盾调解等工作,在基层治理中发挥党员骨干作用。选派优秀党员"三官一师"到村担任"平安书记",组建法律服务巡诊团、村法律法规讲师团、民情工作室,提供村务"法律体检"、选举公证等服务,依法依规处理乡村民事纠纷和各类事务,构建自治、法治、德治相融合的乡村善治体系。

（八）引领班子强村,建强"三农"战斗堡垒

围绕"组织振兴"要求,制定出台新一轮"整乡推进、整县提升"三年工作计划,打造党建"八领"乡村振兴示范点。深入实施村党组织书记"领雁带创·活力倍增"工程,采取"善治论坛""导师帮带""上挂外培"等形式,加强农村基层党组织带头人队伍建设。将村党组织书记全面纳入县委组织部备案管理,制定出台加强村党组织书记队伍建设意见和政治考察、底线管理、履职体检、后备培养、保障激励"1＋5"管理体系。每年开展"万名党员进党校"集中轮训和返乡党员集中补课活动,启用"善行先锋"云平台,集成党员教育、支部管理、志愿服务、党建督查等功能,量化评价农村党组织组织力指数。推进新居民集聚区党建工作,突出生活集聚区、生产集聚区和来源地三个重点,"一村一策"制定党建工作方案,做到摸清底数、健全组织、配强力量、双向考核,将每一名党

员纳入党组织管理。

二、"二十条"工作载体

(一)深化强村飞地抱团

按照"提升富裕村、壮大一般村、转化薄弱村"的工作思路,每年投入专项资金、优先安排土地指标用于"强村计划"。深入实施"百企结百村、聚力促强村"工作,推动村企结对共建、互利共赢。大力推进"退散进集",对全县低效用地进行全面腾退,通过交易土地指标,盘活村级发展资金。实施"县镇统筹、跨村发展、股份经营、保底分红"的"飞地抱团"模式,安排在国家和省级开发区、省市特色小镇、镇级"两创中心"等"金边银角"区域,引导经济薄弱村抱团建设强村项目,积极探索"山海协作"、东西部合作飞地抱团"升级版"。

(二)推进农业产业链党建

采取"支部＋协会""支部＋合作社""支部＋电商"模式,在专业合作社、党员创业示范服务基地、农业龙头企业等产业链上新建一批党组织。注重从生产经营管理骨干、青年社员(会员)中发展党员,建立行政村党组织、产业链党组织、农业产业组织和群团组织联动推优机制,确保合作社党员发展源头足、质量优。鼓励、引导党员领办"党员带富责任田""先锋创业大棚"等,建立党员联系结对帮扶机制,在技术扶持、市场信息、产品销售、经营管理等方面提供帮带服务。

(三)完善"党员河(段)长"制度

充分发挥临河而居、临河劳作的优势,组织农村党员认领居住地或工作地附近的河道(段),担任"党员河(段)长",形成"河长＋党员河(段)长"的护水格局,实现对县域内河道监管的全覆盖。完善定段包干、定时巡查、定责履职、定期会商"四定"机制,实施亮牌公示、巡查记录、联席会议、考核评价等制度,做好上报水体污染信息、劝阻不文明行为、开展治水护水宣传等工作。每年评选一批优秀"党员河(段)长"并予以表彰,营造治水护水良好氛围。

（四）全面推行"党群联动、户比互评"机制

围绕农村环境卫生整治,由村(社区)党组织每月组织党员、村干部、小组长轮流开展卫生评比,因村制宜制定环境卫生具体标准。深化党员"三包五岗"制度,推进建立以党员联系指导、联带考评为主要内容的党员"双联"制度,每名党员联系 10 户左右农户,对党员户和联系户垃圾分类情况进行捆绑考核,定期公示考核结果,以党群联动推动环境卫生责任到户到人。

（五）优化"强镇扩权"机制

健全完善镇(街道)"综治工作、综合执法、市场监管、便民服务"基层治理四平台,构建"权责清晰、功能集成、扁平一体、运行高效、执行有力"的镇(街道)治理体制和机制。推动治理功能向农村延伸,完善农村"四个平台＋综合指挥＋全科网格"管理模式,着力构建扁平化、信息化、精细化的农村治理体系。完善基层治理四平台村级组织架构,明确岗位职责和任务清单,细化涉农管理服务内容,增强镇(街道)和村(社区)统筹基层治理能力。

（六）推进农村"红色代办"

整合基层党建、民生服务、治安管理"三网"资源,完善"民情在线系统",将全县各村(社区)、民情网格和农户、镇(街道)村干部基本信息纳入系统管理。深化镇(街道)干部"五承办"机制,每名镇(街道)村干部分别联系 100 户左右农户,每年走访所联系的农户不少于 2 次,健全民情民事"收集、研判、交办、督办、评价、反馈"六项机制。梳理农村"红色代办"最多跑一次事项,实行在职党员与在册党员"1＋1"工作模式,通过在册党员"上门代办"、在职党员"联动代办",提升服务质量和效率。

（七）完善机关干部"三式"蹲点服务模式

完善以"菜单式点题、承诺式蹲点、全程式联挂"为主要内容的"三式"蹲点服务模式,每年选派 200 名左右县级部门优秀干部到镇(街道)开展助力经济转型、环境整治、农村发展、社会治理等活动,落实新录用公务员到基层一线锻炼机制,不断推动干部转变作风、深入基层、服务群众。完善干部基层一线培

养选拔机制,对在"三农"工作中成绩突出的干部,予以重点关注;对落实"三农"工作责任不到位、工作不力的,坚决调整并严肃问责。

(八)实施农村人才"百千万"培育工程

以"双招双引"为载体大力实施人才强农战略,强化乡村振兴人才引育力度,加大政策扶持,引导各类人才向农业农村集聚创业就业,促进科技成果转化应用。加大农村实用人才、经营人才、管理人才培养力度,造就一批懂农业、爱农村、爱农民的"三农"工作队伍,培养一批爱农业、懂技术、善经营的新型职业农民,发展一批扎根农村、热爱农业、带动农民的农业企业家队伍。每年培育新型职业农民2200余人,培训农村电商、农旅开发、农业经纪人500余人。到2022年培育百名镇村农村干部、千名新型职业农民、万名农村实用人才。深入推进菁英汇善计划,加大高素质、高学历、高技能人才引育和"合作育人"力度,与农业高校、科研机构开展合作,加大柔性引进农业领域专家和高层次人才工作力度。

(九)深化"两地报到、双岗服务"工作

深入实施机关单位在职党员干部"两地报到、双岗服务",由居住在社区的在职党员到居住地进行报到,科级党员领导干部到农村成长地进行报到,分别认领2个家园奉献岗和返乡服务岗。将党员干部报到服务情况录入"民情在线系统",领导干部返乡报到、认领服务岗位情况在村(社区)党务公开栏公开,由县级部门(单位)党(工)委每季度检查"民情在线系统",了解掌握本单位党员干部报到服务情况。

(十)发展先锋农电商

成立县级电商服务联盟,建立电商综合服务平台,探索"部门党组织＋村党组织＋合作社党组织＋党员农户"先锋农电商工作模式,为特色农产品销售提供线上线下一条龙服务。依托"银加善"农电商党支部,整合各类经济合作社,创新建立统一的嘉善特色农产品网络销售平台和公共服务平台,推动建立母子品牌模式,制定"银加善"品牌质量标准,打响区域集体商标品牌。推行党员农业经营户在网上亮身份、亮承诺、亮诚信,制定网上经营诚信公约,引领农

电商诚信经营,推动农电商行业良性发展。

（十一）开展"党群连心、双帮圆梦"活动

坚持"小康路上一个都不掉队"原则,以"1＋X"结对帮扶为主要形式,由全县各基层党支部结对帮扶低保户、低保边缘户等 2000 户左右,进行"生活帮困"和"创业帮扶",切实解决生产生活中的实际困难。每个基层党支部结对联系不少于 2 户,开展送温暖增感情、送岗位增就业、送技术增本领、送项目增收入、送福利增温馨"五送五增"工作,帮助困难家庭改善生活、创业创新。

（十二）打造"党群致富联合体"

充实县、镇（街道）、村三级党员关爱专项资金,推进党员创业扶助工程建设,通过建立党群创业服务点、党群创业示范服务基地、设立党员创业扶助贷款项目等形式,依托"星创天地""两创中心"等,发挥农村党员创业带富作用,打造一批"党群致富联合体"。探索创新党员就业户抱团创业模式,变"输血型救助"为"造血型帮扶"。鼓励和支持党员领办创办家庭农场、农民合作社、龙头企业、社会化服务组织和农业产业化联合体,扶助培育农村党员致富带头人。

（十三）推动"红船精神"进农村

以"红船精神"为引领,开展组建一支嘉兴"红船宣讲团"嘉善分团、推出一批宣讲红船精神精品课程、设置一批凸显红船精神的基层文化阵地等"九个一"系列活动。利用好红色资源,依托"主题党日",开展好党员现场体验式教育,组织广大党员干部过好看一次展览、听一次党课、学一次党章、观一次专题片、瞻仰一次红船、重温一次入党誓词等"六个一"红船组织生活,以"红船精神"提升农村党员群众精气神。

（十四）推动"善文化"进村入户

充分挖掘"地嘉人善"的历史传统文化和地域人文,组织开展农村党员家风家训、最美人物、农村文明星级户等评选活动,推动开展"好婆婆""好媳妇""好儿女""好夫妻"等自发评比。依托村（社区）党群服务中心、党员先锋站、农村文化礼堂、书场书屋等,组织党员文化志愿者队伍定期开展家风家训分享会等文化活动。深化"乡风评议"活动,领导乡风文明促进会、村民议事会、道德评议会等群众自治组织,发挥好以文化人作用,推动农村治理。

(十五)提升农村"全科网格"建设水平

深化"网格化管理、组团式服务",采取"一网格一支部""多网格一支部"等模式,把支部建在网格上,发挥网格党组织在基层社会治理中的主导作用。每个网格配强网格长、专职网格员、兼职网格员和网格指导员等"一长三员",注重从镇(街道)村干部、三小组长、老党员中选任网格员,做好信息采集、隐患排查、矛盾调解等工作,在基层治理中发挥党员骨干作用。加强网格精细化管理,探索建立网格协商议事组织,完善议事规则和会商制度,协商解决网格内的各类矛盾纠纷和问题。

(十六)强化村务民主管理

规范"2+5"村级组织制度,在镇(街道)层面健全完善村级重大事项报告、村(社区)组织建设监督等2项制度,在村(社区)层面健全完善村"两委"班子联席会议、党员议事会、党员干部和村民代表联系农户、重大事项决策"五议两公开"和公章管理等5项制度。通过深化村务协商议事会、完善村级组织"小微"权力清单、实施重大村务公决、强化村务监督委员会作用发挥、健全村规民约等方式,全面推进村务民主管理。

(十七)选派党员"三官一师"担任"平安书记"

以"一村(社区)一法律顾问"制度为依托,加快构建乡村法律公共服务平台,选派优秀党员"三官一师"(法官、检察官、警官、律师)到村(社区)担任"平安书记",提供村务"法律体检"、选举公证等服务。深化乡村法治宣传,通过组建法律服务巡诊团、村(社区)法律法规讲师团、民情工作室、完善各类基层人民调解组织等形式,依法依规处理乡村民事纠纷和各类事务。

(十八)实施村(社区)党组织书记"领雁工程"

深化实施"领雁带创·活力倍增"工程,推进以"践行创业承诺、领办创新项目,推动中心工作、推动晋位升级"为主要内容的"双创双推"主题实践活动。抓好村(社区)党组织书记全面轮训,采取"善治论坛""导师帮带""上挂外培"等形式,提高综合素质能力。坚持严管厚爱相结合,探索推行村干部"规矩指数"和不担当村干部"停职教育"制度,健全社会保障、积分管理、事业待遇、选拔任用等梯次保障激励链。

(十九)推动后进村(社区)党组织整转

全面实行基层党组织底线管理,每年根据党组织星级评定结果,按照5%左右的比例倒排一批后进村(社区)党组织。坚持问题导向,对排出的后进村(社区)党组织逐一研究制定精准整顿措施,全面实行 1 名县领导挂点联系、1 名镇(街道)领导包村负责、1 个部门和企业结对帮扶、1 名"第一书记"进驻指导的组团帮扶措施,着力解决一些基层党组织弱化、虚化、边缘化问题。

(二十)从严加强农村党员队伍教育管理

推进"万名农村党员进党校"活动,3 年内实现全县万名农村党员培训全覆盖。大力开展"牢记初心使命,助推乡村振兴"党员志愿服务主题活动,严格落实"三会一课"、组织生活会、"5＋X"主题党日等制度,推动村(社区)党组织围绕"弘扬红船精神"开展主题党日活动。依托"善行先锋"云平台,建立组织力评价体系,加强党员先锋指数考评管理,有序开展不合格党员处置工作。推进"红色 E 家园"①建设,积极探索跨支部、跨区域的联动活动机制,灵活开展创意组织生活。深入实施流动党员"红色家园"工程,加强农村流动党员教育管理,把每名党员都纳入党组织进行有效管理。

---

① 　嘉善县借力互联网抓党建,在全县各村(社区)全面建立"红色 E 家园"微信平台,通过设立"微课堂"、组织"微生活",实现学习教育即时常态,志愿服务联动推进。

第五节　村干部管理"1＋5"制度体系推动村级班子整固提升

2019年,浙江省委组织部出台《关于全面开展村级班子整固提升行动的意见》,深入推进村社干部立规创优行动。嘉善县全面贯彻加强村(社区)党组织书记队伍建设以及政治表现评价和履职体检、底线管理、容错免责、后备培育、备案管理的"1＋5"制度体系,将从严管理要求落实到"选、备、育、管、用"各个环节,全面打造一支"一讲五有"村(社区)党组织书记队伍。

一、坚持"政治标准",从严班子建设

出台村(社区)干部政治表现和履职体检评价办法,将政治表现和履职情况作为评价村(社区)干部的重要方面,对政治不合格的村(社区)党组织书记实行"一票否决",已经在岗位的坚决调整,做到"首关不过、余关莫论"。以专题思政课、初心故事分享、红色话剧等形式,开讲"思政新课堂"。开展党务理论知识测试,加强村社干部政治训练。探索推进村(社区)党组织书记跨村(社区)任职,推行村(社区)党组织书记、村(居)委会主任、经济合作组织负责人"一肩挑"工作,"一肩挑"比例达到31.8％。全面实施村(社区)后备干部"雏雁计划",建立700余人的村(社区)后备库,确保每个村(社区)都有4至5名后备人选,其中主职后备323名。

二、坚持"四项制度",从严备案管理

加强村社党组织书记县级4项备案管理,建立村社党组织书记信息库。落实职务任免调整备案管理,严格实行村(社区)党组织书记职务调整事前预审、结果报告制度。落实个人事项备案管理,针对涉嫌违纪违法、主要收入来源等8类情况,每年集中申报,重大事项实行"一月一报"。落实年度考核备案管理,镇(街道)党委分别制定个人考核实施细则,明确具体标准、考核内容以及等次比例,相关文件和考核结果每年报县委组织部。落实个人档案备案管理,参照干部人事档案建档要求,细分考核、奖惩等9个类别,建立154份个人

档案,并落实专人统一管理。

三、坚持"提考一级",从严保障激励

加强差异化考核力度,实行重点工作"提考一级",适当拉开绩效考核差距,对年度考核优秀的村(社区)书记给予一次性嘉奖。实施干部心理健康关爱"向日葵"行动,帮助解决工作生活上的问题困难,建立村(社区)书记容错纠错机制,明确容错免责具体情形,为担当者担当。注重村(社区)干部的成长成才,2019 年以来,已提拔 1 名优秀村(社区)党组织书记担任镇(街道)副科级领导干部,近 3 年面向优秀村(社区)干部招录公务员、事业编制人员 26 名。每年召开村(社区)党组织书记述职评议会议,并按照"优秀、称职、基本称职、不称职"4 个等次对 154 名村(社区)党组织书记逐一作出年度个人考核评价。

四、坚持"五个帮扶",从严整顿整转

坚持"一村一策、因村施策",全面落实"五个一"①帮扶机制,县级联挂领导全部下村进行专题调研、实地指导,为村级发展工作指明方向。镇级工作专班结合基层党建督查、支部手册检查等形式,常态化开展整转工作"回头看"。选派县级机关部门干部 6 名担任"第一书记",发挥部门资源,从组织建设、项目推进、难点攻坚等方面帮助派驻村解决诸如农村电商发展等实际问题。高标准完成后进村的整转任务。

五、坚持"底线监督",从严转变作风

建立村(社区)干部行为底线管理办法,完善不合格村(社区)党组织书记调整制度,明确 29 种重点负面情形,对存在负面行为的,视情给予警示约谈、责令公开检讨并通报批评、歇职或责令辞职、免职或依法罢免等处理,调整村社"两委"班子成员 22 名,其中书记 11 名。联合县级部门开展农村人居环境整治、美丽乡村建设重点工作"反向提名",共有 24 个村(社区)被"提名",向 6 名村(社区)书记发出红黄牌警告。建立由县委组织部牵头,县纪委、监委、公

---

① "五个一"帮扶机制:对村落实全面实行 1 名县委常委挂点联系、1 名镇级领导包干负责、1 个镇级工作专班推进、1 个部门结对帮扶、1 名"第一书记"驻村指导的"五个一"帮扶机制。

安、信访、综合执法、税务等 16 家单位参与的审查组,对拟任职、评先评优、退职到龄享受相关政策待遇人员实行联合审查,做到"凡任必审、凡评必审、凡奖必审",常态化开展任职资格联审 10 次 42 人,取消资格 1 人。

第六节　多措推进"两进两回"工作
优化乡村振兴资源配置

2019 年省政府工作报告中提出,要推进科技进乡村、资金进乡村、青年回农村、乡贤回农村。嘉善县采取多种措施,积极推动"两进两回"工作,进一步促进各路人才、工商资本下乡,全面激发乡村活力。

一、服务科技进乡村,以科技引领乡村振兴

（一）强化保障,完善科技支撑机制

创新出台"科技新政 15 条",明确给予省级农业科技企业、省级农业企业科技研发中心、星创天地最高 50 万元补助;鼓励农业龙头企业创建省级农业科技企业,鼓励有条件的省级农业科技企业建立企业研究院。2018 年已兑现农业科技补助资金 270 万元。

制定出台《嘉善县乡村振兴科技支撑行动方案（2018—2022 年）》,明确 6 项具体指标任务和 8 项重点任务,统筹推进科学研究、基地建设、人才队伍一体化发展,把农业科技创新摆在突出位置,全面促进一二三产融合发展。

加快农业新品种引进、培育及高科技农产品的产业化,重点支持优秀农业项目,推荐申报浙江省农业领域重点科技项目 2 项。2018 年全县组织实施农业科技项目 12 项、五水共治专项 2 项,拨付项目经费支持 137 万元。

（二）提升平台,促进科技成果转化

推进国家、省市县各级星创天地建设,营造科技人员逆向流动的专业化、社会化、便捷化的氛围和环境,激励科技特派员、大学生、返乡农民工、乡土人才等创新创业。实施企业梯队培育计划,对发展态势良好的农业科技企业进

行分类培育,采用"育苗造林"的措施,为壮大国家级星创天地队伍提供后备力量。累计已成功培育国家级星创天地 2 家、省级 1 家、市级 4 家,累计培育星创天地 20 个。

自 2005 年开始实施科技特派员制度以来,先后已派出 6 批科技特派员 54 人次,累计推广新品种、新技术 100 多项次,开展专业辅导 300 多场次,培训农民专业户 2 万余人。2018 年,嘉善县实施精准对接,选派 10 名科技特派员入驻各级星创天地和农业龙头企业,提供技术指导、成果推广、示范基地建设等,目前已协助入驻企业(星创天地)申报农业科技项目 3 项,为农业产业创新创业提供了科技与人才支撑。

鼓励高校院所与地方建立合作,力促产学研合作,培育更多满足现代农业发展需求的科技型职业农民队伍。通过生产现场指导、业务培训、农村大讲堂、实践考察等方式,不断提升农业大户、家庭农场、农民专业合作社、涉农创业者等群体的专业技能,打造科技型职业农民。

(三)找准短板,创新科技共享合作

2018 年,积极邀请上海市农科院、浙江大学、浙江农林大学、浙江科技学院及嘉兴市农科院等高校院所 10 余名专家调研指导,实地考察"一里谷""杜鹃园星创天地""嘉佑星创天地"、嘉善联合农业科技有限公司等多家星创天地及农业龙头企业,并对高产优质品种选育、种植养殖技术攻关、建立研发生产销售一体化模式等方面提出了建设性的意见和建议,为农业产业发展问诊把脉。

以嘉善科技大市场为依托,着力打通农业科技成果向现实生产力转化通道。举办与上海市农科院、浙江农林大学、嘉兴市农科院与农业企业技术难题精准对接会,促进农业企业与高校院所的产学研合作。积极引导农业企业开展国际合作,力将"科技创新券"应用范围扩大到上海创新载体,进一步减轻农业企业科技研发、产学研合作的成本压力。

围绕农业特色主导产业,积极培育适合本地实际的农业科技企业 22 家,加速农业科技企业向主导产业集聚。引导农业科技企业依托浙江省农科院、浙江农林大学等高校院所共建农业科技研发中心,引育农业新品种,加快农业科技成果推广应用。2018 年已成功认定省级农业科技企业 4 家。

围绕农业污水处理、养殖等诸多领域，组织浙江纳米研究院等专家多次深入农村，努力帮助乡镇和企业解决治水、治气难题。深入挖掘在"五水共治"中的各类技术难题和合作需求，搜集整理了"五水共治"类技术需求 20 余项，与浙江工业大学、浙江科技学院、嘉兴职业技术学院合作组建了 20 余名专家的治水专家库，为农村河道整治、大气治理等提供技术支持。2018 年，成功创建浙江省可持续发展创新示范区（全省 5 家、全市唯一）。

二、细化资金进乡村，以资本推动乡村振兴

（一）建立政策体系

把农业农村作为优先保障领域，公共财政更大力度向"三农"倾斜，当年度乡村振兴资金投入同比上年增长明显，全年"三农"支出达到 355572 万元，比 2017 年增长 22.75％，其中 2018 年一般公共预算农林水支出达 75391 万元，比 2017 年决算数增长 14.67％。拓宽财政资金筹措渠道，调整土地出让金分配办法，净收益部分提取 10％建立乡村振兴专项资金，用于乡村振兴重点工作支出，2018 年计提 17000 万元。

出台《嘉善县农作物秸秆综合利用实施方案》和《嘉善县农作物秸秆综合利用实施补充意见》，扎实推进农作物秸秆综合利用，杜绝秸秆露天焚烧，保护生态环境，促进现代生态循环农业发展和农民增收，2018 年实现秸秆综合利用面积达 25 万亩，拨付秸秆综合利用县财政补助资金 2030.6 万元。

加大对由政府实施的圩区整治工程类、灌区改造工程类、河湖整治工程类等水利建设项目和经考核通过的工程后续管护类、创新机制类等水利工程管理的资金补助力度，以及对集体经济相对薄弱村的扶持。对通过"美丽河湖"创建命名、年度考核合格的，县财政从创建命名的次年起，连续 3 年给予奖励。县级、市级和省级，分别按河湖岸线长度每公里 2000 元、3000 元和 4000 元给予奖励。

（二）创新投融资模式

出台《关于加快现代农业发展促进农业供给侧结构性改革的实施意见》（善政发〔2017〕154 号）和《关于进一步加快现代农业发展的实施意见》（善政

发〔2018〕206 号),以绿色生态为导向,优化财政支农政策的扶持范围和补助标准,以保障粮食生产安全为基础,全面落实农业"三项补贴"政策综合改革,在实现"藏粮于地、藏粮于技"的前提下,扶持发展蔬菜、食用菌、花卉、水产等农业优势主导产业,并以此为依托加快发展休闲农业(农家乐)、种子种苗工程、现代农业综合体等农业产业新业态。县财政每年安排至少 3500 万元重点推进农业供给侧结构性改革,深化农业产业结构调整和转型发展,进一步推进农村一二三产融合发展,全面提高农业产业整体水平和综合竞争力,突出精准扶持理念,促进农业持续增效、农民稳定增收。2018 年县财政整合投入 7900 余万元用于农业转型升级。

耕地地力保护补贴对象确定为拥有耕地承包权的种地农民,2018 年补贴标准为 100 元/亩,核定补贴面积 20.5 万亩,实际拨付补贴资金 2050.8 万元,5.2 万余户农民直接受益;规模种粮补贴的补贴对象为全年水稻、大小麦复种面积达到 50 亩(含)以上的种粮大户、家庭农场等粮食生产适度规模经营主体,2018 年按粮食复种面积每亩补贴 100 元,全年补贴规模种粮大户共计 727户,面积 23.3 万亩,补助资金 2329.7 万元。同时完善粮食补贴政策操作办法,实行补贴申报、核查、发放三分离;继续推行种粮大户贷款贴息政策,2018 年贴息 152 户次,贴息金额 59.3 万元。农业"三项补贴"改革有效保障了粮食生产安全。

(三)推动强村富民

出台低收入家庭增收计划,实施"飞地抱团"6.0 版,通过财政资金撬动多方筹措入股帮扶资金,抱团入股至村级集体经济"飞地抱团"项目,全员持有帮扶股份,每年获取稳定收益,力争到 2022 年实现"低收入农户收入翻番"目标。2018 年县财政安排强村计划资金达 4200 万元,"推广嘉善等地村集体经济'飞地抱团'发展模式"写入了省委、省政府乡村振兴五年行动计划;嘉善县强村计划"飞地抱团"发展模式获得时任省委书记和嘉兴市副市长的批示肯定。

规划总面积 7.75 万亩的嘉善县中西部现代农业园区已列入 2018 年度省级创建名单,计划总投资 57700 万元。推进嘉善县首个农业经济开发区建设和姚庄镇特色农业强镇建设,2018 年农业经济开发区建设投入达 6800 万元。加快田园综合体项目建设。重点推进嘉佑田园综合体项目,该项目已全面投入农业生产与农旅开发,成功举办首届嘉善·中国农民丰收节和田园魔都·嘉佑小西塘音乐节。开展农业投资项目"标准田"管理试点。通过设置基本准入条件、优先准入条件和特定政策扶持,让新型农业主体在适度规模田块上,通过标准化基础设施设备建设、现代化生产管理手段,生产出优于全县平均水平的优质高效农产品,亩均产出高于全县平均水平。

完善农业信贷担保体系,引导金融投入,吸引社会资本参与。制定《嘉善县"三权"风险基金管理暂行办法》,由县政府设立农村"三权"金融产品和农村土地经营权流转风险补偿基金。县财政对县农联担保有限公司按注册资金额每年给予 3% 风险准备金补助,对明联水产资金互助会按月平均担保余额的 3% 进行风险补偿补助。农联担保公司截至 2018 年 10 月底担保总额 2.0423 亿元,共 149 户;明联水产资金互助会 2018 年共为会员提供贷款担保 78 笔,计 1600 万元,会员惠及率 80%,通过杠杆盘活社会资金 7 倍以上,降低农民融资成本 30% 以上。

2018 年累计投入县财政资金 10710 万元全面实施美丽乡村"1552"工程,其中 20 个村结合乡村 A 级景区村庄建设美丽乡村示范村,洪溪村荣获中国最美村镇"治理有效奖";大云镇成功创建浙江省美丽乡村示范镇,并承办全市深化"千万工程"推进乡村振兴现场会暨国家森林城市创建动员大会;投入县财政资金 3900 万元,拓展城乡环境卫生"四位一体"长效保洁考核激励作用,建成农村生活垃圾分类收集和资源化处理站 13 个,基本覆盖全县 118 个村(社区),城乡环境面貌改善明显。

整合土地复垦、土地开发、耕地质量等级提升等政策资金 7450 余万元推进全域土地整治工作,大云镇缪家村全域土地综合整治项目、惠民街道曙光村全域土地综合整治项目列入嘉兴市"四百工程"十大样板示范工程。

三、创新青年回农村,以人才夯实乡村振兴

(一)建立新农人联盟

建立嘉善县新农人联盟,面向青农创客、新型职业农民、返乡大学生、80后大学生村官、青年新乡贤、农村合作社带头人、农业龙头企业主、涉农青年文明号、挂职大学生等新农人群体,培育一支 100 人左右的政治过硬、本领高强、

结构合理、带动力强,懂农业、爱农村、爱农民的嘉善新农人队伍,对人员进行动态联系、管理、服务,打造助推乡村振兴的青年人才信息库。到2019年底,实现镇(街道)新农人组织全覆盖。

（二）培育新农人队伍

发挥"上海嘉善青联""北京嘉善青联"等组织作用,配合相关部门做好嘉善推介,着力引进一批带项目、带技术、带资本的青年专家人才队伍。开展"双百双进"乡村振兴提质行动,加强与省内外高校校地开展战略合作,组织高校大学生团队赴农村开展社会实践、创业创新技术服务、产业培育等,实现人才柔性流动。深化"家燕归巢""海燕归巢"行动,开展"青春范·乡愁号"活动,引导大学生到农村广阔舞台干事创业。强化乡村振兴人才引育力度,对县内已有农村创业就业、惠农助农政策进行整合、宣传,推动相关部门加大政策扶持,吸引各类青年人才向农业农村集聚创业就业。

（三）树立新农人典型

举办乡村好青年评选活动,挖掘选树一批有特长、讲奉献、能带动的乡村好青年典型。同时,开展"乡村好青年实事工程大比拼"活动,激发农村青年干事热情。利用好媒体平台,广泛宣传"乡村好青年"先进事迹,发挥典型示范作用,辐射带动更多农村青年投身乡村振兴事业。发挥好青年企业家、农村致富带头人在产业发展、创业带富等方面的引领作用,建立青年企业家走进农村、参与农业,结对帮扶农村、农民机制,搭建青年企业家投资乡村产业、依托乡村兴业的平台。

四、引导乡贤回农村,以乡贤助推乡村振兴

（一）织密一张"网",搭建新乡贤回归大平台

成立全县新乡贤工作领导小组,制定出台《关于加强镇(街道)乡贤联谊会建设的指导意见》《2019年嘉善县新乡贤工作实施方案》,部署实施乡贤组织扩覆工程、乡贤平台提升工程、乡贤人才回归工程等"八大工程"。同时,将新乡贤工作纳入各镇(街道)、县级重点部门统战工作目标责任制考核。

积极排摸本土乡贤、离土乡贤、外来乡贤资源,先后组织 2 次全县乡贤资源大规模集中排查。全县排摸出各类乡贤人士 1500 余人,其中县外知名乡贤近 200 人,对乡贤人士的从业领域、特长等信息进行统计,并建立了全县乡贤资源信息库。

以镇(街道)为主体、村(社区)为基础,联动推进乡贤联谊组织建设。全县实现 9 个镇(街道)乡贤联谊会全覆盖。在县一级筹备建立"善贤之家",作为开展乡贤联谊活动的主平台;各镇(街道)重点加强"一馆一园一网"建设;村(社区)重点加强"一廊一厅一室"建设,积极构筑全县三级组织平台。同时,在上海建立善贤驿站,在杭州设立善乡贤联谊会。

(二)播撒三颗"心",系紧新乡贤情感大纽带

建立县、镇(街道)党政领导结对联系乡贤代表人士制度,在春节等重要节日期间,县领导上门走访乡贤人士,并向 100 多名在外知名乡贤寄送慰问信。同时,分类分层组织开展在外乡贤家乡行、民情恳谈会等活动,进一步增强乡贤家乡情感。如开发区(惠民街道)惠通村于清明假期组织 10 多位在外乡贤回乡参观美丽乡村建设,召开乡情座谈会,共话乡村治理新发展。

结合"三服务"活动,将乡贤人士及其亲属作为走访联系的重点对象,及时了解和帮助解决工作生活中遇到的困难问题,对回乡创业的乡贤人士提供高效服务保障。经常性走访乡贤以帮助解决实际困难。同时,建立重大决策事项征求乡贤意见建议等制度,进一步完善乡贤参与共建共治的长效机制。

鼓励激励乡贤回归,主动邀请各领域有一定影响力的嘉善籍知名乡贤回家乡参观考察,并聘请一批知名乡贤担任嘉善发展顾问。同时,政府积极搭建桥梁,如会同驻沪嘉善工作部建立了上海"善贤驿站",联系对接在沪医卫界乡贤,组织举办上海名医来善大型义诊活动,积极推动上海中山医院与县中医院的合作。鼓励有专长的乡贤人才设立工作室,组建志愿服务队,常态化为家乡群众服务,并建立各类乡贤爱心基金,乡贤领办修筑路桥、帮困助学、孝老服务等民生实事。

(三)聚焦四项"助力",激发新乡贤归乡大建功

牵线对接一批从事科研领域的知名乡贤,将优质的人才资源、创业投资项

目引人家乡,实现人才、项目双回归。已有加拿大工程院院士张丹、浙江科比特科技有限公司总经理陆加杰等10多名在外乡贤人士回乡创业。第十三届全国人大代表、农工党党员孙军回到家乡长秀村,流转土地1万多亩,创办"一里谷"生态农业基地,带动乡亲们增收致富,助力农业产业兴旺。

创设多种载体,充分发挥新乡贤的示范引领作用。开展乡贤领办"美丽庭院"创建活动,各村乡贤带头创建,自觉净化房前屋后环境,共同打造美丽家园。开展乡贤带头促民生活动,乡贤自发宣传环境卫生政策知识,积极推动乡村垃圾分类等关键小事,形成人人讲卫生、个个促文明的良好风气。

建立重大决策事项征求乡贤意见建议等制度,支持引导乡贤参与基层社会治理,在公共事务决策、公序良俗关系协调等方面积极发挥作用,进一步完善乡贤参与共建共治的长效机制。例如,姚庄镇组织退休老干部、老教师等当地乡贤人士组成"老娘舅"帮扶调解团,在小集镇整治改造过程中宣传政策法规,及时化解群众对立情绪,推动工作顺利开展。

把乡贤文化培育与乡风文明建设、维护社会和谐稳定紧密结合,充分利用中秋、国庆、元旦等传统节日,举办乡贤一家亲、和睦邻里节等大型活动20多场次。同时,积极创设"乡音讲师团""乡贤讲堂""乡贤调解帮扶团"等载体,讲好"乡贤故事",在矛盾调解、家庭教育等方面发挥带头示范作用,助力培育文明乡风。

第七节　打造"四化"监察工作联络站　完善基层监督体系

嘉善县统筹县、镇(街道)、村(社区)三级力量,推动监察工作联络站建设标准化、职责规范化、工作制度化、监督常态化,全县共设立监察工作联络站166个,聘任联络站站长166名、联络员662名,切实发挥"前哨"作用,畅通基层监督"最后一公里"。

一、坚持建设标准化,解决"如何建"的问题

在推进机制上,把镇(街道)纪检监察机构规范化建设和村(社区)监察工作联络站工作具体细分为32项任务,由党委机关相关职能科室分工负责、压

茬推进,并建立月初明任务、双周查进度、月末盘结果、推磨抓落实机制,通过项目化、闭环式推进,确保各项工作落地见效。

在人员配备上,以村社换届省级试点工作为契机,指导村(社区)选优配强纪检干部。比如,明确村纪委书记由党委委员兼任,社区纪委书记由党委副书记兼任,村(社区)设党总支、党支部副书记兼任纪检委员,进一步强化基层监督力量。同时,切实把好人选关,组织开展人员联审1706人次,对114人次提出廉政把关建议,防止村干部"带病上岗"。优化纪检干部年龄结构,全县新当选村(社区)纪委书记平均年龄35.14岁,实现了基层纪检干部年轻化。

在阵地建设上,指导村(社区)监察工作联络站设立专门场所、设特定标识、设置岗位公示,为联络开展工作提供物质基础和阵地保障,已建成县级示范型联络站18个。

二、坚持职责规范化,解决"干什么"的问题

明确工作定位,把村(社区)监察工作联络站打造成"家门口的监委",协助镇(街道)监察办加强对村(社区)组织中行使公权力人员的监察监督,使村(社区)监察工作联络站从有形覆盖到有效覆盖。

建立"三张清单",明确监察工作联络站及其人员的职责清单、监督清单、履责清单,设立廉情信息监察岗、民情信息监察岗、阳光决策监察岗、建设项目监察岗、村级三资监察岗和干事承诺监察岗,细化每个岗位的工作内容和责任要求。

健全履职机制,要求联络站在开展监督中做到"六个强化",即强化村居监督、强化工作记实、强化问题反馈、强化问题报送、强化评议质询、强化案例展评,不断激发联络站监督效能。

三、坚持工作制度化,解决"怎么干"的问题

在县级层面,完成检举举报平台基层版建设,搭建"能手说"等业务交流平台,鼓励各联络站所在镇(街道)上台介绍经验、分享案例。指导各镇(街道)开展联络站站长和联络员专题培训,提升专业能力。充分发挥考核"指挥棒"作用,设置镇(街道)主动发现问题线索和自办案件否优指标,建立健全约谈提醒制度,倒逼基层提升监督执纪工作质量。

在镇（街道）层面，制定出台《镇（街道）纪检监察组织内部管理制度》，规定镇（街道）监察办必须定期听取联络站情况汇报，收集廉情信息；对联络站反映的问题开展核查分析，提出防控措施和意见；对存在的廉情风险，及时召开分析会议，必要时利用谈话提醒、约谈函询等方式督促问题整改。

在村（社区）层面，制定出台《关于建立健全村（居）监察工作联络站若干工作制度的指导意见》，明确定事督查、工作台账、管理监督等 10 项制度。建立"两通道三必到"机制，即搭建问题线索直报通道和民主评议质询通道，实施重大事项议事必到、民主理财必到、工程项目监督必到，倒逼联络站成员担当尽责。

四、坚持监督常态化，解决"干成事"的问题

协同开展专项监督。比如，在开展村社换届省级试点工作中，划分监察联系网格，联络站人员依托网格开展"晨谈夜访"，宣传换届工作纪律，累计发放《换届纪律提醒卡》2.6 万张、"十严禁、十不准"工作纪律海报 1300 多份，营造风清气正的良好氛围，并及时上报发现的换届风气苗头性、倾向性问题。

协助清康村居建设。依托村（居）小微权力"345"监督机制，积极发挥联络站作用，协助镇（街道）监察办对村（社区）监察对象依法履职、秉公用权、廉洁从政从业以及道德操守情况进行监督。比如，在开展"三清一查"行动中，联络站积极参与推动农村集体经济组织不良应收款收缴，处理不良应收款 1700 项，共计 7032.5 万元，不良应收款追缴率 100％。

协力收集问题信息。注重对"事"背后"人"的监督，及时将村（社区）内监察对象的苗头性、倾向性问题上报至镇（街道）监察办，已收集报送问题信息32 条，转问题线索 3 条，为镇（街道）纪检监察机构自办案件全覆盖提供了有力支撑。

第八节　农村基层"小微权力"规范运行的探索

农村基层微腐败问题，发生在群众身边，侵害群众切身利益，严重影响党和政府在群众心目中的形象，侵蚀党的肌体，消耗政府的公信力。党的十八大

以来,党中央一直把解决损害群众利益的不正之风和腐败问题作为工作的重点,规范农村小微权力运行,就是要解决党员干部在思想、组织、作风上存在的突出问题,就是要解决损害群众利益的不正之风,严肃查处损害群众利益的突出问题,化解社会矛盾,以基层反腐败实际成果取信于民,促进农村和谐稳定。党的十九大报告指出,党的基层组织是确保党的路线方针政策和决策部署贯彻落实的基础。要推动全面从严治党向基层延伸,确保全面从严治党的要求落实到每一个支部。加强农村基层"小微权力"治理,对维护和促进农村改革发展稳定大局,密切党和农民群众的血肉联系,促进农村经济社会又好又快发展,推动实施乡村振兴战略,具有十分重要的意义。

一、农村基层"小微权力"规范运行的重要性和紧迫性

省第十四次党代会提出,要在全面从严治党上更进一步、更快一步,努力建设"清廉浙江"。建设清廉浙江是省委开启新时代全面从严治党浙江篇章全新征程的重大决策部署,是"八八战略"再深化的实际行动,是改革开放再出发的重要保障,具有极其重大的政治意义、历史意义和现实意义。省委十四届三次全会审议通过《中共浙江省委关于推进清廉浙江建设的决定》,把规范小微权力运行作为加强"清廉浙江"建设的重要抓手和载体。县委十四届五次全体(扩大)会议审议通过的《中共嘉善县委关于全面推进清廉嘉善建设的决定》,明确提出要规范小微权力运行,把权力关进制度的笼子,作为一项当前和今后一段时间加强乡村振兴的政治任务来抓,着力打通全面从严治党向基层延伸的"最后一公里"。

(一)规范农村小微权力运行,是加强新时代党的执政能力建设、巩固党的执政地位的重要基础

党的农村基层组织是党在农村全部工作和战斗力的基础,也是党领导和执政的重要基础。农村基层党组织和干部的作风如何,是否公正清廉,直接影响党和政府在人民群众中的声誉和形象,影响党的执政基础和执政地位。"基础不牢,地动山摇"。规范农村小微权力运行,就是要解决农村基层党组织中存在的突出问题,促进农村基层党组织和党员干部进一步加强和改进作风、切实提高执行政策的意识和能力,充分发挥农村基层党组织的战斗堡垒作用,夯

实党在农村的执政基础、巩固党在农村的执政地位,不断提高新时代基层党组织的执政能力。

（二）规范农村小微权力运行,是维护政令畅通,确保党的路线方针政策在农村全面贯彻落实的重要保证

农村基层党组织,是党团结带领农民群众实施乡村振兴的战斗堡垒,是贯彻落实党的路线方针政策的领导者、组织者和推动者。当前乡村振兴的任务十分繁重,农村基层干部的政治素质和执行力如何,直接关系乡村振兴战略能否在农村真正落到实处。因此,规范农村小微权力运行,有利于党员干部在群众中树立良好的作风,充分发挥党组织的战斗堡垒作用和党员的先锋模范作用,以好的党风带乡风,促进乡风更加文明、健康发展,有利于培养基层干部民主法治意识,健全基层党组织民主制度,为农村实现管理民主带好头。

（三）规范农村小微权力运行,是密切党群干群关系,解决侵害群众利益的不正之风和腐败问题的重要措施

2018年,嘉善县村级两委班子成员742人,共有村级工作人员（包括村级聘用人员）约600人。全县村集体资产总量共39.54亿元,村均可支配收入256万元。2018年全县签订村级经济合同将近2000份,涉及资金多。比如20万~400万元的村级小型工程项目共有192个,涉及金额3.58亿元;20万元以下的村级小微工程共有930个,涉及金额5984万元。此外,基层各类涉农补贴、困难补助等有数十项,涉及金额近亿元。基层各领域,涉及人、财、事的管理体量大,小微权力运行变量多。

1. 从信访情况分析,群众对小微权力腐败深恶痛绝

群众来信来访是民情"晴雨表",从受理群众业务内信访举报中发现,在举报的人员上,反映部门机关中层及一般干部的有36件,占比23%。反映村（社区）干部及工作人员的有62件,占比39%。在举报的问题类型中,主要有两大类,一类是反映党员干部违反国家法律法规规定,如反映在征地拆迁中优亲厚友等;另一类是反映违反中央八项规定精神和违反廉洁纪律的,如违规收送礼品礼金、违规接受服务管理对象宴请等问题。从上述信访情况看,群众对基层微腐败问题感受强烈,加强基层微腐败治理意义重大。

2.从巡察情况分析,农村小微权力亟待关进制度笼子

从市县巡察结果看,农村主要存在三类突出问题:一是农村财务管理制度执行不严,如坐收坐支情况突出、备用金领取随意、村集体大额资金使用"先支后批"、历史欠条长期未处理等。二是村集体资产出租租金应收未收问题,如租赁合同到期后未及时续签、资产出租不规范甚至违规操作等。三是工程项目建设不规范,如规避招投标、零星工程长期给固定人员承揽、变更不规范、工程款支出不规范等问题。

3.从审查调查情况分析,小微权力引发腐败问题屡禁不绝

2019年之前的三年,全县共查处各类基层微腐败案件48件,党政纪处分44人,移送司法6人。其中2017年查处8件,2018年查处13件,2019年查处27件,由此反映出,随着执纪监督和审查调查的深入,农村因小微权力产生的腐败问题禁而未绝、屡查屡犯的情况依然存在,部分"权""钱"集中的领域,成为基层微腐败的易发领域。

二、推动农村基层"小微权力"规范运行的工作实践

嘉善县围绕"加快推进清廉村居建设,推行农村基层'小微权力'规范化运行"这一重点,聚焦关键领域、关键环节及关键部位,坚持一手抓监督、一手抓保障,深入推进基层组织体系建设、管理制度建设,压实主体责任、强化日常监管,着力推进基层党风廉政建设,打通全面从严治党向基层延伸的"最后一公里"。

(一)抓组织强领导,细化清单亮权

建设清廉村居,打造农村基层良好政治生态,必须要抓住村级小微权力运行这个关键,治与立并举,夯实基层惩防体系基础,群众才能实实在在感受到清廉村居建设的获得感。

1.县委强力主推

针对村级"小微权力"运行中存在的薄弱环节,明确全力打造"1＋X"的村级"小微权力"保廉品牌模式,形成整县推进、整县规范的整体格局。2018年10月,制定下发推进清廉村居建设实施意见,梳理编制《村(社区)小微权力清单》,并要求相关部门和各主体及时确权公开。按照全市"三清＋三治"清廉村

居建设指导意见,对村级小微权力事项类别、确权项目、关键环节等,以及村干部负面言行清单、村务监督清单进行深入研究,明确标准和要求,指导基层因地制宜定单确权。

2.部门合力落实

厘清村级小微权力是规范用好权力的前提。组织、民政、农业农村等相关责任部门,主动扛起主体责任,围绕村级小微权力的定标、确权、制图、培训、亮化、宣传等环节,加强联动、共同研究、合力推进。针对涉及农村基层党员群众重大利益、权力运行重要风险环节、信访问题突出的重点权力事项和各类便民服务事项,共梳理出 11 类 36 条村(社区)小微权力清单,作为指导意见。各镇(街道)对照县级"施工图",结合实际,认真界定农村基层组织和村干部权力,分别细化个性化清单和流程图,做到权力运行流程化、图表化、可视化。2019年围绕贯彻落实嘉兴市村级小微权力清单"40 条",全县面上对已有清单进行再梳理、再亮化,提高可操作性(见附件:《嘉善县村级事务小微权力清单及流程规范指南(试行)》善农〔2019〕104 号)。

3.群众参与监督

加快推进权力清单阳光晾晒工程,在亮出权力清单的基础上,全方位公开村级党务、村务、财务,以及村级工程、便民服务等用权事项,以公开促进规范,接受群众监督。各镇(街道)立足实际设计活动监督载体,破解不透明用权问题,阳光化监督用权。

(二)抓系统建制度,实现一体制权

只有监督规范基层干部用权行为和用权过程,形成用制度制权、理财、干事的长效机制,才能确保村级"小微权力"始终在阳光下运行。嘉善县立足全省唯一县委权力公开透明运行试点县的实践经验,加强制度设计,统筹抓好村级"小微权力"运行的监督体系,通过狠抓监督,确保基层落实不走样。

1.抓制度监督,扎紧权力笼子

建立健全"政治清明、班子清廉、干部清正、村务清爽、民风清淳"的清廉村居"五清"建设目标体系,明确基层公权力监督的目标导向。

(1)针对"责任",在全县实行村(社区)党组织主体责任清单、村级"小微权力"清单、村级纪委(纪检委员)监督清单、村务监督清单和村干部负面言行等"五份清单"制度,构建村级"小微权力"监督的责任框架。出台《关于加强农村基层党风廉政建设 全力推进全面从严治党向基层延伸的实施意见》,明确纪律教育、责任履行、权力监督的相关载体、具体任务。

(2)针对"事权",设立"三日机制",实施党员议事日、民主理财日、"三务"公开日,每月召开党员议事会,就月度村(居)务动态向全体党员通报,并征求意见建议;各村(居)监委每月定期对财务开支情况集体审核;公开当月重要村务信息,接受村民监督。实施村务监督"四定"机制,通过"定点办公、定时查账、定表操作、定效评估"四项措施,指导村监委规范化开展工作。尤其针对村级应急小微工程、扶贫救助资金发放,以及村级项目招投标、质量监督等工作中的权力运行环节,指导村监委进行全方位监督,发现问题及时上报。

(3)针对"力量",综合运用好纪律、监察、巡察、审计和村监委五股监督力量,形成监督合力。2019年制定下发《关于加强巡察与审计协作联动提升监督实效 推动清廉嘉善建设的通知》,进一步加强工作合力。整合纪委委员、联村干部、老党员等,创新建立农村党风廉政建设督查员队伍,开展定事督查、跟踪督查、廉情走访。另外,鼓励基层运用推广"表扬单、提醒单、预警单、整改单、告诫单"等"五单",对日常监督中发现的突出问题,灵活开展实时监督和提醒。出台《关于切实加强村(社区)干部作风建设的通知》,整理出村(社区)干部作风建设负面清单"三十三条",画出"新官不理旧账"等言行红线,强化对用权主体的制度约束。

2.抓环节监督,盯紧用权过程

严格执行"五议两公开",凡是涉及村级重大决策、重大项目安排、大额资金使用等村级重大事项的,按照党员群众建议、村党组织提议、两委联席会议商议、党员(代表)会议审议、村民(代表)会议决议,对表决结果公开、实施结果公开,跟紧村级权力运行的全过程。针对权力运行本身存在的风险环节,或者问题多发易发的薄弱环节,坚持"哪里有风险就监督哪里,哪里薄弱就整治哪里",由县级层面点题部署,开展村级权力运行进程性、动态化监督。比如,针对"近年来在推进小环境综合整治、美丽乡村建设、企业腾退等工作中,村一级工程项目多、资金量大、相应廉政风险点很多"的情况,及时启动城乡环境综合整治专项督查,重点对全县村级应急工程建设中,涉及项目在集体决策、工程招标、资金结算等环节存在的风险和问题线索进行重点督查,提前介入,排查风险隐患。

3.抓专项监督,聚焦行权重点

"三资"监管是村级"小微权力"运行的重中之重,也是近年来农村党风廉政建设的薄弱环节,群众高度关注,倾向性苗头性问题较为突出。对此,加强巡审联动,按照上级巡视巡察精神和工作部署,借鉴全市农村审计巡察经验,结合农业农村部门对村级"三资"管理的三年一轮审等工作,把落实村级事务清单化管理、村级"小微权力"规范化运行等情况,纳入县委巡察监督范围,对全县 118 个村(社区)开展农村巡察,发现村级"三资"管理和工程建设管理不规范问题比较突出。2019 年全县启动村集体"三资"管理"三清一查"专项行动,集中清理农村集体三资管理、财务制度执行方面的问题及历史旧账问题,深入查处群众身边腐败问题。同步清理完善了一批不适应现状的机制及操作办法,做到早发现、早防范、早规范。推动实施村务卡、村级财务"双代理"等"三资"监管 7 项新机制。

(三)抓深化强创新,激活基层潜力

深化村级小微权力规范运行,创新"一镇一品"工作机制,完善形成小微权力规范运行的"嘉善模式"。如魏塘街道建立"三清机制",通过对村级集体资产的专项巡察、编发村级集体资产租赁发包等交易管理制度等,全面摸清"三资"家底;通过探索建立村级集体资产租赁市场基准价制度,确保村级集体资产交易"清";通过分类制定村级经济合同示范文本等,做到制度清,全面严控村级"小微权力"。罗星街道制定以"村(社区)重大事项民主决策、集体资产资源处置、涉农补贴补助项目申报"等内容为重点的"小微权力"清单 16 条,制作流程图 16 幅。开发区(惠民街道)制定实行村监委"五单"监督月报制度,由村监委针对村干部在履职过程中需要表扬、提醒、整改、告诫、预警的内容,提出意见建议,履行监督职责。西塘镇实施清廉村居事务全程纪实制度,列出重点工作流程清单,全程跟踪记录留痕。姚庄镇编印《清廉村居建设实务手册》,明确重点权力项目及运行流程。陶庄镇建立村级重大事项报告制度,规范村级建设工程审批监管,从源头上严控廉政风险。干窑镇率先建立督查员制度,落实督查员指导培训、定期会商、预警防范、履职纪实四项机制,使基层微权力监督更加全面、有效。天凝镇推行村务"八步"公决制,采用"一事一案一决"制,由全体村民进行表决,公决通过形成决议后组织实施。大云镇实施"听证问廉会"制度,搭建干群沟通平台,督促村干部公开、透明用权。

（四）抓预防强氛围,维护"森林"生态

惩防并举、标本兼治,是清廉建设的要义。坚持树立风险先导、开放融合理念,把清廉元素融入农村党员干部群众的生产生活细节中,以清廉新风带动引领乡风民风,提升乡村治理效能。

1. 注重抓风险防控

从防范化解风险,压实"一岗双责"的角度,开展"三查一亮"岗位廉政风险再排查工作,包括开展党委（个人）廉政风险复查、党委（党组）审查、纪检组织督查和公开亮化接受监督。对问题易发多发的权力运行环节,开出"风险提示单",把问题和建议交到两委班子和分管领导手上,压实责任。积极推动将县一级的主体责任履责制度闭环压实到各镇（街道）和村、社区,加强对新任村干部的谈心谈话,做到早提醒、早预防。注重"会前说纪十分钟""微廉课"等教育载体运用,汇编村干部违纪违法典型案例,纳入"微廉课"活动的宣讲"菜单",将案例警示素材送到基层,并结合"会前说纪十分钟"活动,在村一级深入开展宣传教育。

2. 注重抓氛围营造

建设清廉村居、规范村级"小微权力"运行,需要营造良好氛围,发挥清廉文化的导向、规范、凝聚功能。开展清廉文化进社区、进农村、进农家小院,并延伸至进工地、进公交,通过在项目建筑工地、城乡公交车内设置廉政标语、发放宣传资料等方式,将水乡清风、监察法传播到基层"神经末梢",打造流动的廉政宣传阵地,推动形成以廉为美的价值观。将日常纪法教育宣传活动,与农村文化礼堂、道德讲堂活动贯通,把纪律讲堂送到群众身边,引导纪律规矩化为乡风民约,引领社风民风向好向善。

3. 注重抓文化引领

坚持大融合理念,以小切口大纵深的方式,培育起了一批可看可展示的清廉教育展示点,建设了一批如清风林、口袋公园、农家小院微景观、绿道廉心桥等,具有鲜明特色的融合式景观带、风景线,使清廉元素浸润到群众日常生活。建设县级清廉嘉善教育展示馆,重点面向村居干部开展廉政教育的"法纪清风园"建好运营。另外,挖掘一批本土清廉典故、清廉名人和清廉文化作品,开展多种形式的教育,发挥廉洁文化春风化雨的浸润和引领作用。县纪委监委、县文明办以及各镇(街道)联合开展廉政文艺节目竞演、清廉文化村村行、清风诵读、家风家训等活动。在全县"善文化节"中,组织开展《绿袍情》廉政戏剧基层巡演,举办"传清廉家风 创最美家庭"好家风好家训分享会,以及廉政喜剧小品比赛等活动,将清廉文化送到群众身边。

(五)抓惩治强震慑,兜紧纪法底线

对村级小微权力的监督,重中之重的一点,是对微腐败问题进行重拳惩处,增强惩治的震慑效应。2018年以来,全县深入开展"两微"专项行动,即"规范微权力、整治微腐败"行动。通过查处、整治、规范一批群众反映强烈的阳奉阴违、微权滥用、优亲厚友等问题,消除"七个方面"不良表现,切实维护群众利益。

1. 重点查办

开展违反中央八项规定精神问题专项整治工作,对违规接受管理服务对象宴请等10大类突出问题集中治理,并延伸到村一级。

2. 从严问责

增强问责的震慑和警示效应,对多名在落实党委政府决策部署中,存在履职不力问题的镇村干部及基层站所工作人员等,进行责任追究。积极探索村干部问责机制建设,通过在村一级建立维护政令畅通的制度设置,为基层党委政府加强村干部管理,尤其是非党村干部的管理监督,提供制度依据。

三、推进农村基层"小微权力"规范运行的思考

规范农村基层"小微权力"运行,是巩固党的执政基础、推动全面从严治党向纵深发展的必然要求,是密切党群干群关系、维护农村基层社会和谐稳定的有效途径,是实施乡村振兴战略、推动清廉嘉善建设的重要保障,也是贯彻落实主体教育要求、发挥嘉善"双示范"优势的纪律保证。嘉善县针对实际,探索

实践村（居）"小微权力"345 监督机制，打造嘉善特色"清廉村居"建设"金字品牌"。"3"指锁定村级"三资"管理、小微工程、涉村补助救助资金三大重点领域。"4"指通过亮权、亮事、亮纪、亮"点"来明责权，提高小微权力运行透明度。"5"指综合发挥主体单位、主管部门、专责部门、村监委和基层群众五种力量，凝聚小微权力运行监督力。

（一）"三定"明重点，紧盯小微权力运行关键点

紧盯村（居）"小微权力"运行的重点领域、重点事项，结合当前易发高发的廉政风险点，开展专项整治，完善权力运行流程，强化监督制约机制。

1.锁定"三资管理"的薄弱环节

持续深入开展"清理村集体资产管理不规范、清理财务问题、清理历史旧账、严查群众身边的腐败问题和不正之风"为主要内容的"三清一查"专项行动，完善农村"三资管理"平台，全面落实村级财务管理的"双代理"、村务卡、网上审批等制度，全面提升"三资管理"水平。资金管理上，重点监督资金收入环节、资金支出环节和财务公开环节。资金收入管理上，严格按照制度执行，大额资金采用转账方式，小额零散资金通过"一码通"扫码入账，杜绝现金坐收、收入资金被截留或侵占等情形；在资金支出环节，严格按照制度执行，进行电子审批流程，做到审批流程规范、原始凭证完备、各环节留痕，防止审批流于形式、私自出借或挪用集体资金等现象；非生产性管理费用支出严格按照制度执行，防止未经集体决策、违规发放津补贴、违规订阅报刊、违规招待宴请、违规外出考察学习、违规列支交通差旅费等行为；财务公开环节上，严格按照制度执行，做到应公开全公开、公开做到及时、公开内容群众看得懂、公开地点方便群众查阅。

2.锁定"小微工程"的权力风险

加强镇（街道）招投采平台建设，规范 20 万～400 万元的工程建设招投标管理，建立 20 万元以下村级小微工程的镇（街道）统一管理机制，全面加强小型工程的"标前、标后"管理。要在八个方面加强管理。

（1）民主决策。小型工程项目实施前应根据建设的需要和自身实际能力确立工程建设项目，实行民主决策。如小型工程应由村两委会提出项目实施

方案,经广泛征求意见后,报镇(街道)审核,提交村民(社员)代表会议讨论通过,形成书面决议并备案。微型工程经村两委班子讨论通过后,形成书面决定并备案。

(2)规范发包方式。村级小微工程都要以公开的方式进行发包。小型工程严格按照县镇两级招投标规定,做到应招尽招、规范招标。采用邀请招标、直接定标或者不采取招标,自行组织实施的,应向镇(街道)招标采购领导小组书面报告,在获得批准后实施。对参与本行政区内微型工程的施工、监理、造价咨询等类别,实施名录库管理。由镇(街道)招采办牵头,镇(街道)纪委监督,委托专业代理机构公开招标,择优选取承包商,建立微型工程承建商名录库和工程咨询服务商名录库。各村(社区)自行组织发包,镇(街道)招采办参与,采取竞争性谈判、询价等方式确定承建单位。

(3)完善合同履约。通过公开方式发包的村级小微工程,都应依法订立合同。合同签订后一般不得随意变更,确需变更的应按照相应的程序办理变更手续。

(4)强化建设管理。通过招投标实施的项目要委托有资质的监理公司进行工程监理。各村(社区)要落实人员加强对小微工程的日常监督管理,督促施工单位按图施工,防止降低质量标准,特别是要加强对地下和隐蔽工程的监督,必要时拍照留存,防止出现虚报工程造价,虚假签证冒领工程款物等问题。

(5)严格变更管理。严格控制村级工程项目变更,对确有必要实施的设计、施工变更或者建筑材料更换等事项,由监理单位对工程变更进行确认。单项变更金额超过2万元、不足5万元的,须经村(社区)两委班子集体研究同意后形成会议纪要,报村级小微工程监督领导小组审批同意;单项变更金额超过5万元、不足50万元的,报镇(街道)领导班子集体讨论审批;单项变更金额超过50万元的,按《嘉善县政府投资项目管理办法》实施。

(6)规范资金管理。村级工程项目建设资金必须严格按照《基本建设财务管理规定》,实行专款专用,严禁截留、挪用、挤占。严格按照合同规定的付款方式、程序结算付款,不得超前支付工程款。镇(街道)"三资"管理办要在财务管理方面严格把关。工程完工验收后,应及时做好项目结算、决算。严格保修金管理,保修期满方可支付工程尾款。

(7)加强验收决算。村级工程项目竣工后,都要组织验收,做好验收记录。

村级小型工程必须委托审价单位进行竣工结算审计,以审计核定价作为结算工程款的依据。总投资 50 万元以上项目必须委托会计事务所进行竣工财务决算审计。

(8)完善档案管理。村级工程项目涉及的相关书面资料要落实专人负责,及时进行收集、整理、归档,做到"一项目一档案"。与财务相关的资料要报镇(街道)"三资"管理办备案。

3. 锁定"补助救助"的监管短板

开展"补助救助"资金发放的专项督查,严格落实各类涉农补贴、困难补助的申报、审核机制,完善低收入家庭补助审批机制,确保所有补助资金及时、足额地发放到群众手中,切实维护群众利益的行为。

(1)要明确监督重点。重点监督低收入家庭补助(低保和低保边缘)和困难群众临时救助;规模化种粮补贴和耕地地力保护补贴;医疗救助;农村困难群众危旧房改造救助;残疾人两项补贴(重度残疾人护理补贴和重度残疾人生活贴补)等 5 个方面。

(2)要明确纪律要求,制定 5 个方面负面清单。严禁主动或协助申请人虚报骗补,申请材料弄虚作假;严禁优亲厚友,打政策"擦边球";严禁截留、挪用甚至贪污补助救助资金;严禁在补助救助事项办理过程中,存在"吃拿卡要"行为;严禁作风不实,审核把关不严,出现严重失误,损害群众利益的行为。

(二)"四亮"明责权,提高小微权力运行透明度

切实加强村(居)小微权力的公开透明运行,加强日常监督检查,强化纪律宣传和法纪教育,不断提升村(居)民的满意度。

1. 亮"权"

全面实施村(居)小微权力清单 40 条,权力运行流程图 40 张,负面言行33 条,在此基础上各镇(街道)结合实际进行细化、完善,推行村(居)重点事务全程纪实制度,常态开展村(居)干部岗位风险排查;全面实行权力运行、风险排查等工作的公开机制,完善村(居)干部在工程建设、补助救助申报等权力运行过程中的利益回避和报备制度。

2. 亮"事"

深化村(居)务、财务、党务公开机制,以群众"看得明、看得懂"为出发点,

细化财务公开内容,深入推进村(居)重大事项、工程项目建设、专项补助情况等工作的公开机制,充分利用电视、网络、手机等载体进行公开,定期组织开展检查、通报。

3.亮"纪"

县纪委县监委根据执纪监督和执纪审查情况,定期编印村(居)干部违纪违法案例选编,每年组织村(居)干部开展警示教育活动。建设村(居)干部法纪教育基地,切实加强对村(居)干部的法纪教育,开展微廉课进村(居)活动,强化村(居)党员的法纪教育。

4.亮"点"

深化清廉村居建设"1+X"机制,加强小微权力监督"一镇一品"建设,形成各镇(街道)在清廉村居建设,特别是小微权力运行监督的特色做法;加强各镇(街道)的清廉阵地建设,挖掘袁了凡、魏大中、姚绶、丁宾、顾功叙等各地历史名人事迹,建好倪天增故居、吴镇纪念馆等廉政教育基地。

(三)"五督"强合力,凝聚小微权力运行监督力

各级各部门要积极履行工作职责,建立和完善相关的工作规则和工作制度,指导和督促清廉村居建设的各项牵头任务,积极推动村(居)小微权力规范运行。

1.主体单位督

各镇(街道)切实履行主体责任,加强对村(居)工作的日常管理,指导各村(居)制定和完善小微权力清单和流程图,深化党风廉政建设督查员制度,建立"五单"督办机制,即告知单、提醒单、警示单、约谈单、通报单;开展镇(街道)党委主要领导与村(居)党组织负责人一对一廉政谈话,完善村(居)落实党风廉政建设情况向镇党委定期汇报制度,加强对村级20万元以下工程建设统一管理,各类补助救助资金的审核制度,完善三资管理制度。

2.主管部门督

组织、农业农村、民政等部门要切实履行好对村(居)的基层党建、队伍建设、"三资管理"、涉农补助、"三务"公开、基层政权、民主管理等方面的业务主管职责,建设、数据办、水利、发改等部门要强化对村(居)项目投资、招投标管理、工程建设等方面的指导监督,人社、民政、残联等部门要加强对村(居)各类

困难救助项目和资金的监管,加强"三资管理"平台、农村产权交易平台、镇(街道)招投采平台等建设,其他部门按各自职能加强指导,并采取有效举措切实减轻基层负担。

3.专责部门督

县纪委县监委深入开展"规范微权力、整治微腐败"专项行动,严查小微权力运行过程中的吃拿卡要、优亲厚友、以权谋私等行为,不作为、慢作为、乱作为、不担当等问题,以及对补助救助资金虚报冒领、雁过拔毛等侵害群众利益腐败问题;把群众身边的腐败作为农村巡察主要内容之一,实行县委对村巡察全覆盖;审计和农业农村部门切实加强对村级的审计监督。

4.村监委督

各镇(街道)党委切实加强对村(居)监委的指导和管理,充分发挥村监委作用,配优村监委成员,特别是配强专职副主任,建立"四定"制度,即定点上班、定时审核、定事监督、定质问效;深化"三日机制",即民主理财日、阳光议事日、村务公开监督日;每年开展优秀监督案例评选,促进监督实效。

5.基层群众督

不断提高小微权力运行过程中的群众参与度和民主监督力度,切实加强村级民主决策,深化"五议二公开",逐步推行村务公决制度,试行基层群众听证问廉(事)机制,畅通群众信访举报渠道,开展群众满意度测评,全面推进清廉村(居)建设。

第十章　获得荣誉与发展启示

第一节　获得荣誉

在中央、省、市领导和部门的指导、关心关爱支持下，嘉善实施乡村振兴取得成效显著，这些年在乡村振兴中获得的荣誉、领导批示和试点试验众多。比如荣获国家农产品质量安全县、全国村庄清洁行动先进县、首批全国农作物病虫害绿色防控示范县、全国农业农村信息化发展先进县、浙江省新时代美丽乡村示范县、全省扶贫开发工作成绩突出集体、省市实施乡村振兴战略实绩考核优秀县(连续四年)、省"产粮大县"、省级农业主导产业(水稻)"机器换人示范县"等荣誉称号。被列为首批国家农业现代化示范区创建对象、省级新时代乡村集成改革试点、省级"三农"新型基础设施建设试点县、省级乡村振兴集成创新示范建设项目、省级数字乡村第二批试点县等示范试点，2022年再次成为国家级农村综合性改革试点试验，获得首届浙江省实施乡村振兴战略"神农鼎·铜鼎"。近年来嘉善乡村振兴所获荣誉、表扬、批示和试点等情况见表10-1。

表 10-1　嘉善县乡村振兴荣誉批示试点汇总

序号		荣誉名称	类型	年份
各类荣誉称号	1	第二批国家生态文明建设示范县	国家级	2018
	2	国家级农村职业教育和成人教育示范县	国家级	2018
	3	浙江省可持续发展创新示范区	省级	2018
	4	天凝镇洪溪村获"2019 中国最美村镇乡村振兴榜样奖"。	国家级	2019
	5	浙江省农业水价综合改革示范县	省级	2019
	6	嘉善"佳膳十碗"在全省《关于做实做好"诗画浙江.百县千碗"工程三年行动计划》示范推广	省级	2019
	7	2020 年全国村庄清洁行动先进县	国家级	2020
	8	2020 年全国文明城市	国家级	2020
	9	第二批国家全域旅游示范区	国家级	2020
	10	第四批全国旅游标准化示范单位	国家级	2020
	11	2020 年电子商务进农村综合示范县	国家级	2020
	12	2020 年 9 月,嘉善县《坚定新农村文化自信、弘扬新时代乡风文明》入编《全国乡村振兴优秀案例》	国家级	2020
	13	嘉善县天凝镇新联村党总支被授予全国先进基层党组织	国家级	2020
	14	嘉善县天凝镇新联村党总支被授予全国抗击新冠疫情先进集体	国家级	2020
	15	2020 年浙江省"粮食五优联动示范县"称号	省级	2020
	16	2021 年国家级农业现代化示范区	国家级	2021
	17	第一批全国农作物病虫害绿色防控示范县	国家级	2021
	18	全国县域农业农村信息化发展先进县	国家级	2021
	19	第二批城乡交通运输一体化示范创建县	国家级	2021
	20	残疾人家庭医生签约服务重点联系点	国家级	2021
	21	嘉善县荣获省渔业健康养殖示范县	省级	2021
	22	省级乡村振兴集成创新示范建设县	省级	2021
	23	省级生态绿色高效农业科技园区	省级	2021

序号		荣誉名称	类型	年份
各类荣誉称号	24	第一批农业"机器换人"高质量发展先行县	省级	2021
	25	2022赛迪百强县榜单嘉善位列全国第52位	国家级	2022
	26	2022年赛迪长三角百强县榜单嘉善位列第30位	国家级	2022
	27	2022年2月,浙江省农创客助力乡村振兴"金雁奖"名单正式出炉,嘉善县青年农创客莫雪峰、杨光辉分别获评"金雁奖"新锐创客、"金雁奖"创业先锋。	省级	2022
	28	2022年度浙江省农业水价综合改革工作绩效评价 优秀县(市、区)	省级	2022
	29	2022年度山区26县结对帮扶考评优秀单位	省级	2022
	30	首届浙江省实施乡村振兴战略"神农鼎"	省级	2022
各级领导批示与表扬	1	2018年1月,车俊书记对"村集体经济'飞地'抱团发展:实施乡村振兴战略的一个有效抓手"作出批示	批示	2018
	2	2018年5月,彭佳学对"浙江特色乡村振兴的嘉善大云样本"作肯定批示	批示	2018
	3	2019年5月,彭佳学在浙江政务信息(专报)上对我县首创乡村振兴专项资金的做法做出批示肯定。	批示	2019
	4	2020年1月,时任浙江省副省长彭佳学对"从改革强村发展看新经验新优势在嘉善的实践"作出批示	批示	2020
	5	2020年1月,时任农业农村部党组副书记韩俊就"实现制度优势向发展优势的嘉善模式"作出批示	批示	2020
	6	2020年11月,省政协周国辉就"罗星街道盘活低效用地"作出批示	批示	2020
	7	2021年1月,嘉善县盘活存量土地创新经验被推动长三角一体化发展领导小组办公室发文推广	表扬	2021
	8	2021年4月,嘉善县上榜"土地节约集约利用成效好、闲置土地少且用地需求量较大的地方"名单,获国务院办公厅督察激励	表扬	2021
	9	2022年6月,嘉善县"实施低收入农户基本同步现代化行动",获省政府督查激励	表扬	2022
	10	2023年3月,浙江省副省长李岩益对《从"县级贫困村"到"全国示范村"的经验启示建议——嘉善县缪家村乡村现代化之路》作出批示	批示	2023
	11	2023年3月,浙江省副省长李岩益对《嘉善县突出"三个着力点"高标准打造城乡融合发展先行区》作出批示	批示	2023

续　表

序号		荣誉名称	类型	年份
省级以上试点项目	1	全国农民专业合作社质量提升整县推进试点单位	国家级	2019
	2	浙江省第一批国土空间编制县、试点县	省级	2019
	3	第二批省级社区治理和服务创新试验区	省级	2019
	4	"基于教学改革、融合信息技术的新型教与学模式"实验区	国家级	2020
	5	浙江省国土空间规划实施监督信息系统建设试点	省级	2020
	6	浙江省文旅产业融合试验区	省级	2020
	7	浙江省未来景区改革试点	省级	2020
	8	全省深化社会力量办体育改革试点	省级	2020
	9	浙江省"互联网＋义务教育"实验区	省级	2020
	10	全省婚俗改革实验县(市、区)	省级	2020
	11	开展辅助性就业产品区域配送基地建设试点	省级	2020
	12	首批新时代乡村集成改革试点	省级	2021
	13	幸福河湖试点县建设单位	省级	2021
	14	第二批省级数字乡村建设试点县	省级	2021
	15	第一批未来乡村建设试点	省级	2022
	16	2022 年农村综合性改革试点试验	国家级	2022
	17	全国首批水系连通及水美乡村建设试点县终期评估嘉善获优秀	国家级	2022

第二节　发展启示

　　这么多年来,嘉善县实施乡村振兴战略中积累了城乡融合发展的宝贵经验和有益启示。最根本的是,坚决贯彻落实习近平新时代中国特色社会主义思想,把总书记的谆谆嘱托和亲切关怀转化为巨大动力、崇高责任和历史使命，从总书记的重要指示批示中得到方向指引、理念提升、精神滋养、实践指导，奋力推进乡村振兴水平不断提升、示范引领作用不断彰显。

一、始终坚持以人民为中心的发展理念，改革成果由人民共享

"人民对美好生活的向往，就是我们的奋斗目标。"这是党的十八大闭幕后，习近平总书记在与中外记者见面时作出的庄严承诺，这是我们党全心全意为人民服务根本宗旨一脉相承、一以贯之的体现。以人民为中心的发展思想，不是一个抽象的、玄奥的概念，不能只停留在口头上、止步于思想环节，而要体现在经济社会发展各个环节，就是要通过发展社会生产力，不断提高人民物质文化生活水平，促进人的全面发展。现阶段我国发展最大的困难还是在农村，嘉善虽然统筹城乡发展走在前列，但是乡村和城市相比基础设施建设、教育医疗等公共服务还是有差距，从推进共同富裕要求看还有很大发展空间。嘉善县委县政府历任领导始终把握"让人民生活幸福是国之大者"，聚焦群众普遍关注的民生问题，办好就业、教育、社保、医疗、养老、托幼、交通、农房集聚等民生实事，一件一件抓落实，使群众的获得感成色更足、幸福感更可持续。前两轮示范点建设从"三区一园"到"四区一园"，《新发展阶段浙江嘉善县域高质量发展示范点建设方案》提出"新四区一园"（建设产业科技联动发展先行区、城乡融合发展先行区、生态优势转化先行区、县域高水平开放先行区、共同富裕新家园），落脚点从"建设民生幸福新家园"到"共同富裕新家园"，始终围绕以人民为中心的发展理念不动摇，始终坚持发展为了人民，改革成果由人民共享。

二、始终坚持把握新时代要求，科学绘制发展蓝图

随着中国特色社会主义理论和实践的创新发展，嘉善与时俱进地对发展改革蓝图进行丰富完善，注重多规贯通，相互衔接。国家相关部门站在时代的前沿，把握新时代的新要求，在国家层面从 2013 年制定《浙江嘉善县域科学发展示范点建设方案》提出建设"三区一园"、做县域科学发展的示范，到 2017 年制定《浙江嘉善县域科学发展示范点发展改革方案》提出建设"四区一园"、做践行新发展理念的示范，到 2020 年编制《长三角生态绿色一体化发展示范区总体方案》、做落实长三角一体化国家战略的示范，再到 2022 年的《新发展阶

段浙江嘉善县域高质量发展示范点建设方案》，为全国县域高质量发展提供示范，嘉善县域示范点建设的理念不断创新、内涵不断丰富、要求不断提高、实践不断深化。嘉善在县域层面统筹推进"五位一体"总体布局和协调推进"四个全面"战略布局，对县域各领域建设和改革进行前瞻性思考、全局性谋划、整体性推进。正是因为站在新时代的制高点，紧紧把握住新时代中国特色社会主义不断发展的新要求，注重运用战略思维、创新思维、系统思维和系统方法科学绘制发展新蓝图，才为嘉善县域发展、改革和乡村振兴指出明确的方向和目标，为全县干部群众注入奋进的激情和力量，发展改革才得以沿着正确轨道不断推进，取得超乎预期的显著成效。

三、始终坚持践行新发展理念，注重乡村全面振兴

多年来，嘉善县努力完整、准确、全面理解和贯彻落实新发展理念，系统、深刻把握新发展理念的科学内涵和实践意义，自觉把新发展理念贯穿于经济社会发展各领域和全过程。加大创新投入力度，汇聚创新资源，扶持创新产业，大力推动产业转型升级，持续提升发展的"创新含量"。统筹城乡规划、建设、管理、服务，统筹乡村的"五大建设"，统筹发展和安全，持续提升发展的整体性、协调性、均衡性。积极开展"美丽嘉善"建设，全面推动生产生活方式绿色转型，持续提升发展的环境友好度。全方位提升普惠性的民生保障水平，增强城乡之间、外来人口和本地户籍人口之间公共服务的均等性，持续提升发展成果享有的公平性。实践证明，只有完整把握、准确理解、全面落实新发展理念，才能真正推动和实现乡村振兴。

四、始终坚持改革攻坚，构筑乡村振兴体制制度保障

坚持以问题为导向，以闯关拔寨、敢吃螃蟹的精神，勇于攻坚克难。在个人利益和多数人利益发生矛盾时敢于放弃个人利益，将绝大多数人的利益放在首位，实现自我超越。善于"发展出题目，改革做文章"，以改革破解发展中出现的问题、遇到的障碍。坚决贯彻党中央实施乡村振兴战略部署，密切结合本县实际，系统谋划和不断推进"产业振兴、人才振兴、文化振兴、生态振兴、组织振兴"等领域的改革和党的建设制度改革，完善党的全面领导体制，注重处理好政府和市场、政府和社会的关系，推动有效市场和有为政府的有机结合、

活力社会和有力政府的相互促进,为乡村振兴发展破除体制障碍、创造良好的制度环境。正是由于坚持以改革为抓手和动力,用好改革这个"关键一招",适应形势和任务的需要持续深化改革,才攻破了一个个体制机制障碍和壁垒,为高质量发展提供体制机制保障。

五、始终坚持实干为先,以钉钉子精神状态持续推进

蓝图规划后有大量认识需要深化,大量举措需要探索,大量难题需要破解。嘉善县始终把规划的贯彻落实作为头号工程,以时不我待的紧迫感、责无旁贷的使命感,求真务实,干在实处,扎实推进各项任务落地落实。县委成立专责推进机构、专题工作组,强化乡村振兴相关领域重大发展改革任务的具体设计、综合集成、协同推进,分解年度重点任务,明确每项任务的责任部门和时间进度,加强落实进度的检查监督,保证了各项目标任务顺利完成。每到关键节点总是提高要求自我加压,以人民利益为中心率先探索,从 2013 年的《浙江嘉善县域科学发展示范点建设方案》到 2017 年的《浙江嘉善县域科学发展示范点发展改革方案》,再到 2022 年的《新发展阶段浙江嘉善县域高质量发展示范点建设方案》,目标一步步推进,压力一步步加大,但是基层工作人员那种"流血流汗不流泪、掉皮掉肉不掉队""轻伤不下火线"的精神气概,不仅鼓舞着自己,也感动着老百姓。正是由于把压力变为动力,坚持实干苦干,一任接着一任干,以钉钉子精神,谋划并打好一场场"战役",打出一套套"组合拳",才使制定的发展改革美好蓝图变成现实。

六、始终坚持全面加强党的领导,以高水平党建统领乡村振兴

树立党建统领政治导向,旗帜鲜明讲政治,大力加强党的政治建设。积极探索建立党的建设与经济、政治、文化、社会和生态文明建设相融合的新机制。着力弘扬红船精神、浙江精神等优秀文化精神,全面加强党的思想、组织、作风、反腐倡廉和制度建设,打造具有"双示范"鲜明标识的基层党建样板。正是由于全面加强党的建设,才使全县党组织的领导力、组织力、凝聚力、战斗力明显增强。推进乡村振兴中主动融入国家区域发展新格局,主动推进与毗邻的上海全面接轨、深度融合、同城化发展,深度融入长三角地区国家重大战略,深度嵌入以上海为重要极点的全球产业链、供应链、经济链,从而走出了一条依

托大都市大区域、面向大资源大市场的大开放、大合作乡村发展之路。

共同富裕之路已经开启,相信在习近平新时代中国特色社会主义思想的指引下,在上级党委的指导下,在全县党员领导干部和群众的共同努力下,嘉善乡村越来越好。

第三节　展望未来

嘉善的发展浸透着习近平总书记的关心和期待,嘉善肩负着党中央、国务院托付的重大使命。新一轮示范点建设在前两轮示范点建设取得显著成效的基础上,迎来高歌猛进的发展态势,是又一次实现迭代跃升、走在前列的重大机遇。浙江省推进县域高质量发展示范点建设大会明确建立省市县"双示范"专项组工作例会制度,构建国家和省市县"四级联动"推进机制,共同打造全国县域高质量发展金名片。嘉善将率先探索县域高质量发展新模式新路径,打造新时代全面展示中国特色社会主义制度优越性重要窗口的县域之窗。在实现乡村振兴和城乡融合发展方面主要在以下几方面发力。

一、率先探索以县城为重要载体的城乡一体新格局

坚持协调发展理念,建设城乡融合发展先行区,形成工农互促、城乡互补、协调发展、共同繁荣的新型工农城关系,在推进更高水平城乡融合上迈开更大步伐、创造最多经验。

(一)推进以县城为重要载体的城镇化建设

聚焦高品质宜居生活创建、创新要素集聚、公共服务和商务配套优化,以面向未来的规划理念、营城模式,建立健全县域规划治理体系,系统优化县域空间布局,科学规划配置空间资源,打造创新、宜居、花园、人文、开放、便捷、智慧的未来新城。

(二)推进以产业为重要载体的乡村振兴

以产业振兴驱动农业农村现代化建设,推动国家级现代农业示范区、"浙

北粮仓"核心区、现代农业"小微产业园区"三区联动,加快构建现代乡村产业体系。坚持"产业＋创业"双轮驱动,加大农业现代化管理企业招引,实施专业化"全面托管"管理服务;加大专业农业人才引育力度。

(三)推进以改革为重要载体的城乡融合

在探索实施农村综合性改革、强村富民乡村集成改革、农村土地制度改革、户籍制度改革方面率先突破。

二、率先探索打造江南水乡全域秀美新图景

坚持绿色发展理念,建设生态优势转化先行区,打造县域践行绿水青山就是金山银山理念的新样板。

(一)打造环境联保联治金名片

深入开展碧水、蓝天、净土、清废行动,强化多污染物协同控制。推进治水工程,加强跨界水体联保共治,开展跨界水体治理应用场景建设,开展河湖生态缓冲带修复工作。探索重点区域农业面源污染零排放模式,开展省级"肥药两制"改革综合试点、农业面源污染物产生和排放调查核算试点、农田退水"零直排"试点工程建设。推进治气工程,着力打好臭氧污染防治、柴油货车污染防治、污染天气应对三大攻坚战,开展低效治理设施升级改造、重点行业VOCs源头替代、化工园区绿色发展、氮氧化物深度治理、企业污染防治提级、精准管控能力提升"六大行动",持续推进产业结构、能源结构、运输结构调整。推进治废工程,编制工业固废污染环境防治规划,统筹固体废物处置设施布局,实现小微企业危废统一收运体系全覆盖,构建"多网融合"回收体系基本框架,实现县域固废"零填埋"。加快推进"无废细胞"建设,提升土壤污染防控水平,建立控源销号闭环工作机制。

(二)打造生态文明建设金名片

因地制宜、积极开展生态文明的实践探索和体制机制创新,为全省提供可复制可推广的经验模式。深化水生态修复试点建设,立足水乡特色,完成东部区域水生态修复和长秀村水生态修复等工程,逐步建立"水岸同治"模式,全域

推行"碧水绕善"。加快幸福河湖样板县建设。推进县域河、湖、岸、路、林、田、村系统治理和建设,依托水道、绿道、村道打造成全域可达共享的绿色公共产品,建设公园式现代江南水乡。全面推进生态文明实践体验地建设。统筹山水林田湖草沙一体保护和系统治理,强化水源地等重要生态空间保护。加强生物多样性保护,实现区域内水环境、水生态、水资源"三水"统筹,空间内生产环境、生活环境和生态环境"三生"融合。

（三）打造绿色低碳转型金名片

创新县域工业绿色化改造转型路径,加快构建绿色产业体系,全面推进绿色生活创建,率先探索平原水乡地区生态产品价值核算应用机制。推动产业低碳转型,强化数字赋能、产业科技融合,推动传统产业绿色蝶变、低碳发展,打造县域未来低碳产业新智造的先行地。纵深推进能源革命,以改革创新为驱动力,夯实能源安全保障根基,提升光伏、氢能等清洁能源使用比例,持续优化能源消费结构,全面构建清洁低碳、安全高效的现代能源体系,新增光伏并网量实现翻番。全面推进绿色生活创建,推动建立完善多层次、可持续的绿色低碳出行服务模式。开展生态产品价值实现机制试点。制定发布嘉善县平原水乡生态系统生产总值(GEP)核算技术规范,探索生态补偿、绿色金融、绿色保险等核算成果应用研究,进一步释放生态红利、放大生态成果,实现生态价值转化扩面。

三、率先探索富民惠民安民新路径

坚持共享发展理念,建设社会共治共享先行区,让群众共享、让群众有感、让群众满意。

（一）推进就业创业富民增收

打造统筹城乡、线上线下一体的就业公共服务体系,推行终身职业技能培训,挖掘新业态、新商业模式创业空间和新型灵活就业增长点,吸引带动更多年轻人创业就业。加强帮扶服务,兜牢民生底线。全力构建高质量就业体系,加大重点人群就业帮扶力度,规范就业援助和公益性岗位开发制度。激发市场活力,扩大就业规模。持续落实好用工指导、援企稳岗等政策,有序规划线上"云端招聘""网络直播"和线下现场招聘会。鼓励创新创业,拓展就业空间。积极举办、承办创业创新大赛,开展创业合作带头人培训。

（二）公共服务优质均衡发展

聚焦普惠性、基础性、兜底性的民生工程,扎实办好民生实事和"关键小事",率先建立基本公共服务标准化体系。全力打造教育均衡标杆县,打造"嘉学善教"品牌。创建全国义务教育优质均衡发展县、学前教育普及普惠县。实施教育集团化办学,城乡教育共同体建设全覆盖。推进跨省域中职招生,有序推动中职与高职、高职与职业教育本科或应用型本科"3＋2"贯通式培养。深化长三角一体化示范区产教融合云平台试点。全力打造健康中国标杆县。创建全国健康县,巩固国家慢性病综合防控示范区建设成果。深化县域医共体建设,建成区域急诊医学中心、120急救中心,院前急救能力建设继续保持全省前三。推动与上海、杭州、温州等地区著名医院开展实质性合作。构建多元化托育服务体系,建立健全以家庭为基础、社区为依托、机构为补充的婴幼儿照护服务体系。落实防范因病致贫返贫长效机制。全力打造幸福颐养标杆县,擦亮养老服务"金名片",完成全县首家老年护理院建设。加大居家和社区养老服务改革力度,推动养老领域数字化改革。

（三）弘扬县域人文品牌

坚持用社会主义核心价值观铸魂育人,立足县域文化品牌建设,统筹推动文明培育、文明实践、文明创建,大力繁荣发展文化事业和文化产业,更好满足人民群众多样化、高品质的精神文化需求。传承弘扬优秀传统文化。加强对历史文化、红色文化、名人文化、水乡文化、当代文化的系统梳理和深入研究。加大文物和文化遗产保护力度,深入推进文化基因解码工程,打造乡村文化名师工作室、非遗体验点等基层阵地群,不断增强人民群众对县域文化的归属感和认同感。全面提高社会文明程度。深化"浙江有礼 积善之嘉"新时代文明实践,大力推进城乡精神文明建设融合发展,努力向全国文明典范城市迭代升级。大力培育精神富有金名片。高水平办好善文化节、汉服文化周、江南民歌节、全民艺术节等系列品牌活动,加快构建"善文化"城市视觉系统,全面提升"善文化"辨识度和影响力。积极探索农村文化礼堂社会化运作主体引入新机制,推进文化和旅游深度融合发展,鼓励引导社会资本参与公共文体设施投资建设。坚持以人民为中心的创作导向,做优文化精品工程重点项目扶持工作,打造更多增强人民精神力量的优秀作品。

四、率先探索县域治理现代化新范式

统筹推进县域治理理念、治理方式、治理机制等全方位创新,把制度优势转化为治理效能。

(一)全面提升党建统领力

大力实施"红色根脉强基工程",推动基层党建工作质量整体跃升,以高水平党建统领县域高质量发展,打造具有"双示范"鲜明标识的基层党建样板。坚持把政治建设摆在首位。在"领航带动"上聚焦用力,扎实推进学习贯彻习近平新时代中国特色社会主义思想主题教育培训。织密建强上下贯通、执行有力的组织体系。全域打造新时代党建高地,抓深做实"百县争创、千乡晋位、万村过硬"工程,全面提高全领域党建工作质量,积极争创示范县、示范镇(街道)和示范村(社区)。强化抓党建促乡村振兴,深化党建联建和党建引领"共富工坊"建设。深化党建统领基层治理,实施高质量党建引领基层治理现代化"根系工程",深入推进党建统领网格智治。实施网格员"大培训、大练兵、大比武、大竞赛",提升网格员预警研判和事件处置能力,加强网格员队伍关爱激励,把符合条件的网格员选拔进入村社"两委"班子。全面提升党建促发展质效,把经济社会发展的最前沿、最活跃领域作为基层党建主战场,在"双示范"建设中全面完善党员干部下沉一线、服务一线工作机制,推动广大党员干部平常时候看得出来、关键时刻站得出来、危难关头豁得出来。实施新时代"领雁"工程,开展村社后备干部"雏雁展翅"能力提升行动,推动村社干部队伍系统性重塑。

(二)全面提升治理整体性

着力增强工作的系统性、整体性、协同性,推动工作规则化、规则数字化、数字智能化。全面深化"大综合一体化"改革。构建完善职责清晰、队伍精简、协同高效、机制健全、行为规范、监督有效的行政执法体制机制,提升县域社会治理现代化水平。全面深化除险保安，以固本强基为核心，坚决打实平安底座。全面深化应急体系。构建"大安全、大应急"体系，提升安全生产治理体系和治理能力现代化。聚焦重点领域，深入推进安全生产风险隐患大排查大整治，落实隐患闭环管控。继续严格高压执法，压实企业主体责任。

（三）全面提升基层新活力

坚持自治、法治、德治、智治相结合，丰富拓展基层民主实践，推动平安联创和法治联建，建设社会治理共同体，打造更高水平现代化社会治理新标杆。推进基层自治，创新网格、小区、楼道等"微协商"载体，丰富"众人的事由众人商量"的制度化实践。推进基层法治，推动公共法律服务有形有效覆盖，创建首批全国守法普法示范县。推进基层德治，健全道德评议机制，发挥道德评判团、"老娘舅"、"合议堂"等群众性评议组织作用，使道德可评可学可感知。推进基层智治全面增强县级中心牵头抓总能力，迭代升级基层治理"四平台"，推进社会治理工作站建设，为社会治理领域内的各类风险隐患提前预警提供线索和支撑手段。

成绩属于过去，新征程已开启，未来更需奋进！

嘉善各级党组织和广大党员、干部、群众，一定以更加奋进的姿态、更加饱满的干劲、更加过硬的作风，上下同欲以"创则必成"的信心决心将新的蓝图变为现实美景，为全面建设社会主义现代化国家、全面推进中华民族伟大复兴做出嘉善贡献！

参考文献

[1]邓小平:《邓小平文选》第一卷,北京:人民出版社,1994年。

[2]邓小平:《邓小平文选》第二卷,北京:人民出版社,1994年。

[3]邓小平:《邓小平文选》第三卷,北京:人民出版社,1993年。

[4]习近平:《习近平谈治国理政》第一卷,北京:外文出版社,2014年。

[5]习近平:《习近平谈治国理政》第二卷,北京:外文出版社,2017年。

[6]习近平:《习近平谈治国理政》第三卷,北京:外文出版社,2020年。

[7]习近平:《习近平谈治国理政》第四卷,北京:外文出版社,2022年。

[8]习近平:《论"三农"工作》,北京:中央文献出版社,2022年。

[9]习近平:《习近平著作选读》第一卷,第二卷,北京:人民出版社,2023年。

[10]中共中央宣传部:《习近平新时代中国特色社会主义思想学习纲要》,北京:学习出版社、人民出版社,2023年。

[11]习近平:《干在实处 走在前列——推进浙江新发展的思考与实践》,北京:中共中央党校出版社,2006年。

[12]习近平:《之江新语》,杭州:浙江人民出版社,2007年。

[13]习近平:《摆脱贫困》,福州:福建人民出版社,2014年。

[14]习近平:《知之深爱之切》,石家庄:河北人民出版社,2015年。

[15]习近平:《做焦裕禄式的县委书记》,北京:中央文献出版社,2015年。

[16]习近平:《就加强和创新社会治理作出的指示》,《人民日报》2016年10月13日。

[17]习近平:《决胜全面建成小康社会　夺取新时代中国特色社会主义伟大胜利——在中国共产党第十九次全国代表大会上的报告》(2017年10月18日),北京:人民出版社,2017年。

[18]习近平:《在会见全国优秀县委书记时的讲话》,《求是》2015年第17期。

[19]习近平:《高举中国特色社会主义伟大旗帜　为全面建设社会主义现代化国家而团结奋斗——在中国共产党第二十次全国代表大会上的报告》(2022年10月16日),北京:人民出版社,2022年。

[20]《中共中央　国务院关于实施乡村振兴战略的意见》,2018年1月2日。

[21]中共中央　国务院印发《乡村振兴战略规划(2018—2022年)》,2018年9月。

[22]《中共中央、国务院关于坚持农业农村优先发展做好"三农"工作的若干意见》(2019年中央一号文件)。

[23]《中央农村工作领导小组办公室　农业农村部关于做好2019年农业农村工作的实施意见》(中农发〔2019〕1号)。

[24]《国务院关于促进乡村产业振兴的指导意见》(国发〔2019〕12号),2019年6月28日。

[25]中共中央印发《中国共产党农村工作条例》,2019年8月19日。

[26]中共中央办公厅　国务院办公厅印发《关于加强和改进乡村治理的指导意见》,2019年6月。

[27]《中华人民共和国乡村振兴促进法》2021年6月1日起施行。

[28]国家发展改革委关于印发《长三角生态绿色一体化发展示范区总体方案》(发改地区〔2019〕1686号)。

[29]中央农村工作领导小组办公室　农业农村部《关于加强基层农村经营管理体系建设的意见》(中农发〔2019〕2号)。

[30]中共中央办公厅　国务院办公厅印发《关于调整完善土地出让收入使用范围优先支持乡村振兴的意见》,2020年9月。

[31]《中共中央　国务院关于抓好"三农"领域重点工作确保如期实现全面小康的意见》(2020年中央一号文件),2020年1月2日。

[32]中共浙江省委浙江省人民政府《关于落实农业农村优先发展总方针推动"三农"高质量发展的若干意见》(浙委发〔2019〕11号)。

[33]浙江省人民政府《关于建立健全涉农资金统筹整合长效机制的实施意见》(浙政发〔2019〕7号)。

[34]《关于落实农业农村优先发展总方针推动"三农"高质量发展的若干意见》(浙委发〔2019〕11号)。

[35]关于印发《共同推进部省共建乡村振兴示范省战略合作协议》的通知(浙农计发〔2019〕3号)。

[36]《关于深化"千村示范、万村整治"工程高水平建设新时代美丽乡村的实施意见》(浙委办发〔2019〕60号)。

[37]《关于推进农村产权流转交易体系规范化建设的指导意见》(浙政办发〔2019〕43号)。

[38]《浙江省人民政府关于推进乡村产业高质量发展的若干意见》(浙政发〔2020〕21号)。

[39]关于印发《嘉善县贯彻农业农村优先发展总方针推动"三农"高质量发展2019年工作要点》的通知(善乡振领发〔2019〕3号)。

[40]关于印发《嘉善县乡村振兴工作机制优化方案》的通知(善乡振领发〔2019〕6号)。

[41]《关于全面加强村(社区)党组织书记队伍建设的意见》(善委发〔2019〕8号)。

[42]《关于引导农村土地高品质流转培育新型经营主体的意见》(善政发〔2019〕16号)。

[43]关于印发《嘉善县实施生态优先绿色发展三年行动计划(2019—2021年)》的通知(善委办发〔2019〕8号)。

[44]关于印发《嘉善县农村人居环境整治百日攻坚行动方案》的通知(善委办发〔2019〕36号)。

[45]关于印发《2019年嘉善县全域土地综合整治与生态修复工程攻坚行动方案》的通知(善政办发〔2019〕22号)。

[46]关于印发《嘉善县农业主导产业"机器换人"示范县建设实施方案》的通知(善政办发〔2019〕37号)。

［47］关于印发《嘉善县乡村振兴示范村创建实施方案》的通知（善乡振领发〔2019〕9 号）

［48］《关于推进嘉善县农业经济开发区建设的意见》（善政发〔2019〕28号）。

［49］《关于推进农业农村高质量发展的若干意见》（善政发〔2019〕35 号）。

［50］《关于实施第四轮"强村计划"全面提升村级集体经济发展品质的工作意见》（善委办发〔2019〕62 号）。

［51］唐任伍、许传通：《乡村振兴推动共同富裕实现的理论逻辑、内在机理和实施路径》，《光明日报》2022 年 6 月 13 日。

［52］中国社会科学院财经战略研究院地区品牌影响力课题组：《中国县域品牌影响力报告（2021）：推动共同富裕》，北京：中国社会科学出版社，2021 年。

［53］中共浙江省委 浙江省人民政府关于印发《浙江省统筹城乡发展推进城乡一体化纲要》的通知（浙委发〔2004〕93 号）。

［54］胡春华：《以习近平总书记关于"三农"工作的重要论述为指引 奋力开创全面推进乡村振兴新局面》，2022 年 7 月 12 日，https://baijiahao.baidu.com/s? id＝17380　96248325109019&wfr　＝spider&for＝pc,2022 年 12 月 18 日。

［55］袁家军：《以习近平总书记重要论述为指引全方位纵深推进数字化改革》，《学习时报》2022 年 5 月 18 日。

［56］顾益康：《统筹城乡发展　全面推进社会主义新农村建设》，《中国农村经济》2006 年第 1 期。

［57］顾益康、潘伟光：《从全局高度统筹城乡发展》，《浙江日报》2017 年 7月 31 日。

［58］龚 云：《新时代要高度重视发展农村集体经济》（月刊），2022 年 7 月4 日，https://www.toutiao.com/article/7116329462043591179/，2023 年 8月 4 日。

［59］黄祖辉、胡伟斌：《全面推进乡村振兴的十大重点》，《农业经济问题》2022 年第 7 期。

［60］王文强：《在城乡融合发展中全面推进乡村人才振兴》，《湖南师范大

学社会科学学报》2022 年第 3 期。

[61]彭海红:《中国农村集体经济改革与发展研究》,武汉:华中科技大学出版社,2021 年。

[62]包海波、朱利军等:《高质量一体化发展的嘉善探索》,杭州:浙江大学出版社,2022 年。

[63]张秀梅等:《转型赋能:嘉兴缪家村发展研究》,杭州:浙江大学出版社,2021 年。

[64]陈文胜:《中国乡村何以兴》,北京:中国农业出版社,2023 年.

[65]赵兴泉、汪明进、王枕旦:《由制度优势转为发展优势的嘉善强村实践》,《浙江日报》2020 年 11 月 30 日。

[66]黄承伟:《发展壮大县域经济是推进乡村全面振兴、促进农民农村共同富裕的根本途径》,1970 年 1 月 1 日,https://www.cssn.cn,1970 年 2 月 3 日。

[67]王春光:《关于乡村振兴中农民主体性问题的思考》,《社会发展研究》2018 年第 1 期。

[68]程治强:《推进乡村振兴战略是实现中国式现代化的现实路径》,转自《乡村发现》2022 年 2 月 25 日。

[69]冯皓:《坚持以系统观念全面推进乡村振兴》,《学习时报》2022 年 12 月 7 日。

[70]孔祥智:《深化农村土地制度改革 赋予农民更加充分的财产权益》,《农村工作通讯》2022 年 10 月 31 日。

[71]农民日报评论员:《推动全面深化农村改革结出新硕果——十论认真学习宣传贯彻党的二十大精神》,《农民日报》2022 年 11 月 9 日。

[72]《新时代"三农"工作的行动纲领和根本遵循》,《人民日报》2022 年 7 月 12 日。

[73]宋有震:《以求真务实精神推进"八八战略"》,《嘉兴日报》2004 年 2 月 6 日。

[74]周咏南、程茂林:《先进性教育活动要务求实效》,《嘉兴日报》2005 年 4 月 11 日。

附　录

嘉善县村级事务小微权力清单及流程规范指南
（试行）（善农〔2019〕104 号）

一、村级决策类事项清单

（一）村级重大事项决策

1.村级重大事项"五议两公开"流程图（指导单位：县委组织部）

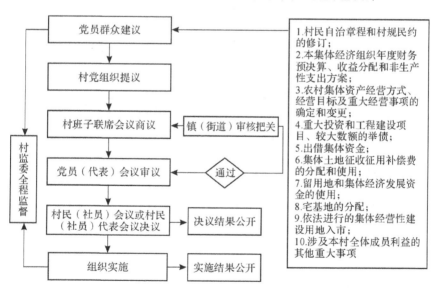

廉政风险提示：（1）未经民主决策程序；（2）决策结果、实施结果未公开。

(二)村级商品采购

2.物资、服务采购流程图(指导单位:县政务数据办)

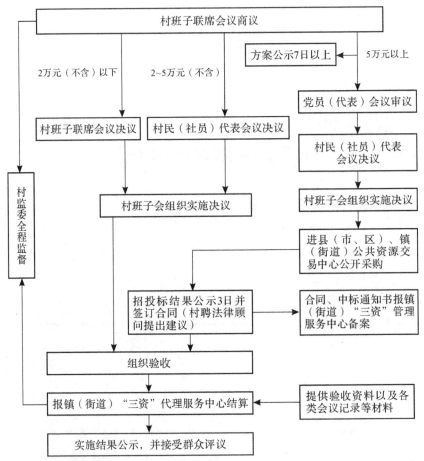

备注:该项采购对象是非工程类物资、服务。

廉政风险提示:(1)5万元以下的采购事项未进行市场调查,擅自指定采购商;(2)5万元以上的采购事项未进入县(市、区)、镇(街道)公共资源交易中心公开交易;(3)接受宴请或娱乐安排。

（三）村级工程建设

3.微型工程流程图（指导单位：县政务数据办）

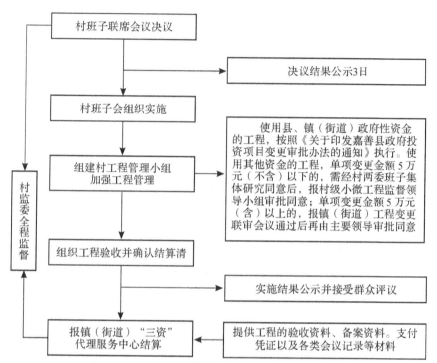

备注：微型工程的范围是指施工单项合同估算价5万元以上（含），20万元以下（不含）的；设备材料等货物的采购，单项合同估算价3万元以上（含），20万元以下（不含）的；代建、勘察、设计、监理等服务的采购，单项合同估算价3万元以上（含），20万元以下（不含）的。

廉政风险提示：（1）未经村班子商议并形成决议通过；（2）随意增加工程量，未进行事前报批；（3）工程验收审核不严，高估虚算；（4）接受宴请或娱乐活动安排。

4.小型工程流程图(指导单位:县政务数据办)

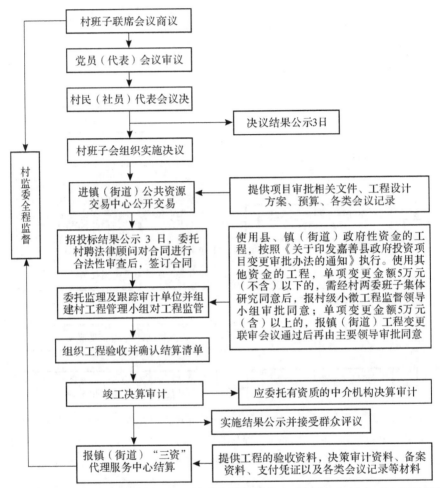

备注:小型工程的范围是指:施工单项合同估算价 20 万元以上(含),400 万元以下(不含)的;设备材料等货物的采购,单项合同估算价 20 万元以上(含),200 万元以下(不含)的;代建、勘察、设计、监理等服务的采购,单项合同估算价 20 万元以上(含),100 万元以下(不含)的。

廉政风险提示:(1)工程项目未经村民代表会议决议;(2)工程项目未按规定公开招投标;(3)拆分工程规避招标;(4)工程量随意变更;(5)验收审核不严,高估冒算;(6)接受宴请或娱乐活动安排。

5.限额以上工程流程图(指导单位:县政务数据办)

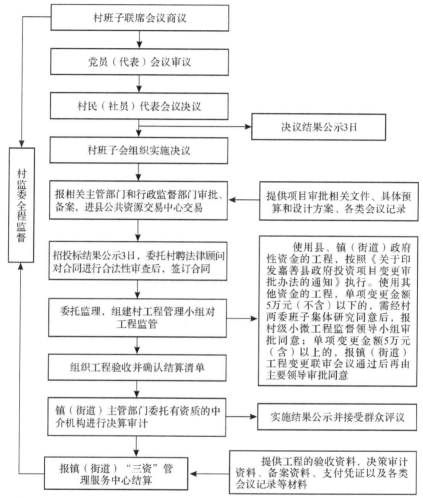

村监委全程监督

村班子联席会议商议

↓

党员（代表）会议审议

↓

村民（社员）代表会议决议 → 决议结果公示3日

↓

村班子会组织实施决议

↓

报相关主管部门和行政监督部门审批、备案,进县公共资源交易中心交易 ← 提供项目审批相关文件、具体预算和设计方案、各类会议记录

↓

招投标结果公示3日,委托村聘法律顾问对合同进行合法性审查后,签订合同

↓

委托监理,组建村工程管理小组对工程监管 → 使用县、镇（街道）政府性资金的工程,按照《关于印发嘉善县政府投资项目变更审批办法的通知》执行。使用其他资金的工程,单项变更金额5万元（不含）以下的,需经村两委班子集体研究同意后,报村级小微工程监督领导小组审批同意;单项变更金额5万元（含）以上的,报镇（街道）工程变更联审会议通过后再由主要领导审批同意

↓

组织工程验收并确认结算清单

↓

镇（街道）主管部门委托有资质的中介机构进行决算审计 → 实施结果公示并接受群众评议

↓

报镇（街道）"三资"管理服务中心结算 ← 提供工程的验收资料,决策审计资料、备案资料、支付凭证以及各类会议记录等材料

备注:限额以上工程是指:施工单项合同估算价在400万元以上;设备材料等货物的采购单项合同估算价200万元以上;与工程建设有关的服务类单项合同估算价100万元以上。

廉政风险提示:(1)工程项目未经村民代表会议决议;(2)工程项目未按规定公开招投标;(3)拆分工程规避招标;(4)工程量随意变更;(5)验收审核不严,高估冒算;(6)接受宴请或娱乐活动安排。

（四）集体收益分配与补偿赔损

6.村（股份）经济合作社收益分配流程图（指导单位：县农业农村局）

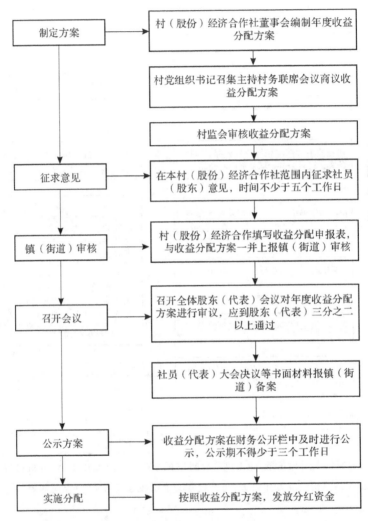

廉政风险提示：1.收益分配方案未履行民主程序；2.擅自指定采购商购买实物分红；3、透支集体资金分红收买民意。

7.集体土地征收及补偿款项发放流程图(指导单位:县自然资源规划局)

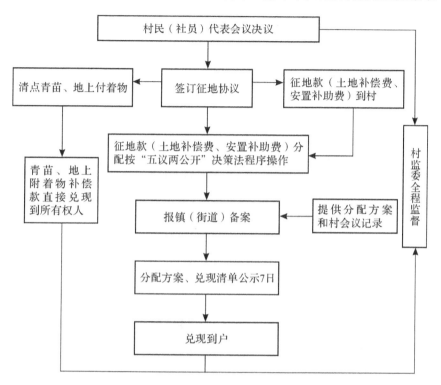

廉政风险提示:(1)征地款分配方案未按"五议两公开"程序决策;(2)虚报冒领青苗、地上附着物补偿款;(3)补偿未直接兑现到所有权人;(4)分配方案、兑现清单未进行公示。

8.涉及土地征用及作物赔损流程图(指导单位:县自然资源规划局)

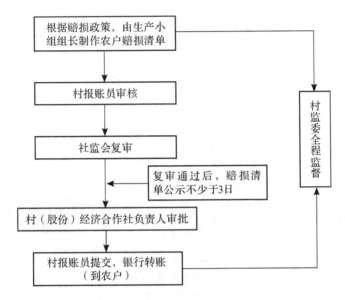

廉政风险提示:(1)赔损清单弄虚作假,借机套取征用及赔损资金;(2)赔损清单未实行公示;(3)未实行银行转账到农户。

（五）村级其他组织人员任（聘）用

9.团、妇、民兵组织人员任用流程图（指导单位：县委组织部）

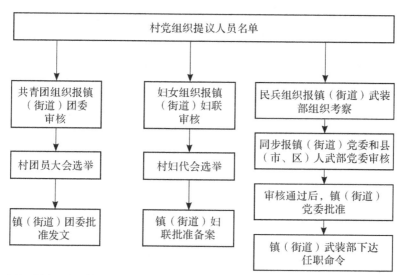

备注：村党组织、村委会、村务监督委员会、村股份经济合作社人员按照党和国家有关规定选举产生。

廉政风险提示：未经集体研究，独断专行，优亲厚友，拉帮结派搞小团队。

10.村级后备力量选任流程图（指导单位：县委组织部）

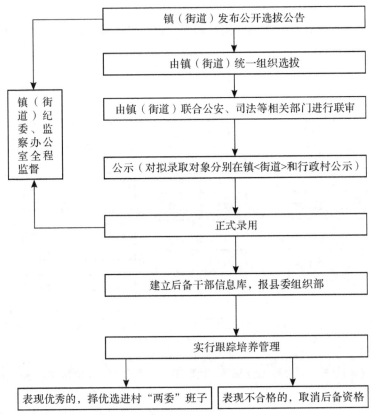

备注：村专职网格员纳入村级后备力量管理。

11. 文书、出纳(报账员)等其他工作人员聘用流程图(指导单位:县农业农村局)

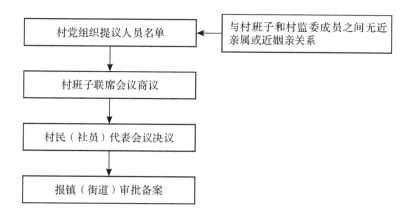

廉政风险提示:(1)未经村班子联席会议商议,村民代表会议表决;(2)收受好处,优亲厚友,拉帮结派搞小团体。

（六）集体资产资源交易处置

12.集体资产资源处理（承包、出租、转让、出让）流程图（指导单位：县农业农村局）

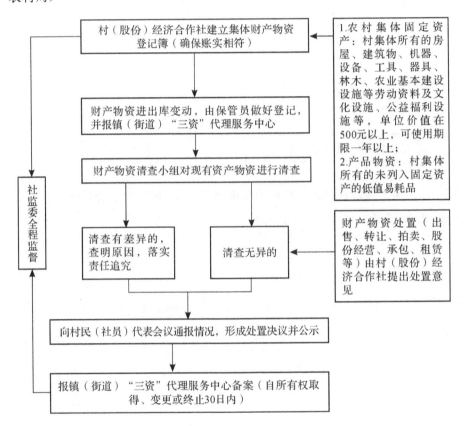

廉政风险提示：（1）未建立经营性资产资源台账；（2）资产处理未经集体商议；（3）未按规定进入公共资源交易中心公开交易，直接发包；（4）处理结果未及时公开。

13.财产物资管理流程图(指导单位:县农业农村局)

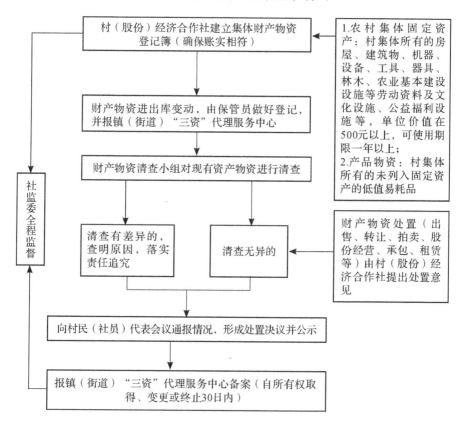

廉政风险提示:(1)未建立财产物资登记簿。未进行定期清查;(2)未经批准擅自借用集体财产和物资;(3)大额财产物资处置未经社员(代表)会议通过;(4)清查结果未进行公示。

14.村级闲置资金竞争性存放流程图(指导单位:县农业农村局)

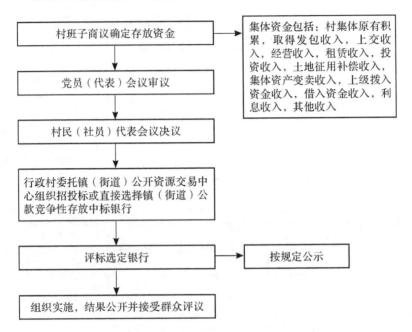

廉政风险提示:(1)存放资金未经集体商议,未经村民(社员)代表会议通过;(2)评标选定银行未进行公示。

二、村级管理类事项清单

（七）村级财务管理

15.村级资金的使用和网上支付流程图（指导单位：县农业农村局）

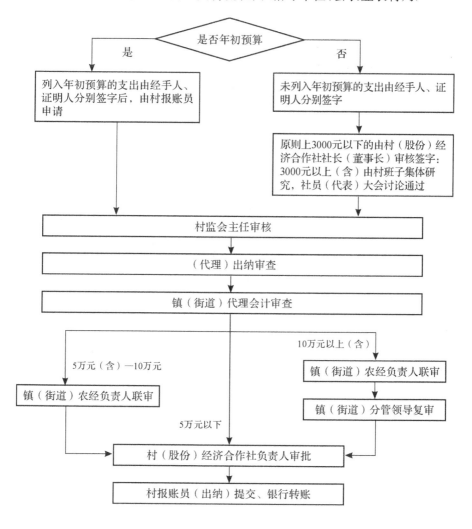

廉政风险提示：(1)审批签字未执行相关程序；(2)未经集体商议或决策，擅自申请支付划拨资金。

16. 特殊现金支付流程图(指导单位:县农业农村局)

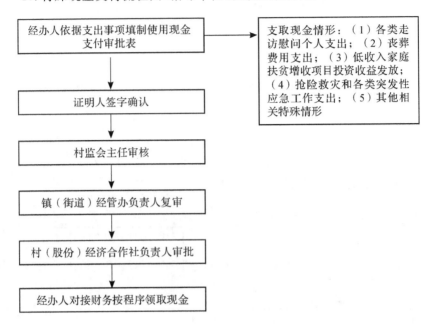

廉政风险提示:(1)不符合规定情形,直接现金交易;(2)编造现金支出名目,套取集体资金。

17. 工作餐(误餐费)支出流程图(指导单位:县农业农村局)

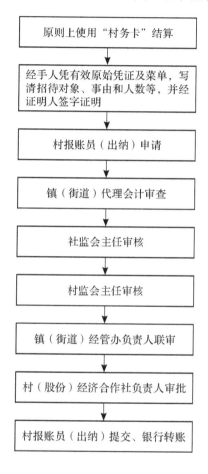

原则上使用"村务卡"结算

经手人凭有效原始凭证及菜单,写清招待对象、事由和人数等,并经证明人签字证明

村报账员(出纳)申请

镇(街道)代理会计审查

社监会主任审核

村监会主任审核

镇(街道)经管办负责人联审

村(股份)经济合作社负责人审批

村报账员(出纳)提交、银行转账

备注:

1.村级行政公务一律实行"零招待"。工作餐(误餐费)只能用于抗洪抢险、防火救灾和招商引资等。

2.若有超限额支出的特殊情况,实行申报审核制度。即先由村集体申报具体额度,说明具体支出事由,并召开社员(代表)大会讨论通过,再报到镇(街道)审核批准后才能实施开支。

3.工作餐(误餐费)支出不得报销烟、酒及土特产。

廉政风险提示:(1)存在签单赊账情况;(2)出现超限额支出的情况。

18.临时用人、用工报酬发放流程图(指导单位:县农业农村局)

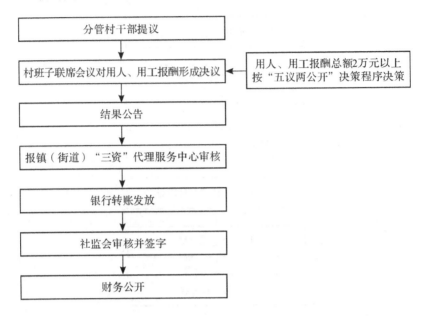

廉政风险提示:(1)虚假冒领工酬;(2)管理人员弄虚作假,虚造工酬套取资金;(3)现金支付报酬;(4)未实行财务公开。

（八）农村宅基地审批

19.农村宅基地申请流程图（指导单位：县自然资源规划局、县农业农村局）

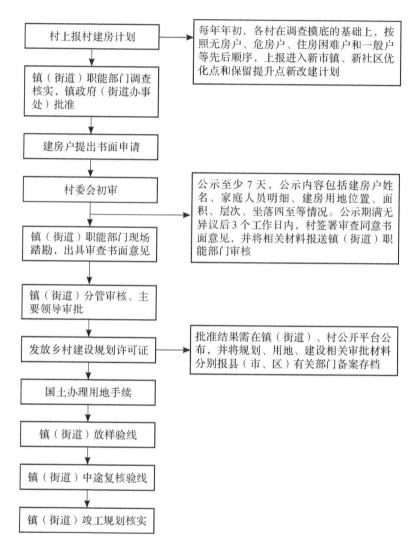

村上报村建房计划 → 每年年初，各村在调查摸底的基础上，按照无房户、危房户、住房困难户和一般户等先后顺序，上报进入新市镇、新社区优化点和保留提升点新改建计划

镇（街道）职能部门调查核实，镇政府（街道办事处）批准

建房户提出书面申请

村委会初审 → 公示至少7天，公示内容包括建房户姓名、家庭人员明细、建房用地位置、面积、层次、坐落四至等情况。公示期满无异议后3个工作日内，村签署审查同意书面意见，并将相关材料报送镇（街道）职能部门审核

镇（街道）职能部门现场踏勘，出具审查书面意见

镇（街道）分管审核、主要领导审批

发放乡村建设规划许可证 → 批准结果需在镇（街道）、村公开平台公布，并将规划、用地、建设相关审批材料分别报县（市、区）有关部门备案存档

国土办理用地手续

镇（街道）放样验线

镇（街道）中途复核验线

镇（街道）竣工规划核实

　　廉政风险提示：（1）行政村调查把关不严，有关情况未如实上报；（2）未进行建房公示；（3）纵容违规增建面积或建新不拆旧。

（九）农村救助救灾事项

20.低保申请流程图（指导单位：县民政局）

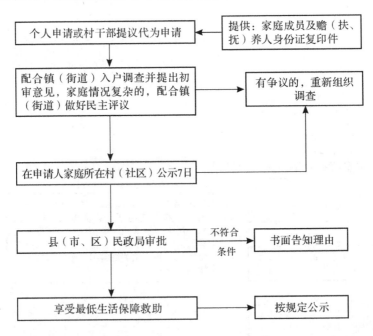

廉政风险提示：(1)村委会审核把关不严，存在优亲厚友、弄虚作假等情况；(2)未按规定公示。

21. 被征地农民养老保障参保登记办理流程图(指导单位:县人力社保局)

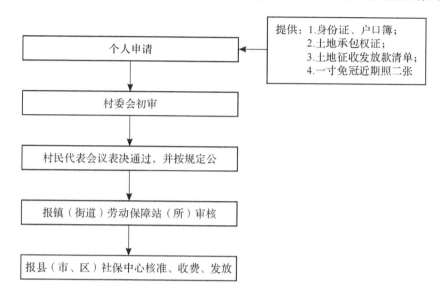

廉政风险提示:(1)村委会审核把关不严,存在优亲厚友,弄虚作假等情况;(2)未按规定公示。

22.救灾、救济款物发放流程图(指导单位:县应急管理局)

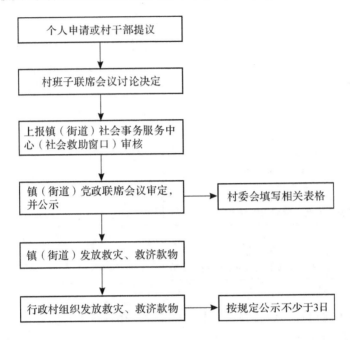

廉政风险提示:(1)未经集体研究讨论,个人擅自决定;(2)存在优亲厚友、弄虚作假等情况;(3)对受助对象情况调查不深,把关不严;(4)未按规定公示。

23.医疗救助流程图(指导单位:县医疗保障局)临时救助流程图(指导单位:县民政局)

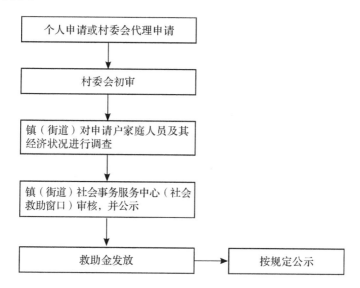

廉政风险提示:(1)村委会审核把关不严,存在优亲厚友、弄虚作假等情况;(2)资金发放情况未按规定公示。

24.大病救助流程图(指导单位:县医疗保障局)

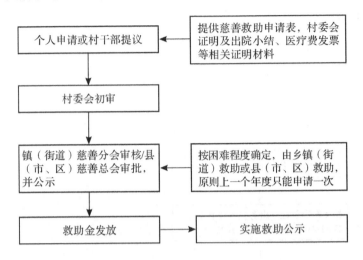

廉政风险提示:(1)村委会审核把关不严,存在优亲厚友、弄虚作假等情况;(2)资金发放情况未按规定公示。

25.特困人员救助流程图(指导单位:县民政局)

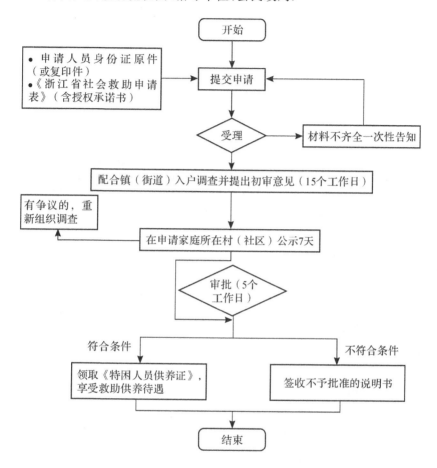

廉政风险提示:(1)镇(街道)初审把关不严,存在优亲厚友、弄虚作假等情况;(2)资金发放情况未按规定公示。

26.残疾人两项补贴申请流程图(指导单位:县残联、县民政局)

a.困难残疾人生活补贴

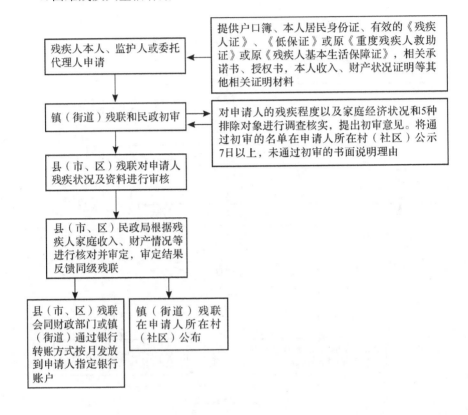

b. 重度残疾人护理补贴

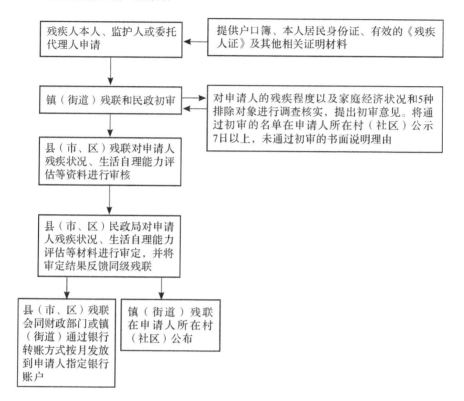

廉政风险提示：村委会审核把关不严，存在优亲厚友、弄虚作假、应享未享或重复享受等情况

27.党内关爱基金申请流程图(指导单位:县委组织部)

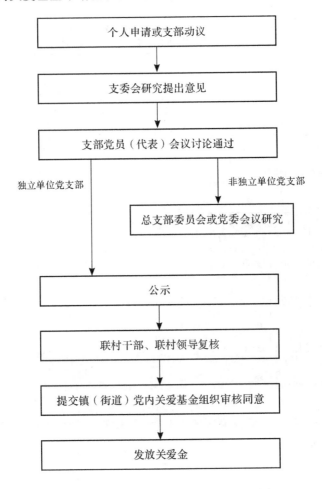

廉政风险提示:(1)环节审核把关不严,擅自更改申领对象;(2)未按规定公示。

（十）阳光村务三公开

28.党务公开流程图（指导单位:县委组织部）

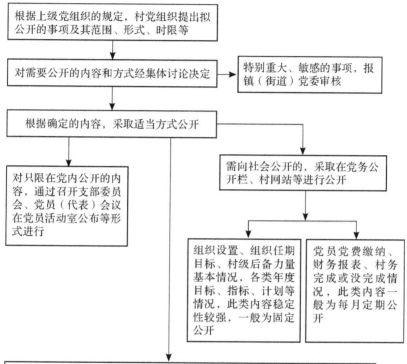

29.村务公开流程图(指导单位:县民政局)

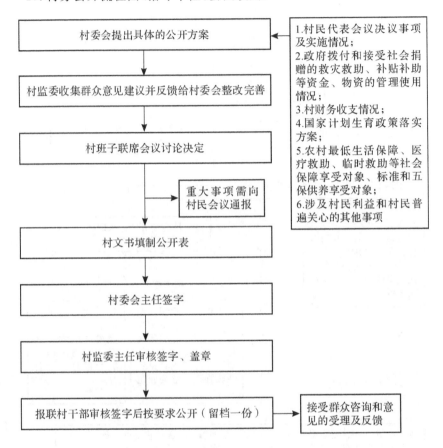

村委会提出具体的公开方案

1.村民代表会议决议事项及实施情况;
2.政府拨付和接受社会捐赠的救灾救助、补贴补助等资金、物资的管理使用情况;
3.村财务收支情况;
4.国家计划生育政策落实方案;
5.农村最低生活保障、医疗救助、临时救助等社会保障享受对象、标准和五保供养享受对象;
6.涉及村民利益和村民普遍关心的其他事项

村监委收集群众意见建议并反馈给村委会整改完善

村班子联席会议讨论决定

重大事项需向村民会议通报

村文书填制公开表

村委会主任签字

村监委主任审核签字、盖章

报联村干部审核签字后按要求公开（留档一份）

接受群众咨询和意见的受理及反馈

30.财务公开流程图（指导单位：县农业农村局）

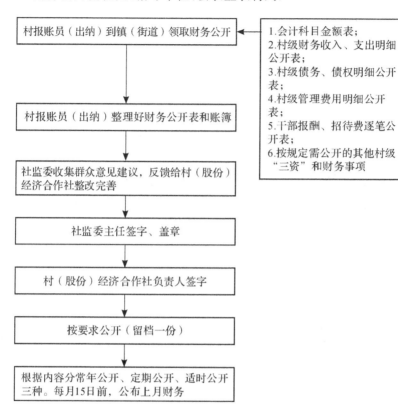

村报账员（出纳）到镇（街道）领取财务公开

↓

村报账员（出纳）整理好财务公开表和账簿

↓

社监委收集群众意见建议，反馈给村（股份）经济合作社整改完善

↓

社监委主任签字、盖章

↓

村（股份）经济合作社负责人签字

↓

按要求公开（留档一份）

↓

根据内容分常年公开、定期公开、适时公开三种。每月15日前，公布上月财务

1.会计科目金额表；
2.村级财务收入、支出明细公开表；
3.村级债务、债权明细公开表；
4.村级管理费用明细公开表；
5.干部报酬、招待费逐笔公开表；
6.按规定需公开的其他村级"三资"和财务事项

（十一）印章使用管理

31.三种类型印章使用管理

（1）村党组织印章使用管理流程图（指导单位：县委组织部）

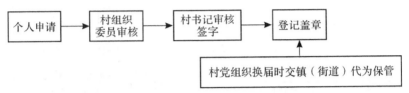

（2）村委会印章使用管理流程图（指导单位：县民政局）

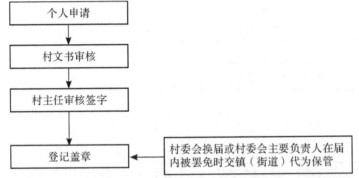

（3）村（股份）经济合作社印章使用管理流程图（指导单位：县农业农村局）

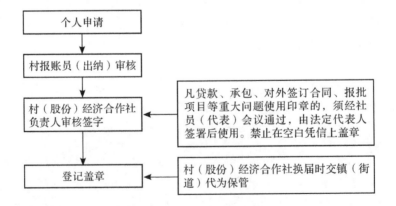

廉政风险提示：印章使用前未经相关人员审核、签字，未登记直接使用。

（十二）党员管理（指导单位：县委组织部）

32.党员发展流程图

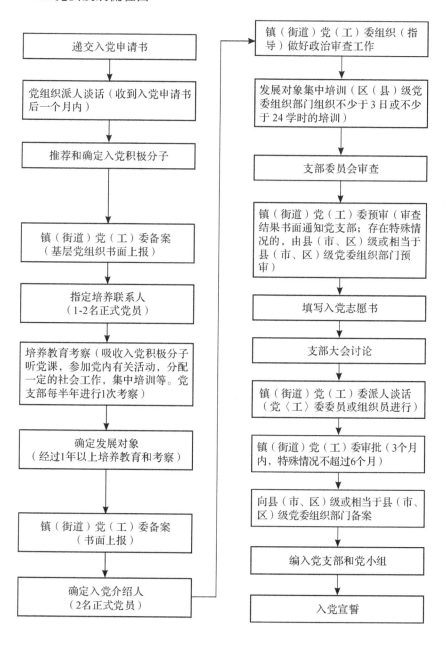

33.不合格党员处置流程图(指导单位:县委组织部)

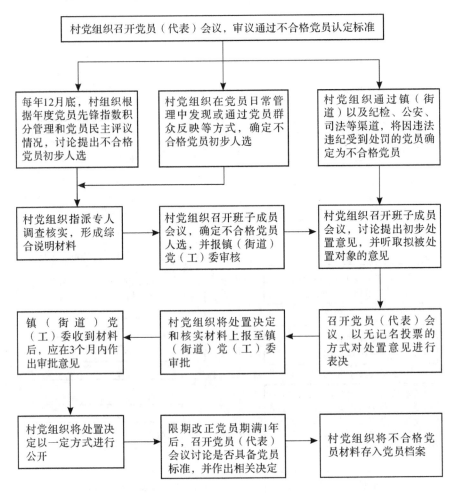

34.党员组织关系迁转流程图(指导单位:县委组织部)

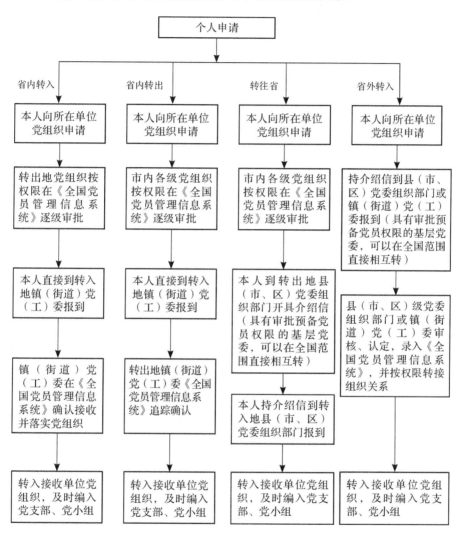

三、村级服务类事项清单

(十三) 户籍服务

35. 户口迁移(跨村)流程图(指导单位:县公安局)

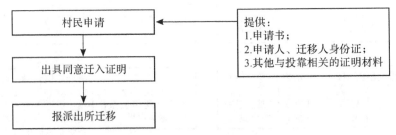

36. 农村分(立)户流程图(指导单位:县公安局)

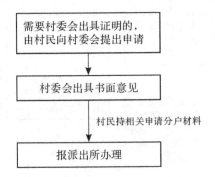

（十四）其他服务事项

37.计划生育家庭奖扶金、特扶金发放流程图（指导单位：县卫生健康委）

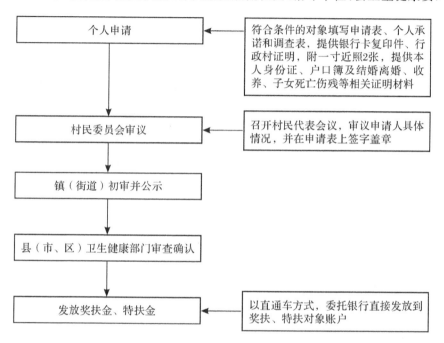

个人申请 ← 符合条件的对象填写申请表、个人承诺和调查表，提供银行卡复印件、行政村证明，附一寸近照2张，提供本人身份证、户口簿及结婚离婚、收养、子女死亡伤残等相关证明材料

村民委员会审议 ← 召开村民代表会议，审议申请人具体情况，并在申请表上签字盖章

镇（街道）初审并公示

县（市、区）卫生健康部门审查确认

发放奖扶金、特扶金 ← 以直通车方式，委托银行直接发放到奖扶、特扶对象账户

38. 自主创业登记流程图（指导单位：县人力社保局）

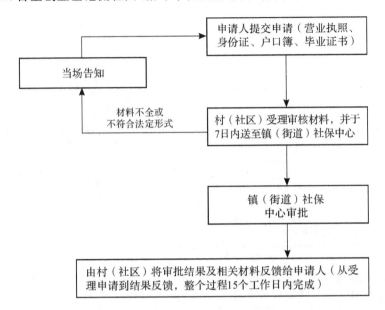

39.法律援助申报流程图(指导单位:县司法局)

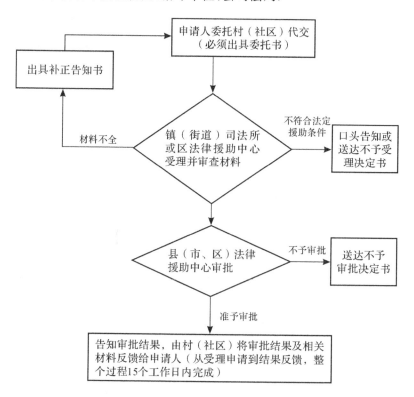

40.村专职工作者"全岗通"流程图(指导单位:县委组织部、县民政局)

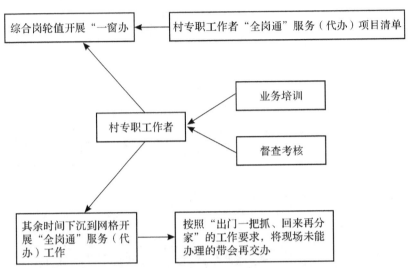

41."最多跑一次"事项办理流程图(指导单位:县政务数据办)

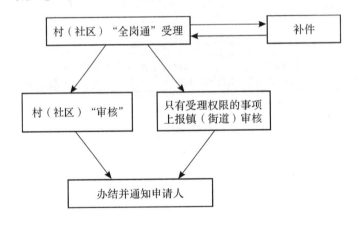

后　记

　　嘉善的乡村振兴与县域整体发展紧密结合不可分割。2008年,嘉善县被确定为习近平同志深入学习实践科学发展观活动的基层联系点。2013年和2017年,经国务院同意,国家发展改革委先后印发《浙江嘉善县域科学发展示范点建设方案》《浙江嘉善县域科学发展示范点发展改革方案》,这两轮嘉善县域科学发展示范点建设,为长三角地区乃至全国县域科学发展提供了生动范例、积累了宝贵经验。2018年,长三角一体化发展上升为国家战略,中共中央、国务院印发的《长江三角洲区域一体化发展规划纲要》,再次强调要加快嘉善县域科学发展示范点等制度创新成果的集成落实。2022年9月29日,经中央深改委审议通过,国家发展改革委印发《新发展阶段浙江嘉善县域高质量发展示范点建设方案》,支持嘉善探索县域完整、准确、全面贯彻新发展理念,切实转变发展方式,推动质量变革、效率变革、动力变革,探索县域高质量发展示范点建设路径。

　　多年来,浙江嘉善县深入践行新发展理念,形成工农互促、城乡互补、协调发展、共同繁荣的新型工农城乡关系,建设城乡融合发展先行区,为全国县域实施乡村振兴战略、推动城乡融合发展、推进以人为核心的新型城镇化作示范,"千村示范、万村整治"工程、全域土地综合整治、亩均论英雄等系列改革取得了明显成效。本书作者作为"创新嘉兴·优才支持"计划的人文社科拔尖人才,期望忠实记录嘉善乡村振兴、城乡融合发展等方面的做法,概括总结取得的成就,推广嘉善实践经验,因此围绕嘉善乡村振兴的实践展开调研,调研对象包括县农业农村局、县乡村振兴局、县财政局、县教育局、县交通局、县建设局、县卫健局、县委宣传部、嘉兴市生态环境局嘉善分局等部门,获得了相关部门的大力支持,尤其是县乡村振兴局王枕旦主任、徐峰科长等相关人员为调研和资料收集提供了极大帮助。同时,还有众多教授学者、领导在本书撰写过程中提供帮助,在此一并表示衷心感谢!本书能够顺利出版,还要感谢浙江大学出版社及其责任编辑,对编辑的高超专业水平和认真严谨的责任感致以深深的敬意。

　　在嘉善县实施乡村振兴过程中,关于农村集成改革方面的内容非常丰富,由于篇幅的原因将在完善后另外出版,因此本书中关于农村集成改革方面的内容只是简要提及。由于研究水平欠缺、时间比较匆忙以及乡村振兴涵盖面广等原因,撰写过程中明显感觉力不从心,因此本书肯定存在不当和纰漏之处,敬请读者不吝指正。

作者

2023 年 6 月